百年侨力量

广州市归国华侨联合会 编

中国华侨出版社
·北京·

图书在版编目（ＣＩＰ）数据

百年侨力量 / 广州市归国华侨联合会编. -- 北京 ：
中国华侨出版社，2022.4
ISBN 978-7-5113-8555-0

Ⅰ．①百… Ⅱ．①广… Ⅲ．①华侨－先进事迹－广州
Ⅳ．①K828.8

中国版本图书馆CIP数据核字(2022)第022873号

百年侨力量

编　　者：广州市归国华侨联合会
责任编辑：高文喆　桑梦娟
装帧设计：随韵堂
经　　销：新华书店
开　　本：635毫米×965毫米　1/16　印张：22　字数：650千字
印　　刷：佛山市华禹彩印有限公司
版　　次：2022年4月第1版　2022年4月第1次印刷
书　　号：ISBN 978-7-5113-8555-0
定　　价：288.00元

中国华侨出版社　　北京市朝阳区西坝河东里77号楼底商5号　　邮编：100028
发行部：（010）64443051　　传　真：（010）64439708
网　址：www.oveaschin.com　E-mail：oveaschin@sina.com

如发现印装质量问题，影响阅读，请与印刷厂联系调换。

《百年侨力量》
编委会

主 编
卞 勇

副主编
童 慧　林瑞琪　伍芬应

编 委
吴 敏　张国民　黄为民　陈俊清　关树峰　巴尚清　林 干

编 辑
韩冰眉　秦 榕　陈 鸿　申俊杰　黄 平　肖 文　杜禧君
罗立良　林艺明　林美瑛

序　言

木棉花开春来早，百年侨心向阳红。

2021年是中国共产党成立100周年。习近平总书记在庆祝中国共产党成立100周年大会上的讲话中强调："一百年来，中国共产党团结带领中国人民进行的一切奋斗、一切牺牲、一切创造，归结起来就是一个主题：实现中华民族伟大复兴。"

实现中华民族伟大复兴需要海内外中华儿女共同努力。党的百年历史，就是一部矢志实现中华民族伟大复兴的历史。在中华民族这个大家庭，侨胞在祖（籍）国发展的各个阶段从未缺席。在传播马列主义建党求索途中，在烽火硝烟抗日救国战场上，在春风吹动改革开放浪潮里，在新时代逐梦伟大征程中，都能看到"侨"的身影。

20世纪初，从日本留学归来的杨匏安在广州这片红色热土上下求索，将马克思主义理论火种传遍岭南大地，彭湃、叶挺等革命志士不怕牺牲、不懈追求，让红色之火在华南地区熊熊不息。南侨机工白雪娇的一封家书昭示了侨胞在烽火抗战中翻越山海奔向祖国的火热之心，开国大典上最年轻的海外侨领蚁美厚毅然选择回国开创侨联新篇。新中国的诞生犹如磅礴的日出，照亮了华侨华人建设祖国全力奋进的崭新征程。海内外中华儿女在百年征程中坚定不移地听党话跟党走，永怀爱国之心，身践强国之行，为中华民族发展壮大、促进祖国和平统一大业、增进中国人民同各国人民的友好合作贡献巨大力量，激扬一曲又一曲壮丽的热血长歌。

实现中华民族伟大复兴是海内外中华儿女的共同梦想。广州作为全国最大的都市侨乡，一代又一代、一批又一批的侨胞生于斯、长于斯，从海外归来在这座英雄城市留下深刻的红色印记。作为改革开放的前沿地和"试验田"，广州在诸多领域先行先试，为全国探路，勇立时代潮头。

心系家乡的华侨华人奋斗于斯、充盈于斯，在这片红色热土敢为人先、投身建设，乘势而上开新局，起而行之显担当。梁灵光紧跟时代步伐，从沙场"儒将"到广东"闯将"，锐意改革、大胆创新，为社会发展建设作出重要贡献。砥砺奋进，逐梦伟大征程。聚焦新时代，华侨华人在实现中华民族伟大复兴中国梦的广阔舞台上大有可为。

党的十九届六中全会通过的《中共中央关于党的百年奋斗重大成就和历史经验的决议》指出，"只要我们不断巩固和发展各民族大团结、全国人民大团结、全体中华儿女大团结，铸牢中华民族共同体意识，形成海内外全体中华儿女心往一处想、劲往一处使的生动局面，就一定能够汇聚起实现中华民族伟大复兴的磅礴伟力"。

筚路蓝缕创伟业，初心不忘再起航。在中国共产党成立100周年之际，为进一步凝聚侨心、汇集侨智、发挥侨力，弘扬侨界红色基因、加强侨界思想政治引领，广州市侨联组织编撰《百年侨力量》，呈现华侨华人与广州百年革命和发展的密切联系以及华侨华人的爱国之心、报国之志，激励侨胞传承华侨文化，弘扬华侨矢志向党、奋力报国的精神。广州市侨联将牢记初心使命，以更大的勇毅担当，点燃梦想之光，汇聚磅礴力量，为实现中华民族伟大复兴接续奋斗！

百年侨路，赤子丹心筑红图！

同心逐梦，奋楫笃行再出发！

编　者

2021年12月

目 录

杨匏安（1896—1931），中共党员，日本归侨，广东香山人，是中国共产党早期优秀的理论家和革命活动家。他最早在华南地区传播马克思主义，与李大钊并称"南杨北李"，率先尝试把马克思主义同中国实际相结合，为探索中国的革命道路作出重要贡献。1915年赴日本留学，回国后举家迁至广州，住进杨家祠。1919年五四运动后，杨匏安成为一名马克思主义的坚定追随者，曾在《广东中华新报》"居中通俗大学校"专栏上连续19天发表、介绍《世界学说》，其中篇幅最长、最有影响的《马克斯主义——一称科学的社会主义》一文，赞扬马克思的《资本论》是"社会主义圣典"，公开指出"现在之社会状态，实劳动者奋起革命，以求改造之时期也"。

华南传播马克思主义第一人
——杨匏安

1896年，杨匏安出生在与澳门一水之隔的广东香山，从小在中外通商和文化交汇的环境中成长。杨匏安的父亲早逝，家里生计全靠母亲做针线活支撑。他的母亲是个大家闺秀，受过旧式教育，爱好诗词、书法。她一辈子生过9个孩子，最后只有杨匏安一个人活了下来，所以她很重视对这唯一的孩子的教育。杨匏安从小就在母亲膝上跟着她诵读诗词古文。青少年时期，杨匏安先后就读于恭都学堂、两广高等学堂附属雅安中学（今广雅中学）。

1915年，杨匏安东渡日本横滨。在日本求学期间，杨匏安广泛阅读西方各种流派学说。他受到片山潜、河上肇等日本早期马克思主义者的影响，开始逐渐接受马克思主义。1916年，杨匏安从日本回到家乡。1918年年初，杨匏安举家迁至广州，在私立时敏中学任教，兼任《广东中华新报》记者。在五四运动和新文化运动潮流的影响之下，杨匏安在教学之余，勤奋著述，笔耕不辍，积极向《广东中华新报》投稿。仅1918年3月间，杨匏安就在《广东中华新报》上发表了作品15篇。

五四运动爆发后，杨匏安深受鼓舞。他以相当篇幅的大量译著，广泛、系统地介绍西方心理学、美学，传播西方新文化，启迪民智。同时，也对社

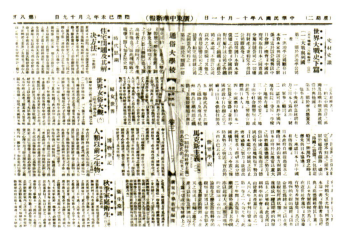

1919年11月11日，《广东中华新报》刊载《马克斯主义——一称科学的社会主义》

1929年，杨匏安以"王纯一"为笔名，耗时3个月，编译成20万字的《西洋史要》

会主义学说进行了全面、系统的推介。从1919年6月至12月，杨匏安发表了《马克斯主义——一称科学的社会主义》《社会主义》《共产主义》等40多篇译述文章，对马克思主义的基本原理作了较为全面的介绍。其中，《马克斯主义——一称科学的社会主义》一文，在《广东中华新报》上刊载。这篇文章，与李大钊的名篇《我的马克思主义观》差不多同时问世，是华南地区最早系统介绍马克思主义的文章。在这篇文章中，杨匏安热情地赞扬马克思的《资本论》是"社会主义圣典"，公开指出"现在之社会状态，实劳动者奋起革命，以求改造之时期也"。

杨匏安对马克思主义的传播，不是零敲碎打、断章取义地评说，而是全面、系统地介绍了马克思的唯物史观、阶级斗争学说和剩余价值理论，涵盖了马克思学说的全部内容。正是有了杨匏安这样一批撒播马克思主义理论火种的"播种者"，才彻底改变了国人的思想意识和传统观念，也彻底改变了中国社会发展的路向。

1921年，杨匏安经谭平山介绍加入中国共产党，是中国共产党早期党员之一。同年，陈独秀与谭平山、谭植棠等组建广东共产党早期组织，多次到杨家祠拜访杨匏安和杨章甫。杨匏安入党后，杨家祠也成为中共广东区委的重要活动场所。1922年，杨匏安任社会主义青年团广东区委代理书记，并继续通过报刊传播马克思主义。杨匏安在杨家祠内举办"注音字母训练班"，既掩护党团组织活动，又传播了马克思主义思想，培养了一批从事基层宣传工作的干部。

1923年6月，中共三大在广州召开，决定实行国共合作，杨匏安受派到国民党中任职。国共合作时期，杨匏安任国民党中央组织部秘书、代理部长，中共广东区委监察委员。1927年5月，中共五大成立了党的历史上第一个中央纪律检查机构——中央监察委员会，杨匏安当选为中央监委副主席、委员。

身居要职，很多亲戚朋友上门求差。杨匏安廉洁奉公，以身作则，绝不徇私滥任。杨匏安孙子杨岗回忆，那时杨匏安一个月的薪金有300块大洋，足以买田、买地，但他把大部分钱都交给党作活动经费，只留下极少的一部分作为家用。周恩来对杨匏安予以高度评价："杨匏安为官清廉，一丝不苟，称得上是模范。"

1927年国共合作破裂，国内笼罩在白色恐怖之中。1929年，杨匏安举家迁居上海，动员全家投身革命工作。他的家人经常会以不同身份掩护党的地下活动，为地下党

1925年，中共广东区委部分成员合影。右起：杨匏安、陈延年、刘尔崧、冯菊坡

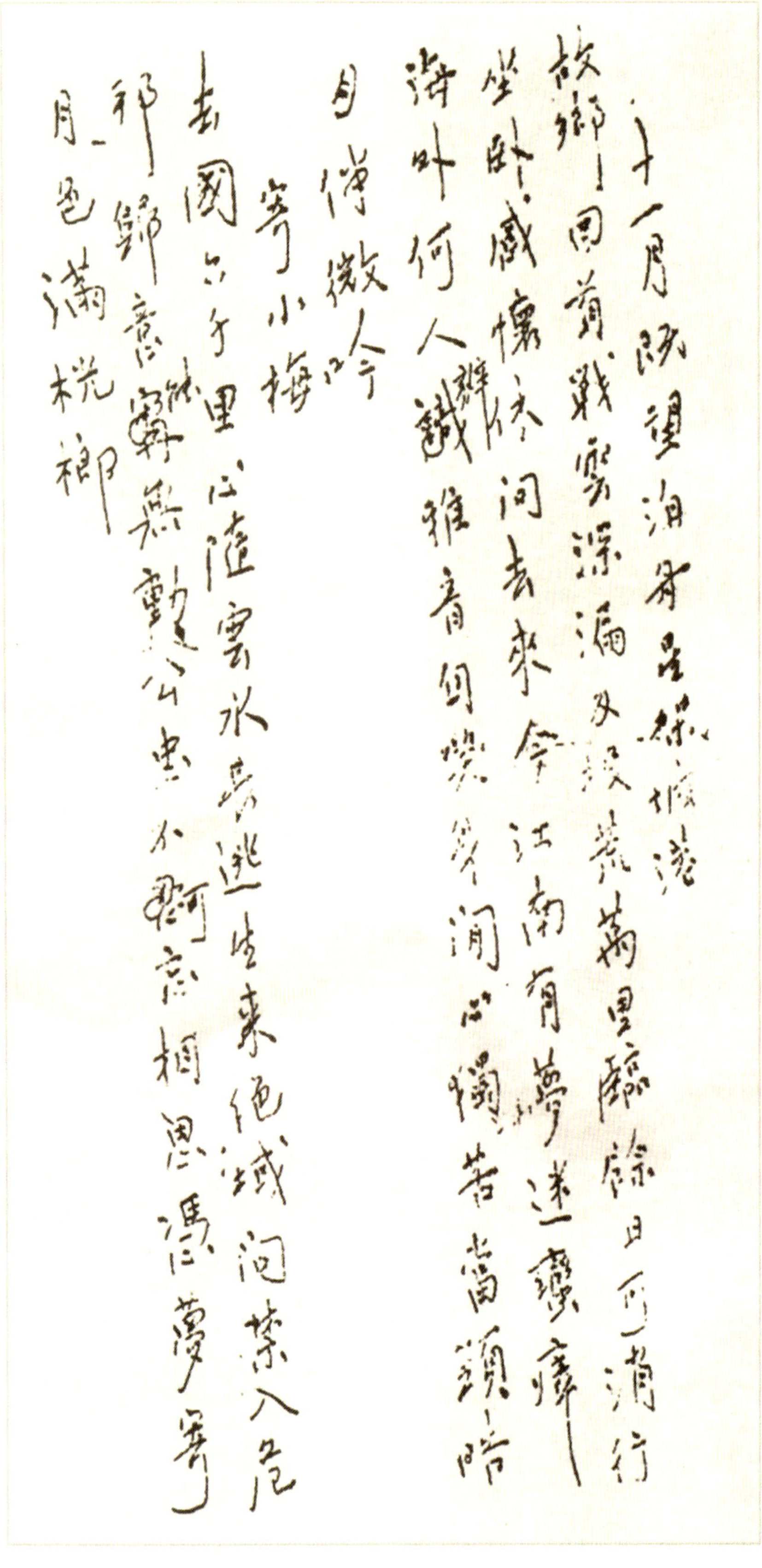

十一月既望泊舟星架坡港

故郷回首戰雲深　滿目荒蕪一旦臨　賒且何消行
坐臥感懷難作客　問去來今　江南有夢迷還鄉
游計何人識　推音句句樂多　洞心獨若當頭暗

月停微吟

寄小梅

去國六千里　心隨雲水爭逃生　來絕域問縈入危
神歸意寧無動公忠不辭京桐恩馮夢尋
月色滿桃柳

杨家祠牌坊　　　　　　　　　　　　杨匏安陈列馆的杨匏安塑像

传递信件、书报、印刷传单。他的孩子的口袋里，通常会装有少量零钱，以备机关暴露，或同组织失去联络时急用。当时杨匏安的母亲陈智年近六十，常利用自己年迈不太引人注目的有利条件，进行革命活动，接待和掩护过大批革命同志……杨匏安还利用空闲时间，以"王纯一"为笔名，耗时3个月，编译成20万字的《西洋史要》，这是我国最早一部用马克思主义唯物史观写成的西洋史著作。

1931年7月，因叛徒告密，杨匏安被捕。从他身上，国民党搜到的全部物品仅有九块钱和一副眼镜，这些就是这位被国民党通缉的"共产党首要"之一的全部财产。被捕后，他多次拒绝了国民党元老们高官厚禄的利诱。蒋介石曾亲自出面劝降，杨匏安表示："我从参加革命起，早就把生死置之度外。死可以，变节不行！"

1931年8月，杨匏安在上海英勇就义，年仅35岁。就义前，杨匏安作诗《示难友》："慷慨登车去，相期一节全。残生无可恋，大敌正当前。知止穷张俭，迟行笑褚渊。从兹分手别，相视莫潸然。"

正是这样廉洁奉公、英勇斗争的家风，让革命信仰得以传承。

杨匏安牺牲后，他的家人继续走上革命道路。长子杨玄由周恩来送去参加革命工作；二儿子杨明1938年在武汉找到周恩来，随后去了延安；三儿子杨志被党组织送去延安参加革命；最小的儿子杨文伟则被祖母和姐姐杨绛辉等带着参加了革命，为党搜集、传递情报……

参考资料：《南方杂志》、"广东档案"、"广州市情"客户端

叶挺（1896—1946），原名叶为询，字希夷，中共党员，中国人民解放军创建人和新四军领导人，杰出的军事家。1924年赴苏联学习并加入中国共产党。回国后参加北伐战争，带领独立团战无不胜，攻无不克，"铁军"威名由此远播。参与领导南昌起义、广州起义，成为工农红军总司令。起义失败后，漂泊德国、法国等地10年，在日寇入侵、国家存亡之际，毅然归国出任新四军军长，一年内对敌作战达500多次，毙伤日伪军超过7000人。1941年皖南事变震惊中外，叶挺在谈判时被非法扣押5年之久，不惧国民党威逼利诱，并作《囚歌》明志，被营救出狱后10小时即向党中央申请再次入党。1946年不幸遇难，毛泽东在《解放日报》上为其发表悼词："为人民而死，虽死犹荣"。

铁军骁将叶挺的两份入党申请书

叶挺（1896—1946），原名叶为询，字希夷，出身于广东惠阳的贫寒农家，自幼刻苦求学，1912年入黄埔陆军小学，1916年以优异成绩升入保定陆军军官学校，与顾祝同、薛岳等同为第六期学员。毕业之后，年仅25岁即任孙中山先生警卫团二营营长，陈炯明叛变之时，叶挺率部下拼死冲杀，保护宋庆龄脱险。1924年夏秋之间，作为国民党的军事人才，叶挺被派往苏联学习，叶挺是第一个留苏的国民党党员。通过学习，叶挺感到中国共产党在革命理论和实践方面，都更富有朝气，更富有战斗力，于是产生了加入中国共产党的强烈愿望，随后

叶挺使用的"叶希夷印"木章

便向党组织提出了申请，经王若飞等介绍加入了中国共产党。

1925年9月回国后，经国共双方协商，叶挺任国民革命军第四军参谋处处长，后改任独立团团长，参加北伐战争，被誉为"北伐名将"，享誉中外。1927年8月1日，中国共产党发动南昌起义，叶挺任前敌总指挥兼第十一军军长。同年12月，根据党中央指示，中共广东省委又以叶挺为军事总指挥发动

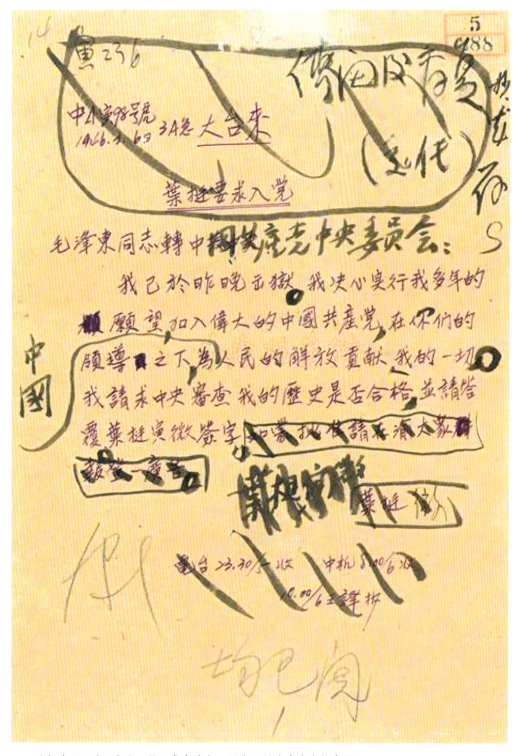

叶挺在1946年3月的一封入党申请电，至今仍保存在中央档案馆。

1946年3月4日，被蒋介石扣押长达五年之久的叶挺终于获释。在出狱后的第二天，叶挺即致电党中央，请求加入中国共产党，电文写道：

"毛泽东同志转中国共产党中央委员会：

我已于昨晚出狱，我决心实行我多年的愿望，加入伟大的中国共产党，在你们的领导之下，为中国人民解放事业贡献我的一切。我请求中央审查我的历史是否合格，并请答复。"

这也是叶挺22年前在莫斯科向中共旅莫支部写过的第一份入党申请书之后，直接向中共中央和毛泽东同志写的第二份入党申请书。

叶挺全家在澳门时的合影

新四军组建初期，叶挺（中）与新四军部分干部在汉口军部合影

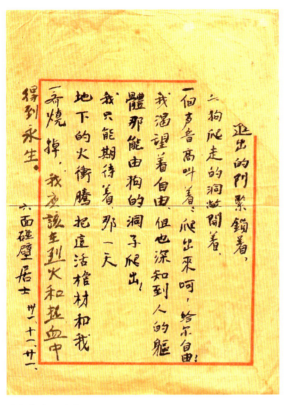

叶挺诗稿《囚歌》

毛泽东亲自修稿润色的批准叶挺入党的复电

广州起义。1928年以后，叶挺流亡德国、法国等地10年，在此期间脱党。

抗日战争爆发后，1937年8月，周恩来在上海会见叶挺，请他出面改编红军南方游击队。9月28日，国民政府军事委员会任命叶挺为新四军军长，任命他为新四军军长的命令一发表，他就毫不犹豫地奔赴延安。

1941年，发生震惊中外的皖南事变。叶挺被押后，在狱中度过了五年零两个月，蒋介石亲自劝降，叶挺却刚正不屈，写下了著名的《囚歌》，成为千古绝唱。被押期间，党中央一直关注叶挺的处境，不断与国民党交涉，最终在1946年3月营救其出狱。叶挺在出狱后10个小时写就的入党申请受到了党中央的高度重视。毛泽东亲自修稿润色了批准叶挺入党的复电：

"亲爱的叶挺同志：五日电悉。欣闻出狱，万家欢腾。你为中国民族解放与人民解放事业进行了二十余年的奋斗，经历了种种严重的考验，全中国都已熟知你对民族与人民的无限忠诚。兹决定接受你加入中国共产党为党员，并向你致热烈的慰问与欢迎之忱。中共中央 三月七日。"

是年4月8日，叶挺在与王若飞、博古、邓发等人飞往延安途中不幸因飞机失事遇难。毛泽东悼念："为人民而死，虽死犹荣。"

参考资料：《中国共产党简史》《中共广东党史简明读本》《叶挺将军传》及党建网

彭湃（1896—1929），中共党员、日本归侨，广东海丰人，是中国共产党老一辈无产阶级革命家、中国农民革命运动先导者、著名的海陆丰苏维埃政权创始人。1917年赴日本求学，1921年回国即加入中国社会主义青年团，在家乡海丰创办社会主义研究社和劳动者同情会，传播马克思主义。1922年只身深入农村调研，组织开展农民运动，撰写《海丰农民运动》，被誉为"农民运动大王"。1924年转为中国共产党党员，赴广州创办农民运动讲习所。曾参加领导南昌起义，建立海陆丰苏维埃政权，先后任中央政治局委员、中共中央农委书记、中共中央军委委员等职，1929年因叛徒出卖被捕入狱，服刑前高唱《国际歌》英勇就义。

"农民运动大王"彭湃的壮丽人生

彭湃，1896年出生于广东海丰，自幼家境富裕。1917年夏，彭湃前往日本求学，到了日本后，先入成城高等预科学院学习日语，后又进入早稻田大学学习政治经济科，其间研读了大量马克思主义、俄国十月革命的有关文章，还曾深入日本农村调研实践。1921年5月从早稻田大学毕业时，他同在日本的中国

留学日本时的彭湃

共产主义小组负责人施复亮交流时表示，"中国是农民占多数，中国的革命要依靠农民"。

回国后，彭湃当即加入中国社会主义青年团，脱下学生装，身着粗布衣裳，头戴竹笠，赤着双脚，到农村与农民拉家常，广交朋友，在家乡海丰创办社会主义研究社和劳动者同情会，传播马克思主义。

1922年5月，他与杨嗣震、李春涛等成立社会主义青年团海丰组织。1922年夏，他只身深入农村，了解农民疾苦，组织农民行动起来，开展农民运动。他撰写的《海丰农民运动》一书，成为从事农

民运动者的必读书，他也被誉为"农民运动大王"。毛泽东对海陆丰农民运动给予充分肯定，他在《湖南农民运动考察报告》中指出，"县政治必须农民起来才能澄清，广东的海丰已经有了证明"。

1922年7月，彭湃和张妈安等6人成立海陆丰第一个农会——"六人农会"，从此点燃农民运动的火种。1923年1月，海丰县总农会成立，彭湃为会长。彭湃为总农会制定了会旗，起草了临时简章、章程。农民运动以燎原之势迅速发展，同年7月，扩展到陆丰、惠阳等十县，彭湃相继组建了惠州农民联合会和广东省农会。

1924年4月，彭湃加入中国共产党，同时赴广州领导农民运动，创办农民运动讲习所（今广州市越秀区中山四路42号），是第一届、第五届农讲所主任和农讲所骨干教员。1925年2月，彭湃参加东征。

1925年3月上旬，彭湃组织成立中共海丰支部，并担任书记。4月上旬，中共海丰支部改称中共海陆丰特别支部。后中共海陆丰特别支部改组为海陆丰地委。1927年3月赴武汉，彭湃与毛泽东等发起组织中华全国农民协会临时执行委员会，并任执行委员兼秘书长。大革命失败后，彭湃赴南昌，参加以周恩来为书记的党的前敌委员会，参与领导南昌起义。

海丰六人农会小组塑像

彭湃雕像

农民运动时期的彭湃

1927年11月，彭湃领导建立中国第一个苏维埃政权——海陆丰苏维埃政权。1928年上半年，彭湃领导的农民武装加上叶镛、徐向前等带领的广州起义部队红四师部分兵力，在海陆丰、普宁、惠来、潮州一带开展武装斗争，拓展革命根据地，巩固、捍卫苏维埃政权。

1929年8月，彭湃因叛徒出卖被捕，被关押在上海龙华监狱。在狱中，他坚贞不屈，英勇斗争。面对死亡威胁，他说："只要我还有一口气，我就要为共产主义事业奋斗到底！"他坚定地表示："不久的将来，一定能够推翻反动的统治，建立全国的苏维埃政权"，"为了我们的子子孙孙争得幸福的生活，就是献出了自己的生命也是在所不惜的"。

1929年8月30日，彭湃高唱《国际歌》，呼喊着"打倒帝国主义！""中国红军万岁！""中国共产党万岁！"的口号壮烈牺牲，年仅33岁。

彭湃被害的第二天，中共中央发表宣言："他这样的革命斗争历史早已深入全国工农劳苦大众心中，成了广大群众最爱护的领袖。谁不知广东有彭湃，谁不知彭湃是中国农民运动的领袖。"

参考资料：《中国共产党简史》《中共广东党史简明读本》、新华网及中国侨网朱云卿（1907—1931），原名云，字国声，中共党员，印尼归侨，广东梅县人，中国工农红军高级将领、革命烈士。15岁到荷属东印度做工，1924年自筹路费回国报考黄埔军校，其间研读马列著作，加入军校进步组织。1925年加入中国共产党，曾参加南昌起义、秋收起义。1928年任红四军三十一团团长，参加了攻打龙源口、围困永新城等战斗，取得了黄洋界保卫战的胜利，历任红一军团参谋长、红一方面军参谋长兼红一军团参谋。1931年成立中共中央革命军事委员会，年仅24岁的朱云卿被任命为总参谋长，毛泽东称赞他是"得力助手"。朱德亲自为其写传略，称其为"诚中国有用人才，我党不可多得的军事干部"。

华侨英烈　红军名将
——朱云卿

　　朱云卿，原名云，字国声，1907年出生于广东梅县一个南洋华侨家庭。15岁随叔父来到荷属东印度做工。1924年中，朱云卿得到黄埔军校招生的消息，瞒着叔父，自筹路费，乘船回到广州，成为黄埔军校第三期步兵队学生班的一员。在黄埔军校，朱云卿刻苦学习军事知识和革命理论，研读马列著作，并参加军校进步组织"青年军人联合会"。1925年10月，朱云卿参加讨伐反动军阀陈炯明的第二次东征，在战斗中机智英勇，受到周恩来的赞赏，同年加入中国共产党。

　　1926年1月，朱云卿从黄埔军校毕业，按照党的要求留在广州从事革命活动。这年5月，毛泽东在省农协附近的番禺学宫，开办第六届农民运动讲习所，朱云卿常去听讲，他吸收黄埔军校和广州农讲所的办学经验。1926年冬，到韶关主办了北江农军学校，朱云卿亲自讲授军政课，并带领学员到曲江县黄岗等地作社会调查，帮助地方组织农会和农民自卫军。1927年9月，朱云卿参加秋收起义，并随起义部队进入井冈山，在毛泽东、朱德的直接领导下工作。

　　1928年夏，朱云卿担任红四军三十一团团长，他率领三十一团参加草市坳和攻占永新县城战斗，

黄洋界保卫战胜利纪念碑

为赞扬黄洋界保卫战的胜利，毛泽东在井冈山写下《西江月·井冈山》

取得胜利。7月，江西敌军进攻永新，朱云卿率领三十一团，严格按照部署，占据永新有利地形坚守，并相继组织小分队四处出击，打乱敌军阵形，将来敌困在永新县城30里外达25天之久。此战毙伤、俘虏大量敌人，配合粉碎了湘、赣两省敌军对井冈山根据地的第一次"会剿"。1928年8月下旬，湘赣两省敌军乘红军主力远在湘南欲归未归之际，以4个团的兵力，分两路向井冈山发动第二次"会剿"。井冈山军民迅速投入战斗准备，留守井冈山的第三十一团团长朱云卿、党代表何挺颖立即召开留守机关、红军医院负责人及伤病员代表会议，传达毛泽东提出的坚守井冈山的意见，讨论应付敌人的对策。8月30日，敌人向黄洋界哨口发起猛攻，朱云卿率领守卫黄洋界的军民利用悬崖峭壁顽强抵抗，打退敌军的多次进攻，取得黄洋界保卫战的胜利，保住了井冈山革命根据地。9月，毛泽东为这一胜利作《西江月·井冈山》："山下旌旗在望，山头鼓角相闻。敌军围困万千重，我自岿然不动。早已森严壁垒，更加众志成城。黄洋界上炮声隆，报道敌军宵遁。"

1929年1月，朱云卿随红军主力开赴赣南、闽西。3月，朱云卿调任红四军参谋长。10月，红四军攻打广东省东江，朱云卿随朱德等率领的红四军一、二、三纵队向东江前进。12月，朱云卿参加古田会议，在会上支持毛泽东的正确意见，并认真贯彻会议决议。1930年6月下旬，中国工农红军第一军团在长汀成立，朱云卿任军团参谋长。8月，红一方面军在湖南成立，朱云卿任红一方面军参谋长。在红军总部，他和毛泽东同住一间房。1931年1月，成立中共中央革命军事委员会，年仅24岁的朱云卿被任命为总参谋长。

"敌进我退，敌驻我扰，敌疲我打，敌退我追，游击战里操胜券。大步进退，诱敌深入，集中兵力，各个击破，运动战中歼敌人。"这是毛泽东在第一次反"围剿"时为苏区军民誓师大会作的一副对联，也是红军反"围剿"战略方针的高度概括。朱云卿是这一方针的具体组织者、积极实施者，同时亦对丰富、完善这一方针作出了独特贡献。为了粉碎敌军的第二次"围剿"，红一方面军总部于3月7日、17日分别发出《通令》《训令》。其中，3月7日的《通令》就是朱云卿主持草拟的。此《通令》非常重视地方武装的作用，将赣西南地方武装已组织的5个指挥部，进一步划为9个作战区，命令地方武装除在指定地域作战外，均须执行："扰敌、堵敌、截敌、袭敌、诱敌、毒敌、捉敌、侦敌、饿敌、盲敌"十项任务。这些战术原则在第二次反"围剿"，以至其后几次反"围剿"中均发挥重大作用，丰富了毛泽东军事思想游击战争理论。

正当朱云卿为第二次反"围剿"作战殚精竭虑、日夜操劳之时，无情的病魔吞噬着他年轻的生命。1931年5月，朱云卿逝世于吉安东固红军后方医院，年仅24岁。

朱云卿是中国工农红军的杰出将领，为中国革命作出了重要的贡献，毛泽东称赞他是"得力助手"，朱德亲自为朱云卿写传略，称其为"诚中国有用人才，我党不可多得的军事干部"。1983年，中共中央、中央军委将他列入193位对中国革命作出杰出贡献的军事人物，载入《中国大百科全书》军事卷。他不朽的业绩，赫赫彪炳于中国革命的史书中。

参考资料：人民网、新华网、东方网、澎湃新闻客户端谢创（1905—1995），中共党员，美国归侨，广东开平人，中共开平组织重建人之一，历任中共四邑工委书记、中共西南特委委员、中共开平县委书记、中共中区特委书记等，为粤中区的抗战胜利作出重要贡献。少年时赴美谋生，其间积极领导美洲华侨革命热潮，曾被美国当局政府囚禁于天使岛。1932年赴苏联列宁学校学习，同年转为中共党员。1935年回国后，大力宣传抗日民主战线，联动多方力量，发动群众抗日斗争。中华人民共和国成立后，曾任广州市卫生局、侨务局局长，中共广州市委统战部副部长，广州市参事室主任，广州市侨联名誉主席。

抗战救国的海外赤子
——谢创

出身贫苦的谢创，少年时赴美营生，领导美洲华侨革命热潮，被选送到苏联学习，回国后大力宣传抗日民主战线，联动多方力量，发动群众抗日斗争。中华人民共和国成立后，曾任广州市卫生局、侨务局局长，中共广州市委统战部副部长，广州市参事室主任，广州市侨联名誉主席。

谢创，生于开平塘口镇一户贫农家庭。1923年，谢创迫于家庭生活压力赴美营生。在留美期间，初具革命思想的谢创一方面打工、读夜校，另一方面毅然投身轰轰烈烈的工人运动。谢创和同学自行组织了"三民主义研究社"，旨在研究孙中山

所倡导的"联俄、联共、扶助农工"三大政策。

1926年8月，正当谢创等爱国青年对国内外前途迷惑之际，美国共产党派遣党员启发教育，指导他们学习和研究马列主义，使他们逐渐信仰马克思主义并加入美国共产党，谢创与进步青年组建的"三藩市中国学生会"为华侨社会中的青年反帝中心，宣扬共产主义思想。同

1935年，从苏联回国的谢创

期，谢创等人成立"华侨失业工人工会筹备会"，为当时华侨失业工人积极开展反失业斗争并被当时的美国政府囚禁于天使岛。经过美国共产党等多方努力以及华侨抗议，美国政府被迫允许谢创自由出境。1932年，美共征得共产国际同意，让谢创前往苏联并入读列宁学校，同年转为中国共产党员。

1935年，自苏联回国的谢创回到了家乡开平，从办家乡学校入手，联系社会上教育界、知识界青年，深入群众宣传党的抗日民族统一战线，组织群众先后建立了"学联""青联""妇联""抗先队""抗日自卫队"，开展轰轰烈烈的抗日救亡运动。1937年，谢创、胡剑魁、关山、周晃等人经广州市委批准后，重建当时被破坏的开平县党组织，成立中共开平特别支部，并以抗日救亡运动为中心，组织剧团演出，发动群众开展抗日斗争。谢创历任中共四邑工委书记、开平县委书记、中共西南特委（后改

谢创（右二）以学校为抗日救亡阵地，联系和组织各界进步青年

称中共中区特委）委员、东江前方特委书记等要职，领导、参加了五邑地区抗战，为夺取抗战的胜利作出了重要贡献。

参考资料：《中共广东党史简明读本》、新华网、中国侨网、广州市政协门户网站及《江门日报》

谢创故居

陈铁军（1904—1928），原名陈燮君，中共党员，澳大利亚侨眷，广东佛山人。陈铁军出生于广东一个归侨富商家庭，1922年考入广州坤维女子中学，结识了中共妇女运动领导人蔡畅、邓颖超，与党组织建立紧密联系。1924年考入广东大学文学院预科，求学期间，为追求进步，铁心跟共产党走，她改名铁军。1926年加入中国共产党，曾任广东妇女解放协会执行委员会委员、省港罢工劳动妇女学校教务主任等职务，积极从事文化宣传、参加反帝示威游行。1927年，国民党当局在广州发动"四·一五"反革命政变，陈铁军不幸被捕，在狱中备受酷刑，坚贞不屈。服刑前，陈铁军与周文雍在铁窗下合影并宣布结婚，留下一张广为流传的"刑场上的婚礼"合照。

刑场上的新娘
——陈铁军

陈铁军原名陈燮君，1904年出生于广东的一个归侨富商家庭。其父陈邦楠赴澳大利亚经商致富后，回到广东购置产业，是当时小有名气的归侨富商。1922年春，陈铁军考取了广州坤维女子中学，开始了影响她一生命运的求学之旅。在广州坤维女子中学求学期间，正值革命思潮风起云涌，陈铁军与妹妹陈铁儿在思想上对妇女解放、自由平等有了深入的认识，并结识了中共妇女运动领导人蔡畅、邓颖超，建立了与党组织的紧密联系。

1924年秋，陈铁军考入广东大学（现中山大学）文学院预科。

1926年，陈铁军正式加入中国共产党，并正式改名为铁军，以表示跟"旧我"决裂，誓把一切献给党的革命事业。入党后，陈铁军先后担任中共中山大学文学院支部委员、广东妇女解放协会

陈铁军（前右二）在广州坤维女子中学毕业时留影

执行委员会委员、省港罢工劳动妇女学校教务主任等职务，主要从事文化宣传、参加反帝示威游行等革命活动。

大革命失败后，陈铁军为躲避国民党反动派的追捕，回到了佛山老家。陈铁军的哥哥也是位富商，见此情形十分担心，劝她说："现在外面风声很紧，你搞革命一旦被捉，就没命了！你要读书，我供你去香港或出洋留学都可以，你要为自己的前途、幸福着想呀！"

陈铁军清楚哥哥的苦心，却没有被亲情融化革命的意志。哥哥万般无奈而又心急，让比陈铁军小四岁的二妹陈铁儿去劝她。没想到，二妹不但没有劝陈铁军回头，自己反而在陈铁军的影响下参加了革命，姐妹俩在革命的洪流中意志更加坚定。这对出身富贵却不爱奢华的姐妹花，就这样放弃了本可安逸的生活投身革命，以巾帼不让须眉的姿态在中国的革命史册中留下了浓墨重彩的一笔。

1927年，邓颖超因病留在广州住院。就在此时，蒋介石发动四一二反革命政变，广州的国民党反动派也开始搜捕共产党人。4月15日，大批军警将陈铁军所在的中山大学包围起来，陈铁军立即想到住院的邓颖超有危险。她立即乔装翻出学校院墙，躲过盘查的军警，赶到医院通知邓颖超撤离。第二天，敌人就对医院进行了搜查。

后来，陈铁军接受党组织安排，和周文雍假扮成夫妻，在广州西关租了一间屋子，建立党的秘密机关，筹备广州起义，两人一起投身发动群众、组织武装、筹集经费、运送弹药的工作。广州起义失败后，陈氏姐妹撤退到香港。1928年年初，陈铁军与周文雍以知难而进的英雄气概，继续扮成夫妻重回

陈铁军与周文雍就义前的合影

广州开展革命活动。1928年1月，由于叛徒出卖，陈铁军和周文雍不幸被捕。在监狱里，他们经受住了敌人的严刑拷打和名利诱惑，始终顽强不屈。在地下斗争中，陈铁军和周文雍的感情日益加深，但由于地下斗争的残酷，两人都没有明确表达。在得知敌人无计可施要判处他们死刑后，两人决定将爱情公布于众。当法官照例询问他们在死前还有什么要求时，周文雍提出要和妻子拍一张合影。摄影师就在监狱的铁窗前为他们拍下了这张著名的狱中结婚照。

在狱中的铁窗前，周文雍穿着杂绒西装，陈铁军披着宽围巾，双手插在衣袋中，两人神情从容。光看照片，很难从两人的神情上看出这竟然是赴死前的照片，牺牲时，陈铁军才24岁。

在被押往红花岗刑场的路上，陈铁军、周文雍高呼"打倒国民党反动派！""中国共产党万岁！"等口号，从容就义。

陈铁军、周文雍牺牲后的第二天，当时的报纸刊登了这张合影。为避免人们认为他们两人原来已是夫妻，报纸就在照片旁以陈铁军的口吻附加了一句话："我们俩过去在一块工作，一直没有结婚，现在我们宣布举行婚礼。"照片和报道感人肺腑。聂荣臻看到后动情地说："这就是我们的战友，那是刑场上的婚礼啊！他们的爱情在这个世界上，是独一无二的！"

刑场作礼堂，枪声为礼炮，木棉当礼花，当周恩来得知两位烈士在刑场举行婚礼的故事后，心痛地说："这是人间最纯真、最高尚的爱情。"1980年，长春电影制片厂以周文雍和陈铁军为原型，制作成名为《刑场上的婚礼》的影片，把这段饱含革命豪情且富有爱情色彩的故事搬上了大银幕，在全国观众中引起强烈共鸣。

《刑场上的婚礼》电影海报

参考资料：《南方都市报》、央广网、中国侨网

冼星海（1905—1945），中共党员，法国归侨，出生于澳门，祖籍番禺，中国近代著名作曲家、钢琴家。6岁随母在南洋艰苦谋生，13岁返乡在广州岭南大学附中学习小提琴，24岁考入法国巴黎音乐学院高级作曲班勤工俭学6年，是该班几十年来第一个中国学生。学成回国后致力于抗日歌咏运动，1939年在延安加入中国共产党，创作了《黄河大合唱》等大量鼓舞人心的抗战歌曲。1940年5月，受党中央派遣远赴苏联，不久苏德战争爆发，他因战乱和交通阻隔而难以归国。其间，创作了交响曲《民族解放》《神圣之战》，管弦乐组曲《满江红》《中国狂想曲》等一批音乐作品，表达对祖国深切怀念。1945年10月病逝于莫斯科，毛泽东主席题悼词："为人民的音乐家冼星海同志致哀。"

谱大众心声，为民族而歌
——冼星海

冼星海，祖籍广东番禺，1905年出生于澳门一个贫苦渔民家庭，幼年时随母亲在马来亚谋生，曾在新加坡养正学校上学，其间参加该校管弦乐队的活动。

1918年，母亲黄苏英想方设法来到广州，把13岁的冼星海送进了岭南大学附中学习小提琴，正式开始专业学习音乐。少年时期的冼星海就已经表现出音乐方面的天赋，擅长吹奏单簧管，有"南国箫手"的美誉，连培正中学也请他去做音乐教员和乐队指挥。1929年，冼星海赴法国勤工俭学，考入巴黎音乐学院高级作曲班学习，他是该班几十年来

第一个中国学生。留法期间，冼星海敏感地体察着劳苦大众的呻吟，创作了《风》《游子吟》《d小调小提琴奏鸣曲》等十余首作品。

1935年回国后，他在上海积极参加抗日救亡运动，先后创作了《救国军歌》《战歌》等大量抗日救亡歌曲，并为进步影片《夜半歌声》《壮志凌云》《青年进行曲》，话剧《太平天国》《日出》《复活》《大雷雨》等谱曲。1937年全面抗战爆发后，冼星海跟随上海抗日演剧团第二大队奔赴敌后，深入田间地头、工厂矿井，宣传抗日救亡。在此期间，他创作出了《保卫卢沟桥》《游击军歌》

巴黎音乐学院杜卡作曲班的合影，右二为冼星海

1932年3月，巴黎中国留法音乐会成立留影，左一为冼星海

《在太行山上》《到敌人后方去》等一大批著名抗日歌曲，激励着无数热血青年奔赴抗日最前线。

1938年9月，冼星海收到延安鲁艺副院长沙可夫和音乐系全体师生签名信，热情邀请他前往延安鲁艺担任音乐系主任。在周恩来的安排下，冼星海携夫人于1938年11月初抵达延安，开始在鲁艺任教。1939年1月，诗人光未然抵达延安后，创作了朗诵诗《黄河吟》。400多行诗句，25岁的诗人一气呵成，并在这年的除夕联欢会上朗诵了这首作品。冼星海听后非常兴奋，表示要为演剧队创作《黄河大合唱》。同年3月，在延安一座简陋的土窑里，冼星海抱病连续创作六天，于3月31日完成了《黄河大合唱》的作曲，并且在不到一个月的时间内完成了首次演出。

1939年夏，冼星海（前）指挥鲁艺师生排演《黄河大合唱》

1939年5月11日，在庆祝鲁艺成立一周年的音乐晚会上，冼星海亲自指挥100多人组成的合唱团演唱《黄河大合唱》。刚一唱完，毛泽东同志就连声称赞。

当晚，冼星海在日记中写道："今晚的音乐会可是中国空前的音乐会，我永远不能忘记今天的情形。"不久，回到延安的周恩来同志为冼星海题词："为抗战发出怒吼，为大众谱出心声！"从此，《黄河大合唱》从延安传遍全中国，传向全世界，成为振奋中华儿女争取民族解放战争胜利的精神力作。

在延安期间，他还创作了《生产大合唱》《九一八大合唱》等大型作品，以及《三八妇女节歌》《打倒汪精卫》等大量歌曲。此外，他发表了《聂耳——中国新兴音乐的创造者》《论中国音乐的民族形式》《民歌与中国新兴音乐》等许多音乐论文，论述中国新音乐发展的历史经验及大众化和民族形式等问题。

《黄河大合唱》总谱　　　　　《黄河大合唱》选段

1939年5月15日，冼星海向时任鲁艺副院长赵毅敏递交了《入党申请书》，他写道："中国共产党是全（国）唯一最进步的党。是无产阶级的政党，是坚持抗日、抗战到底的党，是青年的是前进的，是有国际意义的党。他的前途和发展都是伟大的，也是全世界劳苦大众所冀望的一个党，弱小民（族），被压迫民族所共同拥护的一个党。我觉得自己创作幼稚，政治认识太薄弱，因此我希望能接收（受）党的领导，从马列主义的理论学习创作。我常觉

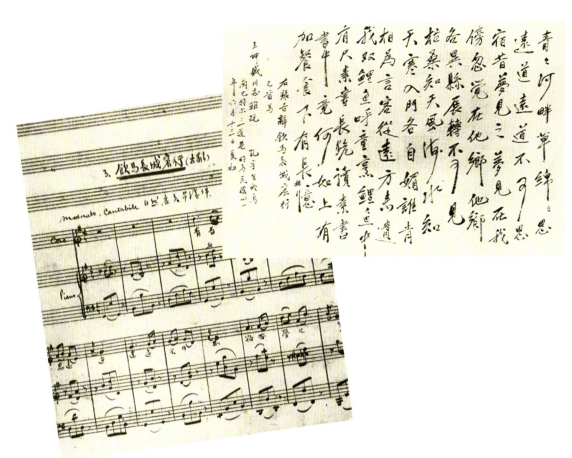

冼星海手稿

冼星海递交的入党申请书

毛泽东题词："为人民的音乐家冼星海同志致哀"

得不加入组织成了离开党的领导一样渺茫似的，因此愿意加入党，同时希望党能吸收音乐的专门人材……""我像许多青年人一样，愿意把自己献给党！"

1939年6月14日，鲁艺党支部批准了冼星海的入党申请。他在日记中写道："今天就算我入党的第一天，可以说是生命上最光荣的一天。我希望能改变我的思绪和人生观，去为无产阶级的音乐奋斗！"

1940年5月，冼星海受党中央派遣去苏联为大型纪录片《延安与八路军》配乐。到苏联后不久，苏德战争爆发。他因战乱和交通阻隔而难以归国。其间，他以音乐为武器，写下了交响曲《民族解放》《神圣之战》，管弦乐组曲《满江红》《中国狂想曲》，歌颂苏联人民的反法西斯战争，表达对祖国的深切怀念。长期劳累和营养不良，致使肺病加重，1945年10月冼星海病逝于莫斯科。延安各界为他举行了追悼会，毛泽东题词："为人民的音乐家冼星海同志致哀。"

参考资料：《中国共产党简史》、人民网、新华网、央视网、《光明日报》《中国档案报》及《中国艺术报》

曾生（1910—1995），原名曾振华，中共党员，澳大利亚归侨。他出生于侨工家庭，少年赴澳学习5年，能讲一口流利的英语，回国考入中山大学，没上过一天军校，却满腔热血引领革命运动。1936年加入中国共产党，在广州领导学生参加一二·九运动，在香港突破重重封锁营救包括何香凝、茅盾在内的800多位爱国民主人士和文化界进步人士，在民族危亡的抗日战场上锤炼成名赫赫的东江纵队司令员。中华人民共和国成立后，曾生先后担任广东军区副司令员、华南军区第一副参谋长，1955年被授予少将军衔，先后任中共海军党委委员、南海舰队第一副司令员、中共广东省委常委、广东省副省长兼广州市市长等职。

归侨学子投革命　扬威南粤战东江
——开国将军曾生

　　曾生（1910—1995），原名曾振华，出生于广东一个普通的侨工家庭。曾生幼年曾在中国香港读小学，1923年秋前往澳大利亚悉尼，先后就读补习学校和商业学院中专部。1928年，曾生从澳大利亚悉尼商学院中专部毕业，考虑到商业不能救中国，于是他便放弃商业学习随父亲回国。

　　从小就敬仰孙中山先生的曾生提出要去中山大学读

中山大学毕业时的曾生

书，他对父母说："国家兴亡，匹夫有责。我是一个中国青年，应该读中文学校，将来要为中国的振兴作出自己的贡献。"

　　1929年9月，曾生考入中山大学附中。当时国内军阀混战，广东军阀陈济棠乱抓乱捕，把曾生投进了监狱。在监狱的墙上，曾生看到许多共产党人写的革命标语、口号和诗词，由此对共产党产生了好感。出狱后，曾生升入中山大学文学院就读，同时阅读进步书刊，加入了中国青年同盟，开始从事革命工作。

　　1935年，北平爆发一二·九运动，全国各大城

游击总队时的曾生

左起：黄作梅、周伯明、曾生、林展、饶彰风

市的学生纷纷响应。曾生担任广州市学生抗敌联合会主席，带领学生、市民2万余人游行示威，愤怒的游行队伍捣毁了压制学生开展抗日救亡运动的教育厅。1948年，毛泽东对首次见到的曾生说："你们打了不准抗日的教育厅，打得好！"

1936年，曾生加入中国共产党。由于冲击教育厅事件影响非常大，曾生遭到广东军阀陈济棠的通缉，被迫转移到香港。而即便离开了广州，曾生依旧没有忘记自己的志愿，在香港继续进行革命活动。他筹办"余闲乐社"，组织爱国海员，宣传抗日并募捐钱物。

1938年冬，日军在大亚湾登陆，企图将华南收入囊中。根据党中央的指示，八路军香港办事处主任廖承志开始组建南方敌后抗日武装，曾生主动请缨从香港回到东江地区，开展抗日武装斗争。从没当过兵打过仗的书生曾生，担负起了在东江地区开展敌后抗日游击战争的使命，带着从香港发动的百余名共产党员、进步青年和学生，回到自己的家乡，组建了惠宝人民抗日游击总队，扛起了抗日大旗。游击总队成立时，一无武器二无军饷，甚至连吃饭都成了问题。为了解决部队的燃眉之急，曾生说服母亲将父亲留下的几亩地卖了。在曾生的带领下，惠宝人民抗日游击总队在惠（阳）、宝（安）沿海地区开展抗日游击战争。游击队以坪山为基地，与其他游击队互相配合，并肩战斗，初步打开了东江敌后抗日游击战争的局面。

1940年10月初，曾生带领广东人民抗日游击队第三大队（东江纵队前身）挺进东莞大岭山区，创建了大岭山抗日根据地。据《东江纵队志》记载，1941年6月10日夜，日军长濑大队400余人倾巢而出，兵分两路秘密向百花洞进军，企图消灭抗日游击队。曾生率领的游击队利用东莞大岭山百花洞的有利地形，与日军打了一场阻击围歼战，共毙伤日军50余人。这场战斗中，敌大队长长濑被击毙，以至日军哀叹："这是进攻华南以来最丢脸的一仗。"

1941年太平洋战争爆发，12月25日香港沦陷。遵照党中央营救困在香港的爱国民主人士和文化界进步人士的指示，曾生历经6个多月，从敌人重重封锁中，营救出何香凝、柳亚子、邹韬奋、茅盾、乔冠华等文化界知名人士和其他人士共800余人。

经多年战火的洗礼，曾生这位书生已经成长为一名让敌人胆寒的抗日名将。1943年12月2日，广东人民抗日游击队东江纵队（简称东江纵队）成立，曾生任司令员。在他的指挥下，东江纵队在南粤积极开展敌后游击战争，先后作战1400多次，歼敌9000余人，部队发展到1.1万人，武装民兵有1.2万人，牵制了日军的大量兵力，为华南敌后抗战和全国抗日战争的胜利作出了巨大的贡献。

1955年，新中国首次授衔十大元帅和一批将军，曾生被授予少将军衔。

参考资料：《中共广东党史简明读本》《东江纵队志》、人民网、央广网、中国侨网及《南方日报》

王彭（1867—1927），又名王应彭，中共党员，美国归侨，广东花县人，革命烈士。16岁赴美打工谋生，养成疾恶如仇、好抱不平的坚毅性格，在海外积极支持孙中山民主革命，深得当地华人的尊敬和拥戴。49岁回乡领导农民运动，自建居住、防守两用的"王彭楼"作为农运基地，为农运捐钱捐物，被大家称为"米饭主"。1923年起，阮啸仙、彭湃先后来花县乡村宣传发动农民运动，王彭进一步接触、接受进步思想。1924年九湖乡农会成立，王彭当选农会委员，同年加入中国共产党。1927年6月，王彭誓死保卫农会，在王彭楼与敌战斗40多天后英勇就义。

为农民运动英勇献身的华侨烈士
——王彭

　　王彭，又名王应彭，1867年生于花县花东九湖鱼笱庄（今广州花都区三凤村）。花东是一个有名的侨乡，从清末开始，不少人为生计所迫，漂洋过海寻找出路。在王彭很小的时候，其父王适宁就前往美国谋生。

　　1883年，刚满16岁的王彭远涉重洋，到美国旧金山打工。在异国他乡，受尽白眼，王彭养成疾恶如仇、好抱不平的坚毅性格，深得当地华人的尊敬和拥戴。1903年12月，孙中山到达旧金山，举办兴中会救国筹饷大会。王彭闻讯马上前往参加。国家沦亡，民族颓败，深深刺激他的心，他拿出自己的血汗钱，和大家一道认购"军需债券"，支持孙中山的民主革命。孙中山与这个比他只小一岁的广东同乡一见如故，常来常往，相谈甚欢。1904年，王彭加入革命团体兴中会。

　　1916年，年近五旬的王彭离开美国，回到家乡花县九湖鱼笱庄建起了一栋居住、防守两用的炮楼式楼房，人称"王彭楼"。阔别家乡数十载，眼前的故乡却民生凋敝，贫困尤甚，王彭看在眼里，痛在心上："为富不仁何时能够铲除，国家何时能够富强？"

　　1920年，同村的王福三提出成立"九湖乡自治

王彭楼窗户上留下的弹痕　　　　　　王彭楼：花东镇三凤鱼笱庄　　　　　　花县第一届农会旧址：花东镇九湖村王氏大宗祠

会"，旨在"肃清本乡腐败之事"，把农民组织起来，打倒贪官污吏和土豪劣绅。满腔热血的王彭决意为改变乡民困局而战，"自治会"成立时，他被选为10名评议委员之一。每逢初一、十五，他必定到会，参与处理农民争端、调解大小纠纷，以及监督公款收支等乡中事务，深得乡民信任。

1923年年初，共产党员阮啸仙到花县的九湖、莲塘等乡村宣传发动农民运动，使王彭逐步懂得革命的道理。1924年年初，彭湃也到花县指导农民运动。1924年4月，九湖乡农会正式成立，王彭被选为农会委员，他拿出辛苦得来的积蓄，为农会无偿地捐献了大批粮食和资金，解决了农会经费不足的困难，被大家称为"米饭主"。

1924年秋天，经过党组织的培养教育和实际斗争锻炼的王彭，光荣地参加了中国共产党。他入党后更加积极地工作，经常起早摸黑，奔东村，跑西村，宣传发动农民。

农民运动的发展触及地主豪绅的根本利益。1924年10月下旬，反动民团和土匪500余人向县农会所在地九湖乡发动武装进攻。王彭再次捐钱给农会，使农军及时购买到一批枪支子弹，大涨了农军的士气。

1927年，蒋介石发动四一二反革命政变，花县的反动势力也闻风而动，一批共产党员和农会干部、会员惨遭杀害。6月9日下午，国民党反动派向花县扑来。其时，适逢王彭六十大寿，听此消息，他立即停止寿宴，紧急应战。敌强我弱，两天后，元田、莲塘、九湖相继失陷。农会领导人决定带领主力向上古岭一带撤退，留下王彭和王世根等24名农军战士负责掩护，并退入鱼笱庄王彭楼坚守。

敌人把大楼围得水泄不通，不断发起猛烈的攻击。敌人先后用了挖通道、埋炸药、搭架凿墙、火攻等阴谋，妄图攻下这座大楼，但都被王彭等农军战士逐一粉碎。

花县农民运动陈列馆

在坚守了40余天后，农军面临弹尽粮绝的危险局面。为了保存力量，农军忍痛弃楼，撤出鱼笱庄。在撤退中，王彭跌伤了一条腿。他强忍疼痛吩咐大家疏散，自己拖着一条伤腿，忍痛连夜赶往李溪连石庄亲戚家，暂避风险。第二天，由于被暗探出卖，王彭不幸落入敌手。团匪把他毒打一顿后，用大铁线将其手脚穿透捆起，用大竹杠抬到平山游行示众。王彭被敌人残忍杀害前，仍不断高呼革命口号。

中华人民共和国成立后，花县人民政府追认王彭为革命烈士，并将其英名刻于"花县革命烈士纪念碑"上，将弹痕累累、濒于倒毁的王彭楼重新修葺一新，使这座具有传奇色彩的青砖大楼成为革命历史的见证。

2008年，王彭楼被广州市人民政府列为文物保护单位

参考资料：人民网、中国侨网、《广州日报》及广州市政协门户网站

陈郁（1901—1974），中共党员，出生于贫苦海员工人家庭，11岁赴香港谋生，是我党早期工人运动的领袖之一。由于在英国人经营的轮船上当海员的亲身经历，陈郁深刻了解革命斗争的重要意义。1925年加入中国共产党后，组织领导省港大罢工，参与指挥广州起义，1931年被派往苏联做工学习，经历了9年坎坷艰辛的海外生活。陈郁还是新中国第一位能源部长，领导中国能源建设，让中国煤炭业的产量翻了两番。1957年开始担任广东省省长，在极端复杂的情况下，让广东经济建设有了很大发展，人民生活得到改善，被称为"爱民省长"。

工人先驱 "爱民省长"
——陈郁

陈郁出生于贫苦海员工人家庭，11岁时为了生计便赴香港，在缝纫机修厂、汽车公司当学徒做工。1921年，时年20岁的陈郁经父亲的朋友介绍到亚洲皇后号海轮当海员，同年3月加入轮船上由中国海员工人组织成立的"中华海员工业联合总会"，简称香港海员工会。

1925年上海五卅运动爆发，为支援这一反帝爱国运动，6月中旬，中共广东区委派邓中夏等以中华全国总工会代表的身份到香港，与苏兆征等在香港工团总会召集了20余个工会负责人开会，陈郁出席了这次会议。会上决定向港英当局提出援助五卅惨案的六项政治经济要求，举行总同盟罢工。陈郁坚决执行关于举行罢工的决定，积极组织领导本轮船和太平洋航线各船工人起来罢工。其后，其他航线海员相继加入罢工行列，打响了省港大罢工的第一枪。接着，各行各业工会立即响应，6月19日，香港十余万工人举行罢工。

为了加强对省港工人罢工的领导，成立了以工人领袖苏兆征为委员长、李森（李启汉）为干事局长的省港罢工委员会，并在工人中选出代表组成最高议事机关——罢工工人代表大会。陈郁被选为罢工工人代表之一，并任罢工委员会的宣传干事。他经常向罢工海员作政治宣传鼓动，揭露帝国主义侵略中国的罪行，宣传爱国主义和省港大罢工的意义，参加组织工人武装纠察队的工作和封锁香港的斗争。由于经常接触苏兆征、邓中夏等共产党人并受到他们的影响和教育，1925年8月，陈郁在广州经陈权、梁祖谊介绍，加入了中国共产党，先担任了全国海员总工会副主席等职务，成长为中国早期工人运动中的一名骨干。

南昌起义、秋收起义之后，1927年12月11日凌晨，广州起义爆发，陈郁作为中共广东省委常委参与整个过程。起义爆发当晚，陈郁率领工人赤卫队攻打国民党的广州市公安局，并成功占领公安局和监狱，解救大批被关在监狱里的革命者。起义成功后，广州苏维埃政府成立，陈郁被任命为人民司法委员，并带领工人赤卫队英勇反抗敌人的进攻。苏维埃政权维持3天后因寡不敌众归于失败，陈郁留在广州安排参加起义的工友安全撤离广州后，自己再转移到香港继续踏上征程，坚持革命斗争。

1931年1月，陈郁参加中共六届四中全会，被选为中央政治局委员。由于他反对"左"倾冒险主义路线，遭到排斥和打击，被送往苏联学习，随后下放到斯大林格勒拖拉机厂劳动。1939年，在任弼时、周恩来的呼吁帮助下，共产国际监察委员会撤销了对陈郁的处分。1940年2月，他返回延安，继续参加革命工作。1945年他参加了党的七大，当选为中央候补委员。陈郁还是中共第六、第八、第九、第十届中央委员。

中华人民共和国成立后，陈郁领导我国能源建设事业，任燃料工业部部长，建立起新中国的燃料工业，是我国燃料工业的奠基人。

1957年8月，陈郁回到阔别30年的家乡，担任广东省委书记、省长。当时存有"广东无煤论"的说法。1957年，广东工业用煤共189万吨，而这一年广东的煤炭产量却仅有86万吨，也就是说，广东工业用煤主要靠外省调进和从国外进口，而每年调进100多万吨的煤，光运费就要花1000多万元。为了打破"广东无煤论"，陈郁引进大批专业技术人才并赴全省各地进行调研，宣传在本省发展煤炭的重要意义。他因地制宜，在广东以建设小型矿井为主，开发广东煤田。在陈郁的推动下，广东煤炭产量从1957年的86万吨，提高到1974年的626万吨，打破了"广东无煤论"。

省港大罢工的游行队伍

在石油方面，陈郁认为，如果广东能自己生产石油，将对全省经济发展产生巨大的推动作用。他先后拜访了包括李四光在内的许多专家，希望能在南海找到石油。在他的推动下，南海石油勘探会战开始了，陈郁兴奋地说："当南海喷出石油时，我们广东省的经济就活了。"在去世前4年，他数十次登上海上钻井平台，帮助钻井队解决各种问题。

中国出口商品交易会是我国对外贸易的一条重要渠道。陈郁十分关心交易会工作，并从第22届起长期担任交易会主任，直至逝世。

造福香港同胞的东深供水工程，也是在陈郁的提议和推动下修建的。1963年香港大旱，全港陷入瘫痪状态。陈郁组织内地向香港供水，亲自主持修建东江——深圳供水工程，把东江水引到香港，解决了香港人民的用水之忧。

陈郁在生命的最后岁月里，仍坚持赴全省各地进行调研，他说"还有命就要为人民做好事"。逝世前的一个月，陈郁还乘坐国产导弹驱逐舰出航珠江口。病危临终前的那一刻，他还在叮嘱身边的工作人员一定要在南海找到石油。正是因为他全心全意地为人民服务，广东人民称他为"爱民省长"。

参考资料：《南方日报》《晶报》《陈郁传》、南粤清风网

卫国尧（1913—1944），中共党员，日本归侨，出生于广东广州，革命烈士。少时东渡日本，考入东京法政大学政治经济系，留学期间阅读了大量马列著作，接受革命思想的熏陶，学成回国后积极投身革命运动，1938年秘密加入中国共产党，被指定为第五政治大队地下党领导机构中共党团的书记，在广州高校中积极发展进步力量，宣传抗日救国。曾任中山县抗日游击大队长、广游二支队新编第二大队的大队长，领导抗日游击战，在植地庄战斗中英勇牺牲。1994年，其生前战斗过的沥滘小学设立卫国尧烈士纪念馆，并改校名为卫国尧纪念小学。

广州华侨抗日英雄
——卫国尧

　　卫国尧（1913—1944），出生于广州沥滘一个地主家庭，幼年丧父，靠母亲抚养成人，15岁考入中大附中。1934年春，卫国尧东渡日本考入东京法政大学政治经济系，三年留学期间，阅读了大量马列著作，在参加郭沫若举办的学术讲座中接受革命思想的熏陶，使他由一个纯朴的爱国青年转变为具有初步马列主义世界观的人。

　　1937年，卫国尧在日本毕业回到家乡，正值全面抗战爆发，他忧国忧民之心更切。当国民党发出通令征集留日学生开训练班，他应征前往受训，毕业后被分配到武汉国民党中央军事委员会政治部二厅任少校参谋，从事国民军训的工作。

　　这期间，他与武汉八路军办事处取得联系，并于1938年5月参加了中国共产党。同年年底，卫国尧从衡阳调到广东韶关，被指定为第五政治大队地下党的领导机构中共党团的书记，他从广州大中学生集训团中挑选了六七十名学生到政治大队工作。不久，他从政治大队中发展了一批党员，加强了党的力量。

　　1940年4月，由于国民党顽固派掀起反共高潮，政治大队被迫结束，卫国尧被调去参加中共广东省委举办的干部训练班学习。同年7月，受党组织的派遣，到中山县第九区国民党挺进三纵队一支队梁伯雄大队做统战工作。卫国尧在梁伯雄的支持和配合下，建立了中共秘密组织，发展进步力量。

1942年5月，中共南番中顺中心县委为进一步加强对中山武装力量的领导，将五桂山的两个主力中队整编，内部宣布成立中山县抗日游击大队，卫国尧任大队长。同年年底，为粉碎敌、伪、顽的联合攻击，把抗日游击战争引向广州市郊，进而控制广州市区，中心县委决定组织挺进广州工作组。该工作组由卫国尧、卢德耀领导，卫国尧利用人尽皆知的地主少爷、留日学生、国民党少校军官这些公开身份和社会关系进行活动。他在沥滘站稳脚跟后，便在积极分子中发展了一批党员，在青年中秘密组织"学习会"，在农民中组织"关帝会""兄弟会"，在店员中成立"同心会"。通过这些外围组织，团结教育群众，宣传中国共产党的政策，发动群众支援广游二支队，并从中了解敌人的情况。

1944年春，广游二支队在中共沥滘乡支部的紧密配合下，根据卫国尧提出的方案，在清明节那天一举把当时在沥滘臭名远扬的"十老虎"中的八只捉拿归案，并缴获一大批武器弹药。

1944年7月，卫国尧被任命为广游二支队新编第二大队的大队长。同月25日，该大队在离市桥二十里的植地庄集结，不料被潜伏在该庄的汉奸发觉。26日凌晨，约

广游二支队在番禺沙湾石涌村的司令部旧址

500名日军连夜奔袭包围植地庄。广游二支队新编第二大队浴血奋战，击退敌人的多次进攻，打死打伤敌军70余人。战斗中，身患疟疾、发着高烧的卫国尧在塔沙岗突围时不幸胸部中弹，壮烈牺牲，年仅31岁。

中华人民共和国成立后，番禺人民政府建立植地庄抗日战斗烈士纪念碑，以缅怀在植地庄战斗中光荣牺牲的卫国尧等48位英烈。1994年，为纪念卫国尧烈士，弘扬爱国主义精神，其生前战斗过的沥滘小学设立卫国尧烈士纪念馆，并改校名为卫国尧纪念小学。

参考资料：《中共广东党史简明读本》《广州日报》《中山日报》

植地庄抗日战斗烈士纪念碑

卫国尧纪念小学

何耀全（1897—1927），中共党员，中国早期工人运动的杰出领袖之一。出生于广州贫苦家庭，1919年赴香港务工谋生，在港参与建立香港电车工业竞进会，积极组织香港电车工人罢工、省港大罢工等工人运动，曾任第一届香港总工会委员兼交际部长、中华全国总工会常务委员、中华全国总工会省港罢工委员会副委员长等职，协助苏兆征带领工人坚持罢工斗争。1927年四一二反革命政变后，何耀全立即布置罢工委员会骨干迅速转移到安全地方，他却仍留守广州以处理应变事宜，被敌人逮捕后宁死不屈，英勇牺牲。

吹响香港工人运动号角
——何耀全

1897年，何耀全诞生于一个贫苦家庭，童年时父母亲相继离世，15岁因贫辍学，16岁在广州警察局任电话员，后在军队当文书。1919年，何耀全到香港做工谋生，在香港电车公司当售票员。

1921年，在苏兆征、林伟民成立中华海员工业联合总会的影响推动下，何耀全和锁春城等发动本行业职工，建立香港电车工业竞进会，并当选为委员。为了反抗帝国主义、外国资本家的种族歧视政策和不平等待遇，香港海员于1922年1月举行大罢工。何耀全发动电车工人举行同情罢工，援助海员的反帝斗争。经过56天的斗争，香港海员罢工取得

了胜利。

1925年的劳动节，第二次全国劳动大会在广州召开。何耀全被选为香港工团总会代表，出席这次大会。会上，他说："香港是英国通过不平等条约占领的地方，实际上是中国神圣领土一部分。香港工人无论是为民族的解放或阶级的解放，都应与国内无产阶级团结一致，共同奋斗。"这次大会正式成立了第一届中华全国总工会。何耀全当选为全总执行委员。会后，他重返香港，与全总执行委员苏兆征等一起，联系电车、洋务、木匠、印务等工会，准备成立香港华工总工会筹备委员会。何耀全

省港罢工委员合照（后排左三为何耀全）

香港海员罢工

是筹备委员会委员。

帝国主义在上海制造的五卅惨案发生后，全总宣传部长邓中夏、中共广东区委委员杨殷等到香港发动工人大罢工。何耀全热情地欢迎他们到来，并积极配合他们发动工人罢工。经过发动，电车、印刷等工会都同意罢工。6月19日，震动中外的省港大罢工正式举行。何耀全与广大罢工工人一起，离开香港，回到广州，坚持反帝斗争。

6月23日，省港罢工工人、广州工农商学兵各界群众10万人在东较场举行反对帝国主义制造五卅惨杀的大会。何耀全带领香港电车等行业罢工工人参加大会和反帝示威大游行。当游行队伍到沙基路时，帝国主义武装竟从沙面开枪，当场打死52人，重伤170多人，轻伤无数。何耀全眼见许多工人、学生被打死、打伤，义愤填膺，表示要与广大罢工工人一起，反抗帝国主义。为了领导反帝斗争，罢工工人成立了中华全国总工会省港罢工委员会。何耀全被选为该会副委员长，协助苏兆征委员长带领工人坚持罢工斗争。

经过革命斗争考验，何耀全的思想觉悟进一步提高。同年夏，经苏兆征介绍，他光荣地加入了中国共产党，后担任中共省港罢工委员会党团成员。他积极协助苏兆征、邓中夏发动省港罢工工人参加纠察队，执行封锁香港、缉拿走私等任务。罢工期间，何耀全带领省港罢工工人参加修筑广州至黄埔公路，开辟黄埔港，同时还组织罢工工人到市郊石井兵工厂等厂做工和参加市政建设等劳动。罢工期间，他协助苏兆征发动罢工工人参加运输队、宣传队、卫生队、担架队，支援东征、北伐，随军出发。他做了大量出色的工作，受到了组织和群众的赞扬。

1926年，何耀全大力协助苏兆征开展香港工会统一运动。4月，香港总工会成立。何耀全被推选为香港总工会委员兼交际部长。5月，他在广州出席第三次全国劳动大会，当选为中华全国总工会执委。

1927年3月，苏兆征到武汉主持全总工作。省港罢工委员会日常工作由何耀全主持。鉴于国民党右派摧残工农民运动日趋严重，何耀全等以中共广东区委、全总广州办事处、省港罢工委员会、香港总工会等机关名义，于3月16日发表对时局的宣言，要求国民党继续执行孙中山"联俄、联共、扶助农工"的三大政策，不得压制工农民运动，以保证北伐后方的安宁，以利发动广大工农群众继续援助北伐战争。

1927年4月，蒋介石在上海发动四一二反革命政变后，何耀全立即布置罢工委员会骨干迅速转移到安全地方，他却仍留守广州，处理应变事宜。4月14日晚，他在豪贤路苏兆征住所召开紧急会议，商讨对策。翌日，广州国民党当局出动大批军警逮捕和屠杀共产党员和革命群众，何耀全当即被捕，敌人对他严刑审讯，逼他供出市内共产党组织情况。他铮铮铁骨，宁死不屈，决不泄露党内秘密，严词痛斥反动派，充分显示了一个革命者临死不惧的高尚品德。4月22日晚，何耀全被秘密杀害。何耀全烈士牺牲了，但他从事工人运动的光辉业绩，永远载入中国人民革命斗争的史册。

参考资料：《中共广东地方党史与人物专题研究》《广州英烈传》《广州日报》

苏兆征（1885—1929），又名苏吉，中共党员，广东香山人，中国工人运动领袖，曾在香港务工、苏联学习，革命烈士。苏兆征是香港海员大罢工、省港大罢工、广州起义的领导人，曾任中共第五届中央委员、政治局候补委员，中央临时政治局常委，第六届中央委员、政治局委员、常委等职，在中国革命中发挥重要作用，即使在生命垂危之时仍念念不忘革命事业，用自己的一生诠释共产党人"鞠躬尽瘁"的革命精神。2009年，被评为"100位为新中国成立作出突出贡献的英雄模范人物"。

用一生诠释"鞠躬尽瘁"
——苏兆征

1885年11月，苏兆征生于一个贫苦农民家庭，幼时因为家境困窘，只读了3年私塾后辍学务农，从小受到父母"踏踏实实做人，勤勤恳恳干事"和"人穷志不穷"的教育，逐渐养成了勤俭和善、正直无私、见义勇为的优良品质。1903年，18岁的苏兆征因家乡受灾，无法维持生活，他便离开家乡到香港谋生，先后在乐生号、泽生号、海檀号、海康号、塔头号等英美轮船上做"侍仔"（勤杂工），并因此接触经常乘船奔走革命的孙中山。在孙中山的帮助鼓励下，苏兆征于1908年加入了同盟会。

1921年3月，在苏兆征、林伟民等积极筹建下，中华海员工业联合总会在香港成立。1922年1月，饱受压迫剥削的香港海员工人，在苏兆征、林伟民等领导下，进行了震惊中外的香港海员大罢工，成为中国共产党成立后第一次罢工高潮的新起点。之后，罢工的海员工人陆续回到广州，在广州设立了罢工总办事处，苏兆征被选为总务部主任，后被推举担任代理会长职务，负责全面的领导工作，并出任谈判代表。他不为英国殖民主义者的高压政策所动摇，也不为资本家的甜言蜜语所迷惑，坚定沉着，机智果敢，紧紧依靠广大海员，领导罢工取得了胜利。

1924年秋，中共香港支部成立后，立刻指定专人和苏兆征联络。苏兆征也主动靠拢党组织，自觉争取党的指导和帮助，多次邀请党员作演讲，向海员介绍马克思主义，宣传党的主张，评述国内外形势。1925年3月，苏兆征作为广东海员代表，到北京参加国民会议促成会全国代表大会，会议期间与仰慕已久的李大钊多次相会。在李大钊介绍下，他于1925年3月加入中国共产党。

1925年，为抗议上海五卅惨案，省港大罢工爆发，苏兆征当选为罢工委员会委员长兼管财政。回广州后，他一方面组织2000余人的工人纠察队，参与东征，保卫广东革命政权；另一方面，他细心管理财务，公开账目，使20余万罢工工人的衣食住行井井有条。在领导省港大罢工期间，苏兆征任劳任怨，克己勤勉，罢工开始的两三个月，从早晨6点到半夜12点他无片刻闲暇，与政府接头，与各社会团体接头，参加群众大会以及其他各种会议。深夜，苏兆征还得参加党团组织必须到深夜12点之后才能召开的会议，开到次日凌晨两三点甚至到天亮，他都坚持到最后，有时会议结束后，他还会继续办公。苏兆征坚强的领导和严密的组织，使罢工时间坚持达1年零4个月之久，并最终取得胜利，成为世界工运史上最长的罢工。邓中夏曾赞叹："在这样的罢工庞大组织中，百务丛错，真是一日万机，然而兆征同志却处之裕如，以至于将近两年而不少懈。"1926年6月，中华全国总工会召开第一次执委会会议，苏兆征当选为中华全国总工会执行委员会委员长，成为全国工人阶级一致公认的领袖。

1927年2月，中华全国总工会从广州迁往武汉。苏兆征被委任为武汉国民政府的劳工部长。4月2日和4月3日，汉口的湖北农协和各界人士50万人先后在汉口举行空前盛会，两次欢迎苏兆征这位革命工人的领袖。4月3日，发生日本军警枪杀中国工人的四三惨案，由苏兆征、谭平山领导了抗议运动和善后工作。蒋介石叛变革命后，中国共产党在武汉先后召开了五大和八七会议，苏兆征被选为临时政治局常委，成为中共中央核心领导人之一。中共中央机关迁往上海后，苏兆征不顾个人安危，经常化装往返活动于武汉和广州之间。

1927年12月11日，张太雷、叶挺等举行了广州起义，建立了广州苏维埃政府。苏兆征当时正在湖北，虽缺席仍被选举为苏维埃政府主席。在这一年里，他的导师李大钊、战友陈延年等同志相继牺牲。他闻讯泪流满襟，极为悲愤，更加英勇无畏，与瞿秋白、李维汉一起组成中央临时政治局常委会，临危受命，挑起领导中国革命的重担。

1928年春，苏兆征赴苏联参加赤色职工国际第四次代表大会和共产国际第六次代表大会，身体极度虚弱，又抱病在身，医生建议他在苏联休养一段时间，待康复后再施手术。他因国内革命斗争需要，不顾医生和同志们的劝阻，抱病于1929年1月下旬启程，经过半个月的旅程，2月上旬回到了阔别整整一年的上海，不顾长途跋涉和舟车劳顿，立即投入了紧张的战斗。

由于长期操劳过度，积劳成疾，1929年2月25日，苏兆征病逝于上海，时年44岁。在生命的弥留之际，苏兆征仍然念念不忘组织群众进行斗争，念念不忘党内团结，用微弱的声音加手势，断断续续地对前来探望的周恩来、李立三、邓小平和邓颖超等人嘱咐说："广大人民已无法生活下去，要革命，等待我们去组织起来。""大家同心努力，达到革命的胜利！"这表现了他对革命事业必胜的信心。

苏兆征逝世的第二天，1929年2月26日，中共中央政治局召开第24次会议，悼念苏兆征，并发表32号通告，号召全党继续发扬苏兆征精神，向前奋斗，达到革命的胜利。中华全国总工会、共青团中央都发出了悼念通告，赤色职工国际也通令各国工会纪念这位国际共产主义战士，苏联、法国都举行了纪念活动。苏兆征的逝世，是我党的重大损失。作为一名优秀的共产党人，他的人格魅力感动了不少同志。

1933年9月，毛泽东创建中央苏区时，为纪念省港大罢工主要领导人苏兆征，将中央苏区福建省长汀命名为兆征县，并将其中一条路命名为兆征路。1934年10月，主力红军长征后，兆征县名在行政区划上虽已消失，但是苏兆征在人民心中永远没有消失，烈士的英名同样流芳百世，永载史册。

苏兆征塑像

2009年7月，他被评为"100位为新中国成立作出突出贡献的英雄模范"。

参考资料：《中国共产党中山党史人物100名（1921-2011）》《中共广东简史要本》《人民日报》《新华日报》《光明日报》

陈延年（1898—1927），陈独秀长子，1919年赴法国勤工俭学，1922年加入中国共产党。1923年转赴莫斯科东方劳动大学学习，任中共旅莫支部干事。回国后，曾任中共广东区委书记、中共江浙区委书记、中共江苏省委书记等职，参与领导省港大罢工。1927年，在中共第五次全国代表大会上当选为中央委员。同年7月，被捕牺牲，年仅29岁。其弟陈乔年（1902—1928），早年赴法留学，1922年加入中国共产党，回国后致力于革命运动，1928年在哥哥陈乔年就义的刑场英勇牺牲，为革命慷慨就义。

陈延年　　　　　　　　　陈乔年

兄弟碧血映红旗
——共产党人陈延年、陈乔年烈士

　　陈延年，又名遐延，安徽怀宁人，陈独秀长子，生于1898年。1919年12月下旬，赴法国勤工俭学。1921年，摒弃原先信仰的无政府主义，转而信仰马克思主义。1922年6月，与赵世炎、周恩来一起创建旅欧共产主义组织——中国少年共产党，并担任宣传部部长。同年秋，加入法国共产党。不久转为中国共产党党员。

　　1924年10月，陈延年回国后被党中央派赴广州，先后任社会主义青年团中央驻粤特派员、中共广东区委秘书兼组织部长。不久，接替周恩来任中共广东区委书记。他极为重视加强党的建设，健全

留法时期的陈延年

区委领导机构，建立党课制度，着力于党员的培训和教育，加强党的团结。

　　大革命时期的广东区委，全称中国共产党广东区执行委员会。除领导广东、广西两省外，还领导福建省西部、南部及香港地区的党组织。作为区委书记，陈延年生活俭朴，吃住都在办公室，是出了名的"苦行僧"。

1923年，旅欧中国少年共产党临时代表大会代表在巴黎合影，前排左起：二为赵世炎、六为陈乔年、八为陈延年

沈沛霖和陈延年关系极好，又都是留法支部的同志，可谓同学加同志，所以沈沛霖从法国一回来就找到陈延年。沈沛霖一看，吓一跳，几十年后他还记得："陈延年生活十分简朴，他用的一个仅有两个抽屉的旧办公桌，坐的是长板凳，睡的是简易木床，蚊帐也有补丁，是根竹杆撑起来的。饥饿时，就用一碗光面条代替午餐。"

陈延年夜以继日地工作，就像一头不知疲倦的老黄牛，他不讲究吃穿，也没有时间去讲究这些，所以生活比一般党员、比很多工人都要清苦，他的主要精力都用来完成党的工作，用来处处关心群众。

当时，陈延年为了组织建立人力车工会，经常深入人

陈延年当年办公室兼歇宿地

力车夫家中访贫问苦，并且他自己都学会如何拉人力车，遇到一些老车夫拉活儿跑不动了，还会主动上前帮忙，赚钱后自己分文不取。

地下斗争充满了危险，不可控因素太多。1927年6月，由中

共江浙区委改组的中共江苏省委，在上海北施高塔路恒丰里104号（今山阴路69弄90号）召开成立大会。由于叛徒出卖，大批反动军警突然冲进来，新当选的省委书记陈延年，操起板凳迎上去，跟敌人搏斗，为掩护同志们尽量逃走，他被捕入狱。

好在叛徒不认识陈延年，最初敌人也不知道陈延年的真实身份，更关键的是他当时的一身打扮。陈延年素来衣着俭朴，而且长期跟体力劳动的工人师傅们在一起，体格健壮，脱了光膀子，一身腱子肉，晒得皮肤粗糙黑亮，说话也完全是相应口吻，怎么看都像个干粗活的苦力，因此他自称是受雇到这里做工的伙夫，名叫陈友生，敌人根本没有怀疑。于是敌人像对待普通的共产党员一样，把陈延年押往龙华看守所，准备判几年拉倒。

不料国民党内部掌握了陈延年真实身份，于是威逼利诱，妄图迫使陈延年交出所知道的各级党组织。敌人好话说尽，酷刑用尽，打得他体无完肤，始终也没能撬开陈延年的"铁嘴钢牙"。

1927年7月4日，即陈延年被捕后的第九天晚上，敌人将他秘密押赴刑场。面对敌人的屠刀，陈延年昂首挺胸，镇定自若，视死如归。敌人行刑时，喝令陈延年跪下，他却傲然挺立，根本不理会国民党反动派的嚎叫。几个刽子手扑上去，强行将人按下，然而刚一松手，要挥刀劈砍时，陈延年却突然乘势跃起，使刽子手的鬼头刀扑了个空。刽子手恼羞成怒，狂叫着一拥而上，再一次将陈延年

陈延年（左二）、陈乔年（左一）初到法国时与同学合影

陈乔年（后排右一）与在苏联东方大学的同学合影

1927年7月5日，《申报》报道陈延年牺牲

陈延年纪念邮票

旅欧时期的陈乔年

强按在地，以乱刀将他砍死。蒋介石唯恐舆论谴责，又气急败坏，亲自下令不准收尸。

这一年，陈延年烈士年仅29岁。

在哥哥牺牲、江苏省委两任书记相继被害的情况下，陈乔年从湖北省委组织部长调任江苏省委组织部长，配合省委书记王若飞同志，秘密深入工厂、学校，联络同志，召开会议，部署工作，进一步恢复党的基层组织，完成陈延年未尽的工作，使得革命力量得以迅速巩固和发展。然而还是由于叛徒的出卖，陈乔年同志被捕了。

被捕后，叛徒在狱中多次突然试探套话，想从陈乔年身上打开缺口，拿他的口音说事儿："听口音，你好像是安徽怀宁人吧？"可陈乔年依旧方寸不乱，还幽默还击："你没听错，我是中国人！"牺牲前，爱说爱笑的陈乔年依旧保持本色，鼓励狱友们坚持战斗，给大家讲故事、讲笑话，勉励大家为革命保重身体，将来继续为党工作。

1928年6月6日，陈乔年同志走出牢房，走向刑场，还不忘笑着跟狱友们告别："让子孙后代享受前人披荆斩棘的幸福吧！"

还是在龙华，陈延年烈士牺牲的地方，陈乔年烈士壮烈牺牲，兄弟烈士之血，流淌在了一起。弟弟的一生比哥哥还要短暂，陈乔年牺牲时只有26岁。2009年9月，陈延年被中央宣传部、中央组织部等11个部门评选为"100位为新中国成立作出突出贡献的英雄模范人物"；陈乔年入围"100位为新中国成立作出突出贡献的英雄模范人物和100位新中国成立以来感动中国人物"评选名单。

为纪念陈延年、陈乔年两位青年，兄弟俩的老家合肥修建了一条小路名叫"延乔路"，延乔路旁是集贤路，而陈独秀葬在今安徽安庆集贤关，延乔路短，集贤路长，他们没能汇合，却都通往了——繁华大道！

参考资料：共青团中央《哥哥牺牲后弟弟走向刑场：让子孙后代享受前人披荆斩棘的幸福吧》《人民日报》、新华网

陈复（1907—1932），中共党员，日本归侨，广州番禺人，革命烈士，岭南画派创始人之一陈树人之子。8岁东渡日本入读华侨小学，11岁回到家乡广州，深受革命思想熏陶，接受宣传马列主义，18岁被选派到苏联莫斯科中山大学深造，其间加入共产党。1929年毕业回国，先后任中共顺直省委宣传部长、中共广州市委宣传部长，积极领导革命，面对敌人威胁，坚贞不屈、铁骨铮铮，牺牲时年仅25岁。陈复葬于广州思复楼内，中华人民共和国成立后，当年战友聂荣臻元帅题写了"陈复烈士之墓"石额。

出身艺术之家，以复兴中华为己任
——陈复

陈复（1907—1932），又名陈志复，化名陈志文，广州番禺人。陈复的父亲是国内外享有盛誉之岭南画派创始人之一陈树人，陈树人给儿子起名志复，希望他长大了"以复兴中华为己任"。陈复母亲居若文，是陈树人学画老师居廉的侄孙女，知书识字，思想开明，同宋庆龄、何香凝等时有来往。家庭的熏陶，使陈复从小就立志于救国救民。

陈复5岁入广州南武小学读书，8岁随父母东渡日本，就读于华侨小学，开始受到独立生活锻炼。11岁时，陈树人夫妇奉派去加拿大从事革命活动，陈复即回国就读广州南武中学。少年陈复勤奋好学，手不释卷，内心燃烧着对国家和人民的炽爱之火，被老师和同学们称为"圣人儿"。

1922年，陈树人回上海工作，陈复被接到上海复旦中学读书。他接触和接受了马克思主义，脱下学生装，换上黄包车工人的衣服，以拉黄包车为掩护，在群众中散发传单、宣传革命道理。他经常写信给陈树人，一信往往数千字，对时局评析十分精辟。陈树人把儿子的信拿给国民党中央党部的同事传阅，大家都很佩服。后来陈树人的《哭子复》诗有"至理名言惊老辈，一时传诵到中枢"句，说的就是这回事。

1925年，时值第一次国共合作期间，国民政府接受苏联的倡议，选送一批青年到莫斯科中山大学学习，陈复、蒋经国、廖承志等人被选中前往，陈复在苏联学习期间加入中国共产党。1929年毕业回国，年仅22岁的陈复被分配到中共广东省委领导的香港《工人日报》社任副社长。此时国共合作已经破裂，陈复只能秘密进行地下工作，当时的共产党员随时有被捕枪毙的危险，作为父母的陈树人和居若文为儿子担心至极。面对恶劣的环境和经费困难，陈复鼓励报社人员站稳立场，又动员家庭秘密接济报社，使报纸得以办下去。

1930年，陈复化名陈志文到天津任中共顺直省委宣传部长。母亲居若文劝说他不要干冒险的工作，陈复表示："为了工农劳苦大众的翻身解放，即使丢了脑袋也心甘情愿。"

在白色恐怖下的天津，陈复不顾艰难险阻，出版刊物，传递进步书报，不久被敌人发觉，被捕入狱。在狱中，历尽各种酷刑而不屈，严守党纪，保守秘密，敌人虽多方审讯亦无法取得口供。后经党组织及家人营救，于同年秋出狱，回到家乡，任中共广州市委宣传部长。

陈复隐居在陈树人私宅樗园（位于今东山口陈树人纪念馆一带），表面上闭门读书、莳花艺果，暗地里仍积极开展地下工作。国民党当局不放过他，由于他住在樗园，一时下不了手。1932年8月10日下午，陈复离家外出，下了公共汽车，被尾随的侦缉绑架上小汽车，驶到维新路（今起义路）市警察局。陈复拒绝透露任何党的机密，当晚11时，被秘密押送到南石头"惩戒场"枪杀。临就义前，陈复一再厉声抗议："我无罪，你们不得无礼！"然后英勇地倒在血泊之中，牺牲时年仅25岁。在"惩戒场"打杂的一位工人为之感动，冒着生命危险把烈士遗物送到樗园，这才使当局捏造的"陈复遭土匪绑架失踪"的谣言不攻自破。

陈树人接到陈复噩耗，悲愤至极，作《哭子复》诗8首，诗中有"革命至情能似此，已非吾子是吾师"之

《哭子复》碑文

陈复烈士墓园

聂荣臻元帅题写"陈复烈士之墓"石额

句。从这些诗可见陈树人父子情深，哀思入骨，对于儿子献身革命追求真理和光明的精神之思慕。

陈树人将陈复生前住处起名"思复楼"，并将陈复遗骸葬于隔山乡刘王殿岗"息园"（位于今江南大道中东街），墓园中修筑了"思复亭"。中华人民共和国成立后，烈士遗骸曾迁葬银河公墓。1986年10月，政府重修思复亭，加建门楼，陈复当年战友聂荣臻元帅题写了"陈复烈士之墓"石额。

参考资料：《广州日报》、金羊网及羊城派

王福三（1887—1925），原名王露福，中共党员，泰国归侨，花县农民运动领袖、革命烈士。出生于暹罗（泰国）董里府华侨家庭，9岁随父回国在私塾念书，目睹乡亲屡受地主豪绅压迫愤然不平。1920年，为保护农民利益，他在家乡花县着手建立了"九湖乡自卫农团"和"九湖乡自治会"，被选为"九湖乡自治会"会长。1923年结识阮啸仙，接受马克思主义教育，主张革命斗争救国，1924年秋加入共产党，团结广大农民、领导农民运动，1925年在与敌人的浴血奋战中身中数弹，英勇牺牲。

赤心向党　浴血奋战
——花县农运领袖王福三

　　在广州市北郊70里外的花县文笔岭上，有一座别具一格的坟墓，墓正中竖的一块花岗岩石板上刻着"王福三烈士史略"的碑文。只要你看完这约300字的碑文，就会被王福三这位为农民阶级谋利益最奋勇之烈士的事迹所感动，对这位不屈的共产党人肃然起敬。

　　王福三，1887年出生在泰国一位华侨的家庭，原籍广州花县。他原名叫露福，因有五兄弟，他排第三，因此人们都称他"福三"，9岁时跟随父亲返回祖国，在本乡私塾读了四年书，13岁时，因家贫辍学。他先在本乡学校当了一年炊事员，后在花县

当药店工人、小贩等。1910年，因在家乡生活难熬，王福三被迫到外地谋生，曾在南海县平地乡乐善堂药店当店员达十年之久。在这期间，他每年均有几次回家乡探亲，因而得知乡里的地主豪绅管理公堂账目贪污作假，并已将公田一百多亩变卖等。王福三对此愤愤不平，便向乡村里的"父老"建议，要求公布公堂的账目，得到乡中群众的赞同。

　　1920年，王福三为保护农民利益，在家乡花县着手建立了"九湖乡自卫农团"和"九湖乡自治会"，被选为"九湖乡自治会"会长。自治会的主要宗旨是处理乡里的事情，监督公款的开支，调解

九湖乡自卫农团

"花县农民自卫军总部"匾额

"花县农民协会"匾额

纠纷。此后，农民有事都找自治会解决，不必再花钱去求乞地主豪绅和政府。

1923年年初，共产党员阮啸仙到花县的九湖、莲塘等乡村宣传发动农民运动，使王福三逐步懂得革命的道理。1924年年初，彭湃也到花县指导农民运动。在彭湃的指导下，王福三积极从事农民运动。1924年4月，九湖、元田、宝珠岗等乡村成立了农民协会。尔后，王福三带领农会会员与反动势力作斗争，收回乡村的公枪和祖堂财产管理权，抗交各种苛捐杂税，初步显示了农民协会的威力，紧接着，阮啸仙再次到花县指导农民运动，他和王福三等在天和圩设立花县农民协会筹备处。至7月，花县的农会会员已发展到两千余家。

1924年秋，经过党组织的培养教育和实际斗争锻炼的王福三，光荣地参加了中国共产党。他入党后更加积极地工作，经常起早摸黑，奔东村，跑西村，宣传发动农民。经他不辞劳苦的工作，花县农会发展很快。10月19日，在九湖乡成立了花县农民协会，会员达六千多人。王福三被推选为花县农民协会执行委员会副委员长兼第二区农民协会执行委员长。

此后，王福三深感责任重大，总是废寝忘食地工作，率领农民同地主豪绅进行斗争，在全县范围内没收乡村中反动势力的枪支，将过去为地主豪绅把持用来剥削农民的"猪屎会"收归农会所有，取消给地主送租等；废除乡村的所谓"自卫谷""保长谷"等苛捐杂税，实行"二五减租"等。

这些维护农民利益的行动，深得广大农民支持。但地主豪绅极力抗拒，恨得要命。以江新南、刘寿朋为首的集团，竟组织起"花县田主业权维持会"（简称"地主会"）与农民协会相对抗，并收罗了全县的土匪恶霸和流氓组成地主阶级的反动武装"民团"，由伪县长江侠庵为"地主会"会长兼"民团"团长，刘寿朋、江耀中为副会长，妄图摧毁花县农民协会组织。他们拼命扩张势力，规定乡村中凡有五亩田以上者一定要加入地主会，并按田亩纳会费。同时还仗势占领农会会员的耕地，暗杀农会干部，并出告示威胁各地农会，气焰十分嚣张。以王福三为首的花县农民协会，为了回击敌人，迅速建立了农民自卫

花县农民协会旧址：花都九湖村的王氏大宗祠

军，以对付反动的地主武装，保护农民运动的开展。

1924年10月，广州的大买办陈廉伯和地主兼资本家陈恭受在帝国主义和国民党右派势力的支持下，组织商团武装举行叛乱，妄图推翻孙中山先生领导的革命政府。商团的反动势力迅速向南海、花县、番禺、佛山、江门等地发展。花县反动地主江耀中、刘寿朋等立即与反动商团武装相呼应，企图在粤汉铁路新街站附近掘断铁轨，以阻止孙中山的北伐军回师广州平息商团叛乱。王福三探悉此情报后，立即向广东革命政府报信，并在花县张贴布告，揭露江耀中一伙的罪恶阴谋。同时还派人通知县长要求派队伍驰往平山缉捕江耀中、刘寿朋，下令解散花县地主会。由于王福三的机警善战和先发制人，终于粉碎了花县反动地主的阴谋，为挽救全省危局作出了重要贡献，受到当时在

中共两广区委工作的周恩来的表扬。

地主豪绅的罪恶阴谋没有得逞，对王福三更加仇恨，扬言要杀掉王福三，并到处出告示：俘杀王福三者，悬赏九百银子。王福三听到这个消息后泰然处之，并坚决地说："死有什么可怕！我已看透为无产阶级奋斗的意义了。"表现了共产党人的大无畏精神。

此后，花县的反动势力加紧策划摧毁花县的农会组织，多次用武力进攻农民协会，蓄谋杀害王福三。反动武装围攻农会，使王福三进一步认识到只有扩大农民武装，才能保护农会组织，维护农民的利益。他立即召开县农民协会执行委员会议，研究斗争策略。会议决定购买武器，加强农民自卫军的装备，以对抗反动地主武装的进攻，并决定把县农民协会的会址迁到鱼笱庄去，使农会的工作得

花县农民运动陈列馆

花县农民运动陈列馆内王福三的陈展资料

以正常开展。

与此同时，地主豪绅却采取阴险的行动，一方面到处散播谣言，污蔑农会组织为"匪徒组织"；一方面唆使县农会财务出面反对农会的革命行动。王福三察觉到情况复杂，分析了王锦焦活动诡秘，可能有问题，立即派员侦察王锦焦的行踪。后查清王锦焦是平山地主集团掌握的组织"联护约"的成员，是地主集团在九湖乡的代理人，是潜伏在农会组织的叛徒。为了保卫农会组织，王福三下决心惩处王锦焦。

1925年1月18日早晨，王福三偕同国民党中央农民部特派员到风岭捉拿叛徒王锦焦。地主豪绅闻讯，派人半路拦截，并乘机捕杀王福三。当王福三等将王锦焦押到庙岭坳时，地主豪绅即鸣锣告警，地主匪首江耀中、刘寿朋等带领匪徒冲杀过来。元田的农民自卫军听到锣声后，意识到事情的严重性，即集合队伍奔赴参加战斗。县农会本部的农民自卫军闻讯也集队前往打击匪徒。然而这时李溪的匪首张九、平山的匪首江季瞻听到暗号后，马上集队围攻花县农会。为了保护花县农会，农民自卫军只好折回与张九和江季瞻等匪徒作战。王福三目睹匪徒愈来愈多，敌我力量悬殊，情况危急，为了减少损失，保存力量，遂决定由黄学增等率领农民自卫军向元田撤退，王福三带领十多

名农民自卫军在后面作掩护。匪徒依仗人多势众、尾追不舍，王福三率领农军且战且退，当退至九湖横枝柄的灰砂山边时，不幸中弹，身负重伤，不能行走。但他仍以惊人的毅力，继续与敌人战斗。眼看敌人要围上来了，农军战士要撤退，但王福三坚决拒绝说："我们退避元田乡，则该农民协会又被摧残矣，盖决一死战！"并立刻命令自卫军全部撤走，他自己负责掩护。团匪很快扑近王福三，王福三开枪扫射，王福三身中数弹倒地，残暴的匪徒使用大石头砸其头部，王福三最后壮烈牺牲了。

9月26日，花县农民隆重举行公葬王福三烈士大会。会后组织了1万多人的送葬队伍，农会会员抬着王福三烈士的灵柩，由农民自卫军武装护送，取道于天和圩、洛场、平山直至花县县城附近的文笔岭。送葬队伍沿途散发革命传单，张贴标语，高呼："打倒帝国主义！""打倒贪官污吏！""工农团结万岁！"等口号。王福三烈士的遗体安葬在文笔岭上，当年花县农民协会为他树碑纪念，碑文中写道："烈士王福三死矣！但其奋斗之精神未死，久在吾辈脑海中，必得最后之胜利。"

参考资料：《广州英烈传》《花都历史名人网》、金羊网

曹石泉（1892—1925），中共党员，南洋归侨，出生于广东乐会（今海南琼海），革命家。少年时代赴新加坡做工，后出资创办夜校，招收华工入学。1919年年初回国考入云南陆军学校，毕业后返回广东参加孙中山领导的北伐。1924年考入黄埔陆军军官学校，学习期间接受马克思主义，加入中国共产党。1925年2月，率部讨伐叛军，荣立战功。6月23日，广州各界举行声援五卅惨案集会，曹石泉被推选为军界总领队。当日游行队伍进至沙基路时，遭英、法帝国主义海军陆战队扫射，身中数弹壮烈牺牲。

"沙基惨案"牺牲第一人
——曹石泉

曹石泉，原名家钰，笔名渊泉，1892年出生于广东乐会（今海南琼海）一个普通农民家庭。幼年时父母早逝，随叔父一家赴新加坡谋生。在新加坡，叔父曾多次带曹石泉拜访流亡槟城的好友孙中山，得孙先生教诲并热衷拜读他在槟城创办的《光华日报》，开始接受反帝反殖民主义的革命思想。同时，曹石泉还目睹了华人华工地位低下，他开始四处筹资在新加坡开办夜校，教华人学习英语。

辛亥革命以后，云南都督蔡锷下令将云南陆军讲武堂更名云南陆军学校，作为培养革命力量的重要据点。远在异国他乡的曹石泉，认识到要为中华民族崛起而奋斗，必须接受正规的军事教育，于是

萌生了结束旅洋、归国报考的意向。1919年年初，曹石泉抱着从戎报国之志，踏上归途，考入云南陆军学校第十五期。

1922年年初毕业后回到广州，曹石泉充任孙中山领导下的陆海军大元帅府参谋部副官，不久参加孙中山领导的北伐，先后任第四旅连长、警备军连长，广东海防陆战队第二团第二营连长、副营长等职，担负保卫孙中山革命政府的责任。为防止叛军进攻，曹石泉奉令率部驻守增城县，顽强抵抗坚守城垣十二天，表现出坚韧不拔的革命精神。

曹石泉在不断的实践中，渐渐悟出了这样一个道理：如果没有民众作基本力量，单靠少数军火凭

借武力去打倒帝国主义和一切恶劣势力，是绝对不可能成功的。此时，中共广东区委和社会主义青年团广东区委通过共产党员徐成章和徐坚等人，在留穗的琼崖青年学生中积极工作，组织团体，以推动国民革命的发展。1923年年底，成立了"琼崖少年同志会"，曹石泉参加了该团体并积极工作。

1924年5月，曹石泉参与筹建黄埔军校，任第一期第二队区队长。他严格要求自己，白天与学员一起出操、听课，晚上研究第二天的工作，并经常查房，与学生促膝谈心。在此期间，他努力学习马克思主义理论，在共产党员徐成章和徐坚介绍下，实现了从民主主义者向共产主义者的思想转变，成为一名共产党员。

曹石泉参加共产党后，革命热情更高，不仅致力于军校教学，而且非常关心苦难的家乡人民，积极参加琼崖留粤青年活动。同时，军校政治部主任周恩来更是频繁地接近曹石泉，每当夕阳西下、晚饭后，周恩来常与曹石泉并肩走在校道上，轻声地交谈，每次散步谈话都使曹石泉更明确建设一支共产党武装的重要意义。

1924年年底，军校第一期毕业，军校根据孙中山先生的"以黄埔学生为骨干""成立革命军"的指示，先后建立了两个教导团，曹石泉任第一团第三营连长。1925年2月初，革命军举行第一次东征，曹石泉转任学兵连连长，13日投入棉湖之役，奉命率部支援友军，在北湖与敌激战，至全连仅存20余人将敌击溃，暂解友军之围，但很快敌人又反攻过来，敌众我寡，情况非常紧急，曹石泉临危不惧，身先士卒，英勇迎敌，使士气倍增，齐心奋战，终退顽敌，为确保是役胜利立了赫赫战功。

棉湖战役胜利以后，1925年2月16日，革命军向五华、兴宁前进。19日进攻兴宁县城。在战斗中，曹石泉率队英勇奋战，再立战功。

4月26日，国民党中央执行委员会会议决定：以黄埔军教导团为基础，成立党军。周恩来约见曹石泉，传达指示，要求他利用条件、抓住机会组建一支以共产党员为骨干的党军，为创建人民武装打好基础。曹石泉领会精神，和军校共产党员一起努力，一支以国民党名义成立，而又以共产党员为基础，服从于我党的雏形武装迅就组建，曹石泉为组建我党早期武装力量发挥着至关重要的作用。党军成立后，曹石泉任第三营长，奉命移驻梅县，支持当地

工农群众运动，亲笔为革命青年题词："革命不是专家的，但又不是任何人都可以的，惟我等尤为党员才充满革命性。"他的题词在梅县产生冲击力，使梅县青年革命运动蓬勃发展。

1925年，为了声援上海人民的五卅反帝斗争，香港、广州沙面工人分别于6月19日、21日开始罢工。6月23日，广州各界五六万人在东校场举行援助五卅惨案集会。当天中午，石泉率领黄埔军校党军第三营官兵赴会。出发前，他曾发表慷慨激昂的讲演，揭露帝国主义的罪行。到东较场后，曹石泉被推选为军界游行的总领队，按大会主席宣布的工农商学兵的次序出发游行示威，向沙面租界方向前进。下午3时左右，当学生队伍和军界队伍行进到沙基路时突然遭到英、法等帝国主义者野蛮开枪射击。

游行的群众和军人死亡五六十人，重伤170余人，轻伤不计其数，酿成了骇人听闻的沙基惨案。正因为曹石泉在反帝斗争中表现积极，又是军界的总领队，站在队伍的最前列，所以帝国主义者对他早已倍加注意，成为敌人射击的主要目标；也是被敌击中的第一人。当时石泉身中三弹，他中弹后，仍在高呼"打倒帝国……"的口号。后被送往光华医院急救，终因伤势过重，医治无效，不幸牺牲，时年仅32岁。

同为黄埔军校教官、海南同乡洪剑雄在《曹石泉同志的传略》中写道："曹石泉是马克思主义赤色旗帜下的健将！他一方面为国民革命努力，一方面又为无产阶级奋斗。他这勇往迈进的牺牲精神，真是令人钦佩！"1926年，广东革命政府在沙基新修建了道路，为表示纪念，这条路定名为六二三路。同时在人民桥东侧、珠江河畔，竖立了刻有"毋忘此日"的石碑。

沙基惨案"毋忘此日"纪念碑

参考资料：《海南日报》《广州英烈传》、抗日战争纪念网、海南史志网

白雪娇（1914—2014），中共党员，出生于马来亚槟城一个富商华侨家庭，是南洋华侨机工回国抗日女英雄。白雪娇从小受到良好教育，1936年入读厦门大学中文系，后回到马来亚槟城当教师。1939年，在国家危难之际，应征南侨机工回国支持抗战，成为滇缅公路机工队的一员，出发前真情书写一封抗战家书通过报媒感动众多南洋华侨。抗战胜利后返回马来亚槟城从事教育工作，1951年回到祖国后加入中国共产党，扎根广州继续从事教育工作，先后在广东侨中、广东师院、广州师院等单位任职，以传播英雄故事为己任，激励代代学子，传递革命精神。

南侨女机工白雪娇

1914年，白雪娇出生于马来亚槟城一个富商华侨家庭，其父经营一家橡胶公司，是陈嘉庚在槟城分公司的代理，家境殷实。

1937年卢沟桥事变爆发，日寇开始全面侵华。白雪娇的父亲和叔叔都是爱国华侨，叔叔白仰峰是马来亚赫赫有名的侨领，抗日战争期间积极参与南侨总会的筹赈工作，曾捐巨款支持国内抗日。耳濡目染，爱国主义的种子早早在她心中种下。白雪娇当即投入当地的抗日救国活动，担任槟城筹赈会妇女委员，奔走宣传抗战，成长为槟城妇女抗日救国的骨干。

抗日战争全面爆发后，日军开始封锁沿海的交通，切断中国接受国外救援物资的通道。为了抢运补给物资，打破日军封锁，1938年下半年，二十万云南各族儿女用双手在云贵高原横断山系的崇山峻岭和原始森林的急湍河流中，抠出了一条一千千米的简易公路——滇缅公路。血肉筑成的滇缅公路，在抗战最艰难的年月，成为中国与外界唯一的一条交通线。

1939年，国民政府紧急向"南洋华侨筹赈祖国难民总会"（以下简称南侨总会）求援，请求协助在南洋招募熟练的司机及汽车机修人员回国服务。

滇缅公路

白雪娇的"告白书"

陈嘉庚任主席的南侨总会随即发出招募通告，3000多名南洋华侨热血青年第一时间响应祖国的召唤，毅然抛弃海外安逸舒适的生活，分9批回国参加抗战，奔赴烽火连天的抗日战场，在华侨史上写下气壮山河的篇章，他们就是著名的"南侨机工"。

白雪娇所在的马来亚槟城，也开始紧急发布招募公告。获悉这一消息后，白雪娇毫不犹豫决定弃笔从戎，偷偷辞去教员的工作，瞒着父母，化名"施夏圭"报名。"施"是她母亲的姓，"夏"指的是祖国华夏，"圭"是"归"的谐音，为了华夏而归。

1939年5月18日，是槟城南侨机工出发的日子，槟城万人空巷为他们送行，此时白雪娇的父母才刚刚得知女儿要回国参战。正当白雪娇的父母急得团团转时，却惊喜地发现女儿回家了，不过，她是偷偷回去的。原来，她打定主意报名后，便制订了秘密计划，"蚂蚁搬家式"地将自己的衣服等物品陆续寄放到同学家，同时悄悄积攒路费。出发那天，她拿着行李混进队伍，突然想起准备好的钱忘在家里，便急忙跑回家拿，没想到被父母"逮"个正着。

当时白雪娇去意已决甚至请来槟城华侨团体的负责人帮忙劝说，白雪娇的父母沉默良久，只得尊重她的决定。

"家是我所恋的，双亲弟妹是我所爱的，但破碎的祖国，更是我所怀念热爱的。所以虽然几次的犹疑踌躇，到底我是怀着悲伤的情绪，含着辛酸的眼泪踏上征途了。"

在《告别南洋》和《义勇军进行曲》等激扬的抗日歌曲声中，白雪娇义无反顾地启程回国。出发前，白雪娇写了一封家书，嘱咐同事在她出发后寄给父母。家书最终没有发出，却通过报媒感动了众多南洋华侨，对推动东南亚华侨抗日救国运动发挥了积极作用。

"亲爱的双亲，此去虽然千山万水，安危莫卜。但是，以有用之躯，以有用之时间，消耗于安逸与无谓中，才更是令人哀惜不置的，尤其是在祖国危难时候，正是青年人奋发效力的时机。这时候，能亲眼看见祖国决死争斗以及新中国孕育的困难，自己能替祖国做点事，就觉得此生是不曾辜负了。""这次去，纯为效劳祖国而去的……虽然我的力简直够不上沧海一粟，可是集天下的水滴汇成大洋。我希望我能在救亡的洪流中，竭我一滴之微力。"

当时，这封怀着万般不舍与父母家人诀别、毅然归国参与抗战的家书在南洋几乎家喻户晓，激励无数青年共赴国难。80多年过去了，至今读来仍令人热泪盈眶。当这封家书传遍南洋时，白雪娇已行进在滇缅公路上。行走在滇缅公路不仅危险，而且生活十分辛苦，风餐露宿，医药缺乏，常有机工饥寒一两天还在工作，"洗脸喝水，都是到山坡上接一杯杯的黄泥水，沉淀了再用"。但是，这些没有吓怕从小生活优裕的白雪娇，她仍一心想着要到一线参加抗战。

白雪娇辗转从昆明经贵州，历尽艰险到达重庆后，原想去延安参加八路军，因路途受阻未能成行，只得留在重庆。她与八路军重庆办事处取得联系，表达了奔赴前线参加八路军的愿望。可由于日机轰炸厉害，去延安路途非常艰难，不知道何时才有车过去，八路军驻重庆办事处的负

1939年5月19日，马来西亚《光华日报》刊登的"白雪娇的一封信"

　　"亲爱的双亲，此去虽然千山万水，安危莫卜。但是，以有用之躯，以有用之时间，消耗于安逸与无谓中，才更是令人哀惜不置的，尤其是在祖国危难时候，正是青年人奋发效力的时机。这时候，能亲眼看见祖国决死争斗以及新中国孕育的困难，自己能替祖国做点事，就觉得此生是不曾辜负了。""这次去，纯为效劳祖国而去的……虽然我的力简直够不上沧海一粟，可是集天下的水滴汇成大洋。我希望我能在救亡的洪流中，竭我一滴之微力。"

白雪娇在成都齐鲁大学读书时

1962年，白雪娇在中山图书馆演讲《红岩》故事

责人邓颖超告诉她，什么地方都可以抗日，不一定要去延安。最后，她听从邓颖超的建议，到成都齐鲁大学就读。

其间，她参加了华西大学学生宣传队，赴川北从事抗日宣传、慰问伤病员活动，一路翻山越岭，克服千难万险。她还采写了一些关于祖国抗战的报道，寄回槟城，发表在报刊上。远在国内的她不知道，她已成为闻名槟城的巾帼英豪。

抗战胜利后，白雪娇于1946年年初回到槟城，在福建女子学校任教员。尽管远离祖国，但她对祖国的深情和追求进步的热情，丝毫没有变淡。由于她在学校积极宣传中国共产党的进步思想和国民党的腐败，被国民党员的校长视为"异己"辞退。考虑到当时新加坡社会较为宽松，白雪娇原打算去新加坡，但槟城进步侨团极力挽留她，并筹办了"同善小学"，由她任校长。

1949年9月，新中国成立前夕，白雪娇从报纸上看到中华人民共和国国旗的样式，便请一位熟悉的裁缝，偷偷做了一面。10月1日当天，她带着老师在学校升起了槟城的第一面五星红旗。此举惹怒了当时英国殖民政府，1950年，英殖民政府以"中共嫌疑"之名，将白雪娇逮捕，先是押解到吉隆坡的最高政治部特别监狱秘密审讯，两个月后将她送入怡保集中营。

在被关押一年后，1951年，白雪娇被押上货轮，驱逐出境。货轮经过7天7夜的海上漂泊，抵达广州港，她回到了魂牵梦绕的祖国。回国后，白雪娇正式加入中国共产党，开启了另一段人生旅程。

白雪娇先是前往南海参加土改，后安排到广东侨中任教，讲《红岩》《欧阳海之歌》等红色经典。她极富感染力的生动演讲，激励了许许多多人，因此获得"白讲红"的美誉。

1958年，广东师院筹建，她进入该校任教师。20世纪60年代，广东师院解散，她分配到广州市文化局，从事文艺理论和粤剧研究。1978年，她重新走上讲台，进入广州师院任教（现广州大学），直至70岁正式退休。2015年，恰逢抗战胜利70周年纪念，中国中央电视台《新闻联播》《朗读者》等节目及全国各级媒体，纷纷再次聚焦白雪娇，她那封写于1939年的家书和她的抗日事迹，再次感动了海内外亿万中国人。

参考资料：央视网、中国侨网、福侨世界总网及厦门大学网站

柯麟（1901—1991），中共党员，广东海丰人，中国共产党杰出的地下工作者，著名的医学教育家。柯麟堪称华南医学的"一代巨擘"，不仅主持组建中山医科大学，还为暨南大学复办、暨南大学医学院创建作出重大贡献。作为医学教育家的柯麟还有一重"红色特工"的身份和经历，1927年起，辗转上海、厦门、香港多地，潜伏澳门17年，在惩杀叛徒白鑫、联系叶挺、"秘密大营救"、"两航起义"等重要历史事件中留下了不可忽视却鲜为人知的身影。1951年，柯麟回到广州致力于发展医学院校，助推国家卫生事业，被世人称道"高悬义壶济贫苦，为国为民献终身"。

医界巨擘柯麟的"红色传奇"

1901年9月，柯麟出生于广东海丰一个普通工商家庭。1919年五四运动的时代洪流席卷中华大地，信仰的红色种子早在中学时代就深埋在他的血液中。早在海丰中学就读时，柯麟与彭湃结为挚友，一同参加声讨袁世凯、恢复民国的斗争，接受进步的革命思想，还与进步同学一起，举行了海丰有史以来第一次罢课。

1920年，中学毕业的柯麟以优异的成绩考取了广东公立医科大学（现中山大学医学院前身）。在23岁那年，柯麟成了该校第一批共青团员，两年后转为中共党员，并成为该校首任党团支部书记。

同年，在彭湃的介绍下，柯麟邀请周恩来到学校演讲。周恩来在演讲中说道："我们的时代是战斗的时代，革命青年一定要与工农兵合作，才能取得大胜利。"周恩来的一番话，为柯麟指明了革命的道路与方向。

1927年，柯麟赴武汉出席全国共青团代表大会，并被派往国民革命军第四军，先后任二十四师教导队医官、军部医务处主任。是年9月，随第四军回广州，任该军后方医院副院长。随后，他参加广州起义，起义失败后避难上海，开设达生医务所，作为党的秘密联络点，并参加中央特科的工作。

1929年11月，柯麟在上海协助中央特科，处决出卖彭湃的叛徒白鑫之后，组织上安排柯麟秘密转移到东北。东北地区组织工作的领导人刘少奇在了解了柯麟的情况后作出指示，要柯麟回到南方继续工作。

　　1930年，根据组织安排，柯麟不日赶赴香港，奉命开设南华药房，设立秘密联络站。他不仅安排一些领导从白色恐怖地区，经香港进入中央革命根据地；而且还想方设法，购买一批批医疗器械和医药用品，一袋袋，一箱箱，避开敌占区陆路的封锁，躲开飞机的轰炸，迎风竖起货船的樯橹，借着夜幕的掩护，通过水路航行，运往朝面山、激石溪等海陆丰革命老区，进而秘密地运往中央苏区根据

地。1931年秋，柯麟护救出时任中共广东省委军委书记、烈士李硕勋的妻儿，将他们送往上海。其间，叶剑英、聂荣臻、陆定一同时经由香港转赴中央苏区，香港联络站发挥了重要作用。

　　1935年，组织安排柯麟前往澳门，自此，柯麟便在濠江畔拉开了17年潜伏岁月的序幕。

　　初到澳门的柯麟重操旧业，在板樟堂街开办了"柯麟诊所"，还在澳门镜湖医院担任义务医生，结识了澳门的商界领袖何贤、马万祺等人，他曾经替马万祺医治肺病，马万祺病好了之后，两人就成了好朋友。而澳门王何贤就说，柯麟几乎没有向他宣传过共产党的什么主张，而他也

1949年10月10日，柯麟在镜湖医院庆祝新中国成立大会上讲话

钦佩柯麟的为人，两人逐渐成了朋友。柯麟的善举、义举征服了澳门民众和开明士绅，而他们的支持，也为柯麟顺利展开革命工作聚集了人气。

虽然柯麟在澳门一直是和党组织单线联系，把自己的另一重身份隐藏得很好，但是慢慢地很多人开始怀疑他是共产党，使他不断招来杀身之祸。曾经有人提醒何贤说，柯麟是共产党员，要和他保持距离，但何贤不为所动。虽然对柯麟的身份可能已经心知肚明，但是澳门赫赫有名的人士林炳炎、何贤、马万祺等还是大力支持柯麟。

1946年，镜湖医院实行院长制，柯麟在他们的拥护下，当选为第一任院长，并把这所不起眼的医院办成澳门规模最大、管理最好、医疗水平最高的著名医院，而镜湖医院也逐渐成为他掩护地下工作、救治革命同志的基地。任职期间，柯麟救死扶伤，以华南名医的身份跻身于澳门上层社会，赢得了各界人士的信赖赞誉，为后来的秘密营救爱国民主人士和文化界进步人士，以及其他统一战线工作创造了有利条件。

1949年，新中国即将成立的消息传到澳门，但此时葡萄牙政府禁止共产党活动，国民党特务也采取了暗杀行动，澳门还没有人敢挂红旗。10月10日，柯麟派人在街口挂出红旗，镜湖医院也升起五星红旗。1949年11月24日上午9时，柯麟和马万祺在澳门平安戏院主持召开了庆祝中华人民共和国成立大会。

1949年11月9日，香港中国航空公司、中央航空公司2000多名员工通电起义，史称"两航起义"。美国及逃到台湾的国民党势力向澳门当局施加压力，企图冻结"两航"在澳门的财产。

时任中共中央华南分局第一书记、华南军区司令员兼政委、广东省及广州军管会主任叶剑英委派时任中央军委空军民航处领导成员任泊生，携带自己的亲笔信前往澳门面交柯麟。叶帅在信中指示柯麟，务必将这批关乎新中国民航事业发展的航空器材迅速运往广州。

1980年，柯麟老院长（第二排左八）与中山医女运动员们合影

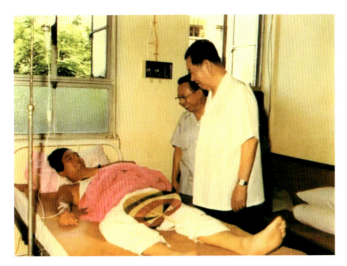
柯麟（右一）与病人亲切交谈

1980年5月4日，柯麟院长（右二）、陈国桢教授等视察学生自习的情景

柯麟找到这批航空器材时，才意识到自己接受了一项十分艰巨的任务——器材足足有2562箱，另外还有4座巨型的发电机。要运走这批数量庞大的物资，需要两艘巨大的驳船和大马力的拖轮。运输数量如此庞大的货物，前后仅用了3天。这次行动的成功，与柯麟在澳门长期所做的统战工作密不可分。这次抢运行动为新中国提供了民航飞机维修器材，为我国航空工业发展打下了坚实基础。

20个世纪50年代初，抗美援朝期间，柯麟与兄弟柯平和何贤、马万祺合作，将汽油、雷达等一批军用物资从澳门运往内地。1956年2月，长年与柯麟共事的新增补的澳门首位全国政协委员何贤在第二届全国政协第二次会议大会上说道："我过去对共产党的认识，并不是从书本上得来的，而是得力于一位党员同志的感召。"

这位"党员同志"，就是柯麟。

柯麟的前半生，可以说是中国共产党人赴汤蹈火、前仆后继的真实写照。从1928年参加中央特科，到1949年新中国成立，柯麟终于可以公开自己的中共党员身份。而此时一项新的任务又在等待着他。

1951年，中央安排柯麟出任广州中山医学院（中山医科大学前身）院长兼党委书记。他主持合并中山大学医学院与岭南大学医学院、光华医学院，奠定了中山医中兴之基。20世纪80年代，柯麟第三次回到中山医学院，年近八十的他以卫生部顾问（正部长级）兼任院长一职。

同一时期，柯麟对于广东一些医学院校的发展作出了卓越贡献，其中以暨南大学医学院为最。1978年1月，中央决定复办暨南大学，新办医学院及华侨医院，时任卫生部顾问（正部长级）的柯麟被聘为暨南大学复办筹委会副主任。暨南大学医学院第一任党委书记刘希正回忆，在柯麟的鼎力支持下，在兄弟医学院校的支援之下，暨南大学医学院在较短的时间内向全国招聘了上百名骨干教师。

1991年9月，柯麟在北京逝世，终年91岁。2017年6月5日，中山一院手术科大楼正式命名为"柯麟楼"。时任澳门特别行政区行政长官崔世安，叶剑英元帅后人，全国政协原副主席

叶选平题"柯麟楼"

马万祺之子马有恒，以及澳门镜湖医院、澳门中大医科校友会和香港中大医科校友会的有关嘉宾等出席揭牌仪式，纪念和缅怀医学教育名家、中大医科"一代宗师"柯麟老院长。

参考资料：央视网、光明网、《南方日报》《羊城晚报》《汕尾日报》

陈青山（1919—2003），原名陈欠火，中共党员，南洋归侨，中国人民解放军开国少将。4岁时随父亲移居马来亚，积极参与领导当地抗日救亡运动，支援祖国抗日。1941年回国后加入中国共产党，同年参加海南岛琼崖民众抗日自卫团独立总队。抗日战争期间组织领导琼崖人民抗日游击，解放战争时期任琼崖独立纵队政治部副主任，第三总队政委兼组织部部长，长期坚持敌后游击战争，配合人民解放军主力部队解放海南岛。中华人民共和国成立后，在广州任广东省军区政治部主任、广州军区政治部副主任等职，1964年晋升少将，1988年被中央军委授予中国人民解放军一级红星功勋荣誉章。

智勇双全的归侨将军
——陈青山

陈青山原名陈欠火，1919年10月出生于福建省惠安县洛阳镇（现属台商投资区）一个穷苦农家，后随父漂洋过海到马来亚槟城。他的命运从此发生转变，却仍与祖国息息相关。

在异乡期间，陈欠火进私塾读书，改名陈荣火。因学习成绩优异，1935年由当地陈氏宗族资助，陈荣火考入东南亚三大华校之一的槟城钟灵中学读书。陈荣火深知："一个人活着就要心系祖国，胸怀大志，为国为民甘洒热血，这才是人生的真正价值。"他和同学们加入"读书会""学生联合会"，学习抗日救国理论、上街游行、散发传

单、张贴标语、义卖义演、多方串联，陈荣火以开展各种文体活动做掩护，宣传抗日。

1937年下半年，陈荣火等代表槟城学生抗敌后援会赴新加坡开会，几个人骑自行车，以赛球为掩护，历时半个多月，在十多个城市撒下抗战的革命火种，参与组建了马来亚各界抗敌后援总会槟城抗敌后援会。

1939年，第二次世界大战全面爆发，无数人民处于水深火热之中。陈荣火授命前往新加坡，此时其父陈憨清已身染重病，陈荣火看着父亲憔悴的面容、病入膏肓的身躯，心里非常难过。但是他想：

陈青山（后排右二）在钟灵中学读书时的合影

"从事革命斗争，正是为了拯救千千万万像父亲一样处于水深火热的父母亲！"于是，他含泪离开了重病的父亲，踏上了新的革命征途。

1940年1月，为了斗争需要，陈荣火化名陈青山。其间他担任了星洲总工会宣传部长、总务，同时兼任马来亚总工会《前锋报》主编。1940年年底，陈青山等被英国当局驱逐出境，乘坐轮船在海上漂泊了六天五夜到达香港，历尽千难万险逃脱到湛江。经中共南方局审查批准，陈青山等转为中国共产党党员，被派往海南参加抗日战争。

1941年9月，陈青山等人乘船偷渡到琼崖，颠簸一夜，终于在琼山县演丰港登陆。来到总部，他们受到热烈欢迎和亲切接待。陈青山被分配到总队政治部宣传科任科员，不久被任命为宣传科长。为了更好地开展工作，他如饥似渴地学讲海南话，仅半年时间就可用海南方言给指战员们上政治课、讲故事了。

1942年年初，陈青山被调任琼崖独立总队政治部组织科长，受命举办支部书记培训班，从各连队挑选优秀排长、文化教员等参加学习，每期培训40人左右，他主办三期。学员毕业后派到各连队担任专职党支部书记，受培训

的学员经过实际锻炼，后来均成为琼崖独立总队各级领导骨干，对琼崖独立总队的军政建设，起到了积极作用。

1943年8月，陈青山和支队长马白山与王国兴等少数民族头领歃血为盟，并派出武工队进入五指山，帮助黎族人民训练军事骨干。同时吸收黎族群众参加海南抗日独立总队，壮大了抗日力量。

1945年8月，陈青山夫妇在琼纵根据地结婚

1946年2月，琼崖国共内战全面爆发。为了保证总部安全转移，陈青山率领一个大队直奔黄竹岭。他披上大衣，骑着战马行军，在大山中大摇大摆地转来转去，不时打几枪迷惑敌人。果然，敌人把陈青山误认为特委书记兼琼崖纵队司令员，疯狂地跟踪追来，包围了地势险要、易守难攻的黄竹岭，企图将琼崖纵队及特委机关一网打尽。他们在黄竹岭同敌人周旋了九天九夜后，直到总部机关与

琼崖纵队政治部副主任陈青山（左）与四十军一一八师
参谋长苟在松

琼崖纵队政治部副主任陈青山（左）与海南军区副司令员马白山合影

陈青山（右）在海南视察时探访黎族同胞，用战争年代学的黎族话与黎族妇女亲切交谈

琼崖纵队老战友合影，前排左起：陈求光、江田、符荣鼎、陈青山、潘江汉，后排左二吴方定、左三符志洛

挺进支队已突出敌人包围圈，转移到了安全地区，陈青山才率部队趁雷雨交加、伸手不见五指的黑夜胜利突围。

1949年12月，毛泽东同志和中央军委发出了解放海南的命令，彼时敌军利用琼州海峡天险，建立陆海空立体"伯陵防线"，妄图阻挠解放军登陆。1950年2月，陈青山奉命到第一总队加强接应作战指挥，率部到琼西接应第四野战军四十军渡海作战。他精心部署部队，同时与西区地委联系做好支前组织准备。在敌我军情瞬息万变、各种意料不到的突发事件中，陈青山临危不惧，果断指挥部队因时因地制宜，灵活机动作战，冒着枪林弹雨在海滩上同国民党军进行你死我活的浴血苦战，千方百计掩护解放军渡海登陆部队，先后于1950年3月6日接应首批潜渡登陆的渡海先锋营，3月26日接应第二批登陆的加强团，4月17日接应由十五兵团副司令兼四十军军长韩先楚所率的主力部队大举登陆。随后他率部于西线追击部队，出色地完成了任务，为解放海南岛作出了不可磨灭的贡献。

1956年9月，陈青山从解放军政治学院毕业后就任广东省军区政治部主任，1957年调任海南军区副政委。1964年晋升少将，1965年升任广州军区政治部副主任。1988年被授予中国人民解放军一级红星功勋荣誉章。

陈青山离休后，应邀前往北京参加全国侨联代表大会。在会上，陈青山动情地说："我就快解甲归田了，只是无田可归。那就尽一个老归侨的义务，解甲归侨吧。"离休后的陈青山，将大量的精力放在落实侨务、乡情、友情及各项社会活动上，做了大量有益的工作，受到华侨、归侨和人民群众的尊敬和爱戴。他先是出任广东省侨联顾问，又当选为全国侨联委员，后担任全国侨联顾问，同时担任了广东省老人体育协会顾问、广东省振兴海南联谊会会长、广东星马侨友会名誉会长、广东省闽南经济促进会常务副会长、广州市乒乓协会名誉会长等。陈青山乐于奉献，不挂空名：即使是顾问，也筹划也执行；是名誉会长，也出谋也出力，如老骥伏枥，志在千里。

参考资料：中国侨网、福侨世界总网、《海南日报》《泉州晚报》《琼崖纵队史》

李少石（1906—1945），原名李国俊，又名李振，中共党员，法国侨眷，出生于香港，革命家，是社会活动家廖梦醒之丈夫、民主革命家廖仲恺与何香凝之女婿。1925年入读岭南大学，1926年加入中国共产党，一生忠于革命事业，曾先后在上海、香港、重庆等地开展革命活动，是周恩来的亲密助手。1934年因叛徒出卖而被捕入狱，在狱中受尽折磨、英勇不屈，作诗"死得成仁未足悲""英雄含笑上刑场"，随时准备为革命牺牲。1937年释放出狱，在港澳地区继续开展地下工作。1945年遭国民党枪击遇害，毛泽东亲笔题词悼念："李少石同志是个好共产党员，不幸遇难，永志哀思！"

大义长争日月光
——李少石

1906年，李少石在香港出生。为了让李少石接受传统文化教育，李少石的爷爷专门将他送往广州私塾小学读书，在老师与家人的教育和熏陶下，逐步建立起对家和国的理解。

从私塾毕业后，李少石考入香港皇仁书院，与孙中山同为校友，李少石内心一直把孙中山当作"偶像"。他深受中国传统文化和乡贤文化影响，不断吸收西方先进文化，在目睹清朝的腐败和国民党政府的黑暗后，他在内心埋下了变革社会、改造世界的种子。

后来，李少石随家人迁至广州，并于1925年入读岭南大学，与廖仲恺、何香凝的女儿廖梦醒成为同学。同样拥有爱国情怀的二人相互吸引，并结成亲密战友，一起参加反帝反军阀斗争。同年，李少石参加共产主义青年团。6月间，省港大罢工爆发，他参加了声援上海工人斗争的"六二三"示威游行，目睹了帝国主义制造的惨绝人寰的沙基惨案。为了抗议帝国主义的暴行，他和廖梦醒在岭南大学发动了工人罢工，结果被学校当局开除。之后，他到了海员工会工作。

1926年，在共产党员陈郁的介绍下，20岁的李少石加入中国共产党。1927年4月12日，蒋介石在上

1925年，岭南大学"泉社"合影

海发动了反革命政变，大肆屠杀共产党人和革命群众，李少石这时奉调到香港从事秘密工作。1930年，党中央派李少石到香港组织交通站。这时他已与廖梦醒结婚。他们夫妻在婚前就有默契：互相不妨碍各人的革命活动。

1932年，由于交通站有个工作人员被捕，有叛变嫌疑，李少石和廖梦醒奉命离开香港到上海工作。面对当时的白色恐怖，他们夫妻相约：万一我们中间有谁被捕，不管任何重刑拷打，都要维护一个共产党员的高贵品德，决不叛党。

1934年2月28日，李少石被叛徒出卖，不幸被捕入狱。在敌人的严刑拷打面前，他宁死不肯招供。他从上海被解往南京时，写了一首诗以表达自己忠于革命事业的坚强意志："丹心已共河山碎，大义长争日月光。不作寻常床箦死，英雄含笑上刑场。"

在狱中李少石的健康受到严重的摧残：脚被打跛了，不能走路；肺被打伤了，经常吐血。经过三年多的痛苦折磨，1937年，经过周恩来的严正交涉，要求国民党当局释放政治犯，李少石才获释出狱。这时他已身患严重肺病，住进了医院。出院后，李少石被派往华南沦陷区工作。太

1933年夏，李少石全家福

平洋战争爆发后，廖梦醒调入重庆工作。但李少石在给周恩来拍电报时从不涉及私事，以至廖梦醒以为他出了什么事。有一次，周恩来问廖梦醒："老李近来怎么样？"廖梦醒说："自从澳门别后，既无音讯，又无消息。"周恩来说："老李这个人太古板，其实他经常有电报从电台发来，但怎会连一字家信都不附带发来呢？"不久，周恩来决定把李少石调到重庆。

1943年夏，李少石抵重庆工作，任周恩来的英文秘

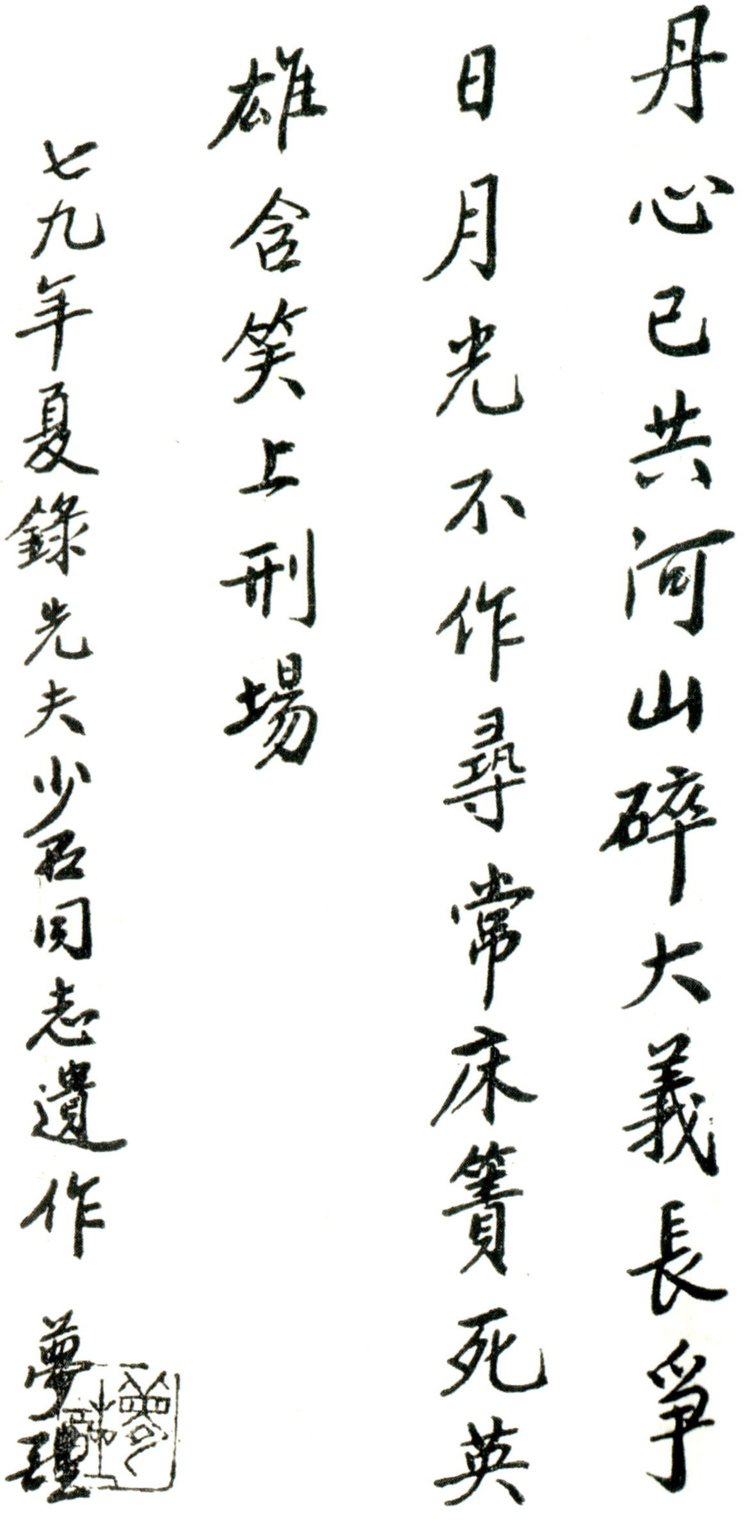
丹心已共河山碎
大義長爭日月光
不作尋常床簀死
英雄含笑上刑場
七九年夏錄先夫少石同志遺作 夢醒

廖梦醒写先夫少石遗诗

1945年9月摄于重庆牛角陀家中，左起：蔡荇洲、李少石、李湄、廖梦醒

《少石遗诗》

书。这时正值蒋介石的《中国之命运》一书出版，他读后极为愤慨，写了一首《读完中国之命运后感》的诗。"万千逻卒猎街衢，偶语宁辞杀不辜；安内难无伤手足，攘外偏惜掷头颅！天之未丧斯民主，人能尽诛是独夫，二世亡秦前鉴在，子龙何事怒坑儒？"

李少石来重庆前，周恩来曾叮嘱廖梦醒："因为大革命时代国民党的人都认识你们，你们千万不能暴露共产党员的身份。"李少石到达重庆后，公开职业是《新华日报》记者兼编辑，实际是八路军驻渝办事处秘书。李少石与廖梦醒严格遵守周恩来的嘱咐，偶尔在路上碰到，也总是装着不认识。李少石在家也要孩子叫他"伯伯"。李少石的工作很忙，但在忙碌之余，还帮助同志们学习，讲述革命先烈的斗争事迹。不管白天工作有多累，晚上他也和大家一道守夜，以防特务袭击。

1945年10月8日傍晚，李少石奉命送来访周恩来的柳亚子回沙坪坝住处，不料在返回途中，突遭国民党士兵枪击，因伤势过重抢救无效，不幸牺牲，时年39岁。

10月11日，周恩来和宋庆龄随李少石的灵柩十余里到小龙坎，周恩来盖上第一锹土，安葬了李少石。毛泽东也亲笔题词："李少石同志是个好共产党员，不幸遇难，永志哀思！"

参考资料：《光明日报》《南方都市报》、中华英烈网、中红网、仲恺农业工程学院官方账号等

冯乃超（1901—1983），中共党员，出生于日本，革命活动家、教育家，中国现代诗人、作家、文艺评论家和翻译家。1927年回国，次年加入中国共产党。在抗日战争和解放战争期间，长期负责中共领导的文化战线组织、统战工作。中华人民共和国成立后，曾任中共中央宣传部干部处处长、中央直属机关党委文教分党委书记、中央人事部第一任副部长兼第四局局长等职，后由叶剑英、方方向党中央提名，经周恩来总理批准，毛泽东主席委任在中山大学任职，此后在广州工作20余年，历任中共中山大学委员会第一书记、中共广东省委高等学校委员会第一书记、中共广东省委委员、中共广东省委文教部副部长等职，为岭南教育发展作出了重要贡献。

默默的播火者
——冯乃超

冯乃超，1901年10月出生于日本横滨华侨家庭，是日本著名侨领、横滨兴中会主干冯镜如、冯紫珊的后裔。1923年，在日本第八高等学校理科毕业后，先后就读于京都帝国大学哲学系、东京帝国大学哲学系社会学科，后改学美学与美术史。1926年3月开始，在《创造月刊》上发表组诗《幻想的窗》等具有象征色彩的诗歌。

幼年求学期间，冯乃超在南海故乡接触到劳苦大众，并耳闻目睹辛亥革命前夕南海乡村爱国者慷慨悲歌的壮举，留下了深刻的印象；在日本的教会学校目睹了种族歧视现象，接受了富国强兵思想，开始接触中国新文化运动。大学期间，开始参与创造社活动，后成为创造社出版部日本东京分部的联络人，并参加了日本革命学生组织的马克思主义读书会和艺术研究会，开始注意日本无产阶级文艺运动，接受苏联和日本的"左"倾文艺理论。

1927年大革命失败后，冯乃超毅然弃学回国参加革命工作，编辑、主编《文化批判》和《创造月刊》，成为著名文学团体创造社后期的中坚和主将。后与鲁迅等筹组中国左翼作家联盟，起草左联《理论纲领》，并任左联第一任党团书记兼宣传部部长。不久调任中共中央宣传部文化工作委员会书

1927年创造社成员摄于日本东京，左起：冯乃超、王道源、陶晶孙、李白华、成仿吾

《创造月刊》

《文化批评》创刊号

冯乃超（右一）与鹿地亘、池田幸子、绿川英子等人合影

记、中国左翼文化总同盟党团书记，并编辑中共中央机关刊物《红旗周报》。1928年1月发表在《文化批判》创刊号上的两首诗《上海》和《与街头上人》，标志其诗风从低沉到革命的转变。

1928年4月，冯乃超出版诗集《红纱灯》，反响颇大，奠定了冯乃超在诗坛的地位。同年9月加入中国共产党。1929年秋与郑伯奇等组织中国艺术剧社，任文学部长。1930年参加筹建中国左翼作家联盟，被推举为《理论纲领》的起草人，并任"左联"第一任党团书记兼宣传部长，次年任文化总同盟书记，为中共的革命文艺运动作出了巨大成绩。左翼文化工作者及其各种组织，对于宣传马克思主义思想，扩大共产党的影响，反对国民党法西斯文化专制主义和文化"围剿"都起了重要作用。

冯乃超曾以中共中央特科成员的身份从事情报工作，是毛泽东所指出的白区保留下来的为数不多的共产党人之一。抗战爆发后，冯乃超发表了被中国现代文学史上称为"诗歌朗诵运动倡导者的'宣言'"、又是文艺界抗日救亡运动的宣言的著名诗篇《诗歌的宣言》。

1938年到郭沫若领导的政治部第三厅任职，并参加筹备中华全国文艺界抗敌协会，后任理事兼组织部副部长。抗日战争期间，他在周恩来同志和中共中央南方局的直接领导下筹组中华全国文艺界抗敌协会，任文协常务理事及组织组副主任，编辑《抗战文艺》；担任郭沫若主持的国民政府军事委员会政治部第三厅的中共特支书记，并领导孩子剧团；又任中共中央南方局"文委"委员、重庆国共谈判中共代表团顾问。

解放战争时期，任中共中央南方局"工委"委员、"文委"书记；任中共中央香港分局"工委"委员、"文委"书记，主管香港文化和统战工作，编辑《大众文艺丛刊》；任华北人民政府教育委员会委员，第一届政协代表，中华全国文学艺术工作者代表大会代表资格审查委员会主任。

冯乃超在创作上以诗歌为主，也写小说和评论，曾翻译过一些日本文学作品，在现代文学史上有一定地位。身为文化先锋，却甘愿做无人知晓的文化界的统战、组织工作。晚年常有一些编委会、出版社把他列入现代文学家的名单，邀他写小传，他全部以"我不是诗人""我不是作家"而拒绝。

新中国成立之初，冯乃超任中央直属机关党委文教书记、人事部副部长，联系高等教育部。1950年，叶剑英向党中央打报告，要求调冯乃超到南方局工作。此事被广东省文教委员会知道后，也向党中央告急，陈述中山大学是孙中山先生手创，地处祖国南大门，靠近香港澳门，在教育界有特殊的地位，需要一位高水平、懂知识分子工作的党内同志来担任书记，这个人非冯乃超莫属。政务院总理

《文艺讲座》

《抗战文艺》

《文艺的新方向》

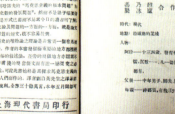

《大众文艺》

《中国新诗库·冯乃超卷》

1948年，左起：郭沫若、许广平、冯乃超、田汉

左起：老舍、冯乃超、阳翰笙合影

《默默的播火者》

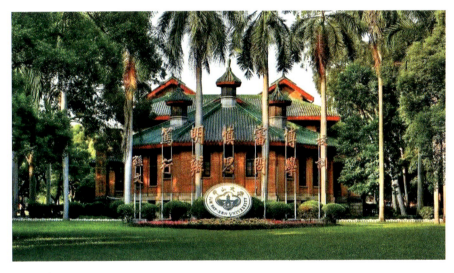

中山大学校训

周恩来为此跟冯乃超谈话，说明情况，并说调到中山大学工作，等于无过而降级了。

冯乃超淡淡一笑，说："谁都希望到前台表演，后台工作谁去做？谁都愿意到中央工作，地方工作谁做？谁都想领导别人，被领导的事谁来干？只要是革命工作，为什么要去计较这些？"翌年初，经周恩来总理批准、毛泽东主席委任为中山大学副校长。冯乃超紧紧抓住人才培养和学科建设这两个关键不放松，开展一系列"广揽人才、设置研究所、发展教师党员"等强有力措施，使中山大学发生深刻变化。

尔后，冯乃超在广州工作20余年，历任中共中山大学委员会第一书记、中共广东省委高等学校委员会第一书记、中共广东省委委员、中共广东省委文教部副部长等职，当选为第一届全国人民代表大会代表、中共八大代表、广东省政协副主席等职务。

1975年，冯乃超调离中山大学，1983年，在北京逝世。冯乃超不仅以突出的创作成就给世人留下了珍贵的文化遗产，更以执着的人生追求留下了无价的精神财富。2001年，"冯乃超诞辰一百周年座谈会"在人民大会堂举行，时任全国人大常委会委员长李鹏为纪念冯乃超诞辰一百周年题词："革命文学奋斗终生，勤劳钻研磊落光明。"

参考资料：中新网、共产党员网、中山大学官网及《广东中共八大代表风采录》

梁威林（1911—2008），中共党员，日本归侨，久经考验的忠诚的共产主义战士，原新华社香港分社社长。1935年心怀革命救国之心东渡日本求学，1936年在东京加入中国共产党。1937年毅然回国开展革命运动，参加广东青年抗日先锋队，成立东江人民武装工作总队，组织广东人民解放军粤赣边支队，为华南抗日和广东解放都作出了巨大贡献。中华人民共和国成立后，历任广东省教育厅厅长、省革委会副主任、副省长、省政协等职，为社会主义事业发展奉献毕生精力和聪明才智。2008年，梁威林与世长辞。

革命斗士　岁月留香
——梁威林

1911年3月，梁威林出生于广西博白县的一个书香之家，从小就受到良好的家庭教育和思想熏陶，立志做一个为国为民的人。自幼懂得忧国忧民的梁威林，在桂林师范学校读书期间，就参加学生运动，探求真理，追求进步。1935年1月，他怀着革命救国的大志，东渡日本求学，投身于革命洪流。1936年在日本东京加入中国共产党，开始了义无反顾的革命生涯。

全民族抗日战争爆发前夕，梁威林毅然返回祖国，出任上海抗日青年救国团副团长，从事抗日救亡运动。1937年11月，奉命返回广东工作，组织抗战教育实践社并任指导员；随后参加由中共南方工委组织的广东青年抗日先锋队（简称抗先队）。今天，广州市文明路63号就是当时抗先队的聚会点。

"抗先队"成立后，广东青年抗日救亡运动由广州市内到郊区及附近各市镇，再扩展深入全省各县农村。留东同学抗敌后援会在党的领导下，与各兄弟社团彼此呼应支援，又独立自主、积极地做了一系列抗日救亡宣传教育工作。

1937年，参加了由郭沫若带领下的一二·九运动两周年纪念示威大游行；1938年1月，接待日本世界语学者、国际主义战士绿川英子来东后开设世界语、日语、英语各学习班，开展国际反侵略运动各项工作；接着，开展大露营活动，参加广州市30万人庆祝台儿庄大捷大游行等，并先后组织32个战时工作队分赴全省29个县，广泛开展抗日救国的宣传教育活动。1938年3月，来到广州先后任中共广州市委组织部干事、中共广州市文委宣传部长、中共广东省委宣传部干事，积极进行抗日救亡宣传工作。

1938年10月，广州沦陷，中共广东省委指示青委："保存干部，撤离广州，分散各地，开展党的工作和青年工作。"梁威林与"抗先队"队员及进步青年400多人一起撤出广州，在四会县成立"抗先队"总部，被选为"抗先队"总部委员。随后奉命前往清远，出任中共北江区委书记。1939年4月，赴西江地区工作，任中共西江特委宣传部长。

1941年2月，梁威林到达老隆后，正式成立中共后东特委。1944年10月，中共广东省临委会议召开，作出了在全省恢复党组织活动的决定。梁威林奉命率领后东特委成员和各县特派员及主要负责人，前往惠东宝前线举办学习班总结工作，进行整风学习。

为了贯彻中共广东省临委关于创建东、韩江之间抗日根据地的指示，梁威林率领后东特委领导成员分别在紫（金）五（华）龙（川）河（源）边区开展组建抗日武装、开辟抗日游击基地的活动。6月间，东江人民武装工作总队成立，日军2000多人进犯河源。当时自卫总队才100多人，他们联合河源警备区第三大队夹击敌人，这个大队队长是致公党中央委员，当地群众在地下党领导下也拿起土枪土炮参战。抗日总队在梁威林率领下与日军展开正面交锋。梁威林亲自拿着短枪冲进日军盘踞的碉楼。这场战斗苦战一天两夜，歼敌一个班，缴获日军橡皮艇4艘、枪支弹药等一批物资。日军狼狈逃窜。这一仗使日寇遭到进攻东江上游以来最大重挫。

1945年抗日战争结束后，东江纵队所部分别向东、向西、向北发展。梁威林率领武装工作总队积极配合东江纵队东进部队的战斗行动，在紫五龙河边区给国民党军以沉重的打击，使东进部队在紫五龙河边区站稳了脚跟，实力得以保存。

1945年5月，中共东江后方特别委员会主要领导人在香港，前排左起：梁威林、郑群，后排左起：钟俊贤、卓扬、黄中强

1946年6月30日，东江纵队主力北撤山东解放区。梁威林奉命前往暹罗从事华侨工作。1947年9月奉命返回香港，参加中共广东区委的领导工作。1948年4月，梁威林受中共中央香港分局派遣，以粤赣湘边区临时党委委员的身份，前往处境最为困难的九连地区指导游击战争的开展。为打破国民党军的"清剿"，梁威林迅速组织主力部队，成立广东人民解放军粤赣边支队，组织指挥了一系列战斗，接连取得白马、大湖、鹤塘、大坪、大人岭五战五捷的重大胜利。

1948年12月，中共粤赣湘边区委员会正式成立，梁威林任区党委委员、副书记。1949年1月，中国人民解放军粤赣湘边纵队成立，梁威林任副政治委员。从2月开始，为了建立大决战的战略基地，根据粤赣湘边区党委的战略部署，梁威林与黄松坚、严尚民一起，在东江北线发起了声势浩大的春季攻势，指挥东江北线和粤北地区的部队，兵分三路展开攻势，解放了新（丰）连（平）河（源）龙（川）英（德）佛（冈）边区的大片乡村，打通了九连地区与滃江和江北之间的联系。

随后，梁威林等指挥东江北线部队，发动了夏季攻势，成功策动了国民党的"粤东起义"，组织了以解放东江上游广大地区为目标的老隆之役，仅两个多月的时间，连战皆捷，歼灭了国民党广东省保安第四师，先后解放了龙川、五华、和平、新丰、连平五座县城和重镇10余座，新丰、连平、和平、龙川、五华全境及河源县大部分地区均告解放，解放区人口达134万人，并与闽粤赣边区一起形成了由福建龙岩至河源，由平远至海陆丰纵横千里的广大解放区，解放区人口达400多万，胜利完成了建立解放广东的战略基地的任务。

9月，根据由叶剑英主持的赣州会议的决定，梁威林率领粤赣湘边纵队北线主力部队由龙川挥师南下，直逼河源，解放了九连地区全境。为了配合广东战役，迎接南下野战军队部队解放广东，粤赣湘边区党委成立了以梁威林为司令员的东江支前司令部，发动解放区军民开展支前工作，为广东全境的解放作出积极的贡献。

中华人民共和国成立后，梁威林担任过多个岗位的领导工作。解放初期，他在粤东、粤北地区发动群众，清匪反霸，实行土地改革，恢复工农业生产，安排好群众生产生活，为新政权的巩固作出了贡献。任广东省教育厅厅长

粤赣湘边纵队负责人，右起：梁威林、黄松坚、尹林平、左洪涛、黄文俞

1949年6月，粤赣湘边区党委副书记兼纵队副政委梁威林（前中）与五华县委军管会负责人等人合影

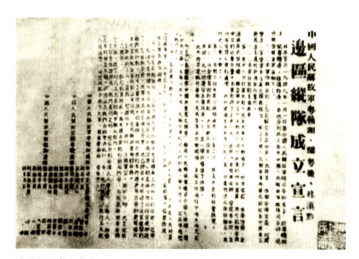

边区纵队成立宣言

期间，他坚决贯彻全面发展教育的方针，执行党的知识分子政策，稳定教学秩序，努力提高教学质量，组织创建了广东教育学院、广州师范学院，创办《广东教育杂志》，创办地、市、县教师进修学院，成立省、地、市、县教学

在香港工作期间，梁威林（前）与同事们经常深入木屋区、工厂区了解劳工大众情况

研究室，为广东教育的发展打下坚实的基础。任新华社香港分社社长期间，他坚决贯彻中央关于港澳工作的方针政策，紧密团结大批爱国爱港人士，深入社区、工厂了解社情民意，解决实际困难，为东江向香港供水项目、开辟专供港澳鲜活商品快车等作了不懈努力，为香港的繁荣稳定作出了积极贡献。

任广东省革委会副主任、广东省副省长期间，他分管旅游、侨务、外事等工作，充分发挥广东毗邻港澳、华侨众多以及他在香港工作时间长、朋友广泛的优势，积极引进外资，推动粤港澳合作，成功地推动了广州白天鹅宾馆、中国大酒店、花园酒店等项目的引进和建设，为广东的改革开放作出了积极贡献。他深入全省各地的华侨农场，组织妥善安置了10多万名越南难侨。任广东省政协主席期间，大力推进广东省爱国统一战线的建设，为进一步完善中国共产党领导的多党合作和政治协商制度作出了不懈努力。

在长达70余年的革命生涯中，无论是独立隐蔽的地下工作，还是在领兵上阵抗击敌人，无论是战争岁月还是在和平年代，梁威林始终保持共产党人的本色，对党对国家

1982年，左起：梁威林、陈健、陈洪湖合影

对人民无限忠诚，始终保持着坚强的党性和艰苦奋斗的作风，为党为祖国为人民奉献了自己的毕生精力和聪明才智。2008年，梁威林与世长辞。

参考资料：《南方日报》、中国共产党员网、《河源晚报》、从化文史网及南粤清风网

马师曾（1900—1964），南洋归侨，出生于广东，粤剧艺术大师。1917年在广州学戏，后被"转让"给来招徒的"南洋客"，赴新加坡开始学习演出。在东南亚6年的坎坷经历极大影响其日后艺术生涯。1923年回到香港演出声名鹊起，后赴美演出3年。抗日战争期间献金献力，不仅建立了抗战粤剧团，还编演《卫国弃家仇》《汉奸的结果》《烽火奇缘》等丰富作品宣传保家卫国思想，争取民众力量，于后方为抗日胜利作出贡献。中华人民共和国成立后，回到广州定居参加粤剧工作，任广东省粤剧团团长，当选省人大代表、全国政协委员、全国文联委员、中国戏剧家协会常务理事、中国戏剧家协会广东分会副主席。

粤剧泰斗马师曾的爱国情

1900年，马师曾出生在广东，幼年与父母一同在广州居住。1907年家庭经商失败，他随祖父、父母亲举家前往武昌，投靠任两湖书院经学馆馆长的曾叔祖马贞榆，因而有机会攻读四书五经及习练书法，打下了一定的国学基础。1911年武汉爆发辛亥革命，他随家人逃离武汉辗转回到广州，马师曾就读小学和中学期间，对戏剧开始发生兴趣，参加了学校组织的文明戏的演出活动，有时还偷偷跑去观看著名演员新华、朱次伯等人演出的粤剧。

中学未毕业，马师曾奉父母之命到香港一间铜铁店当学徒，因不堪忍受店东和其他伙计的欺凌，

年轻时的马师曾

跑回广州进入太平春教戏馆学戏，自起艺名关始昌，从此开始了粤剧学徒的生活。

1917年马师曾受聘于新加坡庆维新粤剧团，后转投普长春粤剧团，并拜著名小武靓元亨为师，期间在南洋一带学艺和演出。1931年春，马师曾应聘到美国三藩市演出，行前他精心编印了《千里壮游集》带往美国，向美国

1933年，马师与谭兰卿组建救亡粤剧团
——太平剧团

马师曾戏装

观众宣扬优美的粤剧艺术，他一直强调戏剧艺术对弘扬中华民族优秀文化具有重要意义，认为"人亦孰不爱国，凡爱国者必思自葆其国有之道德文化"，提出借戏剧"以宣传我国特有之道德文化"。

1931年九一八事变爆发，东三省沦陷，抗日战争打响，民族矛盾爆发。在各粤剧大家的率先带动下，粤剧界逐渐掀起了粤剧救亡运动。马师曾也积极参与到抗日救亡运动中去，率先对"救亡粤剧"进行编演，这也直接影响了粤剧界接下来的发展走向。随着抗日战争的日益激烈，更多的粤剧人士关注抗战时事，将爱国思想融入他们编演的作品中，以宣扬鼓舞群众抗日，让"粤剧救亡运动"得以壮大。

1933年，马师曾从美国回到香港，与谭兰卿组建救亡粤剧团——太平剧团，并作为台柱，为剧团的发展撑腰，当时报纸标榜马师曾是"新派粤剧泰斗导演兼主演艺术巨子"。马师曾编演《斗气姑爷》《刁蛮公主戆驸马》《野花香》《审死官》《贼王子》等作品。其中，最著名的剧目如《汉奸的结果》，宣扬爱国思想，痛骂无耻汉奸。后来剧团遇到一些问题，马谭二人便转战银幕事业，1936年剧团重整旗鼓，剧团再现生机。

1936年，日本贵族院议员无视我国政府的警告，多次向贵族院提议，提议将中华两个字改称支那。国人听到这个消息后，都感到非常愤怒，要日本政府作出解释。马师曾作为颇负盛誉的南方戏剧名伶，为了此次事件，义愤填膺地发表了一篇长函给日本贵族院，明确地表示了一个舞台伶人对于国事的愤慨。此事在当时引起了不小的轰动，在报刊《星华》上屡见报道。

1938年6月，马师曾参加由中国妇女兵灾筹赈会在香港主办的"华南电影界，游艺筹赈会"。马师曾参演三天，前两天与谭兰卿合演《最后的胜利》《三娘教子》，第三天与当红名伶薛觉先合演《戏凤》，为筹赈会吸引了大批观众，筹赈会最后的善款全都发到前线支持抗战。同年，马师曾又在太平剧院上演其本人新编剧目《情网杀人精》，全体艺员都是概尽义务，演出所有收入，悉数捐购广东国防公债。作为华南影剧两届最有号召力的人，马师曾以各种方式贡献给国家的钱财，不下10万元。

1941年，香港沦陷，日本侵略者久闻粤剧大家马师曾才名，邀请其为日军演出。马师曾拒绝为日演出，并组建"抗战粤剧团"（后改名为胜利粤剧团）。香港沦陷三天后，马师曾决定冒险带领全家人逃离香港，偷偷从澳门走迁回路线，最后在湛江落脚。重新建设好剧团后，带领团员在湛江一带进行粤剧演出，宣传抗日救亡。这支剧团常在霞山、赤坎等地进行救济难民、劳军、筹募寒衣的义演，深得人民的敬爱。日本侵略者得知马师曾在湛江的消息后，竟派特务组织追踪到湛江，威逼马师曾返回香港。马师曾丹心照骨，不惧强敌，毅然率领全体团员及眷属100多人转往广西。

1942年马师曾在广西建立抗战剧团，率剧团到后方大

《关汉卿》剧照，马师曾饰关汉卿，红线女饰朱帘秀

《搜书院》剧照

1956年，马师曾（前排左二）、红线女（前排右二）进京演出《搜书院》时
在梅兰芳先生（前排中）家门前合影

1950年，马师曾、红线女、薛觉先合演《人海万花筒之〈陈圆圆之歌〉》

演抗战剧，吸引观众捐献善款的同时，也激起了人们的爱国心。马师曾率领团员先后在广西的玉林、容县、柳州、桂林、梧州和广东的肇庆、郁南、德庆等地演出，筹得大量善款支持抗战。同年7月率团重到桂林，投入"保卫大桂林"的救亡宣传，果断义演献金，尽全力支援前线。桂林被敌占领后，剧团戏班损失过半，但大家仍坚持斗争，斗志昂扬，辗转退入安全区，不畏艰险、坚持出演抗战的剧目《华容道》《张巡杀妾飨三军》等，直至抗战胜利。

马师曾始终坚信中华民族不会被日寇击垮，粤剧人有责任以文艺为武器，唤起民族觉醒，号召全民齐心协力打败侵略者。在当时四万万中国人"发出最后的吼声"中，有马师曾苍劲有力的唱词："望人地咪侵犯都应该决心共倨（他）相争，誓死我地难以被他侵！"

中华人民共和国成立后，马师曾回到广州定居并参加粤剧工作。1956年马师曾被任命为广东粤剧团团长，与红线女合演回广州后的第一个新编剧目《昭君出塞》，不久两人又合作《搜书院》并到北京汇报演出，时任全国人大常委会委员长刘少奇、国务院总理周恩来先后同首都观众一起观看了演出。文化部、中国戏剧家协会于1956年5月17日召开的昆曲《十五贯》座谈会上，周恩来总理在讲话中表扬马师曾对粤剧工作的贡献说："现在，行家马师曾回来了，气象就更不同了，更提高了。"

这一年，马师曾当选中国人民政治协商会议全国委员会委员、广东省政协委员会常委、广东省人民代表大会代表、中国文学艺术界联合会全国委员会委员、广东省文联副主席、中国戏剧家协会常务理事、中国剧协广州分会副主席，被评为广东省文化先进工作者。

参考资料：《羊城晚报》《北京晚报》《顺德人物》《散文百家》及中新网

邓文钊（1908—1971），英国归侨，出生于香港殷商之家，是终其一生坚定跟党走的著名爱国人士。1934年从英国剑桥大学毕业后获得硕士学位，回港任大英银行华人经理。抗战初期加入保卫中国大同盟，1941年出钱出力创办中共在香港公开日报《华商报》，传递人民呼声，广泛宣传抗战，以实际行动为祖国抗日战争和人民解放事业作出贡献。中华人民共和国成立后，组织工商人才回国建设发展，历任广东省商业厅副厅长、省侨委副主任、省政协副主席、副省长、全国工商联副主任委员，第一、第二届全国人大代表等职务。

传递人民呼声　点亮"孤岛灯塔"
——邓文钊

邓文钊出生于1908年，广东五华人。他的先祖邓焦六，于清朝道光年间，就开始在香港文武庙附近设立元昌石行、承开石塘嘴至西营盘石山、承建湾仔道、上环街市等处楼房、马路，是当地早期建筑业巨富。

受家庭影响，邓文钊从小便接受高等教育，并将继承祖业、发扬光大作为人生最初的目标。在青年时期，邓文钊远赴英国剑桥大学留学。刻苦努力的他，克服了语言不通等困难，1934年获得经济学硕士学位回国，担任香港大英银行的华人经理。

抗战初期，邓文钊参加了以宋庆龄为首的保卫

1935年，邓文钊（右）在剑桥大学毕业时留影

中国大同盟。在其影响下，邓文钊心中的爱国热情被点燃，并倾尽全力支持抗日。

作为一名成功的企业家，邓文钊虽无法登上战场，但他在后方承担起了一个绝对重要的角色。1941年1月，国民党反动派发动皖南事变，妄图消灭共产党和民主党派，迫害民主进步人士，肆意取缔民主进步报

1935年留英学生夏令营活动合影，后排左五为邓文钊

刊。重庆《新华日报》、桂林《救亡日报》的出版发行遭到诸多阻挠和破坏，后被禁止出版、停刊。至4月底，内地数十种宣传抗战的进步报刊被迫停刊，昆明、成都、桂林等地的生活书店、读书出版社、新知书店均被查封。

在这种情况下，时任中共南方局书记的周恩来决定将重庆、桂林等地可能遭到迫害的文化界、新闻界著名人士，安全转移到香港。1941年二三月间，有计划地到达香港的文化界、新闻界进步人士达100多人。

面对大批的内地知名文化人陆续抵港这一盛况，同时为了宣传中共的抗日方针和揭露西方列强的"东方慕尼黑"阴谋，廖承志领导下的八路军驻港办事处决定在香港创办一份党领导下的有影响力的报纸，以建立一个对外宣传的据点，让香港居民和散居世界各地的千百万华侨、外国友好人士能有机会了解中共抗日政策。

按照香港政府当时的规定，要在香港办报或者出周刊，都得先向港英政府注册，一定要有一个有威望的香港人做法人，同时还要先付2000元港币的按金，这在当时实在是不容易！廖承志很快就找到自己的表妹夫邓文钊帮忙。邓文钊是何香凝的侄女婿，在廖承志的启发下，邓文钊的思想不断得到升华，认识到要救国救民于水火只有寄希望于中国共产党。

他不顾风险，毅然接受中共委托，把任职的华比银行和经营的崇德堂，供作八路军驻港办事处的通信处和接受华侨抗日捐献的联络站。邓文钊跑上跑下，为报社选址、出钱租房、购买印刷器材，提供活动经费。为确保报纸顺利出厂和后续工作的运转，他自掏腰包，拿出4万元的巨款，创建了印刷厂。邓文钊还请求哥哥邓文田作为办报的法人。邓文田是香港华比银行的买办，属于很有声望的人，按金也由他垫付。办报的具体事务则由邓文钊负责。至于报名，则定为"华商报"。

经过两个多月紧张忙碌的筹办，中共在香港的喉舌《华商报》终于在1941年4月8日创刊了。它是对开四版一大张的晚报。其创刊号头版正中位置还刊载了香港大资本家何东爵士的题词"唤醒侨胞"，以增加华侨商人的味道。报纸由邓文田任督印兼总经理，邓文钊任副总经理。

事实上，在抗日战争时期，除了重庆的《新华日报》

《华商报》报道

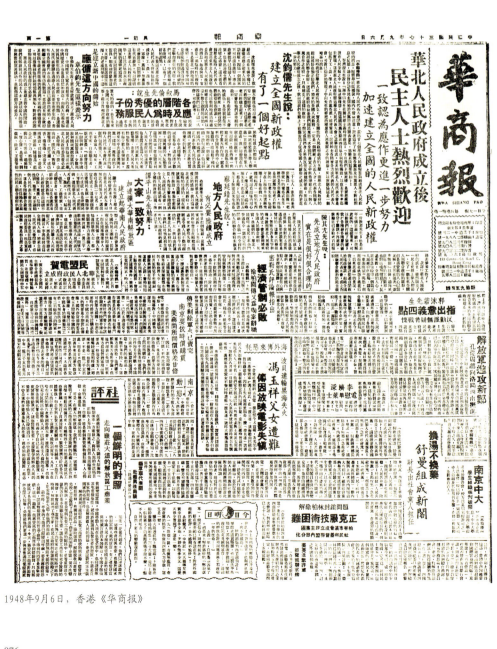

1948年9月6日，香港《华商报》

香港坚尼地道130号邓文钊寓所，人称"红屋"，是当年中共在香港的重要活动场所

1952年，邓文钊夫妇在北京颐和园

以外，此时的《华商报》是中国共产党创办领导并公开发行的又一个日报。《华商报》实质上担负着中共在香港进行对外宣传抗日的重要使命。因此，从创刊起，该报就以喜闻乐见的形式，向广大华侨宣传中共的团结抗日主张，揭露国民党顽固派消极抗战、积极反共、残害人民的行径，并以其翔实的内容、鲜明的立场、透彻的分析、生动的文笔，独到的见解，以及精辟的国际评论，名人荟萃的文艺副刊，吸引着海内外众多读者，在海外侨胞中享有很高声望。

解放战争时期，邓文钊、邓文田兄弟为解放军进军大西南提供了大量汽油；为解放海南岛，协助解放军进口了7万吨的大米。他的行为虽不像前线将士那样壮烈，也不像文人墨客那样儒雅，但他为祖国的革命事业提供了强有力的后勤保障。

中华人民共和国成立后，邓文钊在香港组织流亡在外的工商界人才回国观光，并带头发起集资，于1951年在广州创办了广东第一家公私合营企业华南企业股份有限公司，这也是首创引进外资的企业。

在那个物资匮乏、国民经济发展缓慢的年代，邓文钊带领一大批优秀的商业人才，冲破帝国主义的封锁，打开国际市场的大门，为国家提供了大批军用、民用物资，为推动祖国工商业的发展作出了巨大贡献。

1970年后，邓文钊先后出任广东省商业厅副厅长、公私合营华南企业股份有限公司董事长、省侨委副主任、中国民主建国会广东省工作委员会主任委员、副主任委员、省工商业联合会主任委员、副主任委员、省政协副主席、副省长、全国工商联副主任委员，第一、第二届全国人大代表。邓文钊从一名企业家，转变为政治工作者，为祖国的建设发展贡献了毕生力量。

参考资料：人民网、中国文明网、《南方日报》《百史争鸣》

许甦魂（1896—1931），出生于广东潮安，原名许统绪，中共党员，新加坡归侨。1916年秋赴新加坡谋生，1924年年初加入中国共产党，在组织发动华侨支援省港大罢工，推动国民革命军出师北伐和胜利进军等方面作出了重大贡献，是我党从事侨务工作的先驱。国共第一次合作期间，许甦魂进入了国民党中央决策层，同蒋介石、汪精卫叛变革命的行径进行了坚决斗争，保护、帮助我党一批干部和进步人士逃脱反动派魔爪，他先后参加南昌起义、百色起义，参与建立红七军与创建右江革命根据地苏维埃政权的斗争，曾任红七军政治部主任等职，是我军出色的政治工作领导干部。

从侨务先驱到红军将领
——许甦魂

　　许甦魂，原名许统绪，1896年10月出生于广东潮安庵埠凤岐村。1906年，许甦魂在当地私塾读书，开始接触新思想。1912年因家庭贫寒被迫辍学当了百货店店员，但他没有放弃学习，省吃俭用买书报，对革命党人的著作和当时的进步书刊爱不释手。进步书刊启迪了许甦魂的思想认知，潮汕独立讨袁运动开阔了他的视野，使他重新考虑人生意义和价值。

　　1916年秋，许甦魂瞒着结婚不久的妻子和亲友，只身出走南洋，开始他的革命道路。在新加坡一家百货商店当店员期间，许甦魂结识了彭泽民、包惠僧，经常与他们一起谈论国内政治形势。他还利用假日深入当地华侨群体，了解侨情。经过一段时间的思考，许甦魂认识到，开展华侨教育、宣传革命、培养人才，才是救国之途。

　　1917年8月，许甦魂用自己的积蓄在新加坡创办了一所华工免费夜校，以此作为宣传和团结华侨的阵地。1917年到1920年，夜校先后吸收了4批学员，有近200名华侨在这里受到教育，其中许多人成了新加坡地区华侨爱国运动的骨干。五四运动爆发后，许甦魂在新加坡华侨青年中发起成立"旅新华侨反帝救国后援会"，领导华侨开展斗争。在后援会的

渺硌华侨送别黄砥我君摄影留念，右三为许甦魂

组织下，新加坡华侨召集大会，讲演时事，有力地声援和配合了国内的反帝爱国运动。

1920年，许甦魂回到家乡广东潮安。眼见封建落后的思想仍在束缚着社会的发展，他决心从教育改革入手，改变家乡的面貌。他将家乡私塾改革为新制凤岐小学，积极创办凤岐女子夜校，并带动邻近乡村兴办各种男女夜校，开展新文化教育。1921年春，许甦魂重返南洋，被聘为《益群日报》编辑。许甦魂就职后，对该报进行整顿，使《益群日报》成为宣传新文化、新思想、新知识的阵地，成为联系和团结广大华侨的桥梁。

1923年10月，许甦魂以《益群日报》特派记者的身份从新加坡回国。在广州逗留的时间里，他结识了林祖涵、李大钊、谭平山等共产党人。中国共产党的主张和共产党人的献身精神，让他看到了中国的希望。1924年，许甦魂加入中国共产党。他认为，唤醒民众需要从中国年轻一代的觉醒开始，因此把自己的名字改为许甦魂，"甦"同"苏"，甦魂意即"苏醒的灵魂"。

1926年1月，国民党第二次全国代表大会召开。会议通过决议，继续执行孙中山先生遗嘱和"联俄、联共、扶

革命时期的许甦魂

助农工"三大政策。根据中共党组织的安排，许甦魂出任国民党中央海外部秘书长，同时兼任中共海外总支书记。海外部原由国民党右派代表林森负责。孙中山先生主张开展国共合作后，林森等人极力反对。孙中山先生逝世后，林森、邹鲁等形成"西山会议派"。许甦魂上任后，协助国民党左派、国民党海外部长彭泽民开展侨务工作。他们对国民党中央海外部进行了彻底的改组，清除了前任部长

红七军主力北上江西会合中央红军的路线示意图

1949年12月11日，人民解放军将红旗插上镇南关
（今友谊关），标志着广西全境解放

林森组建的工作班子，把一批共产党员和爱国华侨充实到海外部，并以国民党海外党务专员和党务组织员的身份，向国民党海外党部派出部分共产党员和国民党左派，宣传国民党"二大"决议，支持国共合作。

然而，林森等"西山会议派"不甘心失去海外阵地。林森凭借掌握的海外资源出国活动，自命为国民党元老、真正的中山主义信徒，在侨胞中游说和筹款，兜售"西山会议派"的主张。得到消息的许甦魂立即与彭泽民商议，以国民党中央海外部的名义，向海外各国民党党部和广大华侨发布《告海外同志》的文告，揭露林森等人对孙中山政策的背叛，号召广大华侨提高警惕，驱逐林森，预防一切反动分子在海外活动的阴谋。其后，许甦魂又主持发出《防止反动派之反宣传》《通告海外同志防范反革命派宣传》等文告，阐述了国共合作的意义，使广大华侨明辨是非，了解国内形势，并扩大了中国共产党在海外的影响。国民党各海外党部、爱国侨团纷纷发表通电、宣言，明确反对"西山会议派"的立场，拥护孙中山先生的三大政策，形成了良好的海外侨务工作局面。

不久，他受国民党中央党部的派遣重赴南洋，负责整顿和改造了缅甸国民党总支部和属下各级组织。国民党"二大"之后，许甦魂留在国内，出任海外部秘书兼中共海外总支部负责人，领导华侨配合国内的革命斗争。

四一二反革命政变爆发后，4月22日，许甦魂与毛泽东、林伯渠、何香凝、宋庆龄、程潜等以40个国民党中央委员、候补中央委员、军事委员会委员的名义，联名声讨蒋介石勾结帝国主义和封建军阀叛党叛国的罪行。5月13日，许甦魂与彭泽民一起，以海外部的名义，向全世界海外华侨发出了《海外部紧急声明》，声讨和揭露蒋介石勾结国内外反动派、屠杀革命志士、捣毁广州华侨协会和海外部留守处、破坏国共合作的反动罪行。

同年7月15日，汪精卫继蒋介石之后公开叛变革命，在这紧急关头，许甦魂又与宋庆龄、毛泽东、邓演达、谭平山、吴玉章等18人发表了"中央委员宣言"声讨蒋介石、汪精卫的叛变行为，公开声明与国民党蒋介石汪精卫等反动派决裂。大革命失败后，许甦魂赶到南昌，参加南昌起义，任前敌委员会秘书，随军南下，于10月24日进入

百色起义纪念馆外观

许甦魂旧居

潮汕，参加接收了汕头的敌伪机关工作。他把全部精力都扑在革命事业上，在随军驻潮的七天里，他只在路经家乡时顺便回去停留几个小时探望母亲，才获悉其爱人已带子女从广州虎口逃生。

由于国民党反动派的疯狂反扑，起义失败，许甦魂转移到香港，化名为黄子卿。受党的指示，主办《香港小报》，继续从事宣传工作。1929年，《香港小报》被查封，许甦魂同时被拘捕入狱，坐牢一周后，被驱逐出境。离港前，在与彭泽民道别时，暗示要到广西参加武装斗争的意愿。1929年8月，许甦魂经越南海防、河内进入广西，被分配到张云逸领导的教导队当政治教官。11月，中共领导了百色起义，成立了中国工农红军第七军及右江工农民主政权。张云逸任红七军军长，邓小平任红七军政委，许甦魂任军政治部宣传科长。自此以后，他在张云逸和邓小平的领导下，开展部队的政治宣传工作。

1930年9月，红七军进行整编，许甦魂任十九师政治部主任，同年11月任军政治部主任。1930年秋，红七军奉中央命令，到达井冈山根据地。1931年3月，红七军在永新召开了第二次代表大会，在这次会上，许甦魂被选为前委委员。大会以后，红七军被编入红三军团，他被任命为红三军团红七军政治部主任。不久，由于王明"左"倾机会主义所控制的中央在红七军开展"肃反运动"，红七军团以上的干部都受到审查和迫害。许甦魂被迫害而牺牲，时年35岁。

1945年，中共七大为许甦魂、李明瑞等同志平反昭雪，恢复名誉，追认为革命烈士。中华人民共和国成立后，张云逸大将对许甦魂革命的一生高度评价，称他是一位"为中国革命英勇奋斗，对党和人民事业忠心耿耿的优秀共产党员"。许甦魂转战海内外，驰骋大江南北，血洒疆场，为中国人民的解放事业奉献出毕生的精力，他的精神永远激励着一代又一代人。

参考资料：《人民日报》海外版、广东党史客户端、潮安发布客户端

许卓（1908—1934），中共党员，世居广州高第街许地，革命烈士。早年赴日本陆军士官学校学习军事，毕业后回广州参加革命活动。1924年加入中国共产党，后转赴法国勤工俭学。1926年回国投身革命，曾参加广州起义、百色起义。1932年任红军总司令部参谋处长，后任作战局长，协助周恩来、刘伯承组织指挥过宜黄、乐安等著名战役，为第四次反"围剿"的胜利作出了突出贡献，被称为智勇双全的红军将领。1934年1月，他以军委直属代表身份出席了第二次全国苏维埃代表大会。1934年2月，许卓担任中央红军总部检查团团长，在检查第五次反"围剿"的防卫工作中遭遇敌人伏击，壮烈牺牲。

高第街走出来的红军将领
——许卓

许卓，1908年出生于广州市一名门望族，世居广州高第街许地。幼年丧父，由母亲罗氏抚养长大。在广州中学毕业后，许卓东渡日本，在日本士官学校学习军事。

从日本毕业回国后，他痛恨军阀腐败，追求光明和进步，1924年在广州加入中国共产党，立志献身于无产阶级革命事业。不久，他远渡重洋，到法国勤工俭学，在巴黎结识了周恩来、邓小平。他把《共产党宣言》称为普救平民百姓的"圣经"，作过《中国革命必走苏俄之路》的演说，疾呼中国要来个"十月革命"，表示愿做一颗炮击"冬宫"的

许地牌坊

炮弹。

1926年秋，许卓抱着革命救国之心，从法国回到祖国。他没有接受许崇智要他当副官、月薪300块大洋的委任，而是到国民革命军叶挺独立团去当排长，随军北伐。蒋介石1927年在上海发动四一二反革命政变后，广东反动派也发动了四一五反革命政变，一批共产党员在广州被捕。为营救同志出狱，许卓

广西田东县右江苏维埃政府旧址　　　　　　　　　　　　　　　红七军转战湖南行军路线图

偕同母亲带着稀世珍宝驱车到了许崇智的旧部，居住半月极力恳求取保释放了方坚等九名共产党员。为了瞒住母亲，他装着心脏病复发，住进医院，当夜离开医院，秘密赶到广州总工会报到。当时广东共产党的负责人张太雷问他："你要求干什么工作？"他说："给我枪，我要参加起义！"

1927年12月11日，即广州起义当天凌晨，许卓带领一支80人、仅有40支枪的工人赤卫队，负责夺取敌人设在观音山的军械库。敌军械库戒备森严，四周布有铁丝网、碉堡，内有重兵守护。许卓让大部分人潜伏在山垭，自己带上十几个队员隐蔽地接近铁丝网，用马刀在铁丝网下挖开一条浅沟。

他带头从浅沟钻进去，迅速包围了一座兵营。接着他从窗口往里面猛烈射击。霎时，枪声大作，敌人惊恐万状，四处逃命，赤卫队缴获一批枪支，拿大刀的队员全都换上了钢枪。他又一马当先，直奔军械库，途中遇到敌堡里射出的密集火力拦击，十几个队员倒下去了，许卓右腮被弹片划破，鲜血顺着脖子流到胸口。他怒火中烧，从一个队员手里夺过一挺机枪，对着敌堡扫射，边打边喊："冲过去！把库门砸开！"这时，大约五六百名敌人从两侧压过来。许卓带领队员，冒着枪林弹雨突围。最后撤出战斗时，只剩下十几人。起义失利后，他冒着生命危险，掩护十几名战友安全转移到一艘商船上，星夜赴香港。在船上他激愤地与同志们共勉："风雨同舟闹革命，壮志未酬不回头！"

他的年迈的母亲得知他流落香港，忧伤成疾，派人捎信、带钱给他，要他回家料理家业，奉养老母。他草草修

书两行："母亲大人：孩儿已决心献身报国，家业诸事拜托义姐料理。祝母长寿。不肖子叩首。"给来人带回家去。

1929年初夏，许卓秘密回到广州。他还未来得及与老母亲见面，便接受党组织的派遣，登上去广西南宁的轮船，到驻广西的俞作柏、李明瑞的军队中去从事兵运工作，公开身份是广西教导总队政治教官。这年10月，许卓跟随邓小平、张云逸率领部队抵达百色，参加发动了百色起义，建立了右江苏维埃政府。

中国红军第七军在百色起义的凯歌声中诞生。许卓在命名大会上，接过中共中央授予红七军的军旗，走在队伍前头，接受检阅。当时，他担任红七军教导队队长。

1930年11月7日，红七军党代表大会在河池召开，许卓当选为中共红七军前敌委员会委员。部队奉命北上途中，经湘桂山区进入广西全州。在全州城，前委书记邓小平主持前委开会，决定停止执行攻打大城市的冒险计划，确定今后任务是北上江西，与朱德、毛泽东领导的中央红军会合。许卓坚决支持邓小平等的正确主张。

部队进行整编，全军改编为师团制，许卓调任第十九师五十五团政委。他利用战斗间隙，深入部队传达贯彻前委决议精神，统一思想，鼓舞士气。不久，湖南军阀何键奔袭道州而来。红七军从湘南道州向江华开进。这时，大雪纷飞，寒风刺骨，红军将士衣着单薄，破鞋草履，顶风冒雪，艰难行进。许卓也同样身裹两件单衣，脚踏草鞋，眉毛胡子结了一层白霜，冻得嘴唇发白，手脚长满冻疮，但他始终保持旺盛的精力和顽强的意志，坚定地走在队伍的前头。

许卓故居

许卓烈士纪念碑

连续不断的行军打仗，战士们十分疲惫。许卓看到体弱的战士走不动了，抢着把枪、行军包背在自己身上，有时身上背着三四支枪。他边走边宣传鼓动，给战士讲广州起义的故事，对同志们说："人可以饿死，可以冻死，但革命意志不可丢！"鼓励大家以革命精神和坚强的信念战胜困难。

1931年1月9日，红七军历尽艰辛，抵达江华城，前委决定部队就地休整两天。许卓顾不得征途的疲劳，立即组织宣传队，在城内张贴布告、书写标语、散发传单、宣传演出，向驻地工人、农民、商人、学生宣传红军主张，受到群众拥护。部队很快筹足了被服和给养，还吸收了数十名青年学生参加红军。接着，许卓抓紧政治宣传工作，鼓舞部队翻越了人烟稀少的苗山区，摆脱了敌人的围堵。红七军政委邓小平夸他"是一位很好的团政委"。

1931年，红七军从右江根据地出发，转战桂、粤、湘、赣，原来浩浩荡荡的7000余人队伍，这时只剩下了千余人，而且少弹缺粮。为了巩固部队，许卓组织新党员宣誓，亲拟誓词："保守秘密，服从纪律，牺牲个人，勇敢作战，努力革命，永不叛党！"他在宣誓会上发表演讲，提出现时党的主要任务是"造就一个个坚固的红军连队"。不久，国民党军以绝对优势兵力，分数路包围过来，红七军处境极其危险。许卓当时身患疟疾，在医药奇缺的情况下，凭着坚强的意志，拄着木棍，与总指挥李明瑞一起，指挥部队避敌锋芒，利用当夜细雨、大雾弥漫的天气，巧妙地从敌人重重包围中撤出。随后，他与李明瑞率部在茶陵、莲花、酃县、宁冈之间纵横驰骋，与敌作战，冲破敌人的包围堵截，连克数城。

4月间，他们直抵湘赣革命根据地永新县，与张云逸率领的红七军军部机关一部分人员和五十八团的大部分重新会合。接着，红七军发动安福战斗，击溃守敌，军威大震，乘胜横渡赣江。7月间，到达于都县桥头圩与彭德怀率领的红三军团胜利会师。在这漫长的征途中，红七军前后行程7000多里，历时十个月。中共中央和中华苏维埃政府为表彰这支部队不畏艰难、勇敢作战的精神，特奖给一面"转战千里"的锦旗。

1931年10月，因肃反扩大化，许卓被免职审查。许卓忍辱负重，坚信真理，撰写了《为中华苏维埃而战斗》等文章。1932年3月被解除审查，6月任红五军团第十五军参谋长。1933年调任工农红军总司令部参谋处处长，后任作战局局长，协助周恩来和刘伯承胜利组织第四次反"围剿"的作战。

1933年冬，蒋介石调动重兵和飞机，开始对中央苏区进行第五次"围剿"。不到两个月，敌人在南线已攻占福建永定、上杭等地，形成拉锯局面。被占领的两个县和武平县，原来都是红色苏区，距瑞金只有200多华里，地理位置十分重要。根据面临的形势，红军总司令部决定组织一个精干的检查团，到武平县的第三军分区了解情况，检查第五次反"围剿"作战防卫措施，以确保瑞金安全。周恩来副主席指派多谋善战的许卓为检查团团长。

1934年3月1日，许卓带领13人的检查团出发了。他们绕道武平县北，翻越几座大山，经两天冒雨长途跋涉，赶到第三军分区驻地。听了军分区司令员刘化生汇报防卫情况后，许卓提出要到敌人钟少奎旅活动最猖獗的交界地段帽村区去观察。刘化生睁大眼睛说："你要去那里？太危险了，不能去！"许卓用坚决而又温和的口气说："第三军分区辖区，是中央苏区南线的要塞，帽村区是要塞的前哨，不亲自去看看，我心里不踏实。"

3月4日，天色阴沉沉的，许卓带着参谋、警卫员共6人前往帽村区。晌午时分，走到毛谷森林（森林名）的风吹帽岭（山名）时，忽然从右前方传来喊叫声。许卓驻足向四面探视，紧接着叫道："有情况，快隐蔽！"就在许卓下命令的同时，山路两边密林里传来了叫嚣声："捉红军……"红军战士们刚隐蔽好，敌人从四面向他们冲来，枪声大作。

许卓用火力压住扑过来的敌人后，发觉自己的左臂负了伤，鲜血直流，子弹也打完了。他换了一个隐蔽的地方，马上把挎包里的文件烧毁，然后从背上取下大刀，向包围过来的敌人砍去。敌人密集的子弹从他的身上穿过。许卓壮烈牺牲，时年26岁。

3月17日，老人、青年、小孩从四面八方来到帽村参加许卓的追悼会。周恩来、刘伯承来电致哀，红军总部送来的花圈上面写着："沉痛悼念忠诚的革命战士许卓。"1944年，中共中央有关决议称许卓为"对革命有功的优秀干部"。

参考资料：《闽西日报》、中国军网、广州市情客户端

潘兆銮（1902—1932），又名少庭，号侠夫，中共党员，日本归侨，出生于广东顺德一个侨工家庭。幼年时随叔父在日本学习成长，1919年携家眷回国后在广州参加社会主义研究小组，考入粤汉铁路局，参与筹组广东总工会，积极领导广东铁路工人运动。1922年加入中国共产党，此后坚定不移地追寻革命理想，参与准备广州起义、兼办《南风》，曾赴日本秘密建立了中共横滨支部，任支部书记。1929年回香港开展地下工作，1930年被叛徒告密被捕入狱，受尽折磨、英勇不屈，1932年在广州市红花岗壮烈牺牲，时年仅30岁。中华人民共和国成立后，潘兆銮被追认为革命烈士。

铁血忠魂　华侨英烈
——潘兆銮

潘兆銮（1902—1932），又名少庭，字侠夫，1902年出生在广东省顺德县一个华侨家庭。潘兆銮出生不久，双亲不幸相继去世，由其侨居日本的三叔收为继子，接到日本横滨成长。潘兆銮在横滨中华学校读中学期间，正值俄国十月革命取得了胜利，马克思主义在日本广为传播，他开始阅读一些马列著作和有关介绍十月革命的书报，还结识了杨匏安、杨殷等进步青年，思想开始倾向进步。

1919年回国后，受到五四爱国运动的影响，潘兆銮在广州参加了社会主义研究小组，接触到中国社会的实际，进一步接受了新思想，开始立志为改造中国社会而努力奋斗。他与家乡的土豪劣绅展开斗争，成为顺德县不怕"出族"的反封建青年旗手。到广州不久，他考入了粤汉铁路当局镑员，后调车务处当文书，组织工会群众俱乐部，积极投身工人运动。

1919年10月，潘兆銮参与筹组广东总工会。该会成立后，他多次被推举为会议执行主席。1922年，潘兆銮经黄裕谦介绍加入中国共产党。他在总工会贯彻党的工运政策，使该会参与1922年5月召开的全国第一次劳动大会，并由广东总工会发起109个工会发出拥护劳动立法劳动的通电。

京汉铁路总工会会员证件　　1923年2月1日，《晨报》发表京汉　　京汉铁路工人"二七"大罢工纪念邮票
铁路总工会成立的公告

　　1923年2月1日，京汉铁路工人在郑州举行铁路总工会成立大会，直系军阀吴佩孚派重兵包围会场，强令解散大会，并占领会所。总工会号召全体工人总罢工，"为自由而战，为人权而战"！吴佩孚于2月7日下令反动军队在汉口、长辛店等地对罢工工人实行血腥屠杀。江岸分会委员长林祥谦和武汉工团联合会法律顾问施洋等英勇不屈，壮烈牺牲。潘兆銮参加了这场伟大斗争。2月底，潘兆銮历尽艰难险阻，从武汉辗转回到广州。

　　当晚，潘兆銮在杨家祠向中共广东区委领导和工委会扼要地汇报了二七罢工被军阀镇压的经过。会议作出了声援京汉铁路总工会的决定。

　　第二天，在广州咨议局祠堂召开大会，由潘兆銮传达二七罢工概况。不但各工会、俱乐部的铁路工人参加，许多非铁路系统的工人也自觉到场，场面浩大、座无虚席。

　　潘兆銮向大会报告了吴佩孚血腥镇压工人运动的经过，特别是介绍了林祥谦、施洋等人英勇斗争，坚贞不屈，慷慨就义的英雄事迹，会场听众鸦雀无声，不少工人泪如雨下。随后，全场群情激昂，高呼口号："打倒军阀吴佩孚、萧辉南！""打倒帝国主义！""为二七死难烈士报仇！"

　　潘兆銮因势利导，号召工人以实际行动支援京汉铁路工人。接着，潘兆銮又提出了组织"粤汉铁路总工会"的建议，以为京汉铁总的呼应，获得与会成员的赞许，即席

粤汉铁路总工会会员证

推选潘兆銮等为粤铁总筹备处负责人。但是，"粤汉铁路总工会"立案，为市公安局所阻。潘兆銮便带代表进谒孙中山，立即得到孙中山的批准，还书写了"各尽所能"四个大字的横匾赠送给该会，以表支持和勉励。

　　1924年1月，国民党第一次全国代表大会在广州召开，潘兆銮以个人身份加入国民党，参与组织第十分部，任执委，负责发动工人参加国民革命。同时，粤汉铁路总工会成立。潘兆銮被选为执委兼总秘书，成为产业大军的带头人之一。

　　同年3月，潘兆銮领导工人组织成立了"广东省工会联合会"。同年5月，广州工人代表会成立，潘兆銮当选为执委兼西区工代会主席，为保卫各工会的安全，反击流氓工贼的破坏和捣乱，组织工人纠察队，任工人纠察队的总队长，旗帜鲜明地积极投身反帝反封建的国民革命运动，加速了工运的发展。

　　这期间，苏联等国决定停止索取"庚子赔款"余额，潘兆銮力争将部分余款用于发展国民经济，修筑粤汉铁路韶关至武汉路段，并获得批准。国共合作后，潘兆銮奉命担任国民党广东南路特委主席、国民党广州市党部秘书等职，掌管大印及负责处理党务等工作，对南路各地国民党的改组和共产党的建设都作出了重要贡献。

　　1927年4月12日，蒋介石在上海发动反革命政变。广东国民党当局也在4月15日发动政变，残酷杀害共产党人

1926年6月底,在中共广东区委特派员潘兆銮主持下,北海市召开第一次党的会议,成立北海党小组,以"肖我照相馆"为秘密联络点,开展党的各项工作

《晨报》关于广州起义的报道

广州起义纪念馆大门

叶剑英题字"广州起义纪念馆"

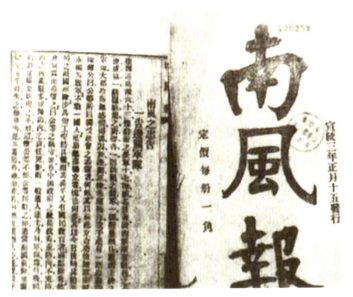

《南风报》

潘兆銮一家在日本

和革命群众。当天早上，潘兆銮与两位同志正在他家中商量应变事宜，突然闯进穿灰色制服的四个人，要他交出市党部的大印，潘兆銮霍地站起来取出手枪往桌上一放，便厉声说："要印没有，要枪请便！"那四个家伙看势头不对，便灰溜溜地走了。潘兆銮等人当机立断，立即转移去澳门。他到澳门后，根据党的指示，把爱人黄琼等接来建立起家庭，以此作掩护，联络从广州撤退来港澳的同志。

党的八七会议后，南方局下设军事和"肃反"等两个委员会，潘兆銮任秘书。10月，在澳门召开两会联席会议，发动两会委员，为广州起义作准备工作。会后，潘兆銮兼办《南风》，亲自撰写揭露反动派的罪行和宣传党的土地革命文章，积极筹集款项、弹药和物资，参与发动各县农军举义。广州起义失败后，潘兆銮在澳门接待安置起义后撤到澳门的同志。

1928年，潘兆銮因住地被敌发现，奉令东渡日本。中

共东京总部派他到横滨。他以中华会馆秘书为掩护，秘密建立了中共横滨支部，任支部书记，发展一批爱国青年加入共产党。

1929年10月，潘兆銮回到上海，随后潜回广东，秘密开展革命活动。1930年夏，潘兆銮被捕，押送到广州仓边监狱。潘兆銮不惧刑讯，坚贞不屈，1932年3月，潘兆銮在广州红花岗英勇就义，时年30岁。就义前，他高呼"打倒国民党反动派！""中国共产党万岁！"等口号。中华人民共和国成立后，人民政府追认潘兆銮为革命烈士，把他的遗骸迁葬于广州银河革命公墓，以褒扬先烈，以激励后人。

参考资料：中共广东地方党史与人物专题研究数据库、中华英烈网、顺德人物网

石少华（1918—1998），中共党员，出生于香港，祖籍广东番禺，中国著名摄影艺术家。早年在广东求学，1939年赴晋察冀边区开创摄影工作，是《晋察冀画报》的开拓者，在敌后战争环境下，协助社长沙飞创造了在大山沟里办出高水平画报的奇迹；是功力深厚、名声赫赫的摄影家，《毛主席和小八路》《白洋淀上的雁翎队》《地道战》等众多经典照片都出自他手；是中国红色摄影事业的播种人，在敌后抗日根据地陆续开办摄影训练队，为我党培养了大批摄影骨干。中华人民共和国成立后，长期担任中央新闻摄影局副秘书长、新华社副社长、中国摄影家协会主席等中国摄影界的主要领导，是新中国摄影事业的重要奠基人。

韶影华章　红色摄影事业开拓者
——石少华

石少华，祖籍广东番禺，1918年出生于香港，5岁时随父母回广州定居。1932年起，在广州岭南大学附属初中和高中读书，他在上中学时就对摄影产生了浓厚兴趣。

1938年年初，石少华经八路军、新四军香港办事处主任廖承志的介绍，从香港奔赴延安，先后在陕北公学、抗日军政大学（简称"抗大"）、抗大高级军事政治研究队学习。在延安，他因拍摄世界学联表团访问活动而首次展露摄影才华，其后又受命拍摄了抗大三周年纪念展览会的全部照片。同年加入中国共产党。

1939年，石少华作为抗大先遣队摄影记者随校迁往晋察冀边区，随即被调往冀中开创摄影工作，由此与中国摄影事业结下60年不解之缘。

一望无际的冀中平原是中国人民抗战最为艰苦的地区，冀中军民顽强奋战、机智勇敢对敌斗争的感人事迹，深深激励着石少华。在冀中和晋察冀边区的几年时间里，他以相机为武器，多次深入一线，数次化险为夷，坚持与抗日军民生活战斗在一起，通过敏锐的捕捉与提炼，用摄影来揭露敌人犯下的累累暴行，反映冀中军民火热的斗争生活，记录波澜壮阔的人民战争，拍下了一幅幅影响深远、名闻遐迩的战地照片。

《儿童团》《飞檐走壁》《铁骑——冀中八路军骑兵部队》《地道战中的杜伦上尉》《地下运兵》《埋地雷》《狠狠打击侵略者》……这些照片，每一幅都铭刻着一段历史，每一幅都隐含着一个故事。

碧波万顷的白洋淀和石少华也有着"同生死，共命运"的情缘。这个面积366平方千米的辽阔大湖，西倚保定，东望天津，横卧在安新、雄县、容城、任丘等地之间，由大大小小93个淀泊组成，其中绝大部分位于安新县境内。

湖中遮天蔽日的芦苇荡成为雁翎队与敌人斗争的战场。为了报道这支神奇的队伍，拍摄他们英勇打击侵略者的斗争事迹，从1942年到1945年，石少华"六进白洋淀"，和抗日军民一起摸爬滚打，目睹了他们的战斗生活，他用一个个饱含激情的镜头，生动真实地反映了广大军民奋起抗日、勇往直前的精神风貌，将威名远扬的雁翎队永远载入了人民战争的历史画卷。《白洋淀上的雁翎队》等系列照片就是诞生在那三年。

《白洋淀上的雁翎队》这幅作品不仅真实记录了当时战斗的场景，同时还富有摄影艺术的美感。照片中，几十

1944年，摄影作品《白洋淀上的雁翎队》

条小船排成整齐的"人"字，由近及远，徐徐前行。天空中紧压的风云与地面上"人"字排开的水上游击队相呼应，整个画面的色调浓重而凝练，有利传达出一种扣人心弦的严肃、紧张的气氛。类似的经典作品还有《地道战》《飞檐走壁》等。总之，在他的镜头里，人物形象朴实无华，而蕴于其中的硝烟和艰险，至今依稀可辨。

与革命的生活和斗争紧密结合，与时代的脉搏息息相关，是石少华摄影作品的显著特色。他作品的艺术力量包

1944年，摄影作品《雁翎队攻克赵北口大据点》

革命现代京剧《红灯记》剧照（摄影）　　　　　　革命现代京剧《沙家浜》剧照（摄影）

1945年10月，合影。左起：力群、徐灵、张望、江丰、古元、周巍峙、沙飞、张庚、周扬、吕骥、石少华、钱筱章

革命现代舞剧《红色娘子军》剧照（摄影）

含在艺术形象的生动真实之中，丝毫没有矫揉造作之感，思想内容和艺术形式获得了较为完美而和谐的统一。石少华在战争年代里深入军民，参与到他们的战斗和生活中，敏锐捕捉典型形象，从现实生活中广泛多样选择创作题材，鲜明而又深刻地去反映时代本质，表现人民的精神面貌和生活气氛。同时，在表现方法上大胆精心，他的作品一般都很生动有力，构图严谨优美。

他经常和同志们谈起，在摄影创作上不要做靠偶然性的成功，而要从千锤百炼中去掌握成功的必然规律。他还说："凡是好的作品都是在实践工作中、在连队里、在战场上产生的。"正因为如此，他历年创作的很多作品，不仅有着珍藏的历史价值，并具有强烈的艺术感染力。

除了摄影艺术创作，石少华也十分重视摄影人才的培养，以发展摄影队伍。1940—1948年，石少华和他的战友们先后在冀中军区、晋察冀军区和华北军区举办摄影训练队和训练班，课程有摄影常识、新闻摄影、暗室技术、照片上色4个方面。

面对大多数文化程度不高且又从未见过照相机的战士

们，石少华既要讲述摄影理论和摄影技术，还要给学员们做示范，手把手地带领学员进行实践。当时的摄影器材奇缺，几个人共用一台相机，由于胶卷少，只能进行空拍练习，暗房是老乡家的饭桌，蒙上布，人就钻在里面冲印照片。

与此同时，紧张的战斗形势也给摄影造成了很多困难。在漫长艰辛的抗日战争中，石少华和战友们克服了种种困难，时刻注重摄影队伍的培养，经过精心的培训和战火的考验，新一批摄影人才在硝烟中成长起来。这些学员毕业后，分赴抗日战争、解放战争各个战场，成为中国革命以及中华人民共和国成立后摄影事业的中坚力量。

中华人民共和国成立后，石少华长期主持新闻摄影工作，后来又成为全国摄影界的主要负责人。他先后参与筹建了新闻总署新闻摄影局、中国图片社、新华社摄影部、中国照片档案馆和中国摄影家协会的前身——中国摄影学会，为中国摄影的发展作出了不可磨灭的贡献。

参考资料：《中国文化报》《解放军画报》《号角与战鼓：晋察冀战地记者》、中国美术展官网、番禺人物

饶彰风（1913—1970），原名饶高评，中共党员，新加坡归侨，广东大埔人。曾读于中山大学，1936年加入中国共产党，任中共南方临时工作委员会委员。抗日战争时期，担任中共广东省委宣传部长，组织筹建东江特委，曾任东江纵队司令部秘书长，为建立抗日统一战线、夺取华南抗日战场最后胜利作出突出贡献。解放战争时期，在港团结爱国民主进步人士，筹办《正报》、复刊《华商报》，致力于巩固和发展统一战线。1947年，赴新加坡开展华侨工作，推动华侨爱国民主运动。中华人民共和国成立后回到广州，被任命为南方日报社社长，后组织创办广州外国语学院，历任中共中央华南分局统战部副部长、中共广东省委统战部部长、政协广东省第一届委员会秘书长、副主席等职务。

为信仰"追光"一生
——饶彰风

1913年，饶彰风出生在广东大埔的一个普通农民家庭，原名饶高评。1927年，饶彰风以第一名考入大埔中学，在中学里，他的才华日益显露出来。饶彰风在学校读《少年先锋》《向导》等进步刊物，接受进步思想。当时外敌入侵，军阀混乱，因痛恨黑暗，决心要追求进步和光明的饶彰风给自己取笔名为"追光"。

1930年至1933年，饶彰风在中山大学就读期间，阅读了大量进步书籍，认识了大批热血青年和进步知识分子，思想得到升华。青年的饶彰风风华正茂、才华横溢，他以巨大的热情在抗日浪潮中击水推舟。饶彰风与志同道合的青年一道创办了广东最早的革命文艺刊物《天王星》，并在各大报刊发表文章，鞭笞黑暗的旧社会，唤醒工农群众参与抗日救国运动。

是这样的一个时代——
十字街头挤满了行人，
他们同一的目标走着；
心里激发起兴奋和热情！
虽然，暴风雨是袭击着不停，
但，时代的车轮仍向前冲进；
它冲入了一个世界又一个世界，
那边充满了大众欢呼的歌声！

摘自《天王星》第一期《时代的号角》，作者饶彰风自此，饶彰风更加坚定了自己的信仰。1936年8月，饶彰风加入中国共产党，成为无产阶级先锋队的一员。

饶彰风入党后，接受委派，到香港担任中共南方临时工作委员会秘书。1938年春，任中共广东省委委员、宣传部长。1938年10月，广州沦陷。为了坚持抗战，广东省委机关撤退到粤北。根据当时的抗日形势，省委派饶彰风到东江地区参加筹建东江特委，动员广大群众抗日，发展各县党的组织，扩大统一战线，开展游击战争。

饶彰风在东江特委时期，十分重视抗日干部的培养，举办干部学习班，并经常给干部讲课。为了团结一切爱国力量共同抗日；积极开展统战工作，争取各界人士支持抗日，支持革命；对国民党顽固派破坏抗日的行为，进行了有理、有利、有节的斗争。在特委的具体领导下，东江地区各县县委先后建立起来了，整个东江地区抗日民族统一战线得到了扩大和巩固，抗日民主力量得到迅速发展和壮大，从而为这一地区抗日游击战争的逐步发展打下基础。

1943年12月，东江纵队在惠阳县坪山乡成立，饶彰风任东纵司令部秘书长。东江纵队是一支在华南敌后战场坚持抗战的劲旅，抗击着两万多日伪军。饶彰风积极协助处理部队的政治工作、宣传工作，联系后方党组织，成为东江纵队主要负责人的得力助手。

1945年抗战胜利后，饶彰风被委派到香港工作，积极

1949年10月1日，饶彰风在香港《华商报》社主持升起第一面五星红旗

准备恢复在抗战时期很有影响的进步报纸《华商报》。想要恢复这一份大型的报纸，在当时人力、物力都紧缺的情况下，并非轻而易举之事。他四处奔波，日夜操劳，找民主人士、爱国华侨、港澳同胞商量，筹集经费，组织人力。经过一番紧张的筹备，《华商报》终于在1946年1月复刊了。该报的复刊，受到广大民主人士、爱国华侨和港澳同胞的欢迎。

饶彰风作为党在《华商报》的负责人，善于团结群众，调动群众的积极性；对于党外人士，他注意在工作上给予信任，生活上给予照顾，凡是报社的重大事情，都跟他们商量，集思广益，使报纸越办越好。除《华商报》的工作外，饶彰风还肩负着重要的统战工作。

他十分注意团结各民主党派和爱国人士，巩固和发展统一战线。为了及时得到新华社播放的新闻，饶彰风还负

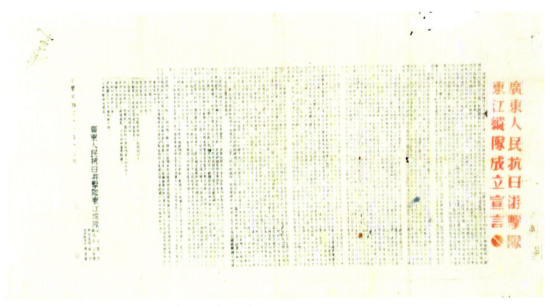

饶彰风起草的《广东人民抗日游击队东江纵队成立宣言》

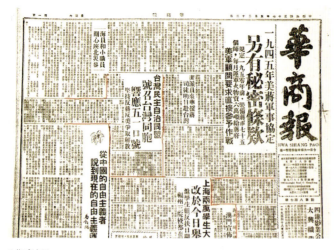

《华商报》

责在香港建立新华南通讯社，并兼任社长。

1947年年初，为了加强对南洋华侨的工作，党组织派彰风到新加坡筹建新华社新加坡分社，同时积极开展团结华侨的工作，宣传党的政策，有力地揭露了国民党反动派独裁、卖国、内战的罪行，推动了华侨的爱国民主运动。

1948年，他从新加坡回到香港，组织在港民主党派领导人和社会贤达近千人秘密前往解放区，参加筹建新政协，为建立新中国作出了广东地下党特殊的贡献，受到党中央和周恩来同志的表扬。

与此同时，他还领导参与了粤东、闽西、粤北始兴起义、"两航起义"、"灵甫"号和"重庆"号军舰起义、福建银行和招商局起义及广州地区迎接解放的"护产运动"等。

广州解放后，百废待兴。饶彰风从香港回到广州，华南分局任命饶彰风为南方日报社社长，兼任省新闻出版处处长，负责新闻出版系统的接管。

从1928年年初开始编辑出版《曙光》杂志起，饶彰风的革命生涯几乎都和出版办报联系在一起。从《曙光》到后来的《华商报》，一路走来，饶彰风已经是一个相当成熟的党的出版专才了。

《南方日报》在广州创刊，南下解放军中的文化干部、游击区的文化干部以及当时我党在香港发行的以统一战线形式出现的报纸《华商报》的部分骨干成员，共同构成了《南方日报》最初的主创人员。这三部分人将浓厚的党性和市场意识充分结合在一起。也正是因为这样特殊的人员构成所带来的独特办报理念，让《南方日报》从创办之初就将宣传性和可读性紧密结合在一起，融入自身骨血

之中，为之后"南方风骨"的形成奠定了重要基础。

与此同时，饶彰风还受命组建华南分局统战部，团结各民主党派、爱国人士、华侨和港澳同胞，发展人民民主统一战线，为建设新中国而奋斗。饶彰风先后担任了中共中央华南分局统战部副部长、部长，中共广东省委统战部部长。

解放初期，有一大批爱国民主人士云集广州，妥善安排好他们的工作和生活，是当时统战部门的一项重要任务。彰风认为，这些人士，都是在人民还有困难的时候帮了忙，做过好事的。他们当中有的是起义人员，有的是长期支持我们革命工作的爱国华侨，有的是抱着爱国热忱投奔祖国。热情地接待他们，恰当地安置他们，让他们在建设祖国中发挥应有的作用，是当时我党统战工作的一项重要任务。

1949年接收广州时在军管会，左起：饶彰风、尹林平、左洪涛

广州解放时期饶彰风佩戴的广州市军管会佩章

1965年，饶彰风（前排右二）与港澳知名人士同贺
广州外国语学院成立

广外65级军训期间饶彰风（站者右二）讲话

饶彰风（右二）在省委统战部会见马师曾、红线女一家

彰风亲自主管接待安置工作，凡是过去为革命为人民出过力的，都根据当时工作需要和他们各自的情况及愿望，逐个妥善安置，在统战工作中和他接触过的华侨都留下了"有事找彰风"的美谈。

在统战工作中，饶彰风十分注意争取华侨回来参加祖国建设，动员了不少华侨工商界人士及知识分子回来工作。他亲自领导组建了我国第一家吸收华侨和港澳人士投资的公私合营企业"华南企业股份有限公司"，在港澳工

商界和华侨中影响很大，对当时支持抗美援朝、反对帝国主经济封锁，促进城乡交流、支持国家建设都作出了一定的贡献。

1965年，饶彰风主动挑起建设广州外国语学院的重担，面临着办学条件艰苦、办学资源匮乏的难题，他不畏艰苦，采取"两条腿"走路的方式，一边招生教学，一边建设校园。初创时期的广外，在他的带领下迅速成为一个朝气蓬勃的教育园地。他勤俭建校、关怀师生、招揽人才、尊重知识分子、认真尽责，为广东外语教育事业的发展打下了基础。

饶彰风的一生，是革命的一生、战斗的一生、光辉的一生，也是充满传奇色彩的一生。2013年，在广州举行纪念饶彰风同志诞辰百年座谈会时指出："在50多年的革命生涯中，饶彰风同志舍生忘死、鞠躬尽瘁，对党的事业忠贞不渝，对统战工作一往情深，为民族独立赴汤蹈火，为人民幸福孜孜追求，不愧为我们党忠诚的战士、优秀的党员，不愧为党外人士的知己、统战工作的能手，不愧为我们学习的榜样、实践的楷模。"

参考资料：《南方日报》《回忆饶彰风》《风范·纪念饶彰风》《饶彰风在广外》

陈其尤（1892—1970），日本归侨，广东海丰人。19岁加入中国同盟会，20岁赴日本留学，毕业回国后投身进步运动，1931年加入中国致公党。他曾参加广州黄花岗起义，因正义检举蒋孔家族发国难财而入狱，积极组织致公党发动广大侨胞支援抗战。抗战胜利后，参与恢复与重建中国致公党。新中国成立前夕，他代表中国致公党与各民主党派负责人及无党派人士在香港联名通电，响应中国共产党的"五一"号召，为新中国的筹建作出贡献。中华人民共和国成立后，曾任第一、第二、第三届全国人大常委，第一届全国政协委员，第二、第三、第四届全国政协常委等职，其一生始终与中国共产党肝胆相照、风雨同舟。

致力为公　心昭日月
——陈其尤

1892年，陈其尤出生在广东海丰一个名门望族。1908年，17岁的陈其尤来到广州博济医学堂学习。在这里，他首次接触到革命党人。1911年，年仅19岁的陈其尤加入了中国同盟会。同年4月27日，陈其尤参加了广州黄花岗起义。

这次起义给年轻的陈其尤带来的内心震撼非常巨大，虽然他只充当了普通一兵，但对他本人来说，却是一个走上革命道路的全新起点。在正义的革命行动中，他深刻地感受到革命党人舍生取义、慷慨赴死的高尚品格。

1912年，陈其尤赴日本留学，在东京中央大学政治经济系学习。1916年，陈其尤毕业回国，在北方政府财政部任职。1917—1918年，陈其尤毅然辞去北方政府财政部的职务，南下参加孙中山领导的护法运动。

1926年2月，致公党以"致公俱乐部"名义在香港设立党部，陈其尤为创办人之一。1931年，陈其尤加入中国致公党，在致公党第二次代表大会上被选举为中国致公党中央干事会负责人之一。

1931年九一八事变后，在国家灾难深重、民族危亡的紧要关头，致公党中央谴责蒋介石的不抵抗政策，要求团结各党各派共组抗战政府，领导全国

黄花岗七十二烈士墓园

陈其尤邮票

人民抗击日本侵略，同时训令："海内外各处党员，一致参加抗战工作，出钱出力，以尽职责。"

1937年七七事变后，海内外侨胞怀着"国家兴亡，匹夫有责"的赤子之心，积极支援祖国的抗战救亡。中国致公党是组织海外捐款的重要力量。据统计，从1937年到1941年年底，华侨汇款额相当于同期国民政府总收入的1/4，将近国民政府军费开支的1/3。甚至后来的日本政府及学者都把抗战时期的侨汇统统直接称为"抗日战费"。在这样的背景下，1938年发生了一件改变陈其尤一生命运的重要事件。

1932年，纽约华侨援助抗日筹款大游行

纽约侨胞捐赠给八路军的救护车

陈其尤与蒋介石早年在北伐战争前的粤军相识，并建立了良好的私人关系。1937年，陈其尤被蒋介石的国民政府委任为驻香港的特派员。此时的香港正是抗战时期国民政府对外采购军火的一个重要场所和通道。负责国民政府采购军火的人，恰巧是蒋介石手谕亲命的财政部长孔祥熙的大少爷孔令侃。在这国难当头之秋，孔令侃不顾手上握着的是广大同胞（包括海外侨胞）的血汗钱，在香港打着蒋介石的招牌，疯狂地从一笔笔军火生意中掘取大量回扣，大发"国难财"。抗战时期国民党政府每年购买军火的款额平均高达2亿美元，而当时军火交易的佣金有的竟达到20%—30%。

看到此种情景，当时身为致公党中央干事会主要负责人之一的陈其尤义愤填膺，忍无可忍。1938年年初，出于对国人负责和对海外广大爱国侨胞的交代，陈其尤向国民政府揭发孔令侃种种触目惊心的腐败行径，要求国民政府予以严惩。但是，陈其尤没有想到，他的这一揭发非但未能把孔令侃绳之以法，反而因触及其家族内幕而获罪于蒋介石，给自己带来无妄之灾。

1938年年末，陈其尤接到蒋介石要他到武汉向蒋汇报工作的电报，可是刚到武汉机场，他就被军统秘密逮捕，囚于贵州监狱。一夜之间，陈其尤从蒋介石的座上宾沦为阶下囚，这一事件不仅使早年便以身许国、一次次参加民主革命的陈其尤痛苦不堪，也使陈其尤更加彻底地看清了国民党政府的腐败本质。

1941年香港沦陷后，致公党总部宣布停止活动。就在这一年，陈其尤由贵州监狱转到重庆，改为软禁。1942年初，陈其尤在重庆街头邂逅时任《新华日报》社医药卫生顾问的少年好友黄鼎臣，这一邂逅，使陈其尤由此接触到中国共产党人，对中国共产党领导的新民主主义革命有了进一步认识。在此后的三年中，陈其尤还秘密与八路军驻渝办事处和中共中央南方局负责人进行了更深入的联系和交流。

1944年抗战胜利曙光初现之际，中共南方局向陈其尤建议："中国致公党是华侨爱国力量的一个基础组织，恢复致公党的活动，对海外华侨的爱国行动具有一定的影响。致公党应尽快恢复起来并多做工作，以便为战后实现和平民主及复兴祖国的建设事业发挥更大的作用。"历经沧桑的陈其尤对抗战胜利后的中国致公党应走一条什么样的路、以及如何改组和发展等重大使命，开始了认真的思考和积极的准备筹划。

致公党以中央干事会名义在香港《华商报》刊登《致公党组织概况》等启事

1946年年初，陈其尤找到机会摆脱控制，由重庆到达香港，与坚持在港工作的原中国致公党中央干事会成员汇合。在陈其尤的领导下，致公党总部逐渐恢复工作。1946年7月6日，中国致公党中央干事会在香港《华商报》刊登《致公党组织概况》（以下简称《概况》）启事。《概况》申述了中国致公党的由来及其演变历史，肯定了中国致公党对辛亥革命、抗日战争作出的贡献。《概况》还指出，总部正在筹备召开党的代表大会，整顿健全党的组织，使党适应潮流与新局势要求。

《概况》发表后，迅速得到了中共和各界民主人士的支持，以及各地致公党和海外华侨的热烈拥护，各地组织纷纷成立了整顿委员会，重新登记党员和整理党务。针对中国国民党的干扰，陈其尤顶住压力，立场坚定地指出中

国致公党只有在中共领导下，与国内各民主党派结成一个人民民主统一战线，才能彻底推翻国民党统治，建设一个自由民主、繁荣富强的新中国。针对国民党先后发动内战、召开国大以及与美国签订《中美友好通商航海条约》等一系事件，陈其尤以致公党中央干事会名义发表了一系列政治声明，旗帜鲜明地表明了自己的政治立场和政治主张，有效地扩大了中国致公党在国内外的政治影响。

1947年5月1日，中国致公党在香港举行了具有重大历史转折意义的第三次全国代表大会。大会讨论修改了致公党的《政纲》和《党章》，发表了《宣言》《告海外同胞书》和《致杜鲁门总统文》。中国致公党第三次代表大会制定的《政纲》规定："为民族解放，国家富强，人民自由而奋斗。"

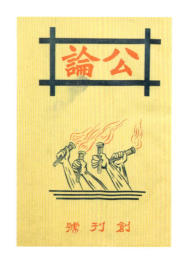

《公论》创刊号

1947年12月，陈其尤创办《公论》。在《公论》中，陈其尤写下多篇文章，在海内外广为宣传中国致公党的政治主张，揭露蒋介石国民党反人民、打内战、搞独裁的罪行，声援"反饥饿反迫害反内战"的学生运动。

1948年5月，陈其尤代表中国致公党，与各民主党派及无党派人士100多人在香港联名通电，响应中共中央的"五一"号召，拥护召开新的政治协商会议。

1948年11月，陈其尤与郭沫若、沙千里、宦乡、曹孟君、许广平、冯裕芳等20多人，在中共地下党的护送下，秘密离开香港到达东北解放区。陈其尤代表致公党全体成员，向毛泽东、周恩来表示要为实现新民主、建设新中国作出贡献。

1949年9月21日，中国人民政治协商会议第一届全体会议在北平隆重开幕。作为中国致公党的首席代表，陈其尤等还分别参加了政协组织大纲等的起草，以及新中国国旗、国徽、国都和纪年方案的审查等工作，为新中国的筹建作出了贡献。

中华人民共和国成立初期，面对百废待兴的新中国，陈其尤领导中国致公党积极投入新的工作，如积极认购公债，团结海外华侨，帮助政府解决归侨、侨眷的合理要

1948年，陈其尤（前排右四）联合远在香港的各民主党派领导人和无党派民主人士，为筹备新政协、共商建国大计，纷纷踏上了到解放区去的征程

陈其尤在中国人民政治协商会议第一届全体会议上代表中国致公党发言

1950年4月，在广州召开致公党第四次全国代表大会，前排右五为陈其尤

求，争取华侨投资，动员海外华侨知识分子回国参加新中国的建设事业。

1951年7月1日，在中国共产党建党30年之际，陈其尤在《人民日报》上以个人名义发表了《没有共产党就没有新中国》一文。指出："饮水思源，我们应当加倍的感激共产党，崇敬共产党"，"诚心诚意跟着毛主席与共产党前进，最后胜利一定是我们的。"新中国成立以后，陈其

尤作为中国致公党第四届主席团成员，第五、第六届中央委员会主席，第一至第三届全国人大代表、常委，第一至第四届全国政协常委以及广东省人民政府委员，自始至终与中国共产党肝胆相照、风雨同舟。

参考资料：人民网、致公党中央办公厅官网、南方网、《汕尾日报》

左：商承祚　　　　　　　　　　右：商衍鎏

商衍鎏（1875—1963），广东番禺人，有"中国最后一个探花"之称，曾赴日本留学法政、在德国教授汉语，为促进中德文化教育交流立下"首创"之功。1960年，被周恩来总理聘任为中央文史研究馆副馆长。其次子商承祚（1902—1991）是杰出的爱国人士，坚定拥护中国共产党，精通考古，抗战期间冒着战火往返长沙战场抢救珍贵文物，被称为"湖南楚文化考古和研究的开山鼻祖"。中华人民共和国成立后，曾任全国人大代表、全国政协委员和民盟中央委员兼广东省副主委等职务。商家一直以来"不求虚名，不收不义之财"，秉承"藏宝于国、实惠于民"思想，祖孙三代为国无偿捐宝6000件，价值数亿元，为传承和保护文化文物作出巨大贡献。

岭南有"商"，战火中的文化遗产捍卫者
——商衍鎏、商承祚父子

　　商衍鎏1875年出生，广东番禺人。他从小苦读，1894年甲午科举人，在广州光孝寺西华堂读书多年。1904年甲辰科中一甲第三名探花，授翰林院编修，入进士馆。其间1906年至1909年被派往日本东京法政大学学习法政。后历任翰林院侍讲衔撰文、国史馆协修、实录馆总校官、帮提调等职。

商衍鎏

　　商衍鎏虽长期受封建传统教育的影响，但能跟着时代前进，顺应历史潮流，政治思想比较开明，意识到封建制度必然灭亡，民主革命不可抗拒的道理。对孙中山推翻清政府，建立共和政体表示赞同，丝毫没有主张复辟封建制度的言行，是难能可贵的。

　　民国初年，商衍鎏及兄长商衍瀛及他们的家眷避居青岛，德国汉堡殖民学院（Hamburgische Kolonialinstitut）邀请往汉堡殖民学院东亚系任奥

康有为写给商衍鎏的书信

商衍鎏作品

托·福兰阁的研究助理，商衍鎏携长子商承祖一同前往。

在德期间，商衍鎏教授汉语，还帮助筹建了汉堡殖民学院中国语言和文化系。殖民学院非常重视这项工作，专门拨出2万马克。商衍鎏编制了采购中文的书目，并向国内订购了一批很有价值的中国图书，成为奠定今汉堡大学汉语系基础的里程碑。今日的汉堡大学中文系图书馆拥有8万余册藏书，已经成为德国规模最大和最著名的图书馆。"末代探花"商衍鎏为促进中德文化教育的交流立下了"首创"之功。

1916年，商衍鎏回国后曾任江苏省督军署秘江西省财政特派员。任职期间，曾建议财政部修改其中不恰当的条文。财政部同意并交其执笔修改。此事为商人所知，托人说项，说如能将其条文按他们的利益改动一下，将送酬金5万元。商衍鎏不为重金所动，严词拒绝。

商衍鎏热爱祖国，有强烈的民族自尊心，对帝国主义的侵略十分痛恨。日寇侵略中国东三省时，他在《感愤》诗中写道："惊看砧肉供刀俎，忍撤藩篱逼冀燕。莫恃匡时新有策，长蛇封豕欲难填。"他对国民党的苛政无比痛恨，曾以"斗米需钱百万多"成辘轳体长诗加以揭露。

商衍鎏在书法方面造诣亦深。他的作品流传不少，在书法界有一定影响。楷书初学褚、颜，功力较深，中年以后转而致力草书，从章草下手，经过一个时期的临摹，勤习诸名家范本，使书体变化自如，飞逸多姿，60岁以后逐渐形成自己的风格，评者谓其书法兼有颜鲁公的沉着端庄、褚河南的秀劲超逸。行书尤见神韵潇洒，刚柔相济，意趣益然，具有较高的艺术水平。

中华人民共和国成立后，商衍鎏历任江苏省政协委员、广东省政协常委、广东省文史研究馆副馆长。1960年7月，被周恩来总理聘任为中央文史研究馆副馆长。晚年，他不辞辛苦撰写了一部23万字的《清代科举考试述录》，全书材料翔实，内容丰富，条理清楚，填补了我国学术界的一项空白，具有一定的文献价值。随后又著有该书姊妹篇《太平天国科举考试纪略》。他还从三十余年的

《清代科举考试述录》

《太平天国科举考试纪略》

诗作中选出400首、书画26幅、《画竹一得浅说》一篇，并附上徐宗浩所临柯九思《竹谱》，合为《商衍鎏诗书画集》，1962年影印出版，书中文字全部由他亲自缮写。

商衍鎏的次子商承祚（1902—1991），自小酷爱古器物、古文字，是著名的古文字学家、金石学家、钱币学家、古文献学家、考古学家、文物鉴藏家。

19岁时，商承祚师从罗振玉学习古文字和文物鉴赏，把这份"痴迷"转为"正业"。得到名师的指点，商承祚的学术功力在随后的三年里迅猛增长。1923年，商承祚推出了自己的处女作《殷墟文字类编》。此书是中国第一部比较完备的甲骨文字典，全书14卷，收字4184个，其中包括重文3394个、甲骨独体文790个。年及耄耋的罗振玉对于弟子所取的成就颇感欣慰，欣喜后继有人。王国维也欣然为此书作序，称"如锡永此书，可以传世矣"。

青年商承祚

商承祚非常注重保护历史文物，甚至可以说是不惜生命。1938年，抗日战争全面爆发，轰炸机长期频繁在长沙轰炸。为了避免古墓被轰炸捣毁，商承祚不顾战火蔓延，在长沙停留了一年多，对所看到及鉴定的出土文物进行了详细的实地调查与逐一记录，包括那时还不为国际汉学界列入研究重点的楚帛书。

《殷墟文字类编》

当时，商承祚得到消息：东郊有人挖开了一座古墓。他急忙赶到现场，可为时已晚，完好的文物已被拿走，只剩一些残片，其中一个泥团引起了他的注意，这个泥团怎么会有皱折？专业的敏感性告诉他这绝非等闲之物，他赶快包好带回住处。晚上，他在灯下展开这团"泥纸"时大

吃一惊，原来这是一种丝织品——帛。帛盛产于周代末年，上面的文字是用漆写的。由于年代久远，帛已变得和泥土一样，其字体古拙难识且非常模糊。那是商承祚第一次见到楚帛书，也是他为时半个世纪楚帛书研究的开始。可惜的是，他将楚帛书交朋友鉴定后不知下落，一直到1957年才从日本友人处获得美国费利尔美术馆拍摄的楚帛书全色照片。承续以往的研究，商承祚最终写定《战国楚帛书述略》这部楚帛书研究史上的扛鼎之作。

在商承祚先生的一生中，凡是有考古价值的实物资料，他都不轻易放过，总是从保存文物、弘扬文化遗产的角度出发，从事整理、诠释、考证，并利用古文字和古器物研究古史、校勘古籍，为中国传统文化的继承和发展作出了巨大的贡献。

端石千金猴王砚，现藏于广东省博物馆

商承祚也是一位杰出的爱国人士，他一生追求进步，向往光明，拥护中国共产党。中华人民共和国成立后，曾任全国人大代表、全国政协委员和民盟中央委员兼广东省副主委，也曾任广东省文管会副主任、广东省博物馆筹委会副主任、广东省书法协会主席，为广东省的文物保护工作与

商承祚书法作品

商承祚在家中研究古玉

商承祚（左一）与容庚在中山大学古文字研究室

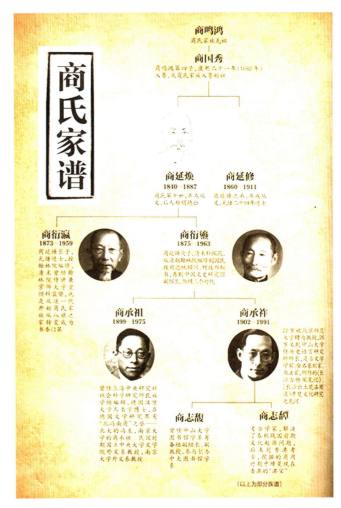

商氏家谱

博物馆建设事业做出了重要贡献。

自商衍鎏起，商家就流传下"心有常师淇澳竹，品宜特立华峰莲"的祖训，告诫子孙人生在世不求虚名，应以治学为本，从事学术研究工作；不义之财，决不收受，否则影响人品道德，为人所耻、可恶。商衍鎏在晚年决定将毕生收藏的文物全部无偿捐献给国家，他认为应该"藏宝于国、实惠于民"。从1960年开始，到1964年去世，他捐出100余件青铜器和明清家具。随后，商承祚又捐献了更多的文物，包括大量的古籍和字画，其中包括著名的郑板桥《竹石图》等。总计1000余架文物中，一级文物达100多件，二级文物也有400多件。

1991年，商承祚病重弥留之际，告诫子女将家中所有珍藏全部上交给国家，不能要国家一分钱。商承祚逝世后，其子商志馥等人遵照遗愿，向国家捐赠500多件文物。2002年，商志馥又向中山大学捐赠4200册珍贵古籍。接受商家捐赠的单位有故宫博物院、中国国家博物馆、深圳博物馆、中山大学图书馆等十几家单位。

中山大学提出要奖励商家10万元，商家坚决不肯收，最后作为奖学金留在了大学里。商志馥也是考古和文物方面的专家，曾带队前往香港进行考古发掘。2004年，他每年从退休金里拿出1万元，设立了"商承祚人类学奖学金"，专门用于资助人类学系的优秀学子。

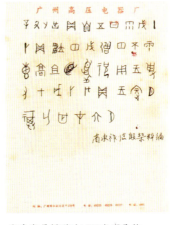

容庚家属捐赠的1949年商承祚临《殷契粹编》书稿

参考资料：南粤清风网、广州人物网、《清史稿》《商承祚：冒着战火抢救古墓古物》

胡一川（1910—2000），中共党员，南洋归侨，著名的版画家、油画家、书法家、美术教育家，出生于福建华侨家庭。1922年赴南洋生活，1925年回国，曾在上海参加左翼美术家联盟，是中国新兴木刻运动最早成员。1937年赴延安任鲁艺美术系教员和鲁艺木刻工作团团长，1949年参与创建中央美术学院，1953年领导创办中南美专（1958年南迁广州，并改名为广州美术学院）任校长。历任中国文联委员，中国美术家协会常务理事，广东省人大常委，中国美协广东分会副主席，广州美术学院院长、党委书记、终身教授。1991年获中国美协和中国版画家协会颁发的"中国新兴版画杰出贡献奖"。

胡一川的"前线"人生

1910年，胡一川出生于福建农村一个贫穷的华侨家庭，原名胡以撰。12岁时，他和弟弟赴南洋谋生。1925年，胡一川独自回国，进入厦门集美学校学习，不久升入集美师范部。其间，国内发生了五卅反帝爱国运动。此时恰逢鲁迅先生到厦门，鲁迅先生激动人心的演讲激起了胡一川的爱国热情，坚定了他做一个爱国、爱艺术的人的毕生信念。

1929年，胡一川考入杭州国立艺专，开始接受专业系统的美术教育。在这里，他师从潘天寿先生学习国画，师从吴大羽学习水彩，还跟随法国画家克罗多学习素描和油画，奠定了良好的美术功底。

该年冬天，胡一川积极加入了我国第一个左翼美术团体"一八艺社"。当时的一八艺社在短短两年时间内涌现出了一批优秀的艺术青年，如李可染、季丹春、胡一川、刘梦莹、王肇民等。

鲁迅为展览撰写《一八艺社小引》。"时代是在不息地进行，现在新的、年青的、没有名的作家的作品站在这里了，以清醒的意识和坚强的努力，在榛莽中露出了日渐生长的健壮的新芽。"这一评价不仅确立了中国现代美术的转型标志，也给了"一八艺社"的青年艺术家们很大的鼓舞。鲁迅先生参观展览后非常感动，特别提到了"胡以撰君的几幅木刻作品"的难得。胡一川从鲁迅先生的激励中，树立了投身革命艺术的坚定信念。在此期间，胡一川以比较成熟的刀法和独特的风格创作了《征轮》《饥民》《流离》《恐惧》等黑白木刻作品，大胆地批判了国民党统治下的黑暗现实和人民生活的艰辛。

1932年，胡一川目睹日本侵略军进攻上海，他以此经历刻成的套色木刻《闸北风景》，成为中国现代版画中最早的套色

1932年，木刻版画《到前线去》

木刻作品。此后，他又锲而不舍地创作了《失业工人》《到前线去》《怒吼吧！中国》等木刻作品。《到前线去》则成为新兴木刻运动在这一时期的代表作之一。

1933年，胡一川加入中国共产党，并直接投身工人运动，参加工联，参与编辑《工人画报》。他参展"为援助东北义勇军联合画展"的几幅作品被鲁迅购藏。同年7月，因从事地下交通和文件保管工作，胡一川被捕。

当时的"白色恐怖"形势十分紧张，由于国民党杀害许多革命志士，外界都以为胡一川已经牺牲。在这种情势里，胡一川同狱友一起参加了绝食斗争，致使他被钉了四十天脚镣。但他依然保持着对艺术的高度热情，在狱中经常唱歌、读书、画画没有纸笔，就用手插在裤兜里在大腿上画，还请难友们当模特作画，在狱中还创作了木刻连环画《大兴纱厂》。

当年的鲁迅艺术文学院

1937年，胡一川扮成商人，经杭州、上海、西安等地，历经千辛万苦抵达延安，被安排在儿童剧团和抗战剧团工作。胡一川就接连创作了《组织起来》《卢沟桥战斗》《消灭汉奸托匪》《交公粮》等一批作品，成为延安新木刻第一人。

1938年5月，胡一川调入鲁迅艺术文学院担任教员，并让他主持成立一个木刻研究班，将来到延安的众多木刻工作者团结起来。胡一川迅速组织人员在延安鼓楼下办了五期木刻壁报，沃渣、陈铁耕、江丰、马达、焦心河、罗工柳、华山、彦涵等都是当时的成员。

在纪念鲁迅逝世两周年的时候，研究班出了一本木刻集，分送给毛泽东等中央领导，胡一川在后记中第一次提出了"组织木刻轻骑队，到敌人后方去开展木刻抗日宣传"的主张。

这一年冬天，响应党中央的号召，胡一川组织了鲁艺木刻工作团（简称"鲁团"）并任团长，深入敌后开展斗争，渡黄河、越吕梁，进入太行山革命根据地作战地宣传，他们的木刻作品和展览鼓舞了军队的斗志。他们继而在《新华日报》华北版办了副刊《敌后方木刻》，作为宣传阵地。这段时间，他们跟随八路军前沿部队一起出生入死，见证了战士们浴血奋战、流血牺牲。正是这段广泛参与体验战斗的经历，让他们与武装部队一道，成为敌后抗日斗争的另一支"木刻战斗部队"。

胡一川主张，艺术创作不论在内容题材上还是在艺术形式上都应该结合人民群众的生产生活实际，他们采用了民间印染法，用染布颜料和有光纸夜以继日地赶印1万多张套色木刻年画。两个钟头之内，被集市上的群众蜂拥抢购，顷刻卖光。

此时的胡一川基本从过去的油印黑白木刻转向了水印

1940年，套色木刻《军民合作》

套色木刻，艺术表达和色彩应用具备了更高的审美风格。他们进而建立了一座木刻工厂，用手工操作扩大木刻宣传品的印刷。这时期胡一川创作了《军民合作》《坚持抗战反对投降》等作品。此外，胡一川不忘木刻教学，在许多地区开展"木刻训练班"，这种应时之需、配合战斗的训练班吸收了一大批新学员，形成了敌后抗日艺术斗争的燎原星火。即便是受伤住院期间，胡一川还专门为木刻教学编写了一本《中国新兴木刻运动简史》。

这一系列的创作实践开创了根据地艺术创新的新路，即从人民群众的生产生活斗争实际中开展创作。它蕴含着"文艺与生活的结合""文艺的大众化、民族化"等深刻内涵，具有开辟性意义。胡一川的艺术思想，与延安文艺座谈会确定的文艺方针相契合。座谈会后，胡一川更加受到鼓舞，连续创作了《不让敌人通过》《胜利归来》《牛犋变工队》《攻城》等一批优秀的套色木刻。

一次偶然机遇，胡一川发现了一套油画工具和材料，立刻买了下来，他早年对色彩和油画的热情得到激发，从此开始创作油画。北京解放后不久，胡一川奉党中央的命令，带领一批华北联大第三部美术系的老师和40名美干班的学生，和徐悲鸿领导的北平艺专合并，于1950年2月建立了新的中央美术学院。徐悲鸿任院长，胡一川任党组书记。

教学方面，胡一川尊重徐悲鸿原有的现实主义风格和重视美术基础训练的教学体系，同时把它与延安鲁艺的经验结合起来，主张师生要"重视实际，重视生活、接近群众、改造思想"。在政治、文艺理论和美术史课程之外，胡一川定下了每年下乡下厂搞创作采风的制度，同时鼓励学生参加土改运动，组织学生参加开国大典宣传、抗美援朝展览等。后来，国立美术学院改为中央美术学院。在如此繁忙的工作期间，他还极力抽出时间，创作了油画《开镣》《开滦矿工》等油画作品。

当胡一川进入中央美术学院的时候，大多数人并不知道胡一川会画油画。直到有一天，徐悲鸿偶然发现了胡一川的《开镣》，大为兴奋地说："原来你的油画画得这么好！"还没等胡一川画完，徐悲鸿就让人把《开镣》拿到苏联去展览，并聘请胡一川为教授。胡一川1950年创作的大型油画《开镣》的鲜明艺术特征和饱满的革命热情得到了苏联专家的赞扬，是第一幅被中国革命博物馆收藏并荣获斯大林奖章的作品。

1953年，全国高等艺术院系调整，中央文化部委派胡一川南下创办中南美专。1958年，由于中南局迁至南大门——广州，中南区政治重心南移，"中南美专"也随之迁到广州，改名"广州美术学院"，由胡一川担任院长。

胡一川干劲十足，不断完善教学体系。他就与美院的领导班子一起制定了一个"八一三制"方案：每年在校上

木刻版画《胜利归来》

油画《开镣》

1970年，油画《挖地道》

任命胡一川为广州美术学院院长的任命书

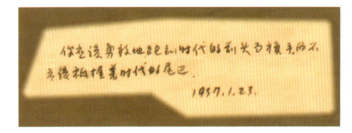

胡一川日记截图

课8个月，打好基本功；3个月下乡劳动，搞采风创作；一个月休息，养精蓄锐"干革命"。这一科学的"八一三制"成为20世纪50年代广州美院独特的教学制度。

胡一川重视从延安流传下来的"体验生活、接近群众"的优良传统。因此，每次学校师生下乡劳动之前，他都要作一番热情洋溢的动员讲话。胡一川的学生潘行健回忆道："让学生融入人民群众中了解他们的生产、生活、斗争，这是胡老一贯的思想。他每次下乡的动员报告，我们都很爱听，他在艺术中纯粹地对待生活、对待人民，感染了许多学生。"潘行健认为，正是胡一川的思想，确立了广州美院从人民群众的生活实践出发、与时代内容同呼吸、贴近生活等一系列"接地气"的办学特色，也影响了一大批日后成名的艺术家在创作中守住生活之源。

回顾胡一川的艺术人生，他前半生投身革命艺术，热切表现生活、表现时代；后半生则投身于油画创作，将对表现主义的热爱与自身凝练、刚健的艺术风格熔于一炉，创造出极具个性色彩的油画艺术。

1983年，胡一川从院长职务上退休，担任顾问。改革开放以后，胡一川感受到现代化建设的勃勃生机和高昂热情，他的油画便也开始转向以现场写生为主的风景创作了。20世纪80年代，胡一川的足迹遍及十几个省、几十个城市和地区，创作了一大批艺术水准极高的油画。

20世纪90年代后期，新建成的广州美术学院美术馆被学校命名为"胡一川美术馆"。2000年7月，在北京中国美术馆举行的"20世纪中国油画展"中，胡一川的《开镣》《挖地道》《南海油田》《石佛寺》作为主要作品参展，代表了油画界对他艺术探索的认可。

胡一川一生的艺术经历与中国民族革命和新中国社会建设水乳交融，在时刻关注现实的同时又不失去自己的独立性，秉承了特色鲜明的印象派和表现主义特征，在木刻版画和油画两个美术门类中都取得了极高的成就，留下了一批优秀的美术杰作。他不仅是中国现代版画的先驱，在油画的艺术风格和成就上也自成高峰。

参考资料：《南方日报》《中国青年报》《南方都市报》、艺术中国网站

蚁美厚（1909—1994），泰国归侨，广东澄海人，广东省侨联、广州市侨联的创始人和奠基人。1925年远赴泰国谋生，其间积极团结华侨、支持国内抗战、领导泰国抗日救亡运动，为救济祖国难民和支援祖国解放作出突出贡献。1949年，39岁的蚁美厚受邀回国参加全国政治协商会议和中华人民共和国开国大典，是在天安门城楼观礼席上最年轻的侨领。20世纪50年代起，蚁美厚在广东长期从事侨务工作，任广州市侨联第一届至第三届主席，曾任中国侨联副主席、广东省侨联主席、广东省华侨事务委员会副主任。

开国大典上最年轻的侨领
——蚁美厚

1949年10月1日，开国大典，万众欢腾。与陈嘉庚等人一起登上天安门的海外华侨中，有位年仅39岁的年轻人，他就是蚁美厚，是参加中华人民共和国开国大典侨领中最年轻的一位。

蚁美厚，原名蚁美扬，1909年11月23日出生在广东澄海一个贫农家庭。幼时的穷苦家境和遭受土豪恶绅欺凌的辛酸遭遇，使他十分憎恨"弱肉强食"的恶势力，逐步养成勤奋、耿直和富于正义感的品格。1922年，旅泰著名侨领蚁光炎回故乡省亲、兴办公益事业，经塾师介绍及族长、家长的同意，美扬被蚁光炎收为义侄，并改名美厚。

1925年，年满16岁的蚁美厚被接到曼谷。蚁光炎要求他从学徒、勤杂工做起，接受艰苦创业的传统教育和实际锻炼，白天扫地、倒痰盂、跑腿、抄账本和干粗活，晚上学习泰文，每月只发给他微薄的工资。叔叔蚁光炎还笑着对他说："年轻人要多吃苦、多磨炼，日后才会有出息嘛！"这时，蚁美厚才明白当初叔叔所说"掠你去暹罗做牛"的全部含义和真正用心。1936年，蚁光炎先生当选为泰国中华总商会主席，这时蚁美厚也开始成为蚁光炎的重要助手，掌管光兴利船务公司的财务，后又担任光兴利船务公司经理。

1938年，蚁光炎（前排左五）陪同黄兴夫人（前排左四）到泰国各地宣传抗日

一批泰国华侨青年自曼谷乘船回国参加抗日战争

抗日战争爆发后，蚁美厚即参加"暹罗华侨各界抗日救国联合会"，积极向华侨和侨社上层人员宣传"团结对敌、一致抗日"的救国思想，协助叔叔蚁光炎在侨社中开展抗日救亡运动，并将其叔叔蚁光炎募得的部分捐款和抗战物资设法送到八路军香港办事处廖承志。当时，侨社中的抗日进步力量，也是通过蚁美厚与泰国中华总商会主席蚁光炎联系的。对国内来泰宣传抗日和募捐的人员，蚁美厚总是协助叔叔蚁光炎给予热情接待，并为之提供交通和食宿的方便。

蚁美厚由于长期在叔叔蚁光炎身边工作，受到浓厚的爱国主义思想熏陶，为他日后继承蚁光炎的爱国遗志奠定了思想基础。当时，在泰国出版发行的爱国报纸《暹京时报》《新时报》只要一出现经费困难，蚁美厚就"有求必应"。同时，他还以股东之一的身份，与爱国侨领代表一起创办了《中国报》，旨在宣传中泰文化，促进中泰亲善，团结华侨和宣传抗日。

在蚁光炎遇刺后，蚁美厚继承其爱国遗志，一方面继续与侨社中的抗日进步力量保持密切的联系，积极开展抗日救亡运动，从经济上支持中国共产党领导下的人民抗日武装力量；另一方面，他还协助泰国中华总商会做了大量促进中泰友好、团结华侨工商业者的工作。

在日军占领泰国期间，蚁美厚拒绝与日军合作，与地下抗日进步力量保持密切联系。为抵制日军随便征用驳船运载军事物资和粮食，泰国政府成立了"泰国驳船联合公司"，蚁美厚担任副总经理，其间，他在加强泰华经济合作和共同抵制日军方面，都发挥了作用。

出于对策略和安全的考虑，在日军占领泰国期间，蚁美厚不再公开参加抗战初期成立的"暹罗华侨各界抗日救国联合会"（1944年年底改为"泰国华侨各界反日大同盟"）的活动，但他仍在暗中以各种方式支持泰华侨社的抗日救亡运动和泰国人民的反法西斯斗争，即"自由泰运动"。

抗日战争胜利后。为重建祖国，素有爱国光荣传统的泰国华侨在"反日大同盟"的基础上，于1945年12月18日正式成立了"泰国华侨各界建国救乡联合总会"（以下简称"泰华建救总会"），其宗旨是救济祖国灾民，促进祖国和平、团结、民主、统一和建设独立、自由、富强、幸福的新中国，提倡中泰人民友好亲善，关心侨居地的社会福利和开展救灾工作，扩大侨社爱国大团结。

蚁美厚担任"泰国建救总会"会长后，与国内宋庆龄领导的"中国福利基金委员会"，香港何香凝、彭泽民、蔡廷锴领导的"华南救济协会"、新加坡陈嘉庚领导的"南侨总会"联系与配合，共同开展"建救"工作。蚁美厚积极响应宋庆龄的号召，在侨界发动救国救乡义捐和福利基金义捐，把募捐到的大部分钱物，通过"中国福利基金委员会"和"华南救济协会"转到国内，为救济祖国难民和支援祖国的解放事业作出了贡献。

为了促进祖国走向和平、团结、民主、统一，配合祖国人民和各民主党派反对蒋介石发动内战、反对法西斯独裁统治及响应要求成立民主联合政府的呼吁，蚁美厚在爱国民主思想的推动下，以"泰华建救总会"会长的身份，于1946年夏天，参加中国民主同盟泰国支部的筹组工作。

1955年6月13日至15日，全国人民代表大会代表广州侨务视察小组郑天保、廖梦醒、蚁美厚、黄洁等，深入广州市归侨眷中进行访问和视察
图为他们正在访问归侨组织的广州市第四缝纫生产合作社

1949年6月初，"泰华建救总会"会长蚁美厚接受中共中央的邀请和肩负泰国广大爱国侨胞的委托，准备取道香港前往北平参加全国政治协商会议和中华人民共和国开国大典。同年9月下旬，蚁美厚在中南海怀仁堂参加中国人民政治协商会议，当选为第一届全国政协委员会委员。10月1日，蚁美厚和其他从海外归来的爱国侨领一同登上天安门，参加中华人民共和国成立大典。在这期间，毛主席和周总理在中南海接见并设宴欢迎以陈嘉庚为首的海外爱国华领，蚁美厚作为"泰华建救总会"会长也在应邀之列。毛主席还关切地垂询旅泰侨胞的情况，蚁美厚先生一一作了回答，表示感谢祖国对海外侨胞的关怀。

中华人民共和国成立后，中央人民政府华侨事务委员会要求成立统一的归国华侨联谊会组织。1950年3月29日，在欢迎旅美著名侨领司徒美堂的大会上，广东省侨委主任伍治之提议成立全国统一的归侨组织，获得与会归侨一致赞成。不久，归国华侨联谊会广东总分会筹备委员会成立，选出司徒美堂等45人为筹备委员会委员，戴子良任主任，甄绅、古子坚、蚁美厚为副主任。蚁美厚和侨联的

不解之缘由此开始。

1953年4月12日，广州市归国华侨联谊会成立，会员499人，选出执行委员37人、常务委员7人，蚁美厚当选主席。1953年至1955年连任广州市侨联第一届至第三届主席，当时市侨联没有经费，蚁美厚把他担任"义益行"董事总经理每月工资3000元全部捐出来作经费。

1956年6月，中央人民政府华侨事务委员会第四次（扩大）会议决定成立中华全国归国华侨联合会筹委会，推举陈嘉庚为主任委员，蚁美厚等12人为副主任委员。1956年10月5日，第一次全国归国华侨代表大会在北京中南海怀仁堂召开，正式成立中华全国归国华侨联合会，选举产生中国侨联第一届委员会，陈嘉庚当选主席，蚁美厚等14人当选副主席。之后，蚁美厚连续四届当选中国侨联副主席。

在他的带领下，广州市侨联推动了华侨史研究和弘扬中华文化、加强海内外联系沟通、做好新一代华侨华人的工作，促进了中外友好往来和经济文化交流。在他的带领下，广州市侨联成为党和政府联系海外侨胞的纽带，成为

蚁美厚（左）关心澄海县侨务工作

蚁美厚广州故居

内联外引的桥梁，成为温暖的侨胞之家。近四十年来，蚁美厚创建和领导的广州侨联成绩斐然，深入侨心。

党的十一届三中全会后，一向热爱祖国和关心社会主义建设事业的蚁美厚感到无比的欣慰和振奋，他对中国对外开放、建设具有中国特色的社会主义和新时期的侨务工作，倾注了满腔热情和全部精力。

蚁美厚以广东省、广州市侨联主席的身份，发挥自己

在海内外享有崇高威望和广泛的海外关系的优势，动员泰国华侨华人企业回国投资，泰国正大集团成为第一家到广东投资的外资企业，为国家建设引进了资金、技术、设备；他发动海外乡亲捐资兴办文教事业，在中国经济社会建设发展史上留下了浓重的一笔。

1988年8月中旬，北戴河风和日丽，邓小平同志在会客室接见蚁美厚。在亲切叙谈中，蚁美厚代表三千多万华侨华人向小平问候，并简要汇报改革开放以来海外侨胞、港澳台胞率先来大陆投资设厂和捐资兴办公益事业等所作的贡献。小平同志领首称道，并赞蚁美厚毕生报国。

在蚁美厚的人生长河中，"侨"紧紧地伴随他左右，从远赴泰国成为侨领，到归国从事侨务工作，在长达四十余年的时间里，蚁美厚与侨联息息相关。可以说，他人生的主要历程是在侨联度过的，侨联的历史，特别是广州市侨联的历史，应该始终铭记蚁美厚所建立的丰功伟绩。

参考资料：《华夏》《潮商》、中新网、广州市政协网站

连贯（1906—1991），原名连学史，中共党员，越南归侨，广东大埔人。1928年远渡越南积极开展华侨爱国运动，1932年回到广州中山大学工作，参加进步社团、投身抗日救亡运动。1936年赴香港开展统战和侨务工作，组织侨胞捐钱捐物支援抗战前线。参与领导"秘密大营救"，将何香凝、柳亚子、茅盾等一大批爱国民主进步人士从香港安全转移到大后方，成功动员和组织爱国民主人士北上参与新政协筹建。中华人民共和国成立后，历任中共中央统战部秘书长、国务院侨务办公室副主任、全国侨联副主席等职，为恢复党的侨务工作机构，落实侨务政策以及激发海内外侨胞热爱祖国、关心桑梓的热情作出巨大贡献，深受侨胞爱戴和敬重，被誉为华侨工作的"活字典"。

华侨工作"活字典"
——连贯

连贯，原名连学史，1906年出生在广东梅州大埔县。从小深受革命思想的影响，17岁起就在家乡积极参加进步宣传工作，参与组织农民协会。1925年加入中国共产党后，便改用了"连贯"这个名字。

1927年4月，国民党反动派公开叛变革命，大肆捕杀共产党员和革命群众。连贯用同乡会等社会关系，营救部分被捕的中共党员、共青团员。1928年，由于叛徒告密，党的联系点受到破坏，他被迫经香港转移到越南，一边寻找党组织，一边继续坚持革命工作，在华侨青年之中进行文化宣传工作。

连贯初到越南落脚在堤岸，经介绍到西贡广肇小学当了语文教员。由于历史的原因，不同地区和语言的华侨各有自己的社团组织，也有各自的学校。西贡广肇小学就是广东广州华侨办的学校。

当时，连贯不但教学工作做得好，同师生、家长的关系也十分融洽，在群众中的威信很快就树立起来了。他通过自己的切身经历，深深体会到华侨爱国爱乡、团结互助等宝贵品质。

西贡是华侨比较集中的地方，华侨中的年轻人多，其中有不少知识分子。华侨学校的教职员更是人才济济，多才多艺。连贯对此曾作过一些分析和

1928年，连贯（后排左一）与大埔旅省公会的董事们合影

设想：如果通过某种形式把他们组织起来，共同切磋研究，不但在艺术上有所进步和发展，而且是一支可观的宣传队伍，可以进行革命宣传；还可以通过他们促进华侨间的了解，打破一个地区华侨社团之间的隔阂，加强广大华侨的团结互助。

经过连贯的串联和沟通，一个以华侨学校教师为主体的"华侨青年艺术社"便在西贡组织成立了。成立后，艺术社积极开展活动，使有志于各种艺术的青年得到了互相交流的机会。除教师之外，一些社会青年也逐步参与进来。通过演出活动，加强了华侨之间的联系和团结，加深了对祖国对世界情势的了解认识，也在无形之中进行了爱国主义的教育，使广大华侨的爱国观念进一步加强。

1931年年底，连贯回到香港开展革命工作。1932年，回到广州中山大学工作，其间认识了何干之（即谭秀峰）等进步教授。后来，他被秘密吸收参加"广东文化运动总同盟"，不久又被选为领导成员。

1933年春夏，中国共产党领导的革命组织——中国左翼文化总同盟广州分盟（简称广州"文总"）成立。该组织的主要负责人有何干之、谭国标和温盛刚，后来又增加了连贯。

为了保守机密和便于活动，"文总"下面各分盟是按照工作和职业或同乡、同学的关系进行分组活动的。连贯负责戏剧工作者联盟广州分盟的领导，活动阵地主要是中山大学的"抗日剧社"。

连贯以同乡的关系，与作为"社联"和"左联"重要成员的杜埃、饶彰风等保持密切联系，并对他们的革命文艺活动予以帮助和指导。参与出版综合性秘密刊物《火

1929年，连贯（前排左二）在越南西贡广肇学校当语文教员

花》和《天王星》，在当时引起较大反响。1934年1月中旬，由连贯负责的又一秘密刊物《新路线》出版了。

1934年夏初，由于叛徒的出卖，广州"文总"被破坏，社联、剧联一些主要负责人先后被捕。各校受株连的学生达60多人，都被送进了监狱。几个月后，被捕的"文总"六位负责人壮烈牺牲。而连贯、杜埃因之前《新路线》事件，事先隐蔽起来而幸免于难，并于6月转移赴港，继续从事革命文化活动。

1936年8月，受组织派遣，连贯赴香港担任全国各界救国联合会华南区总部秘书，并任中共华南区党委书记，后任中共南方工委委员、中共港九工委委员，负责南方统战和侨务工作。

1938年年初，中共中央派廖承志、潘汉年为代表赴港建立八路军驻香港"办事处"，连贯出任党支部书记兼华侨工委委员。1939年3月11日，港英政府查封了八路军驻港办事处的"粤华公司"，连贯被拘留。后经宋庆龄、周恩来等人多方交涉，由廖承志出面担保获释。

1941年"皖南事变"后，国民党当局掀起第二次反共

高潮。在周恩来的关心和安排下，许多著名爱国民主人士和著名文化人士先后转移到了香港。连贯和办事处的同志积极热忱地帮助和安置了他们，在此期间也与许多著名的爱国民主人士建立了深厚的革命友谊。

1941年12月，香港岛沦陷。中共中央多次指示中共南委、中共港澳地区和东江游击队负责人，要求以最快的速度营救滞留在港的民主人士、文化界人士。廖承志和连贯迅速经东江游击区到韶关和老隆，布置在国民党统治区的掩护地点和交通线。

一些影响比较大的著名文化人士和爱国民主人士，根据周恩来的指示，先安排在附近的农村隐蔽下来，然后伺机护送出去。如柳亚子和邹韬奋等人，著名的民主人士何香凝、柳亚子及其家属安全出港的任务，都是连贯布置并郑重地交给廖安祥和谢一超的。到整个大营救宣告胜利结束，连贯和廖承志、张文彬、乔冠华等冒着生命危险，共营救出抗日爱国民主人士、文化界人士及其家属800余人，无一失误。

解放战争时期，连贯先后担任中共粤港分局委员、中共中央华南分局委员、中共香港工委副书记，发动香港同胞和海外侨胞支援祖国解放事业。

1948年5月5日，李济深、何香凝、沈钧儒、章伯钧、

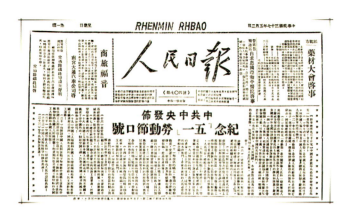

1948年4月30日，中共中央发布"五一"口号，号召各民主党派、人民团体等迅速召开政治协商会议，讨论并实现成立民主联合政府

马叙伦、陈其尤、彭泽民、李章达、郭沫若等，代表各民主党派和无党派人士，通电全国，表示热烈响应中共中央关于迅速召开政治协商会议的倡议。

如何把香港的爱国民主人士安全地送到解放区去，实际投入新政协的筹备工作和参加新政协，这是一个重大的政治任务，连贯和中共香港分局统战委员会的同志做了大量的工作。

当时商定，主要由我党在香港的"华润公司"和在大连的"中华贸易总公司"派出人员负责护送；到达大连之后，则由接替钱之光在大连工作的刘昂负责安排接待并转送北方解放区。1948年10月下旬，连贯亲自护送郭沫若、

位于香港皇后大道的八路军驻香港办事处旧址（原址已不复存在）

连贯在第一届全国政协会议上发言

1964年，连贯（右一）陪同国际友人参加国庆观礼

马叙伦、陈其尤、沙千里和许广平母子等30多人一起乘船北上。

1949年3月，连贯提议并经同意，成立"北平归国华侨联合会筹备委员会"。6月15日，新政协筹备会第一次全体会议在中南海勤政殿开幕。连贯被选为副秘书长，为首届全国政协的筹备、召开做了大量工作。9月21日，中国人民政治协商会议第一届全体会议在中南海怀仁堂隆重开幕，连贯代表华南解放区人民在大会上发言，并参加了开国庆典活动。

中华人民共和国成立后，连贯历任中共中央统战部秘书长、中央人民政府政务院华侨事务委员会委员、中共中央对外联络部副部长、全国人大常委会副秘书长、国务院侨务办公室副主任、全国侨联副主席、北京市侨联主席等

职。他和万里共同领导了人民大会堂、民族文化宫、钓鱼台国宾馆等首都十大建筑工程的建设。他是中共八大代表，第二、第三届全国人大代表，第五、六届全国政协委员。

连贯还亲自动员华侨积极参加祖国社会主义经济建设。在20世纪80年代初，北京新建的第一家侨资高级饭店，便是在他亲自动员和关心下兴建的。被誉为华侨工作"活字典"的连贯，一生为恢复党的侨务工作机构，落实侨务政策，维护归侨、侨眷和海外侨胞的合法和正当权益以及激发国内归侨侨眷、港澳台同胞及海外华人热爱祖国、关心桑梓的热情，为中国社会主义建设和侨乡建设作出了巨大的贡献，深受归侨、侨眷和侨胞的敬爱。

参考资料：北京侨联客户端、大埔人物、广东老区网

林克明（1900—1999），中共党员，法国归侨，广东东莞人。1920年赴法勤工俭学，1926年毕业回国后历任广州市设计院副院长、华南工学院建筑系教授及该校设计研究院院长、广州市政协副主席等职，1990年被评为享受"政府特殊津贴"专家，1992年获"广州市优秀专家学者"称号。林克明因其"三不朽"功绩，被公认为中国建筑现代化的先驱者和伟大的城市设计家。一是立功，曾参建中山纪念堂、市立中山图书馆、广东科学馆等重点项目，以过百的建筑实绩为传承岭南文化垂范；二是立德，始创勤勤大学建筑系（华南理工大学建筑系前身），亲自主持教育工作，培养了一大批建筑人才；三是立言，创办《南方建筑》等刊物，用文字宣传现代建筑思想，探索岭南现代主义建筑。

世纪建筑师林克明的"三不朽"

林克明，1900年7月出生于广东东莞一个藤器商人家，1918年入读广东高等师范学院英语系，1920年赴法国勤工俭学，1922年6月被里昂中法大学录取，首先攻读中国哲学，并准备撰写关于孔子的论文。然而，在里昂美术专科学校接触到建筑学之后，他毅然放弃哲学专业，开始专心到里昂建筑工程学院进修建筑学，学校开放包容、自由民主的学习气氛相信对其现代观念

1922年，林克明在柏林

的形成发挥了重要作用。1926年，林克明毕业于法国里昂建筑工程学院，进入巴黎Agasche建筑事务所工作半年。

1926年冬，林克明回国在汕头市工务科负责道路工程及城市规划方案。他在《汕头市中山公园设计说明书》中有一段话，反映了那个年代从海外学成归来的建筑师们的追求："年内国内风势所趋，物质建设，崇尚欧美，而尤于营建设园

中山纪念堂

广州市政府

林，不敢脱其窠臼，不知我中华民国固有数千年传来之文明结晶，其奥妙奇特处，有非今日西式之所能企及者，吾跻处于时代，焉可不发扬光大之。"

1928年，林克明到广州市工务局任职，首次负责的工作就是位于广州市文德路中山图书馆的设计。1930年，他担任中山纪念堂的建设工程顾问，主持该项工程的审核和现场监理，直至纪念堂竣工。中华人民共和国成立后，他还多次主持纪念堂的维修与改善工作，使这座大型的历史性建筑一直保持风采。

1931年，广州市政府六个局准备合署办公。刚过而立

之年的林克明已是建筑界小有名气的专家，他成功地融合了中国古建筑文化和西方近代建筑的结构技术，在"市政府合署"（现在广州市政府）设计方案竞赛中脱颖而出，他的设计方案以第一名而得以实施。

中华人民共和国成立后，广州百废待兴，面临大规模的基本建设。林克明备受当时广州市长朱光重用，特聘他主持或参与广州多项城市建设和建筑设计工作，包括中苏友好大厦、广东科学馆、广州体育馆、广州宾馆、羊城宾馆、广州火车站等一大批广州标志性建筑。就连北京人民大会堂都是由林克明参与设计，凝聚了他大量心血。

林克明不仅是中国近代建筑设计的先驱之一，也是教育界德高望重的良师。中国建筑学的起步姗姗来迟，到20世纪30年代初，国内尚无专门培养建筑人才的学校，中国传统的建筑艺术的传承还近乎原始的"师传徒授"状态。林克明留学归来，面对这种状况，积极四方奔走，创造条件，终于在1932年创办了勤勤大学建筑系，这便是现在华南地区最知名的理工类高校——华南理工大学建筑学系的前身。

林克明亲自主持教育工作，任教授兼系主任，同年辞去工务局公职。1945年，任国立中山大学工学院（华南理工大学前身）建筑系教授。作为建筑界的知识先行者，林克明自20世纪20年代开始，在长达60多年的建筑生涯中，从没有停止过对建筑艺术的探索，言传身教，传道解惑，直到1989年，林老还以89岁的高龄指导了最后一批研究生。林老一生辛勤耕耘，桃李满天下，为我国建筑界培养出了一大批英才，是建筑学的拓荒者，也是积极进取的探索者。

林克明曾说过："实践、探索、再实践，不断创新，是建筑创作的必由之路。"这话掷地有声。

50年代初，在任黄埔港建港管理局规划处处长时，林克明以其特有的职业敏感神经察觉到黄埔对于广州城市发展的重要意义，他提出广州未来应向东发展，黄埔与老城区形成子母城。他还建议连接子母城的黄埔大道应该建成50—60米宽的林荫大道。这些真知灼见直到今天还有着科学性和超前性。

林克明一生对建筑理论研究和学术思想传播始终保持着极高的热情。20世纪70年代，林克明意识到空前、持续的建设高潮已经到来，提出了创办学术期刊的倡议，得到

广东科学馆

20世纪50年代，广州火车站最初方案模型

20世纪70年代，广州火车站候车厅内景

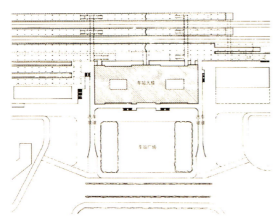

20世纪50年代，广州火车站最初方案总平面图

华南理工大学建筑学院

《南方建筑》

《世纪回顾——林克明回忆录》

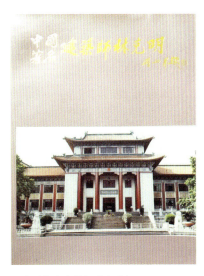

《中国著名建筑师林克明》

了广东建筑界前辈精英和香港建筑界卢尊祖、邓守仁等人的鼎力相助，《南方建筑》于1981年3月在国内省级建筑学会中率先创办，林克明任编委会主任委员。

《南方建筑》创刊时即开宗明义地指出："本刊系中国建筑学会广东分会主办的建筑学术刊物。内容着重介绍我国南方地区，在社会主义现代化建设中，有关建筑、城市规划和城市建设理论、实践经验和技术探讨。同时适当介绍港澳及国外方面的有关论著和实录。用以加强建筑界的学术交流和促进建筑科学的创作繁荣。"

林克明的一生是奋斗的一生，即便到了晚年，依然老当益壮，奋战在中国建筑设计的最前沿。先后参与了华侨医院、华工教学楼、广州大学方案的设计。82岁那年，他提出了中大礼堂——梁球琚堂设计方案，被中山大学选中。1982年，他还参与了广州市总体规划的研究。

1990年，年满90岁的林克明，在广州市设计院光荣退休；同年，为了表彰他为发展我国工程技术作出的突出贡献，国务院决定发给他政府特殊津贴并颁发证书。

1992年，一本反映他历年建筑作品的画册《中国著名建筑师林克明》出版。退休后，林克明在安享晚年的同时，提笔撰写了近10万字的回忆录《世纪回顾》，从立志、赴法、起步、奉献、学术观点与品德修养等不同的人生侧面，回顾了他近一个世纪的经历，记载了他的人民建筑观。这本自传体的作品，也填补了我国纪录建筑师专著方面的空白。

林克明生于忧患，遭逢乱世，经历坎坷。他志节高尚，不与流俗妥协，风骨铮铮，令人钦佩。林克明身上传承着岭南大地那份自强不息的刚健精神、崇尚气节的爱国主义精神、容纳百川的宽阔胸怀、洁身自好的廉洁精神，堪称典范。

参考资料：中国建筑工业出版社客户端、东莞文联客户端、建工巧匠客户端、《广州日报》

庄田（1906—1992），原名庄振风，中共党员，新加坡归侨，广东万宁人（今海南万宁）。1923年赴新加坡谋生，早年接触共产主义思想，在新加坡加入中国共产党，领导海员工人运动。1929年赴苏联军校学习，学成归国后转战中央苏区，曾参加反围剿和二万五千里长征。在琼崖参与组织领导抗战，历经琼岛烽烟，威震敌胆，逐鹿西南疆陲，战功卓著。中华人民共和国成立后，历任云南军区副司令员、海南军区司令员、广州军区副司令员、广东省副省长。1955年被授予中将军衔，二级八一勋章、一级独立自由勋章、一级解放勋章。

南征北战　戎马半生
——庄田

庄田原名庄振风，1906年出生在广东万宁（今海南万宁市）的一个贫农家庭。由于家境贫苦，庄田17岁时便和当地其他人一样，背井离乡，远下南洋谋生。

庄田最初在新加坡一家橡胶厂打杂，不仅工厂条件差，而且劳动强度大，屡屡发生工伤死亡事故。后来，庄田因为帮助被工头无端责骂的工友而被橡胶厂开除。此后，庄田又辗转来到荷兰资本家经营的生什号货轮上当锅炉工。正是在这艘货轮上，庄田确立了为共产主义奋斗终生的人生目标。

当时，在茫茫大海上，庄田每天都要在闷热的锅炉房里高强度工作10多个小时，好几次都因中暑昏倒在锅炉房里。工作辛苦，获得的工资也十分微薄，经常吃不饱穿不暖，还经常遭到各种辱骂。

"（这种环境中）我对美好生活的憧憬变成了一场噩梦。"庄田后来在回忆文章中写道，在他十分苦闷时，同船的同乡、老工人主动宽慰他，向庄田讲述了列宁领导的俄国十月革命以及苏俄工人、农民当家做主人的情况。

在老乡的引导下，庄田阅读了《列宁论十月革命》等红色书籍，他越看越着迷，认为书中句句都说到他的心坎上，一颗求解放、争自由的心也跳动得更加猛烈。1926年3月的一天晚上，在经过对庄田近一年时间的考察教育后，中共生什号轮地下支部在岸上一个秘密地点召开会议，正式接纳庄田为中共党员。

不久，庄田被党组织派到和丰轮船公司丰平号轮工作，并任丰平轮船党支部书记。1928年和1929年"五一"期间，和丰轮船公司海员两次举行反对帝国主义和资本家压迫剥削的罢工斗争，庄田担任罢工的总指挥。罢工斗争取得胜利后，在新加坡的中共组织负责人转达中共广东省委的通知，让庄田立即回国接受新的任务。庄田的革命生涯从此翻开崭新一页。

1929年6月，庄田回到了香港，同年年底，他接到了去莫斯科进行军事学习的命令。在去莫斯科途中，庄田在上海再一次亲眼目睹中国人在帝国主义势力压迫下的悲惨生活。庄田在回忆文章中表示，"我切望能学成回国以后，和全国人民一起，用枪杆子打出一个新中国。"

1929年12月，庄田在莫斯科步兵学校开始了军人的科班生活。在莫斯科步兵学校里，庄田要学习步兵操典、野外执勤、射击教范、兵器学、地形学、战术学、筑城学等10多门课程，还要开展各种军事训练。为了学好课程，庄田向在莫斯科步兵学校留校工作的同志请教，苦练俄语，不到半年时间便初步掌握了俄语。

由于庄田好学不倦，在政治上和军事上大大开阔了视野，成为全连外国留学生中的尖子之一。1930年年底，他以各科全优的成绩，提前毕业回国参加红军。庄田回国后，被安排到中国工农红军军政学校担任教官。他想方设法授好课，还根据红军的作战特点和实际需要，帮助学员掌握进攻、防御、侦察、警戒等各种战术手段。

1933年春，中共中央成立了一个模范团，庄田被任命为该团政治部主任。在模范团训练期间，中共中央命令由叶剑英指挥独立师和模范团，在福建省清流地区组织一次进攻战斗，配合主力红军进行第四次反"围剿"作战。

在这次战斗中，叶剑英命令庄田率一个营进攻被分割在一片水田里的国民党军。庄田将部队分成两路，一路绕到侧翼，在旱地佯攻；另一路在水田主攻。通过旱地的佯攻吸引敌人注意力后，庄田命令主攻部队从水田发起冲击，敌人很快被打垮，纷纷举枪投降。这次战斗获胜后，庄田会打仗的事传开了："想不到政治干部也会打仗！"

1934年8月，庄田调任红五军团第十三师三十九团政委、红九军团三师七团政委等职。10月，红军在中共中央直接指挥下，撤离中央根据地，进行战略转移，开始了举世闻名的长征。艰苦的长征路上，庄田率部风餐露宿，忍饥挨饿，顽强地与敌人和恶劣的环境进行斗争。1937年3月，庄田辗转回到延安。中共中央组织部抽调一批有军校工作经验的干部到抗日军政大学工作，庄田被调到抗大任第三分校第五大队大队长，不久升任分校教育长。

1940年9月初，中共中央派遣庄田秘密渡过琼州海峡，来到中共琼崖特委驻地美合根据地，与冯白驹等领导人并肩作战。

在庄田赴琼之前，中共中央代表、南方局书记周恩来在重庆八路军办事处与他促膝长谈。这时候庄田的名字还叫庄振风。周恩来对他说："你是长征干部，会引起敌人注意，这次派你回家乡，中央要求你把名字改一下。"

庄振风略一思索，决定改名为"田庄"。

周恩来想了想："你把姓和名都改了，不考虑家人说你干革命就忘了祖宗吗？"他随后建议，"我看叫庄田，不也很好吗？"

在海南琼崖美合根据地，庄田被任命为中共琼崖特委委员、琼崖抗日独立总队副总队长。他在琼崖工作的5年多的时间里，始终牢记周恩来"党中央和毛主席对琼崖的革命斗争寄予极大的期望。这次把你们派到那里工作，你们一定要把党中央和毛泽东同志的指示带去。冯白驹是琼崖人民的一面旗帜，你们要支持他的工作，尊重他的领导，在琼崖特委的集体领导下，共同把革命工作搞好"的指示，处处尊重琼崖党、政、军领导人冯白驹，指导加强部队建设，指挥部队作战，取得了很大的成绩。

庄田（中）与战友

庄田（前排左一）与外国军事代表团一起观看演习

1985年，庄田（右）同老战友马白山在海口

20世纪80年代初，琼崖纵队老战友相聚在广州（前排左二为庄田）

他把红军和八路军政治工作的经验带到了琼崖，在部队中建立了党委、党支部，并实行了政治委员的工作制度，加强党对军队的领导，提高了战斗力。同时，指导开办了军政学校，培养了大批的军事和政治干部。

抗日战争胜利后，根据中共广东区委和琼崖特委的决定，庄田以全权代表身份赴香港，准备到广州参加国共双方举行的广东游击队北撤山东烟台地区的谈判，后因国民党拒不承认人民抗日武装的合法地位，谈判未能按计划举行。1947年6月，庄田赴南京向周恩来汇报海南革命斗争情况，此后他又奉命转战西南地区，并屡立功勋。

庄田全家福

1946年赴香港谈判的庄田

1952年夏，庄田离职赴南京，进入中国人民解放军军事学院高级班学习，并担任连长。1953年2月毕业后，调到中国人民解放军南京高级步兵学校工作，任该校教育长兼训练部长。1954年2月，任高级步兵学校副校长。

1955年9月，庄田被授予中将军衔，同时授予二级八一勋章、一级独立自由勋章、一级解放勋章。

庄田中将戎装

1960年5月，庄田被任命为广州军区副司令员，分工负责抓部队训练和学校工作。1964年6月，庄田调任广东省副省长。

庄田戎马一生，是一位有着浓厚传奇色彩的将军。1941年，庄田和文昌籍归侨女子祝平结成革命伴侣。他把革命事业放在首位，直到解放后才相继有了子女。中年得子，他的爱是不言而喻的，但他的爱不是溺爱，而是爱中有严。他常常叮嘱道："高干子女，绝不允许与同学、朋友攀比谁的父亲官大，要比就比谁的学习成绩好，思想品行第一。""如果有人问你们爸爸是干什么的，你们就说爸爸是一个老兵。"

但庄田对革命老区的群众、老战友、老部下，凡有困难找到他，他总是热情帮助，送钱送物，写信给当地政府，帮助群众、下属解决工作和生活问题。逢年过节都给家乡有生活困难的乡亲寄钱寄物，他说："他们支持红军和抗日游击队，不能忘记他们！"

庄田晚年为了给后人留下一段宝贵的历史经验，走南闯北，多方收集材料，查寻有关档案，通过对历史认真回忆、思索、总结，相继写了反映抗日武装斗争的《琼岛烽烟》和反映解放战争大区域武装斗争的《逐鹿南疆》两本回忆录，深受欢迎。

1992年4月，庄田在广州逝世，终年86岁。从1926年参加革命到1985年光荣离休，半个多世纪的戎马生涯，半个多世纪的革命历程，庄田光辉的战绩、坦荡的胸怀、无私无畏的革命精神和对共产主义信仰的执着追求以及高尚的人格，在人民心中竖起了一座不朽的丰碑。

参考资料：人民网、南方网、《海南日报》《羊城晚报》

陈其瑗（1887—1968），中共党员，美国归侨，广东广州人。早年追随孙中山先生，致力于国民革命，为第一次国共两党合作作出诸多贡献。1930年起因国民党通缉流亡美国16年，在美宣传中国共产党抗日救国主张，积极组织华侨开展抗日救亡。1946年回到香港创建达德学院，培养一大批进步人才。作为民革创始人之一，积极响应中共中央"五一"口号，北上参与新政协筹备。中华人民共和国成立后，历任政务院政治法律委员会委员、中央人民政府内务部副部长、全国侨联副主席、全国人民代表大会常务委员会委员等职，落实侨务政策，开展华侨工作，为新中国发展建设贡献力量。1959年，以72岁高龄光荣加入中国共产党，从一个爱国主义者、民主主义者成长为真正的共产主义战士。

拳拳赤子心向党
——陈其瑗

陈其瑗，1887年3月出生于广东省广州市，早年就读于"广东高等学堂"，因著文《破三纲论》反对"君纲、父纲、夫纲"而被逐出校门。后来，他考入北京大学采矿冶金工程科学习，立志"矿业救国"。

1912年，陈其瑗从北京大学毕业，怀着一腔热情准备把自己的一生和全部知识都贡献给国家。在此后的10年间，他换了不下十几次工作，先后做过北京政府农林秘书、交通银行秘书长，广东省公署秘书、财政厅秘书、工艺局实业司科长、铁路局总务处处长、机务处处长等政府职务，还担任过广东

青年时期的陈其瑗

许多地方学校的教员、校长等职，后来又被推举为广东省教育会长。

1919年，五四运动爆发后，身为广东省教育会副会长的陈其瑗与广东高等学校同学会一起通电各省教育会并转各校员生，呼吁全国学界一致声讨卖国贼，为京、津学生后援，以伸张正义、捍卫国权。

在广东政府任职期间，他同孙中山有了接触。由于经常聆听孙中山的教诲，他对孙中山的思想和人品极为崇敬。1921年秋，陈其瑗加入了中国国民党。在广东大本营期间，他受孙中山的委托，担任广州大本营（大元帅府）财政部总务厅厅长一职，后来还担任过广州市财政局局长、广东省财政厅厅长、中国银行监理官。

1925年，孙中山逝世，陈其瑗决心继承孙中山的遗志，为革命事业奋斗到底。他继续宣传孙中山的革命主张，并先后担任广东国民政府参事、黄埔军校教员、广东国民大学校长等职。1926年，廖仲恺提议，将孙中山生前在广东创办的国立广东大学改名为中山大学。听到这个消息后，陈其瑗积极响应，以特邀委员的身份加入中山大学筹备委员会中。

1925年至1926年，陈其瑗经常到黄埔军校、农民运动讲习所、罢工委员会、工人夜校讲课，和恽代英、熊雄、邓中夏、萧楚女等共产党人熟识。在这些共产党人的影响下，陈其瑗开始认识到，中国的革命只有通过中国共产党的领导才有成功的希望，逐渐成长为共产党的拥护者。

1927年大革命失败后，白色恐怖笼罩全国。陈其瑗一本初衷，信守孙中山三大政策，坚持与共产党人团结合作，反对国民党反动派背叛革命、积极反共的错误政策，被国民党开除党籍并遭通缉，不得不于当年流亡海外。他先是到了澳门，1930年到了美国，开始了他长达十多年的侨居海外的生涯。

在美国期间，陈其瑗在纽约等地华侨学校当过教员、教务主任，为生活所迫还当过工人、演员。他亲眼见到了美国移民局如何虐待华人，见到了美国失业工人的悲惨生活。太平洋战争期间，他在美国船厂做工，亲身体验资本家如何剥削工人。九一八事变后，陈其瑗对蒋介石的"攘外必先安内"的政策非常气愤，决心积极支持国内的抗日战争，公开拥护共产党的抗日救国主张。

1936年，陈其瑗与司徒美堂发起组织纽约全体华侨抗日救国筹饷总会，动员华侨团结起来，以实际行动参加反抗日本帝国主义侵略的爱国斗争，他任常委、宣传部主任。后来他担任过美国华侨反帝大同盟总部秘书，还担任过纽约市数家报纸的常务编辑、编委，利用进步华侨报纸公开宣传中国共产党抗日救国的政治主张。他还翻译介绍苏联社会主义革命书籍，向国人传播新的思想。他在《苏联第一个五年计划故事》的译后语中写道："我们知识分子今后的主要工作，就是不断地向群众宣传革命知识，传播革命方法，鼓舞革命热情，振奋抗敌精神，使他们迅速地集结在有真正革命纲领、有坚强战斗组织的革命中心指导下共同作战。"

1937年抗日战争全面爆发后，国内需要大量的战地医务人员。以纽约为基地的"中国援助基金会"和宋庆龄筹办的"保卫中国同盟"在世界各地寻找志愿医务人员，帮助中国的抗日战争。加拿大共产党员、著名胸外科医生诺尔曼·白求恩响应这一号召，在加拿大共产党和美国共产党的共同派遣下，决定不远万里前往中国。而当时的中国，正处于一片战乱之中，战火连天，形势复杂。白求恩一行3人，带着很多医疗器械和药品，路途遥远且危险重重，如何保证白求恩一行安全到达中国内地战场是一个非常重要的问题。1938年1月，参加美国共产党中国局工作的陈其瑗知道这件事后，非常关心。他电告香港的共产党员郭荣，要他负责接待，尽一切办法保证白求恩一行的安全，使其顺利到达内地。郭荣接到这个电报后，与另一位姓蔡的工友一起为白求恩医疗队安排了住宿与船只。白求恩医疗队经过10周数千里的旅程，途经香港、汉口、西安，横穿豫晋陕三省，在日机的狂轰滥炸下颠簸跋涉，终于在1938年3月31日到达革命圣地延安。

陈其瑗一生热爱教育，认为"一个国家的兴衰与国民的素质密切相关，而教育乃是提高国民素质之大计"。1945年6月，中共中央政治局委员、南方局副书记董必武赴美国旧金山出席联合国会议。会议期间，董必武邀请陈其瑗回港建立一所正规高等学府，以适应人民解放战争和未来新中国建设对人才的需要。

1946年，陈其瑗回到香港，积极为筹建学院奔走。在多方面的支持下，1946年10月10日，香港达德学院正式开学，陈其瑗出任院

1947年年末，陈其瑗（右）和郭沫若在达德学院校舍大楼前

出席第一届政协会议的海外华侨代表，前排左起：陈其瑗、李铁民、戴子良、陈嘉庚、司徒美堂、蚁美厚
第二排左起：赵令德、黄长水、周铮、庄明理、张殊明、刘斯慕、费振东

长。学院董事会由李济深、蔡廷锴等著名爱国民主人士组成。该校拥有胡绳、钟敬文、千家驹、许涤新、黄药眠、陆怡、陶大镛、章乃器等著名学者、专家构成的师资队伍。同时，马叙伦、冯乃超、乔冠华、何香凝、茅盾、林默涵、周而复、郭沫若、夏衍、臧克家等专家、学者、社会活动家也应邀到校讲学。

香港达德学院的校名，取义于儒家《礼记·中庸》"智、仁、勇三者，天下之达德也"，达德即常德，意为人所公认的美德。香港达德学院的命名，深切表达了学院创办者的办学宗旨和教育思想。在办学方向和培养目标上，达德学院提出"研究高深学术，养成为人民服务之实用人才"。

香港达德学院的成立是中国共产党领导的统战工作在教育战线上的硕果，在两年多的时间里共培养了800多名毕业生。1949年2月23日学院被港英当局无理取消注册后，同学们响应中国共产党的号召，分批北上和到广东各游击区参加革命。香港达德学院学生离校参加武装斗争的人数在200人以上，他们为祖国的解放事业和新中国的诞生做出了贡献，其中有18位师生英勇牺牲。

陈其瑗回到香港后，还参加了中国民主同盟，积极从事民主革命活动。后来他又与李济深、何香凝等人一起，从事中国国民党革命委员会的创建工作。1947年10月底，他与李济深、何香凝、柳亚子、彭泽民、李章达一起，共同签名写了《上孙夫人书》，恳请宋庆龄来港领导工作。1948年1月，中国国民党革命委员会在香港成立，陈其瑗当选为中央执行委员。

1948年4月底，中共中央在发表纪念五一劳动节的口号中，发出"召开政治协商会议，讨论并实现召集人民代表大会，成立民主联合政府"的号召。这一号召当即得到了各民主党派、各人民团体、海外华侨团体和无党派民主人士的热烈响应。许多旅居香港的爱国人士纷纷准备离港北上。1948年12月，陈其瑗同千家驹、李章达、陈邵先、陈此生等8位同志一起北上，安全到达解放区。在解放区，他读到了很多有关马列主义的书籍和毛泽东的著作，并听到了很多中共中央领导同志作的报告，这对他的思想产生了又一次深远的影响。

1949年3月25日，毛泽东率中共中央机关和人民解放军总部进入北平，陈其瑗同朱德、董必武、李济深、沈钧儒、郭沫若等人一起前往北京西苑机场迎接，并与毛泽东等人亲切合影。6月，陈其瑗作为国外华侨民主人士代表之一，参加了新政协的筹备会，参与了中国人民政治协商会议组织法和共同纲领起草工作。9月，陈其瑗出席了新政协第一次全体会议。

新中国成立以后，陈其瑗同志历任政务院政治法律委员会委员、中央人民政府内务部副部长、全国侨联副主席、全国人民代表大会常务委员会委员、民革中央常委等职。他勤勤恳恳，任劳任怨，奋发工作，在自己的岗位上作出了显著的成绩。

陈其瑗是归侨中的领袖，对华侨非常关心。他在担任内务部领导工作的同时，热心支持侨务工作。其时不少华侨在国外遭受迫害而回国。为安置这些难侨，政府先后创办了几十个农场。陈其瑗念念不忘难侨，常常关心华侨农场的情况，并坚决反对歧视归侨、侨眷的做法，主张侨务政策必须贯彻落实。

抗美援朝期间，陈其瑗参加了中国人民抗美援朝总会，并积极发动华侨支援抗美援朝。1951年6月10日上午，在京归国华侨约1000人，举行了北京归国华侨响应中国人民抗美援朝总会三大号召大会，号召归国侨胞热烈捐献武器。大会由李济深、陈其瑗等组成的主席团主持。会上，民革中央主席李济深号召华侨踊跃支援英勇保卫祖国的人民志愿军。大会一致通过向全国归侨发起捐献"华侨号"飞机、坦克、大炮的倡议，并一致通过给中国人民志愿军的致敬电。

1959年3月，在董必武和谢觉哉的介绍下，陈其瑗以72岁的高龄加入了中国共产党，实现了他多年的心愿。入党后，他一直以高度热情参加国家政治生活，广泛联系、

报纸不但是宣传者而且是组织者今后要把民主同盟所能影响的知识分子组织起来团结在新民主主联合政府底下共同为国家增加生产为人民服务而努力这就是光明日报的主要任务

光明日报创刊纪念

陈其瑗敬祝

陈其瑗为《光明日报》创刊题词纪念

团结华侨及爱国民主人士，为巩固和发展我国人民民主统一战线尽心竭力。

陈其瑗一生艰苦朴素、大公无私，即使身居高位也不改本色。在内务部工作时，组织上本来分配给他一套四合院，但他坚持搬入内务部宿舍；部里配给他一位炊事员，他坚持不用，而是在职工食堂就餐。他常说："要建设一个强盛的国家，国家工作人员首先要艰苦朴素。"那时，他还不是共产党员，却处处以一个共产党员的标准要求自己，一丝不苟。实行工资制以后，他的工资定为300元，但他每月只用30元作为生活费，把余下的工资用于帮助别人，或者交了党费。内务部许多工资低的干部，都得到过他无私的帮助。他对家属的要求严格，节余的钱，从来不给子女。他说，青年人追求个人享受，不愿为人民利益艰苦奋斗，是一种危险的现象。

陈其瑗于1968年5月30日于北京病逝，享年81岁。董必武曾为他写了一首挽诗，诗中说："年高过八十，病竟夺其生。衣食皆从俭，工薪总拟轻。风云世界变，金石诺言诚。到老三篇学，心同张白贞。"（注：张指张思德，白指白求恩）这是对陈其瑗俭朴无私、坚定不移跟中国共产党走社会主义道路崇高行为的真实写照。

参考资料：人民网、中国国民党革命委员会中央委员会官网、抗日战争纪念网、《广州市志》《环球时报》

黄新波（1916—1980），中共党员，日本归侨，出生于广东台山侨工家庭，一生创作版画600多幅，出版画集15册，是中国新兴木刻运动的先行者、中国第一代有卓越艺术成就和国际影响的版画家。1933年在上海加入"中国左翼作家联盟"，与鲁迅结下深厚师友情谊，1935年东渡日本留学，回国后积极组织木刻界进步文艺活动，是中华全国木刻界抗战协会主持人之一，创作了一大批反映民族奋起抗战、祖国饱受苦难的优秀版画作品。解放战争时期，曾赴香港担任《华商报》记者，开展进步社会活动。中华人民共和国成立后，回到广州任广州军事管制委员会文教接管委员会文艺处美术组组长，历任省美术工作室主任、中国美术家协会广东分会主席、广东省文联副主席、广东画院院长。

持刀舞墨，敢能跃马长城
——版画先驱黄新波

1916年1月，黄新波出生于广东台山一个侨工家庭。他自小爱好美术、文学，幼年在家乡私塾读书，1930年秋入台山县立第一中学，开始发表进步文学作品。因参加进步活动，于1932年被校方开除，后又与进步同学主办文艺刊物《火线上》，积极从事进步的文艺活动，遭当局通缉，逃亡香港。

1933年到上海，先后参加上海反帝大同盟、新诗歌会、中国左翼

青年黄新波

作家联盟、中国左翼美术家联盟和中国共产主义青年团，同时在中国左翼文化总同盟主办的新亚学艺传习所和上海美术专科学校进修。

同年，在上海一个插画展览会上，黄新波第一次见到鲁迅。后来他多次亲聆鲁迅的教诲，收获良多。他把包括处女作《夜饮》等50多幅作品寄给鲁迅，请求批评指正，引起鲁迅重视。1934年，他与友人组织"无名木刻社"（后易名

1936年10月8日，鲁迅在全国第二届木刻流动展览会八仙桥青年展会场与青年木刻家会面。左起：鲁迅、黄新波、曹白、白危、陈烟桥

《未名木刻选集》

为未名木刻社），在手拓编印出版《无名木刻集》时，鲁迅不但资助出版，并为之作序推介，指出木刻"是新青年的艺术，是好的大众的艺术"。鲁迅编辑出版《木刻纪程》一书，还将他署名"一工"的习作《推》收编进去，给他极大的激励。从此，他把鲁迅当作师长和朋友，接受的指导更多了。

翌年，黄新波赴日本留学，参加中国左翼作家联盟东京分盟和中华学术研究座谈会的活动，并主持中国美术家联盟东京分盟工作。

1936年回国，与郑野夫、江丰、力群、曹白、林夫等组织全国第二届木刻流动展览。鲁迅病逝后，黄新波是治丧委员会工作人员之一，怀着敬仰的心情，根据瞻仰遗容时速写的鲁迅形象，刻下了一幅《鲁迅先生遗容》，后来成了中国版画的经典之作。1937年4月，黄新波出版了第一部个人画集《路碑》。他在自序中深情地表述："一见到中外的木刻，我就想起鲁迅先生。导师逝去，我们的责任也更重大起来了！"

抗日战争爆发后，黄新波于1938年经香港到粤东参加抗战部队，在广州《救亡日报》任特约通讯员，加入中国共产党。

1939年，黄新波转移到桂林，为中华全国木刻界抗战协会主持人之一。他在桂林的三年，是他版画创作的高峰期。他面对饱受灾难的祖国和奋起抗争的民族，创作热情倍加高涨。他一生共有600多件版画作品，而在桂林便创作了200多件，三年占了1/3。

在这批作品中，有几套连续画或组画，成为他的代表作：如1939年的第一套《老当益壮》（又名《不落的太阳》），共60余幅，描述一位归国老华侨抗战的故事。他出生于华侨之家，对漂泊海外侨民的感情、他们的爱与恨、痛苦与希望，有着深刻的了解，所以描绘得让人刻骨铭心。第二套是1940年的《爱》，共12幅。他选择的主人公是一对热恋情人，描述他俩为了民族的胜利而牺牲了爱情和生命的感人故事。

第三套是1941年的《沦陷区故事》，共9幅，揭露日军的暴行，歌颂中国人民前赴后继的英勇反抗。第四套是1942年的《沉默的战斗》，共20幅，重现他当年在广东东江地区，随抗日部队的战斗生活。

第五套是1943年的《心曲》，虽然只有10幅，却震撼人心。当时正值抗战进入最艰苦的时刻，而《心曲》的画面却和平宁静，构图抒情优美，线条圆融流畅，闻不到硝烟血腥，听不见怒吼哀鸣。这一切，正体现他在动荡流亡的岁月中，在经历血与火灾难的经历中，依然憧憬着美好的希望与光明的未来，力证他的作品不再是"宣传画"，而是植根于生活升华为不受时间侵蚀的艺术品。

1945年抗战胜利后，黄新波回到香港，担任《华商报》记者，筹建"人间画会"和"人间书屋"，举办各种社会活动，对战后香港文学艺术的复兴作出了贡献。

1949年秋，黄新波离开香港赴东江解放区，年底回到广州，担任广州军事管制委员会文艺处美术组组长和广东省人民政府文教委员会委员。1950年任华南人民文学艺术

1941年，木刻版画《沦陷区故事》之九

1943年，木刻版画《心曲》连续画之一

1977年，木刻版画《春华长艳》

黄新波创作中

20世纪40年代在香港的黄新波

学院教授、美术部主任。1954年任广东省美术工作室主任。1956年被选为中国美术家协会广东分会首任主席，1958年兼任党组书记，随中国美术家代表团出访保加利亚。1959年参与广州国画院（1962年更名为广东画院）筹建工作，任首任院长。1973年任广东人民艺术学院革命委员会副主任，1975年任广东省文艺创作室主任。1977年广东省美术家恢复活动，他继续当选为主席，同年当选为广东省文联副主席、中共广东省委候补委员。1979年他当选为中国美术家协会副主席、全国文联委员。

黄新波的版画善用寓意与象征的手法，通过独创性的艺术形象，表达自己的真挚情感和深邃思想。并用黑白对比和工整流畅的排线，组成典雅、和谐，富于韵律感的画面，使作品具有强烈的战斗性和浓郁的诗意。

黄新波一生历尽艰辛、痛苦、迫害、逃亡、迷茫，然而他执着追求光明、自由，他不掩饰内心的"迷茫"，敢于正视内心的"孤独"和"苦闷"，"敢于直面惨淡的人生"，"宁可让自己承担苦难和牺牲"。他始终保持青春的活力和阳光健康的心态，正如他生命最后创作的那幅

1980年，木刻版画《走出温室的玫瑰》

《走出温室的玫瑰》，让生命在风浪中绽放出鲜艳的花朵。在那阴霾的日子里，他仍对未来和现实充满了虔诚的感悟，写下豪情满怀的诗句：

持刀舞墨，敢能跃马长城。

穿云破浪，壮岁重生。

参考资料：台山政府网、《中国艺术报》《艺术芭莎》

罗明燡（1905—1987），出生于广州，1932—1934年在美国麻省理工学院航空、土木两专业攻读硕士，随后赴英国皇家理工学院攻读航空工程。1935年回国以其专长报国报乡，先后在北洋大学、西北工学院、中山大学任教，在建筑、结构、力学、造船和飞机设计等领域无所不通，被誉为"海陆空专家"。中华人民共和国成立后，设计重建广州海珠桥，参与南方大厦修复、珠岛宾馆结构设计，组织筹建华南工学院（今华南理工大学）并任首任院长，此后连任院长长达13年。罗明燡一生参与勘察、设计、审查过的工程有200多项，曾多次当选为全国及省人大代表、政协委员。20世纪50年代，罗明燡被评为广州市劳动模范和广东省劳动模范。

"海陆空专家"
——罗明燡

罗明燡（1905—1987），出生于广东广州，父亲罗文庄曾任驻檀香山领事、广东高等法院院长。罗明燡幼读私塾，聪慧过人，初中毕业，即以优异成绩考入唐山工学院（现西南交通大学）土木系，师从当代土木建筑界泰斗茅以升。

1926年毕业后回到家乡，历任广州市工务局测量员、工程助理员、技佐、技师、广州市政府工程专员。1928年，罗明燡受陈济棠委托，担任广州最早的别墅式建筑区梅花村工程监理并负责设计主要工程，工期为时四年。梅花村百多幢中西合璧的园林式建筑群中，罗明燡设计了十多幢，其中包括陈济棠私邸。这座别致的住宅，连同庭院占地4000多平方米，用柚木作地板，楼高三层半，没有栋、没有梁，颇为雅致。建筑耗资五万大洋，罗明燡却没有收取分文设计费。房子竣工后，当局答允拨地让罗明燡也在此盖一幢住宅作为回报，但被罗明燡婉拒。1931年8月任广东省政府技正（工程师）并在勤勤大学任教，参与了广州河南滨江大堤建设，在广州土木建筑界崭露头角。

1932年8月，罗明燡赴美国麻省理工学院进修土木工程。两年时间内，他不仅修完土木工程的课时，还涉足航空工程，完成了两个专业的硕士学位论文，并且都获通过，但麻省理工学院有规定，罗明燏只能获土木工程硕士学位证书。1934年10月，罗明燏赴英国皇家理工学院攻读航空工程，取得博士候选人资格，但因家事，不得不于1935年4月辍学回国。1936年6月，罗明燏被委任为陆军少将技正（工程师），先后参加了广州造纸厂、琶江兵工厂以及飞机制造厂等建设项目，成绩卓著。之后，罗明燏还任设计专员，负责修筑公路、建设桥梁、工厂和住宅的工作。

抗日战争爆发后，在中日国力悬殊的残酷现实下，罗明燏选择以另一种专业专长报国。1937年12月，罗明燏赴西安，任北洋大学、西北工学院航空工程系教授兼主任，他自己编写教材，在航空系讲授空气动力学、理论飞行力学、飞机结构、高等飞机结构、螺旋桨设计、飞机设计和航空仪表等课程。

1944年，为发展祖国的航空事业，侨胞捐资让政府派遣知名学者出国考察航空工程，12月，罗明燏被任命为中国赴美国、加拿大航空工程考察团团长。完成考察任务后，他还参加了美国密歇根大学造船工程研究工作与美国航空顾问委员会的飞机结构研究工作。罗明燏的儿子罗徵援曾经说过一个小故事：1945年春，美国空军人员拿来一张广州军用地图，准备轰炸侵占广州的日寇，请罗明燏指点轰炸点。罗明燏说，这是我的家乡，不能炸，断然拒绝。此后不久，日军投降，广州终于躲过一劫。

1947年2月，罗明燏谢绝了美国有关方面的高薪挽留，回到祖国，在广州中山大学任教授兼机械系主任。

此时，多年来的钻研和实践，罗明燏在建筑、结构、力学、造船和飞机设计等领域无所不通，被誉为"海陆空专家"，在岭南学人当中颇有名气。

1949年10月1日中华人民共和国成立，10月14日广州解放。新生的共和国给罗明燏施展才华的广阔天地。

海珠桥是广州南北交通唯一要道，1933年2月落成通车，当时的桥长180米，宽18.3米，为简支拱形下承钢桁架梁。以其临近"海珠石"改名为"海珠桥"，旧海珠桥为开合式桥梁，方便船只通过。新中国成立前夕，国民党军队败退时炸毁了广州市区南北的唯一交通要道海珠桥，中孔钢梁沉没江中，南北两孔大梁折断，东南桥墩与西北桥墩皆被炸毁。

广州市人民政府成立后，1950年3月25日，为了尽快恢复广州南北交通，市政府开始重建海珠桥，并把重新设计桥梁的任务交给罗明燏。罗明燏从孩子们玩耍的"骑马斗牛牛"游戏中激发出了灵感：新海珠桥的桥墩必须非常重实，桥身再配合设计为半拱形，这样既牢固又受力，外观也有独创之处。在他的主持下，有关技术人员日夜奋战，仅用6个月便把海珠桥修复并通车，新海珠桥桥长486米，正桥182米，桥宽33米，重建后的海珠桥桥面不能开合，桥上来回设有三线行车，两边亦设有行人路及自行车道，外观与原桥大致相若。就这样，海珠桥修复后不仅坚固耐用，而且颇具气势，直到今天也仍然是广州最重要的城市标志之一。

1951年，中南某地建地下油库，要在10米的岩石下作

旧海珠桥

1949年重新修建的海珠桥

业。由于外国专家设计上的失误，15栋库房塌了11栋。当时华南分局第一书记叶剑英找到罗明燏，说："你去看看能否改变原来的设计，重起炉灶？"罗明燏毫不迟疑地接受了任务。一个月后，他交出了一卷重新设计的图纸，按照他的设计施工，地下油库终于落成，比原计划节省了100亿元（旧币，折合新币100万元）。

南方大厦的前身是"大新公司"，是当时中国相当现代化的一座建筑。日寇侵占广州时，南方大厦遭受连续三天三夜的烧劫之灾，大楼仅剩下一副焦黑的钢筋水泥框架，成了残损不堪的危楼。抗日战争胜利后，大新公司聘请了外国工程专家进行检查，结果认为破损严重，无法修复，而罗明燏却有自己的办法。1952年，罗明燏协助市建筑工程局制定了周详的修建工程计划，采取先进的方法修补和加固梁柱。经过罗明燏的改良设计修复竟又"起死回生"，而南方大厦也成为许多建筑工程的学生学习研究的生动教材。

罗明燏（前排左二）与同事合影

罗明燏在美国麻省理工学院留影

当时的南方大厦（前身大新公司）就是广州的地标性建筑

如今的南方大厦

此外，新丰江水库兴建、文冲造船厂船坞修建、珠岛宾馆结构设计……罗明燏都参与其中的主导设计、规划、检验审核，事故处理及补救工程等大量工作，为国家节约了巨额建设资金，为祖国的建设事业作出了重大贡献。

1952年11月17日，华南工学院体育馆外彩旗飘扬，600余名教职工、2800多名学生满怀着激动的心情在体育馆内隆重集会，庆祝首届开学典礼。作为华南工学院筹备委员会主任委员的罗明燏，这个瘦瘦的长者，此刻站在主席台上，信心满满。圆圆的黑框眼镜背后，写满喜悦的眼神似乎在眺望着美好的未来。1955年4月，经叶剑英举荐，国务院任命罗明燏为华南工学院首任院长，周恩来总理亲自签发任命文件。自此到1968年4月，连任院长长达13年之久。

罗明燏对教育拥有超前的发展理念。作为华南工学院的筹委会主任委员以及第一任院长，从学校组建伊始，他就与学校其他领导形成共识，提出要把华南工学院建设成世界一流大学。在他的号召和影响下，许许多多新中国第

罗明燏（前排右三）与学生在学院大楼前

罗明燏在家里后院看书

一代理工科专家会集华南工学院：电子专家冯秉铨、建筑工程测量专家陈永龄、结构专家陆能源、地基基础专家罗松发、建筑专家夏昌世和林克明、化学家康辛元、硫酸专家李敦化、造纸专家王宗和、制图学专家徐学澥、建筑学家陈伯齐、陶瓷专家张光、机械学专家余仲奎和朱惠照、食品工学专家余蔚英、电子专家林为干、力学专家周履……他们在学术界、科学实践中的卓越成就，以及对社会的贡献和海内外的影响力，为创立之初的华南工学院增添了光彩，注入无穷的发展动力。

罗明燏作为一名教育家，拥有丰富的办学与教学经验，献身三尺讲台，曾教授过结构、力学、机械零件等课程。但他对于学子们更多的是"身教重于言教"，他要求学生们"有学无类""从实践中获取经验"，经他修复"起死回生"的南方大厦就是许多建筑工程专业学生学习研究的生动教材。1976年白云宾馆建成后，罗明燏凭着一把计算尺，很快推算出这座30多层的大楼摆度在万分之六以下，这让学生对学以致用有了更深的体会。

罗明燏曾说："人生不是一支点燃的蜡烛，而是你暂时拿着的一个点燃的火炬，你要把它明亮燃烧并且要传给下一代。"

当年学院组建的土木、建筑、机械、化工等四大系，如今已发展成为华南理工大学的传统"拳头"学科，也随着20世纪50年代的院系调整，为国内部分兄弟院校优势学科的成长奠定了一定基础。至今，华南理工大学为国家和社会培养了高等教育各类学生51万多人，其中包括中国工

程院院士、建筑结构专家容柏生，中国科学院院士、计算力学及土木工程专家张佑启，中国工程院院士、中国工程设计大师何镜堂。为经济社会发展注入了强大动力，赢得了"工程师的摇篮""企业家的摇篮""南方工科大学的一面旗帜"等社会美誉。

罗明燏对土木、航空、造船、机械等工程都具有很丰富的实践经验，尤其对土木工程造诣很深。20世纪50年代，他发表过双曲壳屋顶的设计、55米跨度大型薄壳屋顶的设计、飘梁的设计等文章。在工程方面，据不完全统计，从公路、桥梁、水坝、厂房、大楼、礼堂、地下油库、船坞和机场的修建工程，他亲自勘测、主持设计与审查过的工程项目有200多项，为国家节约了巨额建设投资，在国内外享有盛誉。他曾参与500吨钢丝网水泥沿海货轮设计，获1979年度广东省科学大会奖。

中华人民共和国成立后，罗明燏曾先后当选为第一、第二、第三届全国人大代表，第五、第六届全国政协委员。广东省第四届政协常委，第五届人大常委，广东省科联副主席，广东省科学技术协会第一、第二届副主席，第三届名誉主席，还曾兼任中国人民解放军后勤部顾问、广州市建筑工业局顾问等职。20世纪50年代，罗明燏曾被评为广州市劳动模范和广东省劳动模范。

参考资料：广州市番禺区人民政府网、华南理工大学新闻网、《南方日报》

王源兴（1910—1974），南洋归侨，福建龙岩人。16岁只身闯往新加坡谋生，得陈嘉庚赏识在其橡胶厂当会计，22岁南下印尼巨港创业。抗日战争期间，与陈嘉庚组织南洋华侨宣传抗日，为祖国抗战捐资捐物，即便身处险境、经济窘迫，仍不遗余力积极出资救助郁达夫、王任叔等逃亡进步文化人士。战后，在新加坡参与创办《南侨日报》并积极资助海外进步刊物。1951年，王源兴携带全部家产回国参加社会主义建设，受到毛主席、周总理亲切接见。王源兴在广东筹建创立公私合营华侨工业建设公司，被誉为新中国"三资"企业先驱者，组织筹建、带头捐资广州华侨新村、广州华侨小学等项目，曾任广州侨务局局长、广东省侨委副主任、全国侨联副主席等职务。

爱国者、革命者、建设者
——王源兴

　　王源兴，1910年出生于福建龙岩一户贫农家庭。由于家贫无力升学，13岁的王源兴被迫辍学，随二哥到漳州当学徒，并结识店员工友也是《岩声报》撰稿人曹菊如，受到革命救国思想熏陶。

　　由于生活困顿，16岁的王源兴远渡重洋，赴新加坡谋生。他当过码头苦力、三轮车工人，自荐上书华侨领袖陈嘉庚。陈嘉庚的私人信笺向来是亲自拆阅的。看了他的颜体手书后，陈嘉庚十分欣赏，吩咐手下安排他到公司工作，他便在陈嘉庚的公司里安定了下来，不到半年即升为橡胶厂账房的会计。1932年，王源兴南下印尼巨港创立自己的公

司，被推为巨港中华总商会会董，为中华学校、华侨学校的建设热心奉献力量。

　　卢沟桥事变后，抗日战争全面爆发，华侨领袖陈嘉庚登高一呼，在新加坡成立"南洋华侨筹赈祖国伤兵难民总会"（简称南侨总会），28岁的王源兴被推举为巨港分会副主席，不遗余力地投入抗日宣传和募捐工作，并与另一青年企业家黄赐麒（后改名黄洁）成为莫逆之交。此时他获知乡贤曹菊人到延安当边区银行行长，邓子恢为新四军政治部副主任，对华侨的捐献有一部分通过宋庆龄、廖承志的联系输送到八路军、新四军前线将士中，感到分

陈嘉庚（第二排左三）、王源兴（后排左二）与华侨补习学校的侨生们在一起

外高兴。

日军南侵后，巨港陷落，王源兴遭受日军追捕，被迫放弃万贯家财，逃亡苏门答腊岛南部山芭朱鹿镇，以开荒种地为生。就在当时身处险境、经济窘迫的情况下，王源兴登上石叻班让岛，找到从新加坡逃难到此的郁达夫、胡愈之、沈兹九、张楚琨、高云览、吴柳斯、刘漫、张企程、林枫、徐鳌等文化人，会同南侨总会实武牙分会给予经济救助，王源兴慨然出资最多。后来郁达夫回忆，依靠这笔资金，他到达巴雅公务，化名赵廉创设"赵豫记酒厂"，酿造"双清"酒，保护了一大批进步文化人。王源兴还资助经费，支援王任叔、刘岩夫妇到苏东去创立苏东反法西斯大同盟，领导对日斗争。

1945年8月，日本宣布无条件投降，王源兴回到巨港恢复了恒丰有限公司，当选巨港华侨总会主席。他和黄赐麒被视为抗日英雄，受到华侨界凯旋式的欢迎，印尼民族独立运动战士也把他们看作值得尊敬、信任的人。

战后回到巨港恢复旧业时，王源兴面临的是一个新的动荡的局势。在祖国，中国两个命运正展开决战；在侨居地，荷兰殖民主义者卷土重来，印尼人民争取国家独立民族解放的斗争蓬勃进行。王源兴追随"华侨旗帜，民族光辉"的陈嘉庚先生，坚定地站在中国人民和印尼人民争取自由、独立、解放的一边。他辛苦恢复起来的公司，又一次毁于荷军的战火。王源兴遂携家并将"恒丰"公司总部迁到新加坡，入住"怡和轩"，成为站在陈嘉庚身旁最重要的华侨领袖和核心人物之一。陈嘉庚先生创办《南侨日报》，他继陈嘉庚董事长之后出资居第二位，担任副董事长。先后聘胡愈之、夏衍任主编。

陈嘉庚先生应毛泽东主席电邀出席全国人民政治协商会议，王源兴临危受命为代董事长，与洪丝丝主编一起坚持进步的办报方向，直到抗美援朝战争爆发之后，在美国压力下遭到英国殖民当局查封。这段时期，王源兴不仅源源不断为《南侨日报》倾注大量资金，而且成为勇敢地站在世界进步潮流前列的报业钜子、文化战士，其功至伟。

新中国成立，王源兴欢欣鼓舞，1951年他和黄洁、薛两清、李祝朝、施子卿组成华侨工商业回国考察团。临行前他到雅加达看望老朋友王任叔（新中国首任驻印尼大

王源兴（后排左三）接待回国观光的侨胞

1956年，王源兴（中）与许崇德（左）在华侨小学与首任校长刘秀合影

20世纪50年代末拍摄的华侨新村口的照片

使），惊讶地发现大使馆是暂租住在一所南洋商业旅馆里。王源兴立刻和黄洁商议，购下一座别墅捐赠给大使馆使用。

考察团回国沿途受到地方首长叶剑英、邓子恢、黄敬等的欢迎。到达北京，毛主席、周总理亲切接见，中侨委主任何香凝亲自来看望。陈嘉庚先生说："源兴，新中国成立了，百业待兴，你钱还没赚够吗？不要回去了，留下来参加新中国建设，报效国家。"考察团返抵广州，王源兴就作出决定，将海外资金全部携回祖国投资建设。因此他被称为新中国"三资"企业（即在中国境内设立的中外合资经营企业、中外合作经营企业、外商独资经营企业三类外商投资企业）的先驱者。

王源兴和黄洁等在广东筹建创立公私合营华侨工业建设公司，他出任副董事长，又受命为广州侨务局局长，任广州华侨新村建设委员会主任参与筹建华侨新村。

王源兴与黄洁、方君壮组织发起创办广州华侨小学，他带头捐资10万元筹建创办，原广州市市长朱光主持华侨小学隆重奠基，何香凝副委员长亲笔题写校名。1955年广州华侨小学正式成立，王源兴任董事长。随后，王源兴又受命为广东省侨委副主任，还兼福建省侨委委员、福建华侨投资公司副董事长等，为侨务事业可谓竭尽心力。政府对他也信任有加，评定他为国家行政11级的高级干部，月薪逾200元，但他从未领取。

在第二届全国侨联大会上，王源兴当选全国侨联驻会副主席，兼任北京市政协副主席，还当选第二、第三届全

20世纪50年代末，王源兴（左五）与一众归侨好友在广州住宅欢聚

国人大代表。王源兴曾代表侨界，参加中国人民赴朝慰问团。他率领一个分团冒着枪林弹雨慰问志愿军，当人们知道他是华侨富翁，不怕危险，都惊叹不已。

王源兴在参加赴朝慰问活动中，单独捐献一架战斗机（价值15万元）。闻知龙岩县捐献一架战机尚缺2万元，他立即寄款补上。他还为筹办华侨大学和厦门华侨博物院各捐赠5万元。陈嘉庚逝世后，他受中央委托扶灵南归厦门集美下葬，并担任陈嘉庚纪念堂建设委员会主任。毛泽东闻知赞许道："一生一死，乃见交情。"

1974年，王源兴因病去世。这位当年携几百万元回到新中国投资建设，对社会事业慷慨捐献巨款的华侨巨富，他在逝世后没有给子女留下财产，只是留下了世代绵延的爱国主义精神，被誉为"陈嘉庚第二"。

参考资料：中国新闻网、闽西新闻网、华侨华人与抗日战争纪念网、《厦门日报》《闽西日报》、龙津清风客户端。

红线女（1925—2013），原名邝健廉，中共党员，出生于广州西关华侨家庭，开创了中国粤剧史上花旦行当中影响最大的唱腔流派之一——红派艺术，是粤剧艺术的一代宗师。14岁开始拜师学戏，20岁以"红线女"艺名正式演出并积极宣传抗日。抗战胜利后，定居香港创建"真善美剧团"，在港澳、东南亚地区演出，成为首屈一指"花旦王"。1955年回到广州加入广东粤剧团，次年与马师曾进京演出《搜书院》，引发强烈反响，周总理因此将粤剧誉为"南国红豆"。始终牢记毛主席鼓励，立志成为"劳动人民的红线女"，坚持发展岭南艺术、培养粤剧新人、热心公益事业，曾获"粤剧艺术杰出贡献奖"、首届"中国戏剧终身成就奖"及广东省"优秀共产党员"、全国"三八红旗手"等。

"劳动人民的红线女"
——红线女

红线女，原名邝健廉，1925年12月出生于广州西关一个华侨之家，父亲邝奕渔早年曾出洋谋生，回国后继承祖业。

红线女一家与粤剧有着深厚渊源。红线女的堂伯父邝新华（邝殿卿），是同治年间粤剧再度兴起时的著名武生。他在广州重建粤剧行会组织八和会馆，并被推为"会首"，更因其演艺高超，同行尊奉为泰山北斗。外祖父声架南（谭杰南）是驰名于东南亚的武生。舅父靓少佳是历任人寿年、胜寿年等省港大班的正印小武，在省、港、澳乃至美国和东南亚均享有盛誉。舅母何芙莲也是著名花旦。在

这样的家庭氛围下，邝健廉的母亲谭银也十分喜爱看大戏，连带着邝健廉都变成小小戏迷。

回忆起小时睇戏的乐趣，邝健廉曾说道："我五六岁时，就被妈妈拖着手带到戏院看大戏，去的不是太平戏院就是海珠大戏院，看的戏又多是舅父靓少佳那一班的演出。我们的座位，都是在三楼被称为'飞机位'的那种先到先得的位置。座位全都被铁丝网围着，倘若我妈妈坐在第一排，我便站在她的跟前看戏。"

小健廉的二哥从美国留学回来带回一架留声机，只要有机会，她就会打开留声机，跟着唱片学

唱。慢慢地，就学会了粤剧名流白驹荣、薛觉先、张月儿等人的名曲，音乐的种子早已播种在她的心田。

当母亲提出希望女儿去学戏时，父亲却坚决反对，认为"成戏不成人"。当时，小健廉就下定决心，"一定要成戏又成人"。

1938年，13岁的邝健廉正式拜舅母何芙莲为师，开始置身戏班学戏。她的第一个艺名是"小燕红"，是舅母为她取的。1939年春节，她就用这个艺名，在戏班首次登台演出。这年是在澳门清平戏院演出例戏《六国大封相》，她的任务是和另一名同伴手提宫灯，双双走着俏步出场。第一次上场之前，小燕红懂得真的不多，只是看着身边的师傅和搭档，自己学习，再等师傅不时过来指点一下。但就是这样，她都能像模像样地演下来，足见悟性之高及聪慧非凡。此后，小燕红继续在戏班勤奋学习，练功、学唱，慢慢积累到一些本领。

1940年，胜寿年戏班歇夏散班，小燕红随何芙莲临时搭班于靓少凤主持的义擎天戏班到广州湾演出。靓少凤是粤剧界公认的老行尊，比靓少佳的资格还老，与白驹荣、千里驹等大老倌齐名。何芙莲与他合作后，他常给何芙莲讲解千里驹唱的"滚花"的技巧与妙处，在旁的小燕红听得津津有味，也听到了心里去，时常琢磨练习。渐渐地，就被靓少凤发现了，他很喜欢小燕红的聪明听话、勤奋好学，有空便会对她悉心指导。一天，靓少凤对她说："小燕红的名字不好，没意思，我给你改个名字吧！《红线盗盒》是一个享有盛名的故事，粤剧里也有这出戏。红线女侠骨柔肠、有勇有谋、忠心为主，小燕红年纪虽小，但很有红线女的风范。你就叫'红线女'吧，以后可以学演她的戏，也要学她的为

粤剧《红线盗盒》，邝健廉饰演红线女

人。"从此，"红线女"诞生。

1943年，红线女随着她师傅何芙莲加入马师曾的剧团，在一次演出《软皮蛇招郡马》时，饰演女主角的演员突然肚子痛得难以忍受，可是舞台下面的锣鼓已经敲响了，情急中马师曾让红线女救场。红线女忐忑不安地硬着头皮上场，谁知，救场大获成功，这是红线女首次担纲正印花旦。那一年，她18岁。

乱世之中，剧团生存艰难，但仍辗转多地进行义演筹款，当时观众反映最强烈的是《洪承畴》，每演必满座。这个戏最后一场，洪承畴梦见他的至亲好友以及曾经资助他进京应试的妓女，劝诱他投降的清太后，都痛骂他叛国降敌，卑污无耻，连妓女也不如。有一段《双星恨》中板"衰汉奸，病汉奸，千刀千刀理该斩……"由独唱到全场合唱，节奏由慢而快，气氛越唱越激烈，整个剧场掌声如雷，观众高呼"打倒汉奸卖国贼"！

抗战胜利后，红线女定居香港，成为影剧两栖演员。红线女嗓音嘹亮响遏行云，音色清脆如珠落玉盘，但又不失圆润、醇厚，引起了大批观众的重视、喜爱。精湛的技艺被称为"红腔""女腔"，逐渐形成独具风格的"红派"艺术。

她不甘做资本家的摇钱树，创建了第一个自己的剧团"真善美剧团"，红线女认为艺术就是要追求真、善、美，在剧团期间她与一众优秀艺术家共同排演了《蝴蝶夫人》《清宫恨史》《昭君出塞》等优秀剧目。

1955年，红线女跟随香港观礼团来到北京参加国庆观礼，感觉到祖国发生了翻天覆地的变化，游行队伍经过天安门，步伐整齐的解放军威武庄严，工人、农民以及各界人士的队伍，个个精神抖擞，使人看到国家团结昌盛的面貌。红线女激动得热泪盈眶，"我回来得太迟了。"12月14日，在完成了最后一部电影的合约后，红线女放弃了在香港的优越生活，毅然回到广州加入广东粤剧团（今广东粤剧院）工作。

1956年，马师曾、红线女主演的《搜书院》进京演出，引发了首都文艺界的巨大反响，梅兰芳、夏衍等前来观看。田汉看了《搜书院》的演出后，曾写了这么一首诗寄赠红线女："五羊城看搜书院，故事来从五指山；暗把风筝寄漂泊，不因铁甲屈贞娴。歌颂南国刘三妹，舞妙唐宫谢亚蛮；争及摩登红线女，佳章一出动人寰。"周恩来总理观看演出后，在一次座谈会上将粤剧誉为"南国红

《昭君出塞》中演王昭君

《搜书院》中演朱帘秀

"你还是回来的好。"梅兰芳先生的话触动了红线女

1960年，红线女（前右三）在戏曲表演艺术研究班学习

豆"，《搜书院》也成为粤剧改革史上的里程碑。

毛泽东主席也多次观看红线女的演出，亲笔书写鲁迅诗句"横眉冷对千夫指，俯首甘为孺子牛"相赠，并鼓励红线女"活着，再活着，更活着，变成了劳动人民的红线女"。红线女以此为激励，奋斗终生，为发扬优秀传统文化呕心沥血、不遗余力，她用一次次行动表达着对祖国、对人民的赤诚热爱。

1959年，红线女在粤剧界第一位艺人党员白驹荣的介绍下加入中国共产党，立誓一辈子为人民服务。而后她以

自己半个多世纪的艺术实践和人生道路证明，她真正成了劳动人民的艺术家。

她精心培育粤剧新人，提携后学，敢于把角色让给年轻人，抱病为年轻人写戏、排戏、导戏，为年轻人搭台唱戏。她坚持深入生活，热心为群众演出，为塑造有血有肉、人们喜爱的艺术形象不懈努力，为丰富人民群众的文化生活竭尽全力。

她热衷于做善事、献爱心，平日生活俭朴，帮助他人、捐助灾区却慷慨解囊，一掷千金，多次帮助贫困山区

红线女在田间地头上与社员谈心

马师曾（左）、红线女（右）下乡演出

年轻时期的红线女

的孩子读书。

她作为文化使者，多次赴东南亚、美洲等国家和地区向广大观众传播戏曲文化，以优美的乡音、乡情滋润着无数华侨的心田。

红线女在60多年的艺术生涯中，有40多年是学习、工作、生活在社会主义祖国的怀抱里。党和政府的教导、支持，人民群众的哺育，党和国家的各级领导人的关怀鼓励，使她的思想政治觉悟有了质的飞跃，同时获得了更为广阔的艺术创造天地。红线女以自己半个多世纪的艺术实践和人生道路证明，她真正成了劳动人民的艺术家。

为了表彰红线女对党的文艺事业的杰出贡献，广州市委、市政府兴建了"红线女艺术中心"，1998年12月20日，广州市人民政府隆重举行"红线女从艺60年庆贺活动"暨"红线女艺术中心落成典礼"，全国各地的文艺界要人名流以及美国、加拿大、马来西亚、新加坡及港澳等地的"红派"挚友、剧界同人300多人出席了盛会。

红线女直至生命最后的时光，仍站在舞台上，89岁高龄的她，为海内外华人华侨献上一曲吟唱过不知多少次的《荔枝颂》。她乐此不疲："我活一天，就要为'南国红豆'继续贡献力量。对粤剧，我是一往情深，直教人生死相许啊！"

2001年，红线女在纽约林肯艺术中心接受"2001年度最杰出艺术家"的终身成就奖。这是由美国纽约州文化事务部设立的，每年向在艺术领域取得显著成绩的亚洲艺术家颁奖；2001年获广东省人民政府颁发"粤剧艺术杰出贡献奖"、文化部首届"造型和表演艺术创造研究成就奖"；2002年，广东省人民政府授予红线女"粤剧艺术杰出贡献奖"；2010年获"白玉兰"终身成就奖；2009年获首届"中国戏剧终身成就奖"；2010年获广东首届文艺终身成就奖；2011年获广东省委"优秀共产党员"称号；2012年获全国三八红旗手荣誉称号。

欧凯明（红线女徒弟、国家级非物质文化遗产项目代表性传承人）为怀念恩师曾作曲《红的倾情》：

一生倾情唱尽相思曲
曲曲山回转
几许真善化作天籁声
声声水留情

参考资料：《人民日报》《湛江晚报》、中国粤剧网、小蛮腰剧委会客户端

黄长水（1904—1980），福建惠安人。少时随父亲远渡菲律宾，后回国，曾在上海暨南大学求学，1930年毕业后再渡菲律宾协助经营家族企业。抗日战争期间，在菲毅然投身爱国运动，参加抗日救亡社团，组织募捐筹款支援前线。抗战胜利后，赴香港经营"泉昌公司"，创建"华侨工商俱乐部"并任会长，为团结爱国民主进步人士、支援祖国人民解放事业作出许多贡献。中华人民共和国成立后，黄长水毅然回国接受党的领导，积极参加祖国发展建设，曾任第一、第二、第三、第四、第五届全国人大代表，全国工商联副主席，中侨委副主任，广州市副市长等职务，致力于团结归国华侨，动员海外侨胞和港澳工商业者回国投资、振兴中华，为社会主义建设奉献了毕生精力。

以国为家
——黄长水

黄长水生于1904年，福建惠安人，9岁随父亲远赴菲律宾。其父黄世仙靠当木匠维持家计，克勤克俭，渐有积余，数年后改行经商，在菲律宾怡朗市开设泉昌商号，主营采购中国土产，以食用土产为主。黄长水在当地就读，中学毕业后，回国在上海暨南大学读书，毕业后于1930年再渡菲律宾，协助经营泉昌号。1931年九一八事变后，日本帝国主义侵略我国东北三省，黄长水痛恨日寇的罪行，毅然投身爱国运动，参加抗日救亡宣传，开展募捐等筹款活动，支援东北义勇军。

1935年，黄长水参加了由陈曲水、郑士美等进

国立暨南大学旧照

步人士在怡朗市成立的"怡朗华侨救亡协会"。1937年卢沟桥事变，日本帝国主义发动全面侵华战争，黄长水又积极参加了当时菲律宾马尼拉著名侨

1936年，菲律宾怡朗华侨海萍社举行"一·二八"事变四周年纪念大会

福建华侨投资公司创立会留影

商李清泉发起组织的"菲律宾华侨抗敌后援会"的活动，并担任了菲律宾西黑人省分会副主席。他把当地爱国华侨组织起来，积极募捐，支援抗日活动。1938年，他支持和帮助菲律宾南岛一批爱国华侨青年组织"菲律宾华侨归国抗日义勇队"回国参加八路军、新四军。

1942年日寇侵占菲律宾后，黄长水五位亲人在敌机滥炸中不幸遇难，这更加激起黄长水对日本帝国主义的义愤和仇恨。在菲岛沦陷期间，他继续支援华侨抗日地下组织，曾多次以款项、粮食、药品等物资，接济当地抗日游击队和贫苦居民。黄长水两次被日寇抓捕，遭受毒打，但他始终不屈服，后因日寇查不到实据，才予释放。

1947年年初，在廖承志、许涤新、饶彰风等中共党员倡导下，他投身于爱国民主运动，与邓文钊等港澳工商界人士发起组成"华侨工商俱乐部"，黄长水任会长。这个俱乐部在香港注册，取得合法地位，经常举行时事报告会、座谈会，宣传国内革命形势和中国共产党的方针、政策，组织进步人士学习活动，团结教育华侨和港澳工商界，支援祖国人民解放事业。

1948年年底，许涤新经常参加"华侨工商俱乐部"的活动，并动员大家通过经济工作支援解放事业。当时解放区物资缺乏，土特产又销不出去，为了支援刚解放的天津市建设，黄长水参与"新中公司"，先后两次用船载运汽油、柴油、卡车、西药、橡胶、轮胎和纸张等解放区缺乏的物资到天津塘沽港。以后，该公司继续与解放区进行贸易，缓和了解放区的物资供应紧张，沟通了土特产销路。

黄长水在香港期间，常受到郭沫若、陈其瑗、彭泽民等进步人士的影响和帮助，1947年春在香港加入了中国民主同盟组织。1948年黄长水在香港华侨工商俱乐部的活动中，接触的多是民建会成员，为了工作方便，他主动要求并由陈祖沛介绍加入了中国民主建国会。

1948年冬，黄长水在香港兼任"港菲出入口商会"理事长和"旅港福建民主建设促进会"的负责人，利用上述社团为掩护，积极筹募经费、收购战略物资，接济闽、浙、赣革命部队，并动员不少青年回内地参加革命。

黄长水还热心培养青年人的爱国主义思想，热心教育事业，曾出资在香港创建两间进步学校，即劳工子弟学校和鸭脷洲的渔民罗岗学校。

中华人民共和国成立后，黄长水把海外大部分资金调回国内投资，毅然回国，接受党的领导，参加工作，为祖国社会主义建设服务。

1949年全国解放前夕，黄长水被邀请北上出席全国第一届政治协商会议，共商新中国成立大事。他对新中国的诞生感到由衷的高兴，把港行大部分资金调回国内投资，在广州开设了泉昌分行。1950年1月，黄长水又应邀出席全国人民代表大会。他回港后，积极号召海外华侨工商界人士回国参加社会主义建设。同年4月，他又组织了港九工商界"东北观光团"，黄长水任团长，陈君冷、莫应湛、马万祺任副团长，陈祖沛任总务主任，带领30多人到祖国东

港九工商界东北观光团徽章

北、华北和各地参观访问。回港后，宣传共产党英明领导，宣传新中国建设成就。黄长水于1950年回国后，先后

黄长水参加开国大典在天安门城楼观礼台上

黄长水（左）与王源兴等友人交谈

黄长水（左）在第一届全国人大四次会议华侨代表小组会上发言

1955年6月，黄长水（中间前排右一）参观粤西区侨乡台山华侨学习班

1960年，黄长水（左三）考察北碚华侨茶果场

动员了不少海外华侨和港澳工商业者回国投资，为社会主义建设服务。如当时动员了澳门何贤先生回国参观，又与香港大成行总经理陈祖沛相约回国投资，成立了第一间公私合营的华南企业公司。抗美援朝期间，大成行捐献飞机3架，从而带动了全市工商业者捐献飞机大炮的热潮。

1952年，黄长水担任广州市副市长期间，积极贯彻党对资本主义工商业进行社会主义改造的政策，对团结、教育全市工商业者投身"三反""五反"运动和"公私合营"起了积极的推动作用。

黄长水个人生活严谨，严于律己，乐于助人。特别是他当上广州市副市长后，尤为注意教育儿女要自立奋斗，勤奋学习，努力工作，切不能倚仗父母之职位谋私利。国家配给他的小汽车，从不让家人坐用，公私分明。当别人有困难时，他即解囊相助，对革命和公益事业更积极支持。在香港期间，对进步人士、进步报社和进步学校，都多次慷慨捐助，如《文汇报》出现资金周转困难时，他尽个人能力，多次给予资助，一次就捐赠港币5000元。在旅菲期间，他就踊跃捐资兴建霞美小学校舍。新中国成立初期，中菲尚未建交，他通过香港泉昌有限公司辗转汇款给霞美小学为经费，历时7年之久。并连续数年寄来药品发给患病乡亲。

黄长水非常重视对儿女的思想教育，经常对儿女说"只有共产党的领导，中国才有出路，才能繁荣富强"；并循循善诱地教育儿女"要学业有成，要为祖国多作贡献，到祖国建设最需要的地方去，为人民服务"。在其教育影响下，他的几个子女参加工作后，都在各自的岗位上努力为社会主义建设作出贡献。

黄长水为第一、第二、第三、第四、第五届全国人大代表，曾任中国人民政治协商会议委员会委员、中华全国工商业联合会副主任委员、中国民主同盟中央委员会常务委员、广州市副市长、广州市工商业联合会主任委员、广州市政协常务委员等职务。任职期间，坚持中国共产党的领导，积极开展侨务工作、民主党派工作和团结教育改造资本主义工商业者工作。

1956年10月，黄长水调往北京任政务院华侨事务委员会副主任、全国归国华侨联合会副主席、中国亚非团结委员会委员、中国国际贸易促进委员会委员。黄长水不遗余力，忘我工作，毕生为团结归国华侨，争取海外同胞，搞活经济，振兴中华，为社会主义建设作出了贡献。

参考资料：《人民日报》、中红网、广东老区网、普宁人物网站

麦蕴瑜（1897—1995），德国归侨，广东香山人，中国水利专家。在广州就读小学、中学后，考入同济大学攻读土木水利工程。1922年被推荐到德国汉诺威工科大学攻读水利工程，毕业后留在德国土都加城蓄能水电站任实习工程师，1927年回国任广州市工务局局长。中华人民共和国成立后，坚定跟随中国共产党在广东开展建设工作，曾任广东省水利厅总工程师、广东工学院（现广东工业大学）院长等职，负责广州市城市规划和建设工作，组织支援"东深工程"建设。自1945年麦蕴瑜南沙归来，坚持30年上书收复南海，被誉为"南海先知"。

"南海先知"麦蕴瑜

1897年，麦蕴瑜出生于广东中山，1909年在广州沙石三界庙丛桂小学毕业，后入读德国人开办的半公费教会广州中德中学。中学毕业时成绩名列前茅，考入同济大学攻读土木水利工程。1920年大学毕业后，在中学代课一年。大学时成绩超群，1922年被推荐到德国汉诺威工科大学，勤工俭学攻读水利工程，1925年毕业，留在德国土都加城蓄能水电站任实习工程师，首次受邀参加荟萃世界优秀专家的第二次国际水力发电会议。1927年回国。

抗日战争时期，麦蕴瑜任广东省政府技术室主任。1945年8月，抗战胜利。从9月开始，各地受降仪式渐次展开。1946年10月，国民党政府出动军舰，开始收复南海诸岛，广东省政府顾问麦蕴瑜被任命为南沙接收专员。

1946年12月12日，麦蕴瑜跟随舰队，在中国渔民一直称为"黄山马峙"的岛上登陆。而此前，在海南岛失陷之后，黄山马峙一直被日军占领。此时岛上已经空无一人，小径早已被植被盖满。这个岛的西南方，在防浪堤之末端，有条大路，路旁有一座日本人建造的纪念碑，上岸近看，上部绘着日本国徽，下面书有5个大字"大日本帝国"。

麦蕴瑜与海军官兵登岸后的第一项工作，就是

1946年12月15日，接受南沙群岛人员在太平岛举行收复南沙群岛升旗典礼。前排右四为广东省政府接受专员麦蕴瑜

拆除这块日本碑，重新立下中国主权碑。这是中国作为"二战"后的四强之一，开始收复海疆失地、主张自己海洋国土主权的第一步。麦蕴瑜与海军官兵们一同在碑旁举行接收和升旗典礼、拍照纪念。完成接收工作后，麦蕴瑜又带领测绘小组对太平岛进行了测量。

南沙归来，麦蕴瑜迫不及待地写了一份南沙开发提纲。此时，中国对南海开发的认识还在起步阶段。麦蕴瑜，这位水利工程专家，成为中国最早一批对南海有了理论认识并进行过实地考察的科技人员，可谓南海开发的"先知"。

麦蕴瑜先是介绍了南沙群岛的概况，这部分出自他随海军接收南沙群岛时收集和勘探的资料。之后，他对南沙建设提出了几个方面的设想：首先，建立通信。在南沙群岛上建无线电电台，向大陆发送海浪和气候数据；其次，对南海进行测候，设立气候观测所，以及研究台风、海洋潮汐；同时，设立灯塔，浮标等设备，以承担中国对此海域的责任。以上三点，既是对南海进行开发利用的第一步，也是战后中国作为与苏美英比肩的大国所担负的国际责任。

然而，令麦蕴瑜痛心的是，国民党挑起内战，麦蕴瑜

的宏图只能停留在纸上。1949年10月初，时任国民政府广东省建委主任的麦蕴瑜已拿到了全家人飞往台湾的机票，就在这时，中共地下党找到他，希望他能留守广州，保护留在广州市的各类物资储备。麦蕴瑜决定留下来，建设新中国。

10月14日，广州解放。麦蕴瑜向新政府移交了不动产和储备物资，不久又向新政府献上一份礼物，就是那份南海开发建议书。广东省政府秘书长云广英为此两次来到广州市六榕路麦蕴瑜的家。告诉麦蕴瑜，此行是奉省政府主席叶剑英的指示，并请麦蕴瑜任珠江水利局总工程师。在11月中共华南分局召开的广东省第一届沿海工作会议上，叶剑英提出了沿海工作的方针："巩固城市、依靠农村、面向海洋。""把海岛工作搞好，国防才能有保障，而南海上生产也能大大发展。"中共华南分局成立了负责两广的海岛管理科；各市至县成立海岛处或科。

1951年8月，在没有中方参与的情况下，英美等国主导《旧金山和约》签订。时任外交部长的周恩来发表了《关于美英对日合约草案及旧金山会议的声明》，强调南海诸岛是中国领土，在日本帝国主义发动战争时一度沦陷，日本投降后为国民政府接收。看到周恩来的声明，麦

蕴瑜立即将自己收集的资料作为附件一并寄到外交部。适逢广东省第一届人民代表大会召开，麦蕴瑜作为工程技术专家代表，特地在会议上作了题为《南沙群岛是我国神圣领土》的发言，强调："南沙群岛是我们中国神圣领土，要努力开发！"此外，还致书香港《大公报》，复原接收南沙群岛的过程，宣传海洋意识，指出："南沙群岛是中国在南海不沉的渔船。"

1957年6月6日，麦蕴瑜致信时任省委书记兼省长的陶铸，再次提出南海开发计划，提出将自己收集编撰材料出书，并请农业专家卓振雄承担编写工作。麦蕴瑜请求陶铸安排有关部门审查，准予公开出版或内部印发交流。根据麦蕴瑜的南海笔记、勘测资料，卓振雄执笔写了一部名为《祖国的南疆——南沙群岛》的书稿，约5万字，全面介绍南海、普及海洋意识、海权观念。

麦蕴瑜这位老人经历了战争的洗礼和颠沛流离的年代，却始存一颗赤子之心，他曾经历近代历史上空前的"乙卯年大水灾"，目睹淹田数百万亩、灾民数百

《接收南沙群岛——卓振雄和麦蕴瑜论著集》

万，因而立志学水利；20世纪50年代，麦蕴瑜同广大干部和人民一起，从堵口复堤、联围筑闸，到大搞蓄水、引水、提水工程，让流溪河、松涛、鹤地、高州、新丰江等20多宗大型水库在广东诞生。

1962年，麦蕴瑜被委任为广东工学院院长。1963年春夏，南粤奇旱。香港缺水尤甚。居民饮用水大受限制，港方四天供水四小时，接水排队长龙随处可见。粤港两地，一衣带水，血脉相通。水是生命之源，而血更浓于水！几经研究、论证，中央最后决定：实施"东深工程"建设，让东江水流向香港。

当时东深工程工地的施工条件之差，缺少大型机械设备，工人们就手挖肩扛，甚至连土石方、混凝土的搅拌、浇筑，都是徒手来完成。在极度缺乏技术力量的情况下，麦蕴瑜带领广东工学院奔赴支援工程建设，"要高山低头、令江水倒流"的口号一时间响彻广东大地。在奋战9个多月、3次延迟返校复课后，"东深工程"建设完满完成。在这场实战中，麦蕴瑜主张理论联系实际，学用一致，培养和造就了大批既能设计，又能施工、管理的新一代水利技术人才——他们当中许多已成为水利建设中的主要技术骨干——可谓"桃李满天下，将"东深精神"传播在南粤大地。

1978年，麦蕴瑜坚持上书收复南海，第三次就南海开发提出建议。这一次，他把信直接写给刚到任不久的广东省委书记习仲勋，来信随后被刊登在7月31日印行的广东

1964年，广工学于在东深工程施工现场

1964年，在当时的广东工学院院长、我国著名水利专家麦蕴瑜教授带领下，广东工业大学土木系65届近百名师生参与了东深工程建设，该工程彻底解决了当时几百万香港同胞的饮水问题

三沙市永兴岛海军收复西沙群岛纪念碑

"南沙群岛是我国土，神圣不可侵犯"石碑

省委1978年99号《信访摘报》中，广东省委对来信作了批示。中国科学院南海海洋研究所工作人员随后到省委档案处借阅了这份南沙群岛资料原件并复印。9月7日，南海海洋研究所人员再次来到麦蕴瑜家，接收麦蕴瑜30多年来收集的24件材料。其中有关南沙群岛的12件，南海和南海诸岛的11件，西沙群岛的1件。数十年如一日的调查、研究、呼吁，麦蕴瑜终于等来了回应，尽管此时他已经83岁，对南海主权和开发的问题依然意志坚定、尽心竭力。这一时期，中国也开始了对海洋国土重新认识和高度重视的新阶段。

1988年12月，在广东省、广州市和海军军事学术研究委员会联合举办的纪念收复南沙群岛42周年座谈会上，91岁的麦蕴瑜专门递交了书面发言，再次强调中国对南沙拥有主权。1987年国家科委接纳了专家的建议，将"南沙群岛及其邻近海区综合科学考察"列入国家"七五"计划的科技专项。自1946年提出开发南沙愿景，并持之以恒坚

持数十年的麦蕴瑜，终于有机会看到了一个广阔的南海调查、开发蓝图徐徐展开。

在个人撰写的回忆录中，麦蕴瑜这样写道："35年来的事实证明：只有中国共产党才能救中国，亦只有在中国共产党领导下，才能真正用到我辛辛苦苦学来的水利技术。我虽然老了，微躯还健，尚能闭门读书，闭门思过……"

麦蕴瑜教授的一生，都和水利连结在一起，即便在生命的最后时刻，他还宵衣旰食，不断收集整理关于珠江流域的资料，为珠江的治理殚精竭虑。在他去世后，家人为其整理出的资料、著作多达一车厢，全部捐献给国家。这是这位老人留给国家最后的财富。

参考资料：《羊城晚报》、广东工业大学网站、《民主与法制时报》、南海记忆工作坊客户端

黄清渠（1929—1989），出生于福建，4岁跟随母亲下南洋，先后在印尼、新加坡生活，1949年毅然回到祖国学习。1957年从哈尔滨工业大学毕业后留校任教，1982年调任广州工作，曾任广东省测试分极研究所副研究员，广东省副省长，广东省委副主任委员，致公党第八、第九届中央副主席，广东省第六届政协副主席等职。作为一名归侨知识分子，黄清渠非常关心侨胞、关注侨务，亲自组织调研全省华侨农场情况，重视华侨人才引进，为广东的科技进步和开创侨务工作新局面作出了重要贡献。

归侨楷模黄清渠在广东

　　黄清渠，1929年出生在福建，4岁时跟随母亲彭君娇下南洋，几经周折，才找到在印度尼西亚谋生的父亲黄复康。1937年卢沟桥事变后，黄复康因投入抗日救亡洪流，被荷兰殖民当局驱逐出境，后来辗转到新加坡。不久，黄清渠又跟随母亲渡海与父亲团聚。新中国诞生前夕，他毅然告别父母，踏上轮船奔赴祖国。

　　1949年6月，黄清渠起程回国，经香港前往天津、北京。中华人民共和国成立时，黄清渠离开北京前往大连工学院机械工程系学习。经过五年的学习，黄清渠以优异成绩毕业，被校方选送到哈尔滨

工业大学精密仪器专业深造。哈尔滨气候比大连更加寒冷，生活也更艰苦，黄清渠以火样的热情争分夺秒地勤奋学习，并于1957年毕业留校任教。在教学活动中，黄清渠身教重于言教。大学老师不实行坐班制，他却经常一大早骑着自行车上班，午饭后稍微休息又忙着工作。为了提高教学质量，他往往伏案备课到深更半夜，累了饿了就吃点自备的炒黄豆充饥提神儿。他关心学生，平易近人，生活朴素，严于律己。他的思想、品质和作风，使许多学生在不知不觉中受到感染。

　　1982年，他被调到广州工作。黄清渠前往广东

广州街道

省科学院测试分析研究所报到，急切要求给自己安排工作。领导见他年过半百了，又是初来乍到，劝他别着急，休息几天再说。黄清渠恳切地说："我工作惯了，在家里待不住啊！"

就这样，黄清渠马不停蹄开始了来广州后的第一个攻关项目：研制反射式红外线水分测定仪。研制测定仪要求精密，技术难度大。黄清渠作为项目负责人，以身作则，事必躬亲，常常吃住在所里，一天当两天干。一次，为了检验自己设计的零件，他和同伴们专程前往江门甘化厂，冒着高温跟工人们一起进行试验。经过夜以继日的辛勤努力，终于在较短的时间研制成功反射式红外线水分测定仪，填补了广东省在这个领域的空白。

黄清渠虽然到广州的时间不长，但他的博学多才以及敢于探索、联系群众的思想作风，得到了所里上下的赞扬和省有关部门的肯定。

1984年7月，在广东省人大六届二次会议闭幕的第二天，粤港澳媒体纷纷报道了会议补选黄清渠为广东省副省长的消息。黄清渠百感交集，心潮起伏。自己不过是个科技工作者，资历不深，能力不强，业绩不大，又从未接触过政府工作，能承担如此重任吗？他又想：既然共产党和

人民群众信赖我，给予重任，自己应该鼓起勇气，努力工作，鞠躬尽瘁，死而后已。

按照省里的分工，副省长黄清渠分管科技和侨务。他上任后的第一件事，就是全面深入调查研究广东的科技状况，写了一份万言的《广东科技现状的报告》，实事求是地反映了广东科技的现状和存在问题，提出了广东科技发展的规划。这份符合广东实际又富于创新意识的报告，得到了广东省委和省政府的高度重视，对广东科技的发展方向、体制改革以及对促进科技水平的提高，发挥了重要的作用。

黄清渠思维敏捷，与时俱进，大力支持新鲜事物。当珠江三角洲出现"星期六工程师"活动的初期，一些人的非议，几乎使这一新鲜事物夭折。黄清渠毫不含糊地力排众议，表态大力支持，认为工程师利用业余时间"炒更"，可充分发挥他们的聪明才智，有利于经济发展。后来，这个活动开展得有声有色，大大缓解了乡镇企业缺乏科技人才的落后状况，为乡镇企业的腾飞增添了一支数量可观的科技队伍。

身为技术专家，黄清渠对引进科技人才情有独钟。上任那年的国庆节刚过，他接受了记者的采访，畅谈如何从

1986年2月20日，黄清渠（左一）为学广科院广州校区奠基

海外和港澳地区引进科技人才为广东经济建设服务等问题。他说，目前广东各项建设急需人才，在国内培养人才当然是一个最根本的重要办法，但是远水救不了近火。因此，从海外和港澳地区引进人才便成了当务之急。

随着祖国改革开放和建设事业的发展，海外华侨和港澳同胞掀起了捐资赠物兴办故土家乡公益事业的热潮。可是，内地个别新闻机构不作调查研究，发表了"百分之九十以上的捐赠是假的，货物进口后便高价出售，牟取暴利"的严重失实的消息。这条消息带来很恶劣的影响，引起了广东侨务部门和各界人士的极大不满。黄清渠十分气愤，义正词严地指出：华侨、港澳同胞爱国爱乡，近几年捐资捐物为家乡兴办公益事业的成绩是主要的，为广东的经济建设和社会进步作出了巨大贡献，这是任何人都无法否认的客观事实。

进入新的历史时期，经过几年大刀阔斧的拨乱反正，广东的侨务工作开始出现了可喜的景象：落实华侨房屋政策全面铺开，许多冤假错案得到了平反，海外乡亲报效祖国的热情更加高涨，扶老携幼回来寻根访祖、旅游探亲的，远道而来投资经商或者捐资赠物支持公益事业的，与日俱增。与此同时，归侨、侨眷集资办企业的犹如雨后春笋。

在侨务工作中，最令黄清渠牵挂的是全省29个华侨农场10多万名归侨（当时包括海南岛在内）的生活问题。这些农场大多环境差、底子薄，管理体制又存在弊端，长期亏损，要靠国家补贴勉强过日子，许多归侨、难侨仍在为温饱挣扎。

黄清渠冒着酷暑严寒，跋山涉水，全省的华侨农场无不留下了他的足迹，洒下了他的汗水。黄清渠每次从华侨农场回到广州，人瘦了，皮肤也黑了。可是看不到他任何沮丧失望的神情，他的眼神更加坚定自信。

1986年春，全省华侨农场工作会议召开。着重研究农场的管理体制、经营思想和经营方针等关系农场生存和发展的问题。会议提出了扩大农场自主权、办好职工家庭农场、开展多种经营、发展横向经营等农场改革和发展的方向。会议还宣布，成立华侨农场改革小组，任命黄清渠为主要负责人之一，拉开了华侨农场改革的序幕。

为了进一步帮助华侨农场摆脱困境，以利改善归侨、难侨生活，省政府决定给予农场若干年免税的优惠，同时加强和改善了对农场的领导。经过上下努力，许多农场呈现了生机，经济状况开始好转。许多归侨还得到了施

1985年5月，黄清渠与校友商讨合作改建华侨大厦，左起：曹裕恒、黄清渠、梁庆经、王声泽　　　　　　《黄清渠同志归国四十五周年》

展拳脚的机会，有的自办农场，有的创办工业企业，有的营商，物质生活得到了不同程度的改善。

1988年年初，广东省政府换届，年近六旬的黄清渠从副省长的岗位上退下来后，当选为广东省第六届政协副主席。同年年底，他当选为致公党广东省委第六届委员会主任委员。此前，他任致公党中央副主席。

在担任副省长期间，他为广东的科技进步和开创侨务工作新局面，呕心沥血，作出了很大贡献。如今，虽然工作性质、工作岗位改变了，可担子并未减轻，任重道远。

黄清渠在广东省政协兼任提案委员会主任。提案是政协发挥政治协商、民主监督的重要形式之一。他一丝不苟，对每一个提案都认真审阅，然后组织工作人员分门别类，送交相关部门办理，并督促检查落实情况，取得了很好的效果。

黄清渠主持致公党省委会工作的一个鲜明的特色是，重视有识之士和实干家，重视增强政党的活力。虽然他这段工作时间不长，但在加强致公党的自身建设、发挥致公党的参政议政作用等方面做了大量的工作。省致公党成员都庆幸有这样一位好领导带领大家前进。

1989年1月，正值江南的隆冬，黄清渠冒着寒冷带领省政协委员在外地视察，一路风尘仆仆。刚回到广州，接着又奔赴深圳，参加在那里举行的致公党深圳市委会成立大会，还兴致勃勃地到沙头角参观一个成员创办的磁性材料厂。

1月23日，即黄清渠从深圳回到广州第二天的下午，他穿着儿女们送给他的生日礼物夹克衫，来到致公党省委会机关主持常委会。刚坐下来，便突然双目紧闭，脸色苍白，浑身瘫软，再也不作声了。在场有经验的人知道，这是急性心肌梗塞的症状，随即送医院进行抢救。经抢救无效，黄清渠与世长辞，终年未满60岁。

广东省政协主席吴南生在致悼词中说道："黄清渠同志的一生，是爱国的一生，追求进步的一生，致力于扩大爱国统一战线、发展教育和科技事业的一生。"黄清渠对振兴中华一片丹心，对共产主义事业无限忠诚，虽然人生道路坎坷，但初衷不改，义无反顾，为祖国的繁荣、广东的发展殚精竭虑，作出了重大贡献。

参考资料：广东党史网、文史纵横客户端、中国致公党广东省委会官网、星传媒客户端

梁若尘（1903—1990），原名梁公溥，中共党员，南洋归侨，广东丰顺人。1922年开始从事新闻工作，先后在《群声日报》《潮商公报》等任职，后出任黄埔军校《黄埔潮》主编。广州起义失败后，梁若尘流亡南洋十年，始终坚持创办进步报刊、团结爱国侨胞。抗日战争爆发后毅然回国，辗转华南、华东等地采写抗战新闻，曾在港协助筹办《时事晚报》、参与创办《愿望》周刊，任教香港中国新闻学院等。中华人民共和国成立后，历任《广州日报》经理、广州市文化局副局长、市人大副主任等职。在30多年的报业生涯中，梁若尘经手创办和参与工作过的报刊和通讯社共有26家，其中报纸18家、通讯社4家、杂志4家，将自己的青春和力量都奉献给了祖国的新闻和文化事业。

梁若尘的报业生涯

梁若尘原名梁公溥，生于1903年，广东丰顺人。他在丰顺中学念书时，正值五四新文化运动在全国展开。当时丰顺县城也经常吹响"国危矣，国亡矣，大家奋起来救国"的战斗号角，他多次参加到游行宣传队伍中去。他是丰顺中学学生会的骨干，担任学生会出版墙报的负责人，常用梁元、梁昂的笔名在墙报上发表评论形势的短文，由此培养起对新闻工作的兴趣，并打下了坚实的基础。

1922年，梁若尘受聘于汕头的一家报纸《群声日报》为特约通讯员。这是他投身于新闻事业的开始，其时年仅19岁。1925年，梁若尘从事中共领导下的新闻工作，先后担任汕头《潮商公报》《岭东日日新闻》等的记者、总编辑等职。1926年，梁若尘加入中国共产党。

1927年，四一二反革命政变后的第二天，梁若尘得到共产党人的掩护和帮助，化装改名乘船潜返汕头，设法与党组织取得联系，进行隐蔽的活动。八一南昌起义军在1927年9月下旬到达汕头。革命委员会派梁若尘等人迅速筹备出版《红旗报》。但是，9月29日晚，正当《红旗报》创刊号即将开机印刷的时候，突然接到党的保卫员的通知，市区主力部队正在撤退，报纸出版工作立即停止，工作人员自行隐蔽，转入地下。

同年11月间，梁若尘在广州奉地下党组织之命，到黄埔军校担任校报《黄埔潮》的主编。广州起义的当天，梁若尘又奉组织命令紧急筹备出版《红旗报》。选定原七十二行商报为馆址，同时运用该报原有编辑出版的各种设备，于12月12日赶紧编排创刊号。

《黄埔潮》周刊

谁料，到了该日深夜又突然接到通知，必须紧急疏散，编排好的《红旗报》创刊号，也随着军情的急变而放弃出版。这样，梁若尘经手编辑的两张《红旗报》，都是已做好了版样，却未能正式和读者见面。梁若尘每谈及此事时，都感到无限愤慨惋惜！

广州起义失败，大批革命同志流血牺牲了。梁若尘得到亲友、同志的帮助，侥幸逃脱。1927年12月，梁若尘化名梁忠殊，由香港乘印度的客货船到了新加坡。从1928年至1937年，梁若尘在东南亚居留和工作了10年，先后在新加坡、马来西亚、泰国、印尼等地流转居留，从事新闻、文化工作，还穿行过菲律宾、老挝、柬埔寨和越南。据梁若尘回忆，在这10年间他创办或参与过工作的报纸、杂志有：槟榔屿的《南洋时报》《槟榔屿小报》《中南晨报》《现代日报》《南洋导报》（半月刊）；新加坡的《南洋商报》《爱国周刊》。

这期间，他还给上海《东方杂志》写专题通讯，介绍印尼、缅甸等民族独立斗争等文章。此外，他还在马来亚的怡保镇得到一位热心爱国事业的巨商后裔姚先生出资开办一家书店，取名"朋友书店"。在文化比较后进的地区，传播进步书刊，还别出心裁开设一个报刊租借部，读者可亲身到书店租借，或由书店派人送书刊上门。

梁若尘在这十年中，一再流徙各地，并非自己所愿，而是要躲避殖民地统治者和各种反动势力的迫害。

1935年，梁若尘应陈嘉庚女婿李天游的邀请，赴新加坡任《南洋商报》的编辑主任。该报是陈嘉庚公司独资经营的。梁若尘到《南洋商报》之初，很想了解陈老先生对祖国形势的看法。有一天报社秘书长李天游转达了陈老的答复："除不许攻击孙总理中山先生外，什么话、什么新闻都可讲可发表。"梁若尘听后顿觉心中有数，便与报社的编辑、经理两部的进步同人，放开手脚处理业务，使报纸在读者面前有耳目一新之感。抗日战争全面展开，梁若尘回国担任该报战地记者。不久胡愈之等进步文人加入并主持该报，使它成为一家有坚强战斗力的、声誉甚高的中文报纸。可以说，该报与20世纪40年代在香港出版的《华商报》，成为两盏相互辉映的爱国明灯，共同对团结东南亚华侨、港澳同胞，坚决拥护抗战，反对卖国投降作出贡献。

1937年抗日战争全面展开，梁若尘以一个新闻记者的身份，陪同方振武将军在马来半岛各大城市向华侨宣传抗战救国。之后，又以《南洋商报》特派记者名义陪同方将

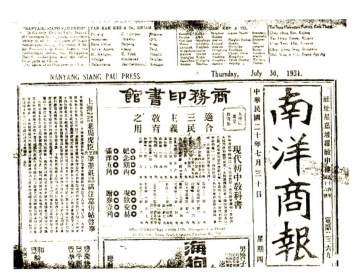

《南洋商报》

《民族日报》

军由香港入内地。他顺道在广东、广西、湖南、湖北、安徽等地广泛采访军、政和社会各界人士，然后把国内人民团结抗战的所见所闻写成通讯，寄到新加坡和香港发表。最后他到了南京，拜访八路军驻京办事处主任叶剑英同志，将海外及回到国内行经各地的见闻向叶反映。交谈历时三小时，结束之际，叶剑英对他说，"你离开祖国足有十个年头，今次回来需要加强对政治形势和党的基本政策的学习。"与此同时，梁若尘还访问了叶挺同志，听取关于组织抗日新四军的介绍，在战火向南京进迫时，他写了一篇《在首都访两叶》通讯，寄给《南洋商报》发表，让读者更加深刻认识到：抗日战争已到了严峻时刻，中国共产党坚决团结军民，保家卫国。

日本空军轰炸广州石室教堂时，梁若尘冒着硝烟拍摄了几幅石室被炸的现场照片，交给当时的《民族日报》制版刊登，该报因此聘他为特约记者。梁若尘回国仅几个月，便与国内报纸取得职务性挂钩。

梁若尘在广州一边与同业加强联系，采写各种新闻通讯，寄到海外发表，同时经常与广州新闻工作者交流宣传抗日救国的经验，结识了李子诵、叶广良等老报人。

1938年春，余汉谋派丁培纶、丁培慈两兄弟以广东绥靖公署和广东政府的名义前往东南亚各地，向华侨募捐，用以购买飞机参加抗战。梁若尘以《民族日报》特派记者的身份，协同丁氏兄弟到东南亚各地宣传"抗战到底，争取最后胜利"的抗战思想。他们穿行过菲、新、马、泰、老、柬和越南等地，为期4个月，行程超万里。返回广州后，写成小册了，记述华侨拥护抗战、争取最后胜利，反对中途屈辱妥协，即使当时战况紧张，但他们仍然赶印出来，向市民散发。

1938年初冬，广州沦陷了，梁若尘绕道到香港，协助筹备香港《时事晚报》。晚报的主要人员中有4名分别是从日、德、英、俄归来的留学生，其中任主笔的是国际问题专家乔冠华（笔名乔木）和朝鲜义士李本植，负责采访部的是钟道生。这家晚报宣传抗日救国思想，帮助爱国人民树立抗日必胜的信心。

1939年，在中国青年学会的支持下，香港中国新闻学院成立，该学院的领导班子群贤荟萃，著名的老报人郭步陶、金仲华、刘思慕、叶启芳等先后担任过院长。梁若尘也曾担任该院的教务长，并讲授新闻采访学课，发动组织

1939年的梁若尘

战地新闻工作组奔赴广东抗日前线及后方采写新闻，同时参加军队政治部工作。

梁若尘在港一年多期间，多次应邀到"华员协会""电车工会"等团体作形势报告，激励听众坚定抗战必胜的信心，各尽其力为抗日救国作出贡献。

1940年冬，梁若尘决定重回韶关，筹备创办一家"讲公道话"的报纸。仅花了十来天时间，就办妥了注册手续，将一份小型四开八版隔日出版的《时报》送与读者见面。当时，正值第二次反共高潮的恶浪中，广东省国民党的党、政当局就把这份说公道话的报纸视为眼中钉、肉中刺。出版至同年11月，因《时报》如实报道香港被日军占领的消息。当年广东省长李汉魂授意省保安司令部以"泄露军事秘密"为借口，封闭报社，诱捕梁若尘收押于第十二集团军军法处。《时报》工作人员不避风险，在拥护国共团结抗战、反对分裂投降的知名人士张良修、王鼎新等支持下，取得出版执照，在梁若尘出狱之前就得以恢复出版，之后仍由梁若尘任社长。出版约3个月，反动的当权者借口《新报》的出版执照重庆国民党中央宣传部不予批准，指示新闻检查处查封《新报》。

"锋镝牢囚取次过，依然不废我弦歌。"1942年7月间，梁若尘、吴华胥、邹维梓、林玲、陈乃桐等恢复出版《明星报》。但是出版不到半年，国民党反动权势者，又借口《明星报》曾停版超过一个月，出版登记证已失效，不能继续出版。从创办《时报》起，到《明星报》停办不满两年时间，办报班子基本没有改变，出版宗旨也坚定贯彻，但历尽艰难，然而梁若尘仍没放弃他的追求。1943年6月，他又将一份《晨报》送与韶关的读者。这份报纸得到更多读者的支持，影响迅速扩大，经济上也能独立。

韶关沦陷前，梁若尘等早有应变准备。沦陷之日，全体员工迅速转移到阳山县，支援《北江日报》扩大出版。1945年7月接受党的指示，梁若尘进入广州准备迎接抗日

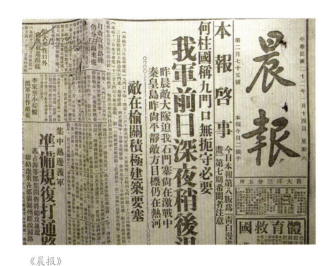

《晨报》

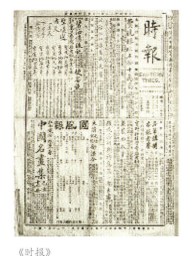

《时报》

《广州日报》

战争胜利即将来到，并筹备出版广州《晨报》。1945年8月18日日本宣布投降的第三天，《晨报》就和广州市民见面了。

1945年12月，梁若尘再赴香港，从事各种爱国民主活动和文化出版工作，创办过一家没有向香港政府注册的新闻通讯社，向海外中文报纸供稿，同时参加创办《愿望》周刊，向海外和内地发行。当时为这家周刊写稿的有郭沫若等同志。

1949年9月，梁若尘根据指示回到内地，预定到赣南迎接南下大军。10月21日回到广州，参加军管会接管和处理原在广州的报纸、通讯社、广播电台等工作，接着担任新创立的大型新华印刷厂的总厂厂长。1950年在广州参加出版《联合报》。该报是中华人民共和国成立后第一家由各民主党派联合创办的报纸。他被推举为报务委员会副主任兼经理。1952年《联合报》主动停版后，中共广州市委机关报《广州日报》出版，梁若尘任经理。

1955年，梁若尘调任广州市人民政府文化局副局长，从这时起，他与持续三十多年的报人生活告别了。虽然报人生活并不轻松，但长期来与纸、笔、油墨结了缘，他还是依依不舍的。此后，他还担任了广州市文史研究馆副馆长、名誉馆长等职。

党的十一届三中全会后，梁若尘先后出任广州市第七、第八届人民代表大会常务委员会副主任，民盟中央候补委员、委员、参议委员，民盟广东省委副主委、常委、顾问，民盟广州市委副主委、主委、名誉主委等职。他积极参政、议政，联络海内外各界人士开展统战工作，组织

《风雨流年》

编写文史资料。

1990年，梁若尘在广州病逝，终年87岁。临终前，他嘱咐家属将其稿费、存款捐给家乡发展教育事业。梁若尘由1919年办学生墙报开始，到1955年改行文化工作为止的36年中，他经手创办和参与工作过的报刊和通讯社共有26家，其中报纸18家、通讯社4家、杂志4家，其经办报刊通讯社之多，在新闻史上，这是一个很不平凡的业绩。他的足迹遍及寒、温、热三个地带；曾三次入狱，两度临捕逃脱，历尽坎坷，实为国内外报界所少见。回顾他在那风雨如晦的岁月里，不论在国内白色恐怖中，还是在国外帝国主义的险恶的魔爪下，他总是尽智竭力开拓一个又一个对革命有利的新闻阵地，就像在雾霭苍茫的浅滩逆流而上，留下一个个红色足迹。

参考资料：《广州文史资料》《梁若尘的办报经历》、广州市政协门户网站

吴有恒（1913—1994），中共党员，出生于著名侨乡广东恩平。抗日战争期间，在港澳地区长期组织开展斗争，先后担任中共香港市工委、市委书记，中共粤东南特委委员、组织部部长，中共广东省委港澳地区特派员等职，战斗足迹遍及大江南北；中华人民共和国成立后，在广州历任广州市委书记处书记、广东省文联副主席、广东省作协副主席、广东省人大常委会副主任等职务，执笔创作了《山乡风云录》《北山记》《滨海传》等多部革命历史题材小说，在文坛建树颇丰。1979年主持复办《羊城晚报》，将其办成全国知名报刊。吴有恒一生追求真理，坚守实事求是，从驰骋沙场到挥笔文坛，用一身正气书写"为人民服务"的宗旨。

扛枪卫家国　挥笔书天下
——吴有恒

1913年10月，吴有恒出生在广东恩平的一个大户人家里。7岁开始，吴有恒与当私塾老师的叔父吴华朝住在"因树书屋"。1928年，吴有恒进入广州省立第一中学（即广雅中学）读初中，在学校与进步同学的接触，使他萌生了爱国思想，唤醒了民族意识。九一八事变发生后，他组织同学上街游行示威，积极投身抗日救亡运动。

1936年，革命学生运动横遭国民党反动派的残酷镇压，吴有恒被迫逃往香港，在港加入全国各界救国联合会，任华南区总部干事，同年9月加入中国共产党。此后，他积极在香港的中小学教师、人力

车工人、修船厂工人、渔民和洋行勤杂工中发展党员，建立党支部或党小组，并先后担任中共香港地下党支部书记、中共香港市委书记。1938年4月，吴有恒任中共广东省委委员。

1939年11月，吴有恒当选为中共七大代表。按上级通知精神，他和另外4名香港代表，与古大存等5名广东代表共同组成代表团，启程前往延安。代表团首先进入东江游击区，经惠阳、连平到韶关。当时广州沦陷，中共广东省委已迁至韶关。遵照广东省委的指示，代表们乔装打扮分别前往广西桂林。在八路军驻桂林办事处集中后，吴有恒等代表乘坐

1949年，吴有恒（前排中）与战友

新四军提供的军车，直抵安徽黄山附近的太平镇，下车后徒步越过黄山，继续步行来到新四军军部驻地泾县。再由新四军派部队护送过长江进入皖中解放区。直至1940年春节后不久，代表们才到达新四军江北指挥部驻地定远县。当时，中共中央中原局也设于此。吴有恒和古大存等遂去中原局报到，有幸第一次见到了中原局书记刘少奇，并聆听了他的教导。1945年4月至6月，吴有恒等作为大后方代表团成员出席中共七大。

1946年4月，吴有恒被委任为广东南路地区副特派员，9月任特派员后，他积极发动群众恢复武装斗争，建立游击根据地。至1947年4月中旬，部队就发展到4500人，建立了连接遂、廉、化、吴的大片游击区，他被任命为中国人民解放军粤桂边区部队司令员。1949年7月18日，经中共中央批准，中国人民解放军粤中纵队在高明县正式成立，吴有恒任司令员。在他的积极努力和正确领导下，该纵队迅速发展壮大，兵力从7800人发展到1.6万多

人，先后粉碎国民党军多次"扫荡""围剿"，对敌作战360多次、毙、伤、俘敌3000多人，争取敌军起义投降30余起2000多人，缴获轻重机枪118挺、长短枪2390多支。同年10月，该纵队配合中国人民解放军野战部队，以摧枯拉朽之势追歼南逃之敌4万多人，为配合南下大军解放粤中和广东作出了重大贡献。

中华人民共和国成立后，吴有恒曾任中共粤中地委书记，广东军区台山军分区政治委员，粤西区党委常委、秘书长，广州市委秘书长，广州市委书记。他于1958年开始创作文学作品，先后创作话剧《山乡恩仇记》、粤剧《山乡风云》、长篇小说《北山记》《滨海传》、杂文《榕荫杂记》。

1979年，吴有恒受命主持复办《羊城晚报》。当年省委研究《羊城晚报》复刊及主持人选问题时，省委书记处书记吴南生认为吴有恒是担任复刊后《羊城晚报》的"第一把手"的合适人选；宣传部部长陈越平和副部长杜埃几

《山乡风云录》

《北山记》

《滨海传》

《香港地生死恩仇》

《吴有恒传》

《当代杂文选粹·吴有恒之卷》

次亲自前往吴有恒在广州市盘福路的寓所，登门商谈、邀请，才使得吴有恒欣然接受了省委对他的这次新的重任。

吴有恒到羊城晚报社后，把晚年的心血全部投进了复刊工作中去。在筹备《羊城晚报》复刊期间，以吴有恒为首的报社党委会专门讨论复刊后的编辑方针问题。考虑到《羊城晚报》创刊时在性质、方针、任务、读者对象上具有的特点，决定《羊城晚报》应当继续开拓创新，其办报原则是：姓党、姓晚、又姓羊，三者缺一不可，次序也不能颠倒。

怎样办一张完全适应新形势要求的新型晚报？刊登在羊城晚报复刊第一天头版显著位置、由吴老执笔的《复刊致读者》，对此作出了旗帜鲜明的回答："以比过去更大十倍百倍的努力，勇于创新"，"力求在内容和形式上做到政治性、思想性、科学性、知识性、趣味性相结合，把报纸办得生动活泼、丰富多彩。它将积极地赞扬社会主义社会中的好人好事，也适当地批评工作中的缺点、错误以

及不正之风，坚决揭露坏人坏事。"同时提出，"复刊后的羊城晚报，决心整顿文风，首先要求做到不讲假话，不讲空话。"

复刊不久，吴有恒就为《羊城晚报》确立了"反映生活，干预生活，引导生活，丰富生活"的编辑方针，并得到省委批准。他提出"一版主攻"，用改革创新的精神，下大力气办好一版（要闻版），集中力量主攻新闻报道，坚持实事求是，按新闻规律办事，敢于突破一些老规矩、旧框框。

《羊城晚报》1957年创刊时发行份数8万份以上，1961年接近20万份，1965年更接近50万份。1980年复刊后，发行数字迅猛发展，1982年突破百万份大关，之后还一度发行到180万份。其中1/3在广州发行，1/3在广东省其他地区发行，1/3在全国各省区市发行，还有一部分发行到港、澳和世界各地。

在羊城晚报创刊35周年之际，吴有恒赋诗：《我是

《羊城晚报》复刊头版

〈羊城晚报〉人》：

其一

摘去乌纱不做官，老来报社编新闻。

此生此事应无悔，我是羊城晚报人。

其二

梅花为骨玉为魂，多了从前学杀人。

我自要求高格调，务求说话是纯真。

两首诗，既道出了办报的基本主张，也揭示了做人的高风亮节，发自肺腑，掷地有声，洋溢着对《羊城晚报》的深情和期望。吴有恒自从1987年离休以后，仍然一直关心《羊城晚报》的工作。羊城晚报的同仁们对他高度爱戴，一贯尊称他为"吴老"。

吴有恒是一位文武双全的将军文人。武，他与冯燊指挥粤中纵队配合四野解放江门、湛江、阳江、云浮等地；文，逆境中他坚守信仰，以其清醒的历史唯物主义眼光，独具匠心地写出了多部革命历史题材小说，开掘了反对封建和推动改革两大主题。吴有恒为了党和人民的事业奋斗

1980年2月1日，《羊城晚报》复刊后的第一任总编辑吴有恒（左一）与报社领导班子成员，在印刷车间评阅试印版的第一张《羊城晚报》

了一生，对自己的生活却毫不追求，淡泊名利，乐于知足。直到去世，吴有恒都没有一套属于自己的房子。吴有恒英勇果敢，傲立时代潮流，坚守实事求是的做事为人原则，一生追求真理，从驰骋沙场到挥笔文坛，用一生正气书写了"为人民服务"的宗旨。

参考资料：《羊城晚报》《江门日报》、广州市政协门户网站、《南方都市报》、恩平广播电视台、党史博采客户端

冯秉铨（1910—1980），美国归侨，祖籍河北，著名电子学家、教育家，是新中国无线电电子学科的奠基者之一。曾先后在清华大学、北京燕京大学攻读学士、硕士，毕业后在广州岭南大学任教。1940—1946年赴美国哈佛大学攻读博士学位，并留校任教。被视为哈佛学术新星的他，毅然选择回国。1952年受命为华南工学院首任教务长，创建电讯工程系，坚持执教50年；致力于"科学救国"，主持研制的华南第一台模拟电子计算机，提出强力振荡器相角补偿法等理论，先后在发展电子振荡理论和无线电广播发射技术等领域作出了重要贡献。作为一名归侨学人，冯秉铨不仅是一个血肉饱满的电子学家，还是一个甘于奉献的教育学家。

愿得英才三千数　春蚕丝尽方长眠
——冯秉铨

　　1910年，冯秉铨出生于河北省新安县一个书香世家，自小熟读四书五经，十一二岁便在文史方面崭露才华。1923年，在那个深信"明理"远比"格物"重要的年代，因为父亲的坚持，13岁的冯秉铨穿着一身布裤褂走出白洋淀，走进北平私立汇文中学的课堂。

　　当时，五四运动"科学救国"的主张渐渐被许多青年人接受，而冯秉铨在汇文中学的物理老师"物理张"便是积极的拥护者。"中国几千年来，讲孔孟仁理讲得太久了，现在该是讲物理的时候了。"这句话给了冯秉铨很大的冲击。他知道世界

上最早的铁路在1825年就已诞生，但中国差不多过了60年后才开始自己修建铁路。"科学技术落后是国家积弱、受列强侵略的原因。"从那时候开始，冯秉铨将更多的精力放到物理、化学、数学中去。

　　16岁那年，冯秉铨连跳两级考上清华大学物理系，成为物理系第二级16名学生之一。当时，清华的通过率极低，待四年后毕业时，冯秉铨成为物理系仅有的3个顺利完成学业的毕业生之一。毕业后，在著名科学家吴有训的推荐下，冯秉铨来到广州岭南大学任教。在岭南大学，他的出色表现赢得师生们的广泛赞誉。两年后，冯秉铨考取了燕京大学研

冯秉铨（第四排左二）与岭南大学同事合影

究院。1934年取得硕士学位后，他又回到岭南大学任教。

一串串数字、一个个公式、各种电路元件……这些在大多数人眼里极其无聊乏味的元素却如同变幻无穷的莫尔斯码一样组成了冯秉铨传奇的人生，甚至连他的爱情也与无线电息息相关。

1935年，在燕京大学完成硕士学业后，25岁的冯秉铨成为岭南大学最年轻的副教授，而担任许渭阳教授助教的机会让他认识了日后的妻子——当时正攻读硕士学位的高兆兰。爱情有许多种可能，诗人的爱情用绚烂的诗句表达，音乐家的爱情用浪漫的夜曲传递，而冯秉铨与高兆兰的爱情则是由声、光、电和数字、公式编织而成。每次做通信试验时，冯秉铨总以"88"作为结束语，而高兆兰却总是答以"73"。两年之后，当高兆兰第一次以"88"作答时，冯秉铨知道，他终于等到了属于他的爱情，因为在莫尔斯码中，"73"的意思是"致以友谊的问候"，而"88"则代表"致以亲爱的问候"。

1940年，年轻的冯秉铨和高兆兰双双考取奖学金赴美留学，攻读博士学位。轮船到达檀香山以后，当地一个美

冯秉铨、高兆兰夫妇

国记者问到留学生们为何出国时，冯秉铨告诉记者："我们到美国的目的十分明确，就是学习美国的先进科学技术，对美国人民有所了解，将来建设我们自己的国家。"

经过两年多的拼搏，冯秉铨终于"啃"下了博士学位，并担任哈佛大学研究生班的无线电实验课讲师，后来又受导师钱菲教授之邀在"军官电子训练班"担任教员。他还被选为哈佛大学和麻省理工学院中国留学生联谊会主席，积极组织留学生进行抗日救国宣传募捐和义卖活动。

冯秉铨被视为哈佛一颗学术新星，月工资已经高达400多美元，在当时，这是真正的优薪厚职。然而，当抗

冯秉铨在上课

冯秉铨指导青年教师实验

战胜利的消息传到美国,冯秉铨坐不住了。"月是故乡明",这个简单的理由,让他放弃在美国的一切,回到满目疮痍的祖国。1946年3月,冯秉铨夫妇登上货轮,靠着吃缓解晕船的药物,带着一颗赤子之心,开始了漫长的回国之旅。

回国做什么?在冯秉铨看来,能从根本上改变中国落后面貌的,唯有教育一途。从1946年9月接受岭南大学的聘书以来,教育成为冯秉铨生命的主题,直到逝世前,他仍然坚持带着6名研究生。

1952年,随着华南工学院的组建,冯秉铨被人民政府任命为第一任教务长。冯秉铨深知自己责任的重大,他夜以继日,全身心投入华南工学院的筹备工作。在他心中,最重要的是"把华南工学院办成一流大学",建立一个先进的中国的理工科大学。

1956年,党中央发出了"向科学进军"的号召。冯秉铨参与了制订"全国十二年科学技术发展远景规划"的讨论。在这一鼓舞人心的事件的影响下,冯秉铨萌发了建立振荡理论的中国学派的志向,并为之开展了培养理论队伍的工作。

然而1956年全国第二次院系调整,华南工学院电讯工程系的大部分人员和设备调往成都,参与组建成都电讯工程学院。面对成都电讯工程学院、国防科工委、中科院电子所的邀请,冯秉铨仍然选择留在学校,并按照学校的决定重建电讯工程系。

"蜀中无大将,廖化作先锋,我一定带头上阵!"这是冯秉铨立下的军令状。他一天干几天的工作,一个人干几个人的工作,从1958年到1963年,冯秉铨一个人开设了12门专业课和基础课,高峰期间每周上课时数达到

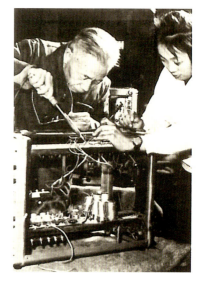

冯秉铨动手做实验

27学时。用冯秉铨自己的话来说:"中国知识分子的责任特别重,每个人工作年龄都应该减10岁,60岁要当50岁用。"

为了让教师尽快地成长起来,每上一门课,冯秉铨就指定一名青年教师跟班听课。课后,他把自己的讲稿,包括习题、实验设计等一套教学过程安排的资料,毫无保留地交给接班讲课的青年教师。

在华工,只要是冯秉铨上的课,从来都是座无虚席。经过不懈的努力,这个系从无到有,成为在

《无线电广播发送设备近年来的某些发展》

1979年，冯秉铨（左）与著名物理学家杨振宁交流

1977年，冯秉铨在校园小路上跑步

全国有影响力的名牌专业。

1958年，在北京开幕的"全国教育与劳动生产相结合展览会"上，冯秉铨主持研制的华南第一台模拟电子计算机在会上大放异彩，《人民日报》随后发表社论，称赞其为科学技术尖端的成就。他还主持研制了我国第一台俄汉自动翻译电子计算机。

冯秉铨对于工作的热忱溢于言表，他始终对祖国抱有一份赤子之心。从1976年2月起，冯秉铨像小学生那样给自己订一条"约法"——平均每天写1万字，不完成就不睡觉。年纪大了，每次连写三四千字，手便麻得握不住笔杆，冯秉铨在书桌旁备上热水，手麻了就在热水里泡上几分钟，等血脉流通了继续写。

年逾古稀的冯秉铨交出了优异的成绩单：他提出的"射频削波"方法成功解决了边远地区广播受干扰的问题；仅从1976年2月到8月，他就完成了两本书的初稿，共120万字；他所著科普读物《今日电子学》获得全国优秀科普作品奖一等奖……

1978年全国科学大会在北京召开，国家迎来了科学的春天。冯秉铨是大会主席团成员，被授予全国先进科技工作者光荣称号，参与制定了《1978－1985全国科学技术发展规划纲要（草案）》。大会结束返校后，他为师生员工作演说，传达会议精神，还兴奋地在《光明日报》上发表文章《科学的春天到来了》。

1980年，冯秉铨在西樵山上突然病发，后在医院辞世，终年70岁。对于一个学者来说，最高的成就是什么？著作等身、开宗立派，或许都是上乘之选，但冯秉铨给出了自己的答案：著书立说固然可喜，但"愿得英才三千数，高峰深处共研寻"更加可贵。冯秉铨曾说："我愿意为青年的锦绣前程而操劳，我不能离开青年，如果让我离开青年，我会感到生命失去了意义。"是以他可以和20多岁的小伙子一起在实验室里通宵奋战，他可以把自己的讲稿毫无保留地交给青年教师，他可以每到一个新教室讲课就先去"踩点"，他可以直到逝世时还在带研究生……作为一名归侨学人，冯秉铨不仅是一个血肉饱满的电子学家，还是一个甘于奉献的教育学家。

参考资料：《华南理工大学名师——冯秉铨》《南方日报》、华南理工大学官网、新华网

赵善欢（1914—1999），中共党员，美国归侨，广东高要人。15岁考入中山大学农学院专业专门部学习昆虫学，4年成功完成本、硕、博学业，1935—1939年赴美留学，在康奈尔大学第一年便取得硕士学位，两年取得博士学位。1939年学成后，归国投身"科学救国""教育救国"，先后在北京大学、台湾大学、中山大学任教，26岁任教授，1952年任华南农学院（现华南农业大学）副院长，被誉为华农史上"最牛学霸"。赵善欢从事昆虫研究60余载，取得了辉煌的成绩，1980年当选为中国科学院院士。他一生追求科学、淡泊名利的精神，如一座灯塔照射在一批又一批的学子身上，也照亮了我国昆虫毒理学、农业昆虫学和植物化学保护领域的前途。

农学"灯塔" 归侨"学霸"
——赵善欢

1914年，赵善欢出生于广东高要，从小喜欢观察自然界的他，很早就萌发了研究昆虫的志向。1929年，年仅15岁的他进入了中山大学农学院农业专门部学习昆虫学。他勤奋好学，课余时间不是上图书馆，就是在野外捉虫制作昆虫标本，很快就博得众多知名教授的青睐。1933年，赵善欢毕业留校任助教。

1935年，在中山大学农学院推荐下，他被选送至美国俄勒冈农业大学深造，仅一年时间即以优异成绩获得学士学位。1936年9月，他转学到康奈尔大学深造，这所学校培养的农科博士，在当时的美国

首届一指。在康奈尔大学，他除了学好各门必修课，学校的学术活动也几乎每场必到，课余还自学了德文、法文。一年暑假，他专程到美国中部的俄亥俄州立大学，在著名昆虫分类学家和动物生态学家的研究机构里跟班学习。另一个假期，他又到当时世界著名的加州南部河边柑橘试验场去实习。

独在异乡，他多数节假日都在实验室里度过。每年的圣诞节，宽敞的教室里空无一人，赵善欢一个人看书、做实验，兼给试验植物淋淋水。后来，他许多次谈论过往时都津津乐道："这样的节日过得最愉快！"

青年时期的赵善欢

赵善欢（左）与美国教授、同学合影

赵善欢在康奈尔大学三年，第一年便取得硕士学位，接着又用两年时间取得了博士学位。学习期间，他在美国多家昆虫学杂志包括有学术影响的刊物上发表了论文数篇，受到许多教授和专家的器重，毕业时更受聘于康奈尔大学研究院担任研究工作。然而，由于他心怀国事，不贪优厚待遇，毅然辞职回国。

1939年年底，赵善欢回到在战乱中迁至云南澄江的中山大学农学院，任副教授。凭借其教学成果，在第二年被提升为教授，时年仅26岁，是当时中国为数不多的年轻教授之一。

抗日战争胜利后，赵善欢同时被北京大学农学院和台湾大学农学院借聘为教授，并被台湾省农业试验所聘任为应用动物系主任。他先到台湾，为台湾农业试验所应用动物系及台湾大学农学院举办农药讲座。当他看到丰富多彩的各式昆虫标本，爱不释手，工作格外认真。不久工作告一段落，他又奔赴北平，为刚复校的北京大学生物系及农学院分别开设昆虫生理学、昆虫毒理学等课程。赵善欢讲课非常认真，讲课前都要看不少参考书，写出详细的讲义，尽量将最新的资料和研究成果介绍给学生。1948年，他回到中山大学继续任教。

1957年，赵善欢加入中国共产党，在教育事业、科学事业上燃烧自己发光发热。他是中国科学院生物学部委员、中华人民共和国农业部科学技术委员会委员、第三届全国人民代表大会代表，第五、第六、第七届中国人民政治协商会议全国委员会委员，第四届广东省人民政治协商会议委员会常务委员。

在执教生涯中，赵善欢先在中山大学农学院任教授、副院长。之后被借调到北京，参与筹建中国科学院昆虫毒理研究室的工作。1952年，全国高等学校院系调整，中山大学农学院与岭南大学农学院合并，成立华南农学院，赵善欢被任命为副院长。这时他正值年富力强，除了繁忙的行政工作外，还坚持教学、科研工作，同时自学俄语。1957年，赵善欢出访苏联，进行合作科研、考察及讲学。一年后，他已能用俄文撰写科学论文，并在苏联有关刊物上发表。

访苏回来后，他的工作更加繁忙，但他还是千方百计抽空从事教学，筹建各类实验室，并担任生物物理研究室的主任，培养出了一批核物理技术在农业上应用的人才。

20世纪60年代初，赵善欢主持举办全国植物化学保护师资培训班，亲自编写教材和讲授，还常常深入实验室指导学员实验，并让参加培训班的老师每人都进行一项科研工作。这样，不但提高了这批教师的理论水平，而且培养了他们独立从事科研工作的能力。

20世纪70年代末，赵善欢被任命为华南农学院院长，再一次挑起了重担。他除了处理日常行政事务外，还担任了大量的教学和科研工作。他几乎每年都要应邀出国作短期考察、讲学或参加国际专业会议，以掌握国际上学科的新动向，努力缩小我国与国际先进水平的差距。

1983年冬，赵善欢退出学校领导班子，担任顾问，但仍致力于培养博士研究生和承担科研攻关课题的工作。他主持的"植物性杀虫剂的开发利用研究"在国内处于领先地位，并得到了国际上有关专家的重视。1986年，赵善欢应联邦德国基森大学（Giessen University）的邀请，前往肯尼亚参加国际植物性杀虫剂（印楝）会议，并担任大会执行主席。他在会上所作的研究报告受到了同行专家们的高度评价，为祖国争得了荣誉。1995年，赵善欢获广东省人民政府授予"南粤杰出教师"特等奖。

赵善欢从事昆虫研究60余载，取得了辉煌的成绩。他有一句名言："做学问要善于抓两头：一头是了解国际先进科技成果，一头是了解国内生产实际，包括学习和总结群众的生产经验。"他自己正是这样践行的。赵善欢精通英文，又自学了德文、法文、日文和俄文等多国语言，他常年订阅十多种国内外杂志，掌握国际科技发展动态，汲取国际科技最新营养。

另一方面，赵善欢非常重视调研实践。早在1933年，他独自跋涉数千里，深入广东十多个县的乡村，历时两月余，广泛调查各地农作物的主要虫害情况，写成调查报告在学院刊物上发表，得到教授和同事们的大力肯定。1940年至1941年，他在云南、贵州、广西、湖南、广东五省大范围调查，在1942年编撰完成《我国西南各省杀虫植物编撰报告》，成为我国杀虫植物研究的新里程碑。即使到晚年七八十岁的高龄，赵善欢依然坚持到田间，了解实际生产情况。

正是在这条努力求索的道路上，他取得了受国际学界瞩目的研究成果：20世纪50年代，他与王鉴明教授等提出了水稻田三化螟集团分布的学术观点，他还因此提出了早

1969年，赵善欢（右三）在佛岗县与农民观察三化螟为害情况

1977年，赵善欢在实验室检查克百威、嘧啶氧磷防治稻瘿蚊的药效

1999年，赵善欢（左二）在花都区调查荔枝蝽的越冬情况

赵善欢（右四）与学生在标本园观察万寿菊

赵善欢晚年与青年学子在实验室

赵善欢和夫人在田间观察昆虫

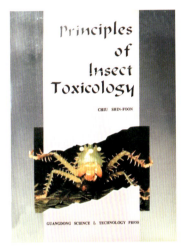

《昆虫毒理学原理》（英文版）

春季节灌水浸田的防治措施，大面积推广获得很好的效果；60年代，他率先提出了昆虫毒理学与生态学紧密结合的"杀虫剂田间毒理学"学术观点；80年代以后，他致力于害虫综合防治和植物质杀虫的研究，提出了以人工合成及天然产品的昆虫生长发育抑制剂作为第三代杀虫剂的新概念；晚年出版《昆虫毒理学原理》科技专著（英文版），是赵善欢研究之大成，影响深远。

作为杀虫植物的开山鼻祖，赵善欢在华农校园内开辟了杀虫植物标本园。这个小园子坐落于校园西南角，堪称中国植物源农药的发源地。赵善欢每次出差都十分注意收集各种杀虫植物。甚至连出国访问、讲学、参加国际学术会议的紧张日程中也从不放过机会。赵善欢一生，共收集栽种了196种杀虫植物！

赵善欢一生执着于科学、追求科学。他扎实专注、淡泊名利、忘我工作、关爱学生……这是赵善欢的同事、学生及亲人给予他最多的评价。他在华南农业大学一号楼建立了昆虫毒理研究室，开创了杀虫植物标本园。更是成为学生们学习和生活的重要部分，是他们的"精神地标"。

"做学问要善于抓两头：一头是了解国际先进科技成果，一头是了解国内生产实际，包括学习和总结群众的生产经验。"赵善欢常说的这句话被雕刻在华南农业大学院士广场的铜座上，赵善欢的精神犹如一座灯塔，照射在一批又一批的学子身上，也照亮了我国昆虫毒理学、农业昆虫学和植物化学保护领域的前途。

参考资料：华南农大校史馆客户端、华农档案客户端、《赵善欢纪念册》等

　　陈伯齐（1903—1973），出生于广东台山一个侨工家庭，中国著名建筑师、建筑教育家，是中国亚热带建筑研究和创作的开创者，岭南建筑学派的重要奠基人之一。1930年起，先后在日本东京工业大学与德国柏林工业大学学习建筑专业。1940年回国，在重庆大学创建建筑系并任首届系主任，之后在中山大学、华南工学院等校任教授、系主任。陈伯齐不仅在教育领域为莘莘学子"筑梦"，更在中国建设中筑就一个个城市"梦想"，一生主持、参加和指导设计的工程包括广州文化公园、广州女子师范学校、华侨新村等100余项。

岭南"筑"梦家
——陈伯齐

　　1903年7月，陈伯齐出生于广东台山的一个侨工家庭。1930年，23岁的陈伯齐考取了广东省公费留学，赴日本东京工业大学学习建筑专业。当时，日本的建筑教育极为注重建筑材料与技术的运用，东京更是战前日本现代主义建筑思想的重要实践地。在这种环境的浸淫下，陈伯齐完成了自己的建筑思想启蒙之旅。

　　赴日求学后，陈伯齐因参加地下革命运动遭受波及，被迫中断求学之旅，离开日本。这次意外的将陈伯齐引上了另一条求学之路。当时，德国现代主义运动正蓬勃兴盛，本着对先进学术思想的追求，1934年陈伯齐转赴德国柏林工业大学建筑系学习。德国建筑教育体系重视技术，注重建筑的功能和实用性的建筑思想在陈伯齐脑海中留下了深刻的烙印。1939年，陈伯齐以优异成绩提前半年毕业，后在德国留校任教，并等待合适的机会回国大展身手。

　　1940年，陈伯齐临危受命，回到国内主持创办了重庆大学建筑学系，并担任首任系主任职务。在重大执教期间，陈伯齐怀着满腔热血，试图把重大建筑系建为现代主义建筑教育的试验田。当时，他与一批留日、留德的教授并没有采用彼时占主流地

陈伯齐在广州

陈伯齐与夫人

位的"学院派"教育体系，而是在教学中提倡现代风格，注重建筑的功能和技术因素。

陈伯齐这一"另类"的教学理念引起了不小的震动。长期以来，以中央大学、东北大学为代表的"学院派"教学体系牢牢地占据了国内建筑教学思想的主流地位。当时，现代建筑教育虽然已经在世界范围内广泛兴起，但在国内却处于"发育不良"的状态。部分重大建筑系的学生崇尚"学院派"教学方法，并责难德日教学思想，重庆大学建筑系开始受到校内外一些师生的抵制。1943年，陈伯齐被迫离开重庆大学，结束了短短三年的重大任教生涯。

离开重庆后，陈伯齐辗转回到故土岭南。20世纪40年代中期，陈伯齐、夏昌世、龙庆忠陆续来到广州国立中山大学建筑系任教。1952年院系调整后，三人成为华南工学院建筑系（即后来的华南理工大学建筑学院的前身）的教师，并被称为华工建筑系的"三老"。其中，陈伯齐任华工系主任时间最长。

新中国成立初期，国内的学术环境并不容乐观。20世纪50年代，脱胎于法国"学院派"的苏联建筑思想输入中国，建筑界开始"一边倒"地号召"向苏联学习"，其他流派的发声一时难觅踪影。当时，岭南的一批建筑师没有在建筑创作中盲目模仿"学苏"时期一度风靡的复古主义和形式主义，而是在满足建筑功能的前提下进行建筑风格

的探索，陈伯齐就是其中一员。

陈伯齐坚持对现代主义建筑的学术研究。他在文章中写道："建筑艺术究竟不同于其他如绘画、雕塑等艺术，脱离了适用与经济就毫无意义可言。过分强调建筑的艺术性，甚至把建筑说成就是艺术，大有喧宾夺主之势，是不符合实际的。"

从重大来到华工后，陈伯齐仍一如既往地秉持现代主义建筑教学理念。他在一篇文章中写道："建筑的艺术处理，不是单方面由主观出发，而是要适应客观实际需要，在功能与经济的基础上来进行的。"在陈伯齐的主持下，亚热带建筑研究室的工作主要集中在亚热带城市与农村住宅的研究上。陈伯齐曾让学生研究广东的民居为什么凉快，面对困惑的学生们，陈伯齐指出，广州西关民居典型的特点是"小面宽、大进深、多天井"，结构利于通风，短短九个字就解决了学生们的疑惑。直到今天，亚热带建筑设计的重点依然是考虑湿热气候的特点，通过遮阳隔热、通风防潮等方式提高居住舒适度，与陈伯齐当时提出的观点并无原则性的改变。

虽然接受的是西方建筑思想教育，陈伯齐骨子里对中国建筑的文化遗产却是极为热爱。1953年，陈伯齐与夏昌世、龙庆忠共同创办民族建筑研究所，研究南方传统民居的特征及其形成的原因。他认为，建筑设计可以"洋为中

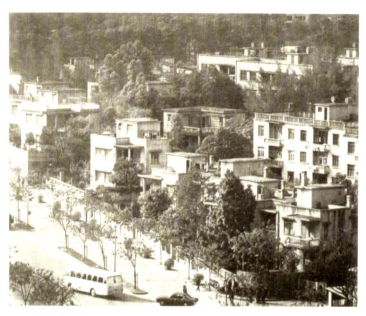
1978年的华侨新村

华侨新村屋顶处理

用"。"他很早就认识到建筑设计要从本土文化特征入手，而我们现在很多建筑都还没有做到这一点。"蔡德道评价到。

20世纪50年代，有人认为骑楼是殖民地的建筑形式，应该摒弃。陈伯齐批驳了这一观点，他认为，骑楼能遮阳防雨，减弱太阳辐射热量，在南方很有用处。他还在文章中呼吁保护骑楼："对国外的某些建筑形式，只要对我们适用，群众还是欢迎的。我们应加以改进和发展，使之成为我们自己的东西。骑楼的建筑形式，不就已成为我们南方城市建筑的特征之一了吗？"

2007年，华南理工大学建筑学科获批建立了亚热带建筑科学国家重点实验室，成为国内首个也是唯一在高校里的建筑学科的国家重点实验室。这个实验室的前身，就是1958年陈伯齐主持创立的华南工学院亚热带建筑研究室。

不同地区的建筑应各有地域特色，这是陈伯齐在建筑设计上提出的观点，他是最早在建筑教育上倡导地方特色的学者。1978年，亚热带建筑研究室的实验成果获得了全国科学大会奖，这项荣誉离不开陈伯齐等人的努力。在陈伯齐的影响下，对亚热带建筑的研究、对地域主义建筑的探索成为华工建筑系的重要传统。

在学生们的心目中，陈伯齐性格和蔼，平易近人。当年在华工有人把陈伯齐名字中的"齐"字错读成"斋"，后来按广东称呼，大家都叫他"斋叔"。这个称呼被叫开来以后，久而久之，陈伯齐也欣然接受，不以为意。

平日性情温和的陈伯齐，在教学上却对学生要求十分严格。在课堂上，他要求学生画出一座多层房子的剖面图，从屋顶一直到地基，要准确画出房子是怎么盖起来的，以此培养学生的基本功。陈伯齐曾许下诺言，华南工学院建筑系毕业的学生，如果不会画施工图，一律"回炉"。在陈伯齐严格的教学要求下，一批批学成毕业的学

思考中的陈伯齐

《建筑家陈伯齐》

子被分配到各地的建筑设计院，他们优异的表现令华工建筑系日渐声名远扬。

陈伯齐不仅帮助学生建立扎实的技术功底，还在潜移默化中影响着他们的学术观念。20世纪60年代，岭南建筑在全国很有名气，有人提议要对岭南建筑的特性作总结，但陈伯齐对此表示反对。他认为，不能用"紧箍咒"将未来的岭南建筑束缚起来，而是应该研究未来创造岭南建筑的方法论，至于创造出什么样的建筑，不应提前对其作出假设。1962年，陈伯齐兼任全国高等工业学校建筑学教材编审委员会副主任委员，与杨廷宝教授等人共同筹划了全国建筑学教材。中国建筑学教材体系及教学大纲的完成，其中陈伯齐功不可没。

陈伯齐在教育领域为莘莘学子"筑梦"，更在祖国建设中筑就一个个城市"梦想"。1958—1959年，陈伯齐作为广东建筑学会代表之一，两次参加北京十大建筑设计组

工作。由他主持设计的主要作品有：重庆浮图关体育场，广州文化公园总体规划及展览馆设计，广州女子师范学校规划及设计，华侨新村、广州园林一条街实验性住宅，武汉华中理工大、武汉水利电力学院和武汉测绘学校的校园总体规划，中山医科大学校区总体规划，广州华南工学院总体规划及1号楼教学楼、化工楼设计等。他还参加过北京人民大会堂和广西桂林风景城市规划的设计。他一生主持、参加和指导设计的工程达100余项。

参考资料：《南方日报》《南方建筑》

黄谷柳（1908—1977），中共党员，出生于越南海防市，家中三代华侨。抗日战争期间，参加淞沪会战和南京战役，随后参加文协，从事小说、戏剧创作，任《南方日报》记者。1949年加入中国共产党，在解放战争中曾任粤桂边纵队司令部秘书。中华人民共和国成立后，曾在《南路人民报》《南方日报》等报刊任职，1951年和1952年两次以记者身份随团出访朝鲜慰问志愿军，亲临战场420天，荣立三等功。回国后，致力于专业文艺创作，著有长篇小说《虾球传》、电影文学剧本《此恨绵绵无绝期》（自编）和《七十二家房客》（合编）等，曾任中国作家协会理事、中国作家协会广东分会常务理事、广东省政协委员。

党的文艺战士黄谷柳

1908年，黄谷柳出生于越南海防市，父亲是越南华侨，母亲是河口人，是三代华侨之家。小学毕业后入昆明联合中学，后转入云南省立第一师范学校读书。1927年3月，黄谷柳加入中国共产主义青年团，旋赴广州参加国民革命军。蒋介石实行剿共政策后，黄谷柳与组织失去联系，进循环日报社当校对员，开始走上文学创作道路。

抗日战争时，他参加了淞沪会战及南京战役，1937年南京沦陷日军屠城，守城官兵易装躲到居民区，身为下级军官的黄谷柳和数名广东官兵隐藏在大方巷煤炭店的地窖里，在煤店老板娘的冒死掩护

下幸免于难。次年3月黄谷柳返回广州，他用饱蘸血泪与深情的笔触写出纪实性文学作品《干妈》，9月发表在抗战刊物《文艺阵地》上。迄今为止，黄谷柳仍旧是首位用纪实文学作品反映"南京大屠杀"史实的中国作家。随后，在重庆参加文协，从事小说、戏剧创作。

抗日战争胜利后，黄谷柳到广州创办正中书局广州分局，任业务主任。1946年3月，黄谷柳离开广州到香港从事文学创作，写零星短文维持生活。其间结识夏衍，受到革命思想感染，相继创作发表长篇小说《虾球传》、电影剧本《此恨绵绵》、中篇

青年时期的黄谷柳

112师文工队在松林中表演歌唱节目，黄谷柳摄于1951年朝鲜肃川

这种仿朝鲜人民军样式的军衣，是第一批入朝作战部队为了掩护身份而特制的，随着中国人民志愿军入朝作战的消息公开，志愿军不再配发这种军衣。后来入朝作战的部队都没穿过这种衣服。四次战役下来，这种被战士们戏称为"地垄沟"的军服磨得开了花，缕缕棉絮和衣服罩子被熏成烟黑色。黄谷柳摄于1951年朝鲜肃川

小说《刘半仙遇险记》、童话《大象的经历》等作品。著名文学家夏衍评价黄谷柳的作品"既有时代特征，又有鲜明的地方色彩，特别是文字朴素，语言精练"。

1949年2月，黄谷柳经夏衍、周而复介绍加入中国共产党。同年6月，参加粤桂边区游击队，任粤桂边纵司令部秘书。司令部设在廉江根据地，黄谷柳经常要随纵队文工团活动转移，大家都尊称他"谷叔"。黄谷柳战友在回忆时曾写道，"当时黄谷柳年已四十，两鬓斑白，还能随队伍行动，露宿于树林旷野中。本来在香港可以安静地写他的书，却毅然要求到南路来打游击，见到他这种刻苦精

神，为之钦佩。"

解放海南岛战役打响后，黄谷柳积极要求上前线，部队怕他出危险不批准，他却乘机到徐闻沿岸一带拍摄部队出征情况，为这场伟大的战斗留下不少珍贵的历史镜头。

中华人民共和国成立后，黄谷柳历任广东省文艺创作室专业作家、《南路人民报》编辑、《南方日报》记者。抗美援朝战争中，黄谷柳先后两次入朝，与中国人民志愿军一起战斗生活，亲临战场420多天，拍摄了大量摄影作品，荣立三等功，获军功章一枚。

1953年年底，黄谷柳返国后离开报社进入作协，从事专业文艺创作，历任中国作协第二届理事、作协广东分会常务理事，广东省政协委员。黄谷柳在将近半个世纪的文学生涯中，显示其文学创作的多面手，著作颇丰。电影文学剧本《此恨绵绵无绝期》（自编）和《七十二家房客》（合编），脍炙人口。成名作长篇小说《虾球传》，以独特的题材和风格引起了读者的兴趣和文坛的反响。

《虾球传》是一部富有浓厚地方色彩和强烈生活气息的作品。虾球是生活在20世纪40年代香港社会底层的少年，他16岁时离开母亲，独自闯荡世界，一度误入黑社会当马仔、做扒手、搞走私，也蹲过监狱，历经劫难与艰辛。最后，虾球遇见了游击队，渐渐找到了自己的人生方向。从一个为生存而苦苦挣扎的流浪儿，成长为一个自觉的为人民利益而奋斗的游击队战士。1947年11月至1948年

《虾球传》（其一）

《虾球传》（其二）

《虾球传》（其三）

《虾球传》（其四）

《虾球物语》《续虾球物语》

《接班人》

《战友的爱——朝鲜通讯报告集》

《干妈》

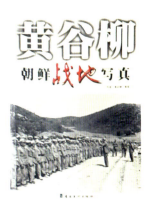

珠江电影制片厂《七十二家房客》报纸宣传　　　　　《黄谷柳朝鲜战地写真》　　　　　《黄谷柳朝鲜战地摄影日记》

出境前黄谷柳（右）与慰问团同事在安东（丹东）市政府大楼前合影

1951年，在朝鲜肃川的崇山峻岭中，黄谷柳访问38军112师

12月，夏衍主持的香港《华商报》副刊连载《虾球传》，引起广泛关注。《大公报》《青年知识》发表评论文章，茅盾认为"1948年，在华南最受读者欢迎的小说，恐怕第一要数《虾球传》的第一二部了"。

随后，分《春风秋雨》《白云珠海》《山长水远》三部出版了单行本，《虾球传》在"五四"以来同类题材的作品中独辟蹊径，在艺术上"打破了五四传统形式的限制而力求向民族形式与大众化方向发展"。在国民党反动统治崩溃前的最黑暗的日子里，《虾球传》的出现给窒息的文坛送来了春风，在当时的国统区特别是华南地区广泛流传，产生过很大的影响。在香港、北京曾多次出版发行。除了英译本外，日本作家把它译成日文《虾球物语》，先后印了9版并改编为话剧在东京演出。1981年，广东电视台把小说改编为8集电视连续剧，中央、香港电视台也接着转播。在这一个时期内，全国上下掀起了一股虾球热。此外，黄谷柳的其他作品还有中篇小说《杨梅山下》《和平哨兵》《渔港新事》，话剧剧本《墙》，散文集《战友的爱》，童话《大象的经历》等。

"首先当好一个战士，然后才是一个作家。"作为一名革命战士，他亲历北洋政府、国民政府和新中国三代军队，经过深刻对比，坚定投身共产主义革命事业；作为一名文艺工作者，黄谷柳著作颇丰，将自身经历以独特笔触融入文字当中，引起巨大反响。他以一个共产党员的标准严格要求自己，用实际行动实践自己为解放全中国、为实现共产主义而奋斗的誓言，用其一生真正立起了"文艺战士"的丰满形象。

参考资料：南国文艺客户端、中国摄影报活动客户端、《湛江晚报》《防城港日报》、电影卫星频道节目中心官方网站

高兆兰（1914—1999），美国归侨，祖籍云南昆明，著名的光谱物理学家、教育家。1936年获岭南大学物理学硕士学位，在校期间结识冯秉铨，以"摩尔斯密码"为媒确立了真挚的感情。1940年，两人同获奖学金赴美留学，1944年获美国密歇根大学物理学博士学位，5月受聘于美国锐提安公司研究部担任研究员。1946年高兆兰与冯秉铨学成归国，积极投身科学与教育事业，高兆兰专于光谱学、光学，曾任岭南大学教授、中山大学教授。中华人民共和国成立后，历任激光光学与光谱学研究室主任、中国光学学会第一届副理事长、广东省科协副主席等职，是第三届全国人大代表，第五、第六届全国政协委员，1979年荣获"全国三八红旗手"称号。

与"光"共舞　携"爱"前行
——高兆兰

　　1914年春天，高兆兰出生于昆明一个大户人家。高兆兰从小就很有"个性"：对生活细节并不十分在意。一般的小女生，总会喜欢时尚，把自己打扮得漂漂亮亮。她从小就不在乎穿什么衣服，大多是捡她姐姐剩下的穿。有一次过新年，大人们拿出首饰把她打扮得漂漂亮亮去走访亲戚，哪知到了地方之后，她却嫌碍事，把首饰拿下，用布包起来放在人家门槛下面，然后和朋友玩。要离开回家的时候，大人问她首饰呢？她却说："放心，我已经藏好了，不会丢的。"听起来有点让人哭笑不得。

　　欲望不多，就更容易精进。高兆兰生活上的要求不多，学业却显得格外突出。不论是小时候的私塾还是后来的学校，直至岭南大学，从来都是名列前茅。当年的岭南大学是教会学校，高兆兰进入学校时因为语言不通，被分进了预科。最终由于各科成绩优异直接跳过预科进读大二。民国时期学理科的女子算是凤毛麟角了。那时选读物理的人，因为读不下去知难而退转去读化学读中文的大有人在。而高兆兰不仅坚持读下来，还拿了三把"金钥匙"（即当年学科成绩最优者）。

　　而高兆兰在岭南大学，还有一个更大的收获，就是找到了自己一生的伴侣——物理电子学家冯秉

1942—1943年度巴伯学者合影，第三排左三为高兆兰

铨。这对中国物理界的"神雕侠侣"因为有着对学科共同的爱好和执着走到了一起。

1935年，在燕京大学完成硕士学业后，25岁的冯秉铨成为岭南大学最年轻的副教授。关于冯秉铨追求高兆兰的经过，姚树华在其所著的《华南理工大学名师——冯秉铨》中有过精彩地描述，其中的过程让我们体会到了理科生特有的浪漫和幽默：一串串数字、一个个公式、各种电路元件，这些在大多数人眼里极其乏味的元素在变幻无穷的摩尔斯电码里搭建了冯秉铨与高兆兰爱情的桥梁。每次做通信试验时，冯秉铨总以"88"作为结束语，而高兆兰却总是答以"73"。两年之后，当高兆兰第一次以"88"作答时，冯秉铨知道，他终于等到了属于他的爱情，因为在摩尔斯码中，"73"的意思是"致以友谊的问候"，而"88"则代表"致以亲爱的问候"。

冯秉铨爱好广泛，尤其是各种体育运动，而高兆兰的业余爱好则就显得贫乏单调得多。一起出去玩常常是冯秉铨与朋友们高谈阔论或者运动打球的时候，也是高兆兰坐在僻静的树荫下拿着单词卡背诵生词的时候。这个习惯一

冯秉铨和高兆兰

直到了美国依然没有改变。

和大多数青年一样，高兆兰年轻的时候同样充满着革命热情。而这种热情一方面来自当时严峻的社会现实。1935—1936年，中日之间的形势已经非常紧张，广州的学生运动风起云涌。另一方面来自家庭的政治熏陶。高兆兰的父亲参加过辛亥革命，属于国民党元老，对当时的国民党政府有着非常清醒的认识，他抵制内战。父亲多次告诉

左起：王承书、王明贞、高兆兰在密歇根大学物理系实验室的工作照

她："蒋介石的国民政府腐败涣散，热衷于争权夺利。中国要有新的局面希望还在共产党的身上。"

1940年取得奖学金准备赴美之前，高兆兰曾经打算过去延安。那是当时大多数热血知识分子最向往的地方。那时冯秉铨的妹妹已经在这个革命圣地工作了一段时间。高兆兰去信向冯秉铨的妹妹咨询延安的情况。不久得到了回信：革命成功后，祖国的建设需要大量的科技人才。你们能够出国深造机会难得，不应放弃。等待你们学成归国为祖国科技建设作出贡献。

1940年，冯秉铨和高兆兰赴美留学，并在留学期间结为人生伴侣。对于他们两人来说，6年的美国生活只能算是一生中的一段漂流。两人都在美国获得学位，冯秉铨甚至被导师邀请去军官电子训练班担任教员，有了稳定优厚的生活环境。但是抗战刚刚胜利，二人立刻义无反顾、急不可待地回到了满目疮痍的祖国。他们本来就只是出去留学，出国的表格上填的就是"学成归国"。

1952年中国大学院系大调整。冯秉铨调去华工，为了能继续科研项目，高兆兰留在了中大，投身我国最早一批光学光谱专业教学单位的筹建工作，并主持光学教研室的工作，开展发射光谱及喇曼散射光谱分析以及光电技术的研究，指导研究生和青年教师开展氨基化合物等复杂分子红外光谱与结构的研究、有机分子的电子吸收光谱研究等。1962年，高兆兰创建了红外光谱学实验室。

20世纪70年代，高兆兰指导并先后研制出我国第一台氮分子激光器和第一台可调脉冲染料激光器，并主持举办了全国第一次激光光谱高级研讨班。此外，高兆兰还致力于光学光谱人才的培养和建设，20世纪80年代初，她领衔在物理、激光与光谱学研究学科中建立了我国首批硕士、博士点、博士后科研流动站，以及国家重点实验室和国家重点学科点。20世纪80年代末，她主导的超短激光脉冲和超快速光谱学方面的研究胜利地跨入世界科学技术的前沿阵地；她建立的多种超短激光系统和超快速光谱学实验装置以及所取得的研究成果均达到国际先进水平。

学术方面的高深造诣离不开高兆兰优秀的品质，她作为学者用心钻研，心无旁骛，在处世为人上却一点也不刻板。即便满身荣誉，她也总会给人留下谦虚的印象。她不仅关心学生的学业，也常常帮助那些经济上有困难的学生。她教书亦教做人之道，并以身教影响着一代又一代的

冯秉铨夫妇参加学术会议期间留影

学子。

冯秉铨、高兆兰之子冯高义至今对母亲在他成长过程中的许多言传身教印象深刻：小时候，我有一张专门的桌子，上面常常堆得乱七八糟。每一次被要求清理的话，我就把抽屉打开，一股脑的把桌面的东西塞进抽屉。结果当然是几天后抽屉里的东西又重新堆回到了桌面。这时母亲会带着我一起收拾。把书籍本子叠好摞齐，把颜色笔用橡皮筋一扎扎箍好，铅笔橡皮装在小盒子里。最后会拉着我的手站在整齐干净的桌子前，告诉我"劳动创造世界"的道理。

1994年是高兆兰从事教育与科研六十周年，学校为她举办了庆祝会。学校、省市的领导来了。同事、朋友、新老学生来了。人们赞扬她科研上的成就，赞扬她为国家培养的人才，例数她获得的荣誉。高兆兰的答词是这样说的：省长一个省只有一个，科学家、院士只是少数，我的学生很多，看到他们在各自的工作岗位上作出开拓性的成绩我感到无限欣慰。大家的进步和成就就是赠送给我最珍贵的礼物。人生的愿望和价值不在于得到多少或者获得什么，重要的是给予了什么，奉献了多少。

那天她的学生赋诗一首：

烛光颂（七律）

少怀壮志学居里，祖邦贫弱似波兰。
旅美孜孜破万卷，返国殷殷献宵旰；
六旬硕果存海内，八十桃李庆满园。
烛光熊熊颂蜡炬，精筑人梯带登攀。

参考资料：《南方日报》、科普中国客户端、《华南理工大学名师——冯秉铨》、中科清研（北京）科学技术研究院官网

曾昭科（1923—2014），日本归侨，出生于广东广州，年少赴香港生活，曾在香港警务处任职，是当时警队中级别最高的华人警官。1961年返回内地、定居广州，1962年作为特邀代表登上天安门城楼参加国庆观礼。回国后，曾昭科积极投身教育界，先后在暨南大学、广州外国语学院（广东外语外贸大学前身）任教，曾任第广东省人民代表大会常务委员会副主任，全国人大代表、全国政协委员等职。

爱国者"曾sir"
——曾昭科

1923年，曾昭科出生于广州，父亲曾希颖曾在莫斯科大学念书，回国后专攻文学，为广州"南园新五子"之一，能诗善画，来港定居后，在圣类斯中学及拔萃女书院任教。在广州念完小学后，曾昭科在父亲的安排下赴香港生活，入读九龙华仁书院。毕业时正值香港沦陷，曾昭科赴日留学。先在早稻田大学就读，后来转到京都帝国大学攻读经济。在日本留学时期，曾昭科开始深入接触左翼思想，熟读《资本论》。

1947年，曾昭科毕业回香港后加入警队，作为高学历人才深受重用，成为首批被选拔到英国苏格

兰场接受特训的华人，曾任前港督葛量洪的贴身保镖。1961年，曾昭科出任警察训练学校副校长，成为当时警队中级别最高的华人警官。

1961年，曾昭科从香港返回内地。1962年，作为特邀代表登上天安门城楼参加国庆观礼。曾昭科定居广州，积极投身教育，先后任暨南大学外语系教授、系主任、暨南大学顾问，广州外国语学院（广东外语外贸大学前身）教授，广东外语外贸大学董事会名誉主席，全国法学会理事，广东省法学会、广东省外语学会副会长。

1962—1969年，曾昭科调到广州外国语学院任英

1962年，曾昭科在天安门城楼参加国庆活动

语系教授。1978年，暨南大学复办，他又回到了暨大担任外语系主任，担当起重组外语系的重任。戴伟华教授和曾昭科是四十几年的老友，也是在曾昭科的帮助下，1978年戴伟华从广州外国语学院调到暨南大学任教。他回忆说，当时暨大刚刚复办，什么都没有。曾昭科利用自己在香港的人脉，为外语系争取来了不少资源。

暨南大学外语系在20世纪70年代末就建立起了语言实验室，所有硬件设备都是当时广州市最好的。"实验室里有录音机，能够带耳机对讲，那时候其他学校根本没有，很多周围的学校都来我们这里参观。"戴伟华说。除此以外，还有一大批书籍的捐赠，都是当时国内见不到的，比如《大英百科全书》《大美百科全书》《牛津大辞典》等等，现在都还存放在暨南大学外国语学院的书库中。更让人觉得了不起的是，当时还是20世纪80年代初，曾昭科就借助人脉资源为外语系配置了苹果电脑，放在中英秘书模拟专用办公室里供学生使用。

除了硬件设施的配备以外，"曾老师在引进人才上也不拘一格"，戴伟华回忆说，"当时在暨大教日语的禹昌

夏老师，非科班出身，靠自学日语成才，当红一时的《排球女将》就是由他翻译。还有谭时霖教授，也是非英语专业出生，精通法德英三国语言，他曾翻译出版陶渊明的诗集。谢耀文教授是化工专业出身，还曾被当作现行反革命关过监狱，他在监狱里背英语词典，之后在英语翻译上大有作为：他先在外语系任高年级翻译教师，后在香港中文大学翻译教研室任教，2009年出版《恼人风味，阿谁知？》的翻译理论与技巧著作，得到业界高度认可……曾昭科选老师不看出身，有能力就行。"戴伟华说。正是在这一班人才的钻研和付出之中，暨南大学外语系慢慢走上了正轨。

曾昭科有一套非常有个人特色的教学方法——"万能教学法"。曾昭科在课堂上总是很活跃的，他不需要看书，因为他对教材的内容已经非常熟悉了。他讲的内容有深有浅，而且还会经常跟同学互动，通常一节课下来，他都会把课堂上所有的学生都提问一遍，让每个学生都能参与进来。以前有很多老师讲课都不可能顾及所有学生，但是在曾昭科的课堂上，每个学生都能从中得到自己需要的

1963年秋，暨南大学校党政领导到南海县平洲公社探望在当地劳动锻炼的外语系师生（后排右三为曾昭科）

曾昭科（右一）与同事在暨南园里散步谈心

曾昭科（左一）宴请旅美校友

知识，成绩好的同学满意，成绩稍不好的同学也能学到有用的东西，所以后来的老师同学们就把他的教学方法称为"万能教学法"。

曾昭科不仅对教学工作认真负责，对学生的情况也是非常关心与了解。当时甲级共有九个班，他教的是一班，但是他除了对自己班的学生非常了解以外，对其他班的学生情况也清楚，因此他在写学生鉴定时心里很有分寸，最后毕业时分配工作每个学生对自己的分配结果都很满意。

曾昭科的学生对曾昭科有各种亲切的称呼，诸如曾sir、曾公等。"他虽然是个领导，但是很有亲和力，有他在的地方一般都会嘻嘻哈哈的。"曾昭科的学生李启莺说，曾老师虽然身居高位，但是一直十分友善，"他去饭堂吃饭的时候，经常会先跟炊事员握握手，拍拍肩膀，问候问候人家，"李启莺觉得，"他到哪里都会让人觉得很温暖，很舒服，这就是他的魅力"。

曾昭科在国外学习多年，精通英语和日语，但他从来没有宣扬自己，没有崇洋媚外，他在课堂上对学生讲的都是要爱国，要有民族自豪感。在复办暨南大学外语系的过程中，曾昭科只有一个目标和信念，那就是把暨南大学办好，把外语系办好，完成这个愿望的标志就是学生成才。他教学生从来不是为了让他们出国，而是希望他们能够继续建设国家。曾昭科生前曾说："我死后，你们不要说我做过什么官、给我戴什么高帽子，这些我都不需要，只要你们说我是个爱国者就行了。"

曾昭科是第七、第八、第九届全国人大代表，第五、第六届全国政协委员，第六、第七、第八、第九届广东省人大常委会副主任。作为一名爱国者，曾昭科从香港警界高官、"红色传奇人物"转变成为人类灵魂工程师，坚持奋斗到生命的终点。

参考资料：《南方都市报》《环球时报》、暨南大学新闻网、广东外语外贸大学官网

梁毅文（1903—1991），美国归侨，广东番禺人，中国现代妇产医学的先驱者。1924年毕业于广州夏葛医学院。1929年远赴美国、奥地利钻研医学，1931年年底回国从医。1949年她再渡重洋赴美深造，学成之时正值新中国成立，她拒绝国外高薪，毅然选择回国效力，先后在华南医学院、广州市第二人民医院（现广州医科大学附属第三医院）任职，曾当选全国人大代表、全国政协委员。梁毅文从医60多年，医术高明、博学多才，一生未婚，心系患者，以拯救妇孺为己任，为岭南妇产科学奠定坚实基础，享有"南梁北林"的盛誉，广州人民称道"一生爱国爱民造福妇婴奉献终身，一心惟俭惟善懿德风范长留后辈"。

"杏林巾帼"梁毅文

梁毅文，1903年出生于香港，祖籍广东番禺。14岁的时候，梁毅文陪母亲去医院看病，目睹了很多妇女无钱治病，境况凄凉，让她幼小的心灵深受震撼。在那一刻，青年梁毅文在心中就立志做一名医生，下决心要为广大贫苦人民治病，把自己的职业选择与报效祖国联系在一起。

1918年，梁毅文考入了广州的夏葛医学院（Hackeet Medicai College for Women），这是中国近代第一所女子医学院，1924年，她以优异的成绩从夏葛医学院毕业并获得博士学位。1925年，她在上海妇孺医院（今长宁区妇幼保健院）以及北京协和医学院妇产科进修，并回到广州的柔济医院（现广州医科大学附属第三医院）当医生。但在此后几年的工作当中，她深感自己的医学知识不够用，1929年，26岁的梁毅文去往美国费城开始了她的求学之旅。

1924年，梁毅文（左七）毕业于夏葛医学院她在费城的便士伊拿女子医学院半工半读，专攻组织解剖学、生理病理学，兼修泌尿科、内科。她的生活非常节约，为了省钱购买医学书籍，经常以面包和鸡蛋作为早餐与午餐，1931年，她获得了博士学位，继而前往奥地利的维也纳医学中心进修妇产科、解剖学和病理学。

同年，28岁的梁毅文回到中国，继续在柔济医院工作担任妇产科主任。旧时代的中国妇女经常得不到有效的治疗，许多女性死于难产与宫外孕，梁毅文进行子宫外孕手术和自体输血术，救治了许多女性患者。还开创了柔济医院在没有外科医生的参与下完成大手术的先例。1934年，她将自己在国外研究的《输卵管狭窄与痛经的关系》运用到国内实践当中，治愈了不少痛经患者。

1944年，她为一名女性患者切除了重达90磅的卵巢肿瘤，成了当时的大新闻。到了20世纪40年代后期，梁毅文已成为华南地区一流的妇产科专家，在同行中被誉为"南梁（毅文）北林（巧稚）"。她所领导的柔济医院妇产科水平也跃居医疗界前列。现在市二医院妇产科研究所人才

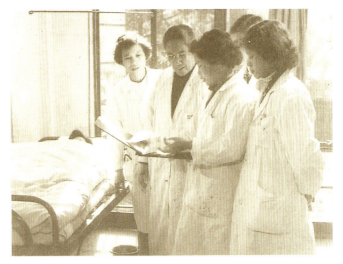

梁毅文（左二）带教查房

20世纪70年代，我国妇产科著名专家梁毅文（中）、林巧稚（右）、王淑贞

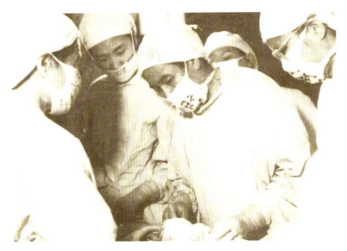

梁毅文医生（右二）在做手术

辈出，各方面成绩喜人。二例试管婴儿的研究获得成功，1990年的HLA——标准抗血清的制备和临床应用研究等成果，都是与梁毅文当年打下的良好基础分不开的。

1937年，抗日战争全面爆发，日方军机轰炸广州市区，造成大量人员伤亡，梁毅文与医院职工组织救护队，尽力收容与医治伤者。1949年7月，医院派她出国深造，她在美国纽约、波士顿继续研究妇产科。等到9月考察结束时，有人希望她留下不要回去，但她还是回到中国。她说："我是中国人，我应该回去。"

1950年，她除了继续在柔济医院工作之外，还兼任岭南孙逸仙博士纪念医学院教授，1954年，柔济医院更名为广州市第二人民医院，梁毅文出任副院长兼妇产科主任。她精湛的医术，高度的责任心，使她在医学界享有很高的声誉。说她把自己的生命奉献给了自己的职业一定都不为过，她生活简朴，以院为家，每天晚上就在床边摆一套医生制服，以备随时赶往急诊室，有一次半夜起床要救治一位难产的产妇，下楼时一脚踏空摔了一跤，她忍着疼痛工作3个多小时，等助手把她的手术衣脱掉时，她的手臂已经肿得袖子都脱不下来了，打X光片才发现手臂骨折。

"生来就为公众利益而劳动，从来不想去表明自己的功绩。唯一的慰藉就是希望在自己的蜂巢里，能够看到自己的一滴蜜。"这是梁毅文的心声和行为准则。1981年，她把自己的积蓄5000元捐给了广州市儿童福利会，后又把自己获得的补偿金和亲友捐款的5.2万元捐给医院，设立了梁毅文基金，每年奖励在科研工作中有显著成绩的医务人员。

晚年梁毅文仍孜孜不倦地学习

梁毅文与她接生过的孩子们

三位妇产科老专家，左起：郑莞、梁毅文、叶郇爱　　　　　　　　梁毅文（左二）与其他医生讨论

　　几十年来，梁毅文无论是栽培桃李还是从事科研，无论在医疗临床第一线还是退居二线后，都勤勤恳恳、一丝不苟地工作。年轻时期的梁毅文忠于职守，默默耕耘，一直在忘我地工作。到了花甲之年她仍经常深入病房，随叫随到，并常率领医疗队到工厂、农村及山区巡回医疗服务，从无节假日之分，天天都是她的工作日。她退居二线后仍十分关心医院的业务发展，为后辈解难答疑并经常指导妇产科开展技术性的工作。她曾编译妇产科学教材，编写妇产科诊断常规等，常为《中华妇产科杂志》审阅稿件做好把关引导工作。直到1990年，87岁高龄的她，依然伏案为后辈修改学术文章。

　　为了追求理想和事业，梁毅文把金子般的心奉献给广大的妇女和儿童，把全部精力倾注在妇产科工作上，把幸福送到千家万户。在半个多世纪的时间里，经梁毅文治愈的病人难以胜数，经她亲手接生的婴儿愈万名。有人说如果把这些婴儿的第一声啼哭录下来集中播放，相信这是一曲撼人心弦的生命交响曲。一些曾患不孕症的妇女为感谢梁毅文的治疗，特意把孩子的名字安上个"毅"字，每逢春节或梁老的生日，那些当年由她医治过的人带着孩子前来向"梁妈妈""梁奶奶"祝贺，或纷纷寄上贺卡、感恩卡之类以表心意。

　　1986年，83岁的梁毅文去北京并到邓颖超家中做客，还在广州过了一个隆重的83岁寿辰，庆祝自己从医62年，时任广州市委书记的许士杰亲到拜贺并题诗，诗中写道：呕心沥血栽桃李，废寝忘食拯妇孺。奉献丹心救济世，倾城钦佩老英模。

　　这个评价，梁毅文当之无愧，她一生未婚，将自己的一生都奉献给了医学事业，1991年3月30日，梁毅文病逝广州，享年89岁。在她逝世的第二年，广州市政府为她树了一尊3米高的汉白玉雕像，以纪念这位中国现代妇产医学的先驱者。

参考资料：广州市政协门户网站、广医三院客户端、《番禺侨讯》

梁方仲（1908—1970），广东番禺人，著名经济史学家、明清史学家。其祖父梁庆桂被称为美洲华侨教育的开山祖。其父梁广照曾东渡日本留学，回国后任清廷法部主事。梁方仲曾在清华大学就读，先后获学士学位和硕士学位。后入中央研究院社会科学研究所（中国社会科学院经济研究所前身）经济史组从事研究工作。1937年6月，被派遣赴日本进行学术考察，后因卢沟桥事发，提前于8月回国，仍在中央研究院工作。与吴晗、汤象龙、罗尔纲、罗玉东等人发起组织"史学研究会"，创办和推广我国第一份有关中国社会经济史的专业刊物《中国社会经济史集刊》。随后，赴日本、美国、英国、法国等地留学任职。1949年回到家乡广州定居，在岭南大学、中山大学执教，毕生致力于中国社会经济史的研究，特别是对于明代财政史，更是鞭辟入里，多所创见，成绩斐然，被国内外史学界誉为研究"明代赋役制度的世界权威"，是中国社会经济史学的奠基者之一。

此生无悔是书生　不辞长作岭南人
——梁方仲

　　1908年8月，梁方仲生于北京，其父梁广照——清代广东十三行行商后代，事业颇顺，官运向好，于是为其子取名嘉官，号方仲，希冀其子日后加官晋爵，光宗耀祖。但梁方仲少年时代就显示出独立自由的性格，拒用此名，一直到病逝仅以方仲行世。

　　自幼受家学熏陶的梁方仲，国学根基深厚，一生喜爱诗词，经常背诵，不时作诗。

20世纪30年代，梁方仲与其家庭成员合影

　　11岁时，他就写下"壮志何时遂，昂头问太清"等诗句，被人笑称少年老成。面对只读四书五经和古文、不许进洋学堂的陋规，他与弟弟向祖父和父母表示坚决要回北京读新式学堂。好在几经恳求抗争，终获批准。

　　1925年五卅运动爆发，反对帝国主义的浪潮汹涌澎湃。梁方仲就读的北京崇实中学的校

1934年，梁方仲（左二）与谷霁光（左三）、罗尔纲（左四）、汤象龙（右一）、吴晗（右三）等在北京成立了"史学研究会"

旅美时期，梁方仲（右）与赵元任夫妇、全汉昇、张其昀合影

长（美国人），因干涉学生反帝活动，动手打学生，引起学生愤怒。为示抗议，他愤而退学转读天津南开中学。1926年，他以高中一年级的学历，考入清华大学。就这样，在短短四年之内，他在北京天津完成了小学中学阶段的新式教育。

中学阶段，他受好友影响，很早便懂得"民以食为天"的道理和中国长久以来属农业大国的现实，深信中国农业问题的极端重要性，立志要为中国农业问题的解决出力，因此报读了清华大学农学系。不料一年以后因学生人数不足农学系遭裁撤，于是他转读西洋文学系，第三年又改读经济学系。虽几经转读，他依然在四年内本科顺利毕业。其时正值清华大学撤销仅修中国学术文化的"国学研究院"，开办现代意义的大学研究（生）院，梁方仲成为清华大学研究院第一届的研究生。

1933年冬，梁方仲进入中央研究院社会科学院研究所（中国社会科学院经济研究所前身）工作。在社会科学研究所期间，梁方仲带头组织人员抄录军机处和内阁档案中有关近代社会经济资料10多万件，开创了我国史学研究最早大量发掘和利用清宫廷档案的先例，又参与发起组织"史学研究会"，研究会明确宣示"我们认为帝王英雄的传记时代已过去了，理想中的新史乃是社会的，民众的"，并提出三大主张：一是研究整个民族主体的社会变迁史；二是先有专门的研究，然后才有产生完整历史的可能；三是注重史料搜集，没有大量的历史资料，是不可能写出好的历史的。梁方仲还创办和推广我国第一份有关中国社会经济史的专业刊物《中国社会经济史集刊》。

1937年6月，梁方仲东渡日本进行学术考察，因卢沟桥事变突发，毅然决定中止访问，与早已在东京帝国大学读研的弟弟和在东京政法大学留学的未婚妻一起回国。

1944年，梁方仲应聘前往美国哈佛大学作为期两年的研究，当时国民政府规定，所有出国人员都必须到中央训练团受训，进团的第一天首先要在专人指导下填写履历表。其中"已入党（指国民党）否"栏，如果未入，即被要求填上"申请入党"字样。梁方仲坚持空白不填。后来，中央研究院总办事处遵照院总干事指示，出面解释梁方仲是只做学问的"书呆子"，再搬出美方已经发出邀请等理由，并且向多个部门疏通，这样拖了好几个月，他才艰难得到护照。

1946年9月至1947年5月，梁方仲离美赴英访问伦敦政治经济学院和其他学术机构。1946年11—12月，还应招到巴黎担负参加联合国科教文组织成立大会中国代表团的技术助理工作。

丰富的海内外学习任教经历，使梁方仲既承继了深厚的国学基础、文史功底，又受到了西方经济学、历史学、社会学等学科的专业训练，可谓博古通今、学贯中西。哈佛大学教授杨联陞在《赠方仲》一诗中，这样评价他："北国学者莫之先，一代经纶独贯穿。"

在学术界只要提及"一条鞭法"，就会自然地联想起梁方仲。"一条鞭法"是明代嘉靖时期确立的赋税及徭役制度，由于制度推行从开始至结束，前后拖延时间很长，各地又采用了不同的变通形式、头绪纷繁，所以研究起来十分复杂。梁方仲运用大量的文献资料尤其是方志资料进行开创性尝试，抽象出规律性的内涵，才使得人们对明代"一条鞭法"有了比较完整的概念。

1948年，梁方仲在南京中央研究院办公室工作

梁方仲（左二）与岭南大学商学院教授合影

《明代粮长制度》

《中国历代户口、田地、田赋统计》

《无悔是书生》

　　在长达4万余字的论文《一条鞭法》中，梁方仲以锐利的眼光考察了明代田赋制度的变革及其对社会经济发展的影响，指出"一条鞭法"是现代田赋制度的开始，打破了两三千年实物田赋制度，标志着中国货币经济的兴起，显示出16世纪中国社会发展的趋势。

　　1936年，《一条鞭法》一经发表，马上引起了国际学术界的重视。次年，论文就被翻译成日文，在日本重要杂志持续刊载，译者称梁方仲为"明代土地租税制度研究少壮学者"。1956年，美国哈佛大学东亚研究中心将《一条鞭法》和《释一条鞭法》两文合并翻译为英文本出版。哈佛大学终身教授费正清专门为英文本撰写前言，高度评价了这一著作的价值。

　　以"一条鞭法"为中心，梁方仲展开了对明代田赋制度的全面研究，他先后发表了《一条鞭法》《释一条鞭法》《明代一条鞭法年表》《明代一条鞭法的论战》等一系列论文。直到今天，这些文献仍然是学术界公认的该领域最高水平的研究，美国学者何炳棣教授称其为"明代赋役制度的世界权威"。

　　对明代粮长制度的研究，梁方仲也同样作出了杰出的贡献。在《明代粮长制》出版前，人们对粮长制不甚明了。正是梁方仲对粮长制度产生、演变和破坏过程严谨的论证，澄清了长期以来由于记载含混而在人们头脑中形成的诸多误区。该书近10万字，系梁方仲在世时正式出版的唯一一部专著，是他前后经过20多年的反复思索和研究的成果。

　　梁方仲最后一部巨著是脱稿于1962年的《中国历代户口、田地、田赋统计》一书。此书上起西汉，下迄清末，首尾两千余年。对历代户口、田地、田赋分门别类，综合编辑，制成统计表格235份，为研究王朝时期中国社会经济建立起一个可以通过数字去把握的基础。全书将近百万

1952至1953年间，梁方仲（左二）与刘节（左一）、岑仲勉（左五）、王力（右五）、
金应熙（右四）、许崇清（右三）、容庚（右二）、陈锡祺（右一）等在中山大学合影

1959年，梁方仲一家人在中山大学东北区七号寓所

字，有着极高的学术价值。

虽然梁方仲给人印象最深刻的是"一条鞭法"研究，但他还有着更为宏大的计划——在田赋史专题文章的基础上，先完成《13—17世纪中国经济史》，继而撰写《中国田赋史》，再写《中国经济史讲义》，构建他的中国社会经济史学的学术体系。梁方仲在学术上的根本关怀，是要去理解和解释传统中国的社会经济结构及演变逻辑。

1949年1月，梁方仲离开中央研究院，从南京回到广州侍亲。应岭南大学校长陈序经之邀，梁方仲任岭南大学经济商学系教授兼系主任，创办岭南大学经济研究所。

在广州解放前夕，时任国民政府外交部代理部长叶公超曾专门到岭南大学动员他，并表示梁方仲熟悉的朋友已经或即将到台湾，如果他同意，就能立即安排交通和其他事宜，必要时将动用专机。香港大学开出比岭南大学高很多的薪酬延揽他到该校执教，美国哥伦比亚大学来函邀请梁方仲去任教。对于这些"邀请"，梁方仲没有经过激烈的思想斗争便拒绝了，至于是否北返中央研究院和后来的中国科学院（社会科学部），倒着实让他犹豫再三，最后他还是留在了岭南。

1952年，全国高校院系调整后，岭南大学被撤销，梁方仲转到中山大学历史系。当时的中大历史系，师资阵容强大，特别在中国古代史领域，有以陈寅恪领衔的"八大教授"之说，梁方仲就位列其中。值得一提的是，从20世纪50年代初期开始，他在岭南大学和中山大学开设中国经济史课程，系统讲授从上古到明清时期的中国古代经济史，这门课是新中国大学历史系最早开始的中国经济通史课程。

1959年，新中国高校首次正式全面施行研究生培养制度。梁方仲是首批导师之一，他以极大的热忱与责任感投身到培养研究生的工作中。到20世纪60年代初期，他率先在全国综合性大学中同时培养4名（共5名）明清经济史专业的研究生，亦是首批中大历史系教师中带研究生最多的教师。梁方仲从当时高等教育的实际情况出发，培养了一代在明清经济史研究领域有突出贡献、享有国际学术声誉的学者。梁方仲不仅开创了中国社会经济史学，而且终生为这门学科的拓展完善作了无怨无悔的奉献。

参考资料：《南方》杂志、澎湃新闻网、中国经营网、中国社会科学院经济研究所官网

黄洁（1911—1966），祖籍广东。早年侨居新加坡、荷属东印度等地，曾任巨港中华总商会副主席、巨港信记有限公司总经理，在海外积极团结侨胞支援中国人民的抗日战争和解放战争。中华人民共和国成立后，黄洁认为"在新中国做个民族企业家，总比在异邦当个'南洋伯'为佳"。1951年携资回国参加经济建设，曾任广州市侨联副主席、广东省工商联副主委等职，1961年任广东省副省长，分管侨务工作，主持修建华侨新村、发展华侨投资企业，为广东广州经济发展建设作出了重要贡献，是新中国华侨投资的先驱。

新中国华侨投资先驱
——黄洁

　　黄洁，又名黄洁正，原名赐麒（又名赐祺），1911年出生，9岁时跟随父亲到新加坡生活。1926年，他被送回家乡养病。1928年，父亲回到家乡接他返新加坡在金饰加工店当学徒，接触经商之道。1931年曾回国与广东侨眷司徒红清喜结连理，后再度远赴新加坡，在巨港开设金铺、公司。

　　1937年7月，抗日战争全面爆发。黄洁以其担任巨港华侨金业互助社社长身份，号召华侨捐钱捐物，支持国内抗日，救济沦陷区难民。他建议当地华侨金饰业主每户每月按年利1/4捐献，支援祖国抗日，各业主热烈响应。黄洁又发起成立巨港华侨抗

敌后援会，由后援会发放救济箱给各华人商店，悬挂于显眼地方，让大家把捐献款项投进箱中，以供救济祖国伤兵和难民之用。黄洁还大力发动巨港华侨购买国民政府发行的救国公债和建国储蓄券。在黄洁等侨胞的大力支持下，抗战期间，荷属东印度华侨汇寄回中国的捐款为数不菲。

　　1942年2月，日本把魔爪伸向荷属东印度。黄洁带领巨港侨领，劝告侨胞尽快撤出城市，而他自己却留下来处理抗日社团的善后工作。黄洁在日寇抵达巨港前一刻，才匆匆转移到300千米以外的苏门答腊岛南部山芭朱鹿镇避难。在长达3年多的避居岁月

中，黄洁与巨港进步侨领王源兴等人结成莫逆之交。黄洁积极协助王源兴找到从新加坡逃难到朱鹿镇的郁达夫、胡愈之、沈兹九、张楚琨、高云览、吴柳斯、刘漫、张企程、林枫、徐鳌等文化名人，并给予经济救助。那时印尼是荷兰的殖民地，因而在一些刊物和场合常常见到"荷属东印度"和"支那"这样带侮辱性的字眼。黄洁和一些进步团体和人士，一起带头使用"印度尼西亚"代替"荷属东印度"，用"中华"代替"支那"。

1945年8月，日本战败，黄洁、王源兴等从朱鹿镇回到巨港，被视为抗日英雄而受到侨界凯旋式的欢迎。黄洁一回到巨港，就与友人许崇德等合资开办公司，与爱国侨领王源兴、黄一飞、白辰恭等重建华侨总会，王源兴担任总会主席，黄洁掌管财政，后来担任副主席，兼总会属下的教育委员会主席。华侨总会统筹办理有关华侨社会的各种事务，协助华侨恢复家园、从事生产、开办实业。1946年年初，黄洁成立巨港信记有限公司（简称信记），并担任总经理。信记还在新加坡设立分行，名为信行，又在巴城（雅加达）建立分行。

与此同时，黄洁密切关注祖国的动态。1946年6月，蒋介石撕毁停战协定，悍然对解放区发动全面进攻。国民党又派遣了许多特务到海外活动，作反动宣传，混淆视听，拉拢不明真相的华侨支持。黄洁和巨港华侨总会以及一些华侨社团坚决拥护中国共产党的坚持团结、反对内战的政治主张。1948年5月20日，蒋介石排除共产党在外，单独召开伪国大，宣布就任大总统。黄洁大力揭发国民党反动派的虚伪宣传，坚决抵制伪选举，发动巨港华侨总会以及所有进步的华侨团体不放假、不挂旗、不游行、不开庆祝会。"四不"行动，得到广大华侨的热烈支持，挫败了国民党反动派在海外的宣传活动。

新中国成立之初，百废待兴，加以西方国家的经济封锁，因此，为数不多的来自海外的华侨投资对于国民经济的恢复和发展来说，便显得极为宝贵。

1950年年初，黄洁写了一封长信给中共中央华南分局统战部副部长饶彰风，表明自己拥护新中国，有意结束国外企业，携资回国参加经济建设。他在信中说："窃想目前摆在自己面前有两条迥然不同的道路：一条是依然在异

黄洁故居

199

黄洁等人到中国驻印尼大使馆官邸向王任叔大使、何英总领事辞行。
左三为王源兴、左四为黄洁、左六为何英总领事、左七为李礼旆

国赚钱当'南洋伯';一条是回国为建设新中国竭尽绵薄
之力。中国现阶段实行新民主主义,是适合国情的,我相
信这种制度是能将中国这个贫弱国家救活起来的。祖国解
放不久,从政治到经济都出现了一片新气象,更增强了我
这种信心。在新中国做个民族资本家,总比在异邦当个
'南洋伯'为佳! ……"饶彰风随即嘱咐回信,对黄洁的
爱国热情表示欢迎,并请他在适当时候先回国参观,经过
深思熟虑,然后作决定。

1951年4月,黄洁与王源兴、薛两清、李祝朝、施予
卿5人组成"印尼华侨工商业回国考察团"应邀回到中

国,在广州以及武汉、北京、天津、青岛、上海
等地实地参观了3个多月。时值中国人民正在如
火如荼地开展"抗美援朝,保家卫国"运动,黄
洁深受教育和鼓舞,当即代表"信记"公司向国
内有关部门捐献4亿元(旧币,下同),支援抗
美援朝。考察活动结束后,又进行一番认真的研
究,决定居留广州,发展华侨投资企业。

经广东省有关部门审批后,8月12日,"公
私合营华侨工业建设股份有限公司"(简称"华
建")筹备处成立,黄洁亲任董事长,并制定了
"工业为主,商业为辅,商业为工业服务"的经
营方针,确定首先筹资建立华建麻袋厂。在他的
努力下,工厂于1952年9月开工兴建,资金截至
1953年年底共筹得575亿元(其中侨资419亿
元)。员工多安排归侨、侨眷,全厂400左右职工中逾半
数为归侨。1954年春,麻袋厂正式投产,当年即获利
136亿元。从1955年起,该厂年产麻袋300万至500万条,
纯利100万至200万元,到1956年已全部收回本金。"华
建"是当时华侨回国投资规模较大的企业。它的成功,在
海内外产生了很好的反响,并很快使之成为当年广州新建
工业的一面旗帜和海外侨胞回国投资工商业建设的榜样。

黄洁积极投身祖国经济建设事业,受到党和政府的肯
定和重用。1952年,黄洁先后任全国工商联执委、省工商
联筹委会常委。1954年,黄洁连续被选为广东省人民代表
大会和全国人民代表大会第一、第二、第三届代表,省侨

印尼华侨工商业回国考察团游览长城合影,左五为黄洁

印尼华侨工商业回国考察团在武汉参观时留影,左二为黄洁

广州华侨新村

联、全国侨联委员，广州市侨联、广东省侨联副主席，广东省工商联副主委，广东省人民政府常务委员。

作为一名归侨，黄洁非常重视侨务工作、关心侨胞生活。1954年，黄洁了解到海外侨胞、归侨侨眷子弟读书难这一情况后，他会同王源兴、何贤、方君壮等侨领发起募捐，筹建广州市华侨小学（现广州市华侨外国语学校），海外侨胞、归侨侨眷先后有2739人为该校捐款46.8万元。该校于1955年建成，曾有来自60多个国家和地区近千名侨生在这里就读。

1957年5月，黄洁被选为广东省政协副主席。1961年9月，被补选为广东省副省长，分管侨务工作。他不辞劳苦，努力工作，经常出差各地参加侨务和投资工作会议，检查侨务工作情况，深入侨乡了解归侨侨眷生产生活情况，听取各种意见。每次出差回来后，都及时向省政府及各有关部门详细汇报，争取有效地解决各种实际问题。如

三年经济困难期间，广大农村的生产遭到了严重破坏，为迅速恢复生产，迫切需要化肥支援，但当时我国内化肥生产能力不足。经广东省领导同意，利用他与海外和港澳的广泛关系，于1961年争取到进口化肥1万吨，对于支援广东农村恢复生产起了积极的作用。

从"南洋伯"到副省长，黄洁在祖国最需要他的关键时刻，义无反顾地回乡建设，不遗余力地发挥华侨作用，为广东广州经济发展建设作出了重要贡献，是新中国华侨投资的先驱。

参考资料：中国建筑工业出版社客户端、东莞文联客户端、建工巧匠客户端、《广州日报》

伍景英（1890—1993），广东顺德人。晚清时清政府派往英、美两国学习制造舰船技术的留学生，1920年学成归国后，曾在上海、广州担任海军造船总监。为广东革命政府服务期间，他设计了广东舰队的"坚如号""执信号""仲元号""仲恺号"四艘巡舰。抗日战争期间，参与设计虎门水域布水雷的工作，阻止日军在虎门的登陆计划。曾在学校任教，著有《造船理论》一书。中华人民共和国成立后，担任海军南海舰队修造部总工程师、高级技术顾问，为人民海军的建立立下了汗马功劳。退休后，1979年移居澳大利亚。

扬帆逐梦　百年征程
——造舰专家伍景英

伍景英，出生于1890年，广东顺德古朗村人，幼年时居乡。1905年到广州投考黄埔水师鱼雷学堂，1909年毕业。当时，清廷海军部在英国订造"肇和""应瑞"两艘练习舰，在烟台、南京、马尾、黄埔四所海校各挑3名学生赴英留学，伍景英就是被选上的其中之一。

1912年秋，伍景英考入德林大学造船科学习。1914年第一次世界大战爆发，德国的飞船、潜艇封锁英国，给伍景英留下了极深刻印象，他自我惕励，立志学好专业技术报国。1915年在德林大学毕业后，到美国电艇公司，专心研究潜艇。两年多后，转入朴茨第一期海军船厂继续研究潜艇的设计、制造。

1920年2月，他毅然回国，由海军部派往上海江南造船所工作。1925年国共合作，在广州成立海军局，伍景英被召回广州担任国民革命军海军造船总监。为广东革命政府服务期间，他专司舰船的督造，设计制造了广东舰队60吨级和220吨级炮舰，前者有"仲元号""仲恺号"，后者有"坚如号"和"执信号"。

1928年，广州成立第一舰队司令部，伍景英被任命为司令部技正。1929年年底，国内政局多变，伍景英转而赴香港。1932年，应邀回广州，仍任第一舰队司令部技正。抗日期间，伍景英参与设计虎门水域布雷工作，阻止日军在虎门的登陆计划。

1938年10月21日，广州沦陷日军之手，哀鸿遍野。10月29日，从广州撤至肇庆的广东江防司令部，派执信、坚如、仲恺、仲元、飞鹏、湖山6舰迎击西进的日军，双方激战于马口。日军有4座炮垒被击毁，随即发动反攻，驻广州机场的日军航空兵闻讯前来助战，13架敌机围着6艘军舰轮番攻击，集中火力炮轰领头的执信号。执信号沉没后，舰长李锡熙、副舰长林春炘等23名官兵壮烈殉国。执信号的牺牲换来了其余舰艇的撤退，也赢来了海军全力设防和布雷封江的时机，保住广东大后方肇庆6年的安稳，同时也遏制了日军沿西江西进的步伐，减轻桂南战场压力。

1945年抗战胜利后，伍景英在广东省立海事专科学校任该轮机系主任、教授。在校教授造船学，船舶结构设计学，船舶锅炉学，自编讲义，还著有《造船理论》一书，此书曾于1963年由国防工业出版社出版。此外，伍景英还给航海、渔捞两系授课，常带领学生上船或去工厂实习。

《造船理论》

"伍老爱学生，这是我们两年学习中充分体会到的，他收集资料认真编讲义一字一句写黑板。他利用他的社会关系，使我们每个假期都能到较好的船厂、船舶上去实习，美国最新送给国民党海军的军舰，也让我们有机会去参观。在我们毕业后多年，每次去看他都得到他的谆谆教导。他将诗稿著作，甚至他用过的绘图仪器送给我们。移居国外后，直到年届百岁还亲笔给我们复信。"伍景英的学生王宗龄（曾任深圳华威近海工程总经理、造船工程师）在《怀念伍景英老师》一文中写道。

作为一名长者，伍景英爱国爱乡的思想从不止步。广

"仲恺号"炮舰在广东西江

近现代造船及潜艇专家（顺德）伍景英著《核推进讨论》《积载学》《翻译小说文稿》等手稿及图纸五册

隔园外围   伍景英设计的隔园

州解放前夕，中共地下市委向老专家、教授宣传入城八条政策，动员他们留在国内。伍景英当即表明："我绝不会去台湾的，只希望新中国能多造船、造舰。"广州解放不久，学校要停办，伍景英反复申述培养海事人才的重要，请求不要停办，甚至提出过折衷办法将两个系并入中大。

身为一名归侨，伍景英不仅在造舰艺术上发挥所长，还将自己的海外经历融入建筑设计领域。在广州的东山洋楼中，其中有一座名为"隔园"，这是东山洋楼中的代表作，位列"五大侨园"之一，而这座洋房正是伍景英所设计的。该楼建于20世纪30年代初，整体风格虽然源自英伦，但伍景英在各式建筑装饰里融入本地特色，如英式洋楼的阳台多是全封闭的弧形阳台，伍景英为了适应南方闷热的天气，将阳台设计成凹陷进去的通风阳台；在英式梁托上，加上了中国独有的吊钟花形。这种建筑风格也被人称为"西曲中词"。1980年，珠江电影制片厂曾在此拍摄电影《刑场上的婚礼》，可见其独特之处。

中华人民共和国成立后，伍景英先后任支前司令部计划科副科长，港务局工程室副主任，中南军区海军舰船修造部总工程师。1954年，伍景英设计了一艘80吨木质炮艇，该艇共建造三艘。退休后，1979年移居澳大利亚，1993年6月，伍景英在悉尼寓所去世，终年103岁。

青年时期胸怀壮志留学海外，烽火年代毅然回国抗战造舰，晚年潜心著书培育新中国的"海洋力量"，为人民海军的建立立下了汗马功劳。在伍景英103年的人生历程中，他不停追逐"中国舰艇"梦想，真正扬起了爱国华侨"复兴中华"的风帆。

参考资料：《珠江商报》、顺德城市网、广州文史网站、越秀党建客户端

陈耀真（1899—1986），美国归侨，祖籍广东台山，中国现代眼科学的主要奠基人之一，眼科学家和医学教育家。1921年，陈耀真赴美求学获得博士学位后留美开展眼科研究，1934年回国执教，在战火纷飞中积极治病育才，组建专科医疗基地，1937年结缘医学女博士毛文书（1910—1988）。1947年，在陈耀真的鼓励下，毛文书前往加拿大、美国深造眼科。中华人民共和国成立后，毛文书学成归国，与陈耀真定居广州，共同努力发展中国现代眼科学，为防盲而奋斗。1965年，陈耀真和毛文书创办并主持中国高等医学院校第一间规模最大的眼科医院，1983年主持创办了中国第一个从事眼科学研究的中山医科大学眼科中心，使眼科医院、眼科研究所、防盲办公室三位一体，完成防治、科研、教学三项任务，为发展祖国的眼科事业作出了杰出的贡献，两人被誉为中国眼科界的"居里夫妇"。

中国眼科界的"居里夫妇"
——陈耀真伉俪

陈耀真，祖籍广东台山，1899年出生在福州。陈耀真的父亲陈联祥毕业于美国哈佛大学化学专业，曾在南京金陵大学担任教授。他自小受父亲熏陶，曾就读于香港皇仁书院英文部，学习刻苦，成绩优异。1921年，22岁的陈耀真在族人的资助下，漂洋过海，考进了美国波士顿大学。在美国，陈耀真发奋图强，以优异的成绩屡获奖学金支持学业，经过6年奋斗，他先后获得医学硕士和医学博士学位。1929年被世界最著名的眼科研究所——美国霍普金斯大学威尔玛眼科研究所聘请为研究员，成为该所第一位中国籍的研究人员。在此期间，陈耀真

在《美国眼科杂志》《美国生理学报》先后发表了《结膜、脉络膜和虹膜的化学结构》《角膜钙化并发结膜改变》等9篇论文。

1934年，在国家遭受侵略的艰难时刻，陈耀真毅然放弃美国优越的工作和生活条件选择回国。回国后，陈耀真在齐鲁大学医学院任教，建立了济南眼科学会并任会长，1936年当选为全国眼科学会副会长。1938年，陈耀真跟随齐鲁大学赴四川成都与华西协和大学、中央大学医学院、金陵大学、金陵女子文理学院及燕京大学联合办学。陈耀真在华西协和大学执教，并任附属存仁医院眼科主任。在医

院里，陈耀真认识了刚毕业的医学女博士、聪慧灵巧的毛文书。毛文书，1930年考进华西大学医学院，1937年毕业，获得理学士和医学博士学位。1940年，相差10岁的他们结婚了，婚后诞下4个女儿。

1946年，华西协和大学计划选派优秀的年轻医生赴加拿大和美国高校深造眼科。1947年，在陈耀真的支持下，毛文书远赴加拿大多伦多大学、美国芝加哥大学深造眼科。当时最小的四女儿只有6个月，陈耀真担负照顾家庭责任的同时，坚持深入开展眼科研究，1947年、1948年还分别被英国的《眼科文献》杂志和美国的《眼科时代》、荷兰的《眼科文献》聘为编委。1949年，毛文书完成进修任务，回到阔别两年的家。

20世纪40年代，陈耀真教授率团队在华西大学存仁医院开设"免费门诊"服务老百姓

1950年，陈耀真携全家回到家乡广东，同毛文书一起应聘岭南大学医学院，在新中国的阳光下开始了人生的新里程。1952年4月后，岭南大学医学院、中山大学医学院和光华医学院三院合并为"华南医学院"（1957年更名为中山医学院），陈耀真担任眼科教研室主任。

从1955年8月始，陈耀真开始招收培养我国第一批眼科学研究生。当时，他的研究生做课题，苦于没有文献索引指路，亦没有几本可查的文献资料，研究工作无从下手。陈耀真及时从自己的"活索引"库中搜索资料，参阅国际上的研究动态，结合我国眼病发病情况和研究能力，选择研究方向，收集文献亲自把学生引上研究之路，后放手让学生独立思考，独立钻研，培养创造性思维，闯出科学新路。1960年，陈耀真受卫生部的委托，主编中国第一部高等医学院校教科书《眼科学》。20世纪60年代初，他继续研究中国眼科史，写出了《我国古代有关眼科预防医学思想简述》等10多篇论著。他的研究证明眼科在中国宋代医学已列为独立科目，还证明中国假眼配置术比其他国家早开展600多年。1964年，陈耀真将撰写的《中国眼科史概况》，编入第二版《眼科学》教材首章。毛文书也从1956年开始培养眼科研究生，她与陈耀真一起，使之逐步

1981年，陈耀真教授、毛文书教授被选为美国眼科学会国际贵宾

有规划地培养眼科的各种专业骨干，从防盲、眼病理、视觉生理、眼生物化学等各专业分别建立了实验室。1964年经国家卫生部批准在中山医学院建立了眼科研究室。

1965年，在聂荣臻、陶铸、陈郁等领导的大力支持和关怀下，陈耀真主持建立了中国高校第一家眼科医院——中山医学院眼科医院，并兼任院长。从最开始的两个医生、两张病床起步，到具有210张病床，陈耀真教授和毛文书教授为实现中国眼科现代化，终于有机会谱写圆满的光明梦想而深感幸福。

1981年11月，陈耀真和夫人毛文书接受美国眼科学会的邀请，作为贵宾，出席在佐治亚州亚特兰大召开的美国眼科学会年会，这是该会成立85周年来，第一次邀请中国眼科专家莅会。

1982年，美国奥比斯眼科飞行医院首访中国，陈耀真教授、毛文书教授与奥比斯眼科飞行医院创始人Paton教授合影

陈耀真教授82岁高龄仍到海南岛为少数民族患者诊病

1982年9月21日，一家美国DC—8大型喷气式飞机停在了广州白云机场。那是奥比斯飞行医院在1981年成立后首航中国。在广州18天，就在飞机上做了几十例的眼科手术，全国各地有120多名眼科医生前来观摩学习，大开眼界，轰动一时。这是改革开放之后，第一次有外国的非客机进入我国领空，并在广州机场停留这么长时间。其影响已经超越了医疗教学本身，成为中国改革开放初期的一个标志性事件。陈耀真、毛文书就是幕后推手。当时，美国眼科专家派顿教授给陈耀真写信，说他在筹建奥比斯飞行医院，将一架客机改装成一个小型医疗教学中心，组织美国、澳大利亚、西班牙、英国、法国等29个国家的眼科专家，飞往世界各地特别是发展中国家，传播教学先进眼科知识，让更多穷人免受失明之苦，希望能到中国来。

陈耀真、毛文书看了材料激动不已，决定向有关部门申请邀请奥比斯访华事项。但当时国门初开，并无先例，找了卫生、民航、安全、外事、海关、公安等"有关部门"，但无人拍板。很多人泼冷水，认为这是"不可能完成的任务"。毛文书的倔强性子又冒起来了："我就不信办不成！"她想到，要找个能管事的首长，对，就找叶帅！她告诉叶帅，希望活动能在广州白云机场举行，一来广州是改革开放前沿，二来广州有眼科医院。

叶帅为此事开启绿灯，奥比斯飞行医院得以成功在广州白云机场降落。奥比斯先进的设备和技术，比如白内障人工晶体、三联手术，都让国内医生们大开眼界，受益匪浅。如今，奥比斯已经成为中国人的好朋友，还在中国设立了基地，造福万千眼病患者。

同年，耄耋之年的陈耀真仍奋斗在第一线，翻译了英文版《彩色眼科图谱》。1983年调回广州，他在原眼科医院和眼科研究室的基础上，又在广东实现了另一个更大的梦想，陈耀真主持创办了中国第一个眼科综合机构——中山医科大学中山眼科中心，下设眼科研究所、眼科医院、防盲治盲办公室。

1983年，陈耀真脑溢血中风只能卧床，连说话都很艰难。他的病房，就在眼科中心的四楼。开始只有一张床位，夫人毛文书就睡在沙发上。后来总算添置了一张床，她就住在这间病房里，白天在医院工作，晚上在病房陪伴她的老师、她的伴侣。有时吃完晚饭，毛文书会用轮椅把陈耀真推出室外走走，他们最喜欢去五楼的图书馆，看着年轻医生们在学习。看着图书馆的灯火辉煌，看着年轻人求知的眼神，陈耀真的两眼会发光，脸上显出兴奋的光彩。这就是二老晚年的幸福时光。

1984年5月，时任北京人大常委会副委员长邓颖超的题字："陈耀真教授是一位具有高度民族自尊心和爱国主义的眼科专家。在半个多世纪以来，他专心致志从事眼科事业。无论是在临床，教学和译著方面都作出了极为宝贵的重大贡献。虽在八旬以上的高龄，仍孜孜不倦，锲而不舍地全心全意为人民服务。这是值得我们钦佩和学习的。我向他致以热烈的祝贺和崇高的敬意！"1985年11月，为庆贺陈耀真教授回国执教51周年和中山医学院眼科医院建

中山大学中山眼科中心

1979年，陈耀真夫妇（第二排右八、右九）与五代学生合影

院20周年，召开了第一次在中国举行的"国际眼科大会"。来自世界22个国家、759名眼科专家和医生在广州共聚一堂，热烈交流，到会者中有国际眼科学会和多国眼科学会的领导人和众多国际知名眼科学家，还有先进医疗设备和新药物等展示。再一次标志着中国眼科学界走向世界，也迎来了世界。在这次会议上，还设立了"陈耀真眼科奖学金"，出版了《陈耀真教授论文集》。陈耀真回国51年所构筑的梦变成了现实，中国现代眼科学已融入世界眼科之林。毛文书作为组委会主任，每天忙到后半夜两三点钟，但都要挤出时间去病房看陈耀真，向他介绍当天会议的情况和国际友人送给他的礼物。

1986年5月2日，陈耀真已经神志不清、心跳微弱，医院发出病危通知书。此时，毛文书正代表陈耀真参加在美国举行的视觉和眼科学大会。在陈耀真离世前，毛文书费尽千辛万苦终将"特殊功勋奖"亲手捧到他面前。陈耀真去世后，毛文书深感自己时间不多，在她生命的最后两年，先后八次奔波于亚洲、美洲等友好国家推动交流，还想带队到西藏为藏民医治白内障，但到了成都就因为年高

体弱被拦下了，只能在成都电话"遥控指挥"。1987年11月，77岁的毛文书与美国海伦凯勒基金会合作，率队在广东新会县开展防盲治盲大普查，共查人数832288人，其中盲人1954名，白内障盲人占了48.88%，大部分得到手术治疗。大普查的经验受到国际卫生组织的赞扬。

陈耀真教授与毛文书教授用自己一生的光阴与汗水为人类带来光明，为我国现代眼科学的发展贡献巨大力量，也为后人留下了无限宝贵的精神和物质财富，是我国现代眼科学的奠基人和先驱者，在我国眼科事业长空中，犹如一道鲜艳的彩虹。

参考资料：《南方日报》、眼界客户端、雷州市人民政府官网、中山大学校友会客户端

方君壮（1904—1981），中共党员，南洋归侨，广东普宁人。早年就读于上海交通大学，1927年赴南洋，曾任印度尼西亚苏门答腊岛《民报》主笔、马来亚槟城《现代日报》总编辑，在海外积极宣传抗日，领导爱国华侨支援抗战。1946年发起成立民盟马来亚支部及槟城分支部，1949年10月中华人民共和国成立时，率先在槟城升起五星红旗。1951年，方君壮回到祖国，满腔热情地投身于各项社会主义建设事业和服务侨胞的工作，历任国家侨委委员，广州市侨联第三、第四届副主席、第五、第六届主席，是第一至第五届全国人大代表。

初心不改　爱国爱乡
——方君壮

　　方君壮，原名次雄，又名存英，1904年出生，广东普宁县人。1926年在上海交通大学（原南洋公学）物理系就读时，加入中国共产主义青年团，为学院学生会执委，负责学生会专刊的主编工作。后被学校开除。同年返粤在广州加入中国共产党，后到广东省澄海县担任中共澄海县组织宣传委员兼农会顾问。

　　1927年11月农民武装队伍在莲花山战斗失败，方君壮与党组织失去联系，被迫出走国外。1928年抵达荷属苏门答腊（即印度尼西亚）的棉兰埠，任苏门答腊《民报》主笔。他利用这块文化阵地弘扬祖国文化，传播民主思想，深得华侨社会的爱戴和信任。不久，被选为棉兰教育总会秘书长。为发展华侨教育事业，促进侨胞的团结统一，他四方呼吁和不懈工作，为荷兰殖民当局所忌，1930年6月离开印尼。

　　1937年，方君壮应马来亚槟城《现代日报》之聘任该报总编辑。《现代日报》是马来亚北部拥有广大读者的一份华文报纸。它以"大众化、讲良心话"为宗旨，敢于秉笔直言，抨击时弊，深受各阶层华侨的赞赏。

　　除了宣传动员华侨团结一致，共同对外，抵制日货，出钱出力支援祖国抗战外，《现代日报》还有意识地宣传中国共产党"坚持抗战，反对投降；坚持团结，反对分裂；坚持进步，反对倒退"的主张，广泛介绍解放区军民英勇抗日，发展生产，实行民主政治的实况。1941年皖南事变时，《现代日报》及时揭露和抨击国民党反动派的罪行。华侨社团得知此真相，纷纷集会向重庆国民党政府通电表示抗议。方君壮还利用担任槟城华侨筹赈祖国伤兵难民委员会（简称"槟华筹赈会"）宣传部长之机，支持和密切配合槟城各界华侨抗敌后援会（简称"抗援"）组织戏剧队、歌咏队进行街头抗日救亡宣传，并秘密募捐支援八路军、新四军。

1941年太平洋战争爆发后，方君壮从马来亚槟城撤退到新加坡，并在当地参加陈嘉庚领导的新加坡抗敌总会，任秘书长，参与保卫新加坡的战斗。1942年2月15日新加坡沦陷前夕，他与胡愈之等一批进步文化人秘密撤往荷属苏门答腊。

1945年8月15日日本无条件投降，方君壮平安返抵槟城，恢复《现代日报》的出版。为了更广泛地团结各阶层人士，支持祖国的解放事业，他先后组织了中国民主同盟槟城支部和槟华记者公会，并担任上述组织的负责人，发动和团结各华侨团体和各阶层人士揭露、抗议国民党反动派的各种倒行逆施；声援祖国人民进行的"反内战、反独裁、反饥饿"的正义斗争。1948年，方君壮和庄明理、王海志联名代表槟城几十个华侨社团通电拥护由中国共产党倡议召开的新政治协商会议，为新中国的即将诞生而欢呼呐喊。他领导的《现代日报》率先采用新华通讯社的电讯稿。1949年10月中华人民共和国成立时，他率先在当地升起五星红旗。

方君壮因同情殖民地人民的解放斗争，为英殖民当局所不容。1951年，方君壮毅然回国，满腔热情地投身于祖国的各项社会主义建设事业和服务侨胞的工作，先后被选为第一、第二、第三、第四、第五届全国人民代表大会代表，曾任中央侨务委员会委员、中华全国侨联委员、广州市人民委员会委员、广州市政治协商委员会副主席、广州

方君壮在海外宣讲

方君壮与儿女合影

工作中的方君壮

211

方君壮（后排左一）与归侨爱国人士参观茶园合影

为热烈庆祝中国共产党第十次代表大会胜利召开的合影，后排右五为方君壮

1975年，广东省归侨爱国人士自费参观团在北京人民大会堂前拍的全家福，后排左四为方君壮

何香凝题写"华侨小学"牌匾

市侨务局副局长、广州市侨联主席和广州市华侨新村筹建委员会副主任等职。

为了解决各地大量侨生回国升学的需要，方君壮号召组织各地归侨、侨眷和海外侨胞捐资创办广州华侨小学、广州市侨光中学，积极协助恢复暨南大学。为了满足海外华侨落叶归根、回国定居养老、安置子女回国升学、购建住宅的愿望，他日夜奔波参与筹建广州市华侨新村的工作。方君壮还为筹建广州市侨联大厦，不遗余力地四处奔波筹款。在每年两届出口商品交易会期间，他不顾高龄，不辞劳苦带领侨联会接待组成员奔走于各宾馆、酒店，拜访参加交易会的老朋友，结交新朋友，听取他们的意见，介绍祖国的发展和政策，动员和争取他们回国投资，或参加家乡的各种建设。他为人厚道坦诚，严于律己，宽以待人，乐于过朴素的生活，为广州侨胞所称道。

无论身处海外还是立足家乡，无论烽火抗战还是回国建设，方君壮初心不改，始终秉承"爱国爱乡"的华侨精神，发挥华侨先锋的重要作用，为中华民族伟大复兴梦而奋斗到生命的最后一刻。

参考资料：中国侨网、中共汉中党史网

左：何东　　　　　　　　　　右：何安东

何安东（1907—1994），美国侨眷，与陈黄光共同创作我国第一首抗日歌曲《奋起救国》，抗战期间积极从事爱国音乐运动，致力于音乐创作和音乐教学，更用心培育自己的儿子何东学习音乐。何东幼年时便有"岭南音乐神童"之称，曾在广州音专附中学习。1980年创作了大型小提琴协奏曲《鹿回头传奇》，被誉为我国小提琴协奏曲创作"零的突破"。1985年赴美深造，成为加州首府沙加缅度交响乐团首位华人全职演奏家，获得美国加州"杰出音乐成就奖"。从父亲何安东的《奋起救国》到儿子何东的《鹿回头传奇》，虽身处祖国不同时期，但两代侨界音乐家的传承与发扬，以赤子之心鸣奏一首首相同主题的爱国报国的"弦上之诗"。

父与子的"弦上之诗"
——何安东、何东

何安东，1907年出生于广东江门，自幼刻苦学习音乐，19岁时，曾随菲律宾籍小提琴家Gonzalez学习过一年时间小提琴，23岁时又随立陶宛人Ore学习过钢琴及和声理论，虽然他的音乐技能、技巧基本上是在自修状态下完成的，却达到相当高深的地步。

青年时代，何安东与冼星海、马思聪、陈洪等过从甚密，共同携手从事爱国

何安东

音乐活动。1928年冼星海曾将岭南大学管弦乐队指挥一职十分信任地移交给了他。何安东的小提琴演奏也颇得马思聪和陈洪的赏识。

1931年九一八事变爆发，日本军国主义占领了我国东北三省，激起了全国人民的抗日怒潮，也激发了何安东创作抗日救亡歌曲的热情。当时，24岁的何安东任教于广州培正中学。就在九一八事变发生的次日，即9月19日，培正中学语文教员陈黄光撰写《奋起救国》歌词，何安东饱含爱国激情，

当即谱写成进行曲式的群众歌曲，歌中激愤地唱道："暴敌欺凌、破坏远东和平、连天炮火、遍地血腥，我劳苦民众、士兵，莫不愤恨填胸！来！时间已逼，精诚团结，死里求生，奋起，奋起！共作猛烈斗争！民众、士兵，一致奋起斗争，宁战死不为奴隶忍辱偷生！民众、士兵，一致奋起斗争！不用迟疑，莫怕牺牲，争取自由光明！"

这首由主歌与副歌结构而成，建筑在三和弦基础的旋律进行，一字一音，铿锵有力，朗朗上口。尤其是旋律中多次三连音的出现，加强了歌曲刚劲的动力，颇富号召力和鼓动性，鲜明地表达了当时民众群情激愤的爱国热情。这首《奋起救国》通过民众歌咏团及培正中学歌咏队的演唱，很快就传遍广州。

1932年，在上海的美国胜利唱片公司将《奋起救国》与何安东创作的另一首《民族精神》灌制成唱片出版后，传播得更为广泛，在当时的知识阶层、学生和工人中广为传唱，对于激励人民群众的抗战热情起到了积极作用。《奋起救国》被人们誉为我国最早创作的抗日救亡歌曲。

陈黄光作词、何安东作曲《奋起救国》

歌林唱片有《奋起救国》歌曲

抗日战争时期，何安东因写了大量救亡歌曲，被日本侵略者抓进监狱，遭到残酷摧残，险被杀害。1956年，何安东当选中国音乐家协会广东分会副主席。何安东从事音乐事业60多个春秋，经历了中华民族深重灾难与重大变革的历史时代。作为作曲家，他创作了大量富有时代激情和号召力的音乐作品，为中国革命和音乐发展作出了不可磨灭的贡献。作为人类灵魂的工程师，他辛勤耕耘，为繁荣我国音乐教育事业倾尽了一生心血，更把这一份无限深情寄托在儿子何

11岁的何东与三位姐姐的合影

东身上。

何东从小耳濡目染的熏陶加上父亲的悉心栽培，小提琴演奏的基本功颇为扎实。10岁那年，马思聪到广州演出，何安东携儿子前去看望，并叫小何东拉了两首曲子，其中一首就是马思聪的《牧歌》。马思聪听毕细心指点，还嘱咐何安东要好好培养这个不同凡响的孩子。何安东怀着对儿子的殷切期望，何安东将儿子送入广州音乐专科学校就读。1961年，何东进入广州音专附中，跟随叶雪庆教授开始了正规的小提琴学习。1962年，首届羊城音乐花会隆重举行，何东在广州乐团交响乐队的协奏下演奏莫扎特的小提琴协奏曲。

1968年，何东被分配到海南岛荒僻的琼中县，成为"毛泽东思想文艺宣传队"的成员。宣传队没有小提琴，何东便改拉二胡，经常下乡演出。一个偶然的机遇，让何东从仓库中寻到一把破旧的小提琴，他将琴修好。此后，何东和这把土洋拼凑的小提琴，就成了宣传队的压轴节目，那些黎苗乡民都成了他的忠实"粉丝"。婉转的琴声陪伴着追梦的少年熬过苦涩，成为琼中岁月唯一的慰藉。玉不琢不成器，生活的苦楚并没有把他打倒，反而练就了一名真正的艺术家所应具备的坚韧与赤诚，他的音乐造诣也在椰风蕉雨和黎家山歌中得到进一步升华。

1970年，广东民族歌舞团发现了当年的"音乐神童"何东，将他上调并委以重任。《黎家代表上北京》就是这个时期的代表作。1977年，何东调入广州交响乐团担当小提琴首席和独奏。他是广州交响乐团历史上第一位担任独奏的小提琴演奏家。1980年，何东与作曲家宗江创作了大

1974年，何东在西沙群岛为驻岛部队演出

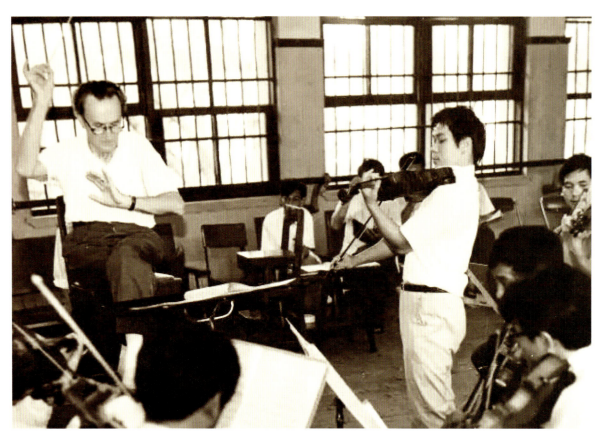

1978年，何东在广州乐团排练厅与美国著名指挥家齐佩尔排演莫扎特第五小提琴协奏曲

何东旅美后第一次回国探望父母亲

《鹿回头传奇》

型小提琴协奏曲《鹿回头传奇》，在中国交响音乐创作领域脱颖而出，被誉为小提琴协奏曲创作的"零的突破"。作为小提琴演奏家和作曲家的何东，在中国乐坛赢得了自己显赫的地位，被誉为"早年广州音乐的代言人"。

艺术道路上，何东从未停下追寻的脚步。1985年何东到美国加州圣地亚哥音乐学院深造，1986年参加美国加利福尼亚州首府沙加缅度交响乐团小提琴演奏员招聘，一举荣膺交响乐团首位华人全职演奏家。尽管当时何东尚未获得永久居留权，但移民部门因何东杰出的才华而破例批准乐团对他的聘用。从此，何东与世界一流的乐团、指挥家有了频繁的合作。这对何东而言犹如久旱逢甘霖，他如海绵般不断地吸纳养分，开始了小提琴演奏艺术生涯又一段光辉历程。

与此同时，何东致力于小提琴教育事业，并参与组织加州青年交响乐团。为表彰何东在小提琴艺术活动、教学

和传播中国文化方面的卓越贡献，加州议会议长签署授予何东"杰出音乐成就奖"。

"孩子，你是中国人，你一定要学会演奏中国音乐，不然你将来就不够资格做一个中国音乐家。"父亲的谆谆教诲，何东谨记于心。

随后，何东陆续推出专辑《弦上之诗Ⅰ》《弦上之诗Ⅱ》《弦上之诗Ⅲ》，收录的多为中国小提琴名曲，其中更不乏由传统民歌改编而来的乐曲。著名小提琴教授、享誉世界的杰出音乐教育家林耀基听完专辑后大加赞扬："一片乡音、乡情，满耳宫商，洋洋乎盈耳，使人倍感亲切。难怪海外同胞听后都有重返故土，如逢故人之感，其感染力之深，不言而喻。"这正是何东作为旅美音乐家的初衷：演奏由中国人自己创作的民族音乐精品，用音乐语言向世界传递中国文化，展示民族风采。

从父亲何安东的《奋起救国》到儿子何东的《鹿回头传奇》，虽身处祖国不同时期，但两代侨界音乐家的传承与发扬，以赤子之心鸣奏一首首相同主题的爱国报国的"弦上之诗"。

参考资料：《中国艺术报》、星海音乐学院官网、顺德政协官网

卓炯（1908—1987），中共党员，泰国归侨，湖南省慈利人，著名经济学家。1935年毕业于中山大学，1939年加入中国共产党后积极开展抗日宣传。1941—1946年在中山大学任教，1946—1948年为躲避国民党的追捕，侨居泰国。中华人民共和国成立后，曾任中共广州市委宣传部理论教育处处长、中共广东省委党校政治经济学教研室主任、广东省社会科学院副院长等职，毕生致力于马克思主义政治经济学特别是社会主义商品经济理论的研究，其理论观点和理论体系具有独创性，为学界以及改革开放实践留下了宝贵的理论遗产，被誉为"中国经济体制改革的理论先驱"。

理论解放的先驱
——卓炯

　　卓炯，1908年出生于湖南省慈利县，1931年考入中山大学教育系，后转入社会系，攻读政治经济学，受业于王亚南、何思敬等进步教授，为后来的学术生涯打下基础。1935年，卓炯获社会学学士，同年秋入广东学海书院，继续攻读研究生，研究明史。

　　1939年，卓炯以满腔热情加入中国共产党。入党后，卓炯发挥所长，开展抗日宣传工作，在第四战区主编《新建设》《阵中文艺》杂志，还编写了一些宣传小册子。1941年，卓炯回中山大学任教，先后任讲师、副教授，与王亚南共同钻研《资本论》。

　　1946年，国民党当局推行反共政策，卓炯被迫出走，侨居泰国曼谷，在当地的华侨中继续从事革命工作，并任曼谷南洋中学校长，为当地教育事业作出了贡献。1948年9月，卓炯回到祖国，第一时间奔赴前线，在云南参加地下党组织的人民武装斗争。1949年3月，卓炯任云南省人民反蒋自卫军第二纵队政治部主任。

　　中华人民共和国成立后，卓炯潜心钻研理论，调中共中央华南分局政策研究室工作。1950年5月任南方大学第一部主任。1953年任中共华南分局宣传部学习室副主任，后任中共广州市委宣传部理论教育处处长，致力于社会主义政治经济学的研究。先后写出

《论社会主义商品经济》

20世纪80年代，卓炯（左一）参加特区发展战略研讨会

《政治经济学学习提要以及〈十大经济政策解说〉》等专著，提出计划经济的基础是商品经济和商品价值规律。1958年任中共广东省委党校政治经济学研究室主任。1960年任广东省社会主义政治经济学编写组副组长。

卓炯在其50余年的学术生涯中，孜孜不倦地探索强国富民的真理。他以反潮流的巨大理论勇气，从20世纪50年代末60年代初起，率先突破和批判了产品经济理论体系，创立了独树一帜的彻底的社会主义计划商品经济理论、社会主义市场经济理论、社会主义资本理论和社会主义剩余价值理论，完成了社会主义理论经济学的革命，即"卓炯革命"。

他是我国最早提出社会主义经济是"计划商品经济"论断的经济学家，并写了社会主义剩余价值的首篇文章。1961年，卓炯发表在《中国经济问题》杂志上的论文中指出："现实的事实很明显，在公有制下，无论是全民所有制的产品也好，集体所有制的产品也好，只要有社会分工存在，产品就要进入流通过程，就要成为商品……这种商品经济的特点就是计划商品经济。"这是他的商品经济理论的中心思想，并据此得出了社会主义经济是有计划的商品经济的论点。当时为解决经济生活中的极大困难，提出要承认商品生产和商品交换、发挥价值规律作用的学者不少，但人们普遍认为：不同所有制之间的产品交换才是商品交换。而卓炯却认为是社会分工决定产品是商品，而所有制则决定商品的社会性质。正如我国著名经济学家董辅礽教授所说："这在国内外都是绝无仅有的。"

1979年，广东省社会科学院成立，卓炯任副院长。他继续致力于商品经济研究，写出《关于〈资本论〉的生命力的探讨》《政治经济学新探》《价值规律论》等专著。1979年4月，古稀之年的卓老向无锡全国学术会议提交《破除产品经济，发展商品经济》的论文。他的新观点、新理论，当时受到社会舆论的谴责和经济学界不少同行的非议。批判来自方方面面，但卓老始终坚持自己的理论，不屈不挠，批而不倒，压而不垮。有人批评他是"商品经济万岁、价值规律万岁"。他说："我是当之无愧的。"因为社会分工是商品经济的基础，只要社会分工存在，价值规律也就消灭不了。

从1982年开始，《中国社会科学》《光明日报》《广州社会科学》《广州日报》等10多家报刊杂志，发表30多篇文章和报道，评价卓炯的商品经济理论和治学精神，称他是社会主义商品经济理论的开拓者。

1985年6月，广东省人民政府授予他"特等劳动模范"的光荣称号。1986年6月，中共广东省委授予"优秀共产党员"的称号。1999年，为促进中国的社会主义经济建设，中国社会科学院经济研究所和广东经济出版社，共同发起了推选"影响新中国经济建设的十本经济学著作"活动，后经无记名投票而选出十本优秀经济学著作，卓炯著的《论社会主义商品经济》一书名在其中，成为新中国经济理论发展的十面旗帜之一。

参考资料：《南方日报》《二十世纪湖南人物》

梁灵光（1916—2006），中共党员，马来亚归侨，福建永春人。1935年赴马来亚任教，其间积极组建华侨社团、宣传抗日救亡。抗日战争爆发后，回国参加新四军，在苏中敌后地区开展艰苦卓绝的"反扫荡、反清剿、反清乡"斗争和抗日游击战争。解放战争时期，他临危受命，组建华中九分区，参加黄桥决战等战役。中华人民共和国成立后，曾任广东省委书记兼广州市委第一书记、市长、广东省省长、全国人大常委会委员、华侨委员会副主任委员等职。作为一名归侨，梁灵光不仅重视侨务工作，维护侨益解决侨难，而且心系华侨教育，亲自主持暨南大学工作8年。在粤期间，梁灵光锐意改革、敢为人先，为广东社会发展建设作出重要贡献。

从沙场"儒将"到广东"闯将"
——归侨省长梁灵光

梁灵光，1916年生于福建永春一个儒商家庭。父亲去世后，母亲有意让梁灵光继承父业经商养家，但是从日本留学回来的长兄梁披云坚持把梁灵光带到上海名校立达学园继续升学。在校期间，梁灵光积极参加革命活动，组织读书会争取进步学生，参加游行集会，支援工人罢工。

九一八事变后，东北沦陷，正在学日语的少年梁灵光愤然取消赴日留学的计划。1934年5月，他因秘密参加革命活动被开除学籍，后返回厦门，在《平话》杂志

1943年，梁灵光在南通抗日根据地

当编辑，发表檄文揭露日本侵华野心。1935年，在中国革命处于低潮和民族危亡的关头，梁灵光参加了一二·九学生运动，加入了党的秘密组织上海抗日青年团，并于同年6月赴马来亚吉隆坡尊孔中学任教，先后组建"雪兰莪邦反帝大同盟""华侨抗日救国会""左翼作家联盟"3个进步团体并担任主席，积极组织华侨开展抗

1946年，梁灵光与夫人朱含章、长女梁抗摄于江苏如皋

1943年南通警卫团领导人合影，左起：殷逸、韩念龙、梁灵光、周一峰、贾鸿钧

日爱国活动。

1937年全面抗战爆发后，梁灵光以《南洋商报》特派战地记者的身份回到上海，共赴国难。他受命奔赴苏北地区，参与组建江苏省民众抗日自卫队独立第一支队，任支队政治处主任。

1940年，抗战支队改编为苏北游击队第二纵队，梁灵光任二支队队长；不久，又转到新四军挺进纵队工作。同年8月，梁灵光加入中国共产党，在苏中敌后地区开展了艰苦卓绝的"反扫荡、反清剿、反清乡"斗争和抗日游击战争。

解放战争时期，梁灵光临危受命，组建华中九分区，参加了著名的黄桥决战和"苏中七战七捷"战役，以及淮海战役、渡江战役、上海战役，他还率部队先行入闽，参加了福州战役，为中国人民的解放事业作出了贡献。

梁灵光文武双全，身经百战屡建奇功，享有"沙场儒将"美誉。血雨中战斗，刀锋上行走，机警过人的梁灵光身上无一处负伤，堪称奇迹。

1949年，厦门解放前夕，投笔从戎十多年的梁灵光突然接到命令，让他担任厦门市市长。从此，他进入了生命中的另一个阶段。事后他才得知，他的这一转折和陈嘉庚颇有渊源。作为华侨领袖，陈嘉庚认为厦门是侨乡中心、重要港口，对海外影响很大，希望中央派一位熟悉侨情的闽南人出任市长。

这样，梁灵光成为中央的最佳人选。

由于治绩显著、深孚众望，梁灵光后任福建省工业厅厅长、副省长。1977年，梁灵光阔别福建家乡，奉调到新组建的轻工业部任部长，并于此年参加了被称为十一届三中全会前奏的中央工作会议。他积极推进拨乱反正，建立完善的管理体制，探索新的生产流通体制，调整"轻、重比例失调"问题，大力发展中国轻工业。

1980年，中央把梁灵光这位政绩斐然、开拓务实的省部级领导调到广东主政。当年11月起，梁灵光历任广东省委书记兼广州市委第一书记、市长，广东省省长。他和时任广东省委第一书记任仲夷组成拍档，在中央领导下，同心协力带领全省人民开风气之先，推动广东经济起飞。

"抓好广州市，也就等于抓好了整个广东的一半。"梁灵光受命南下后，解放思想，逐步放开物价、放开农贸市场，减少商品流通环节，把经济激活；改革经济体制，狠抓市政建设，改善投资环境，扩大对外开放。这些敢为人先的举措，开创了全国先河，为发展社会主义市场经济进行了有益探索，促进了广东经济发展。

梁灵光（右四）考察广州龙门县

广东人爱吃鱼。梁灵光到广州工作后，看到"鱼米之乡缺鱼吃"，决定以放开鱼价为突破口搞活经济，明文取消塘鱼派购，"自己生产自己卖"，一时间鱼多了，但鱼价也由一斤几角涨到五六元。"这一下子闹大了，老百姓接受不了"，有人告状到中央。梁灵光坚信价值规律是不可改变的，顶住压力做好工作。渔民生产积极性提高，鱼产量很快上升，价格开始回落。3年之后，改革奏效，放眼全国，广东的鱼最多、最便宜，出现"南鱼北运"的新景象。

经此一役，广东逐步放开商品价格，一直到关系千家万户的粮食价格的放开，市场兴旺。梁灵光说，"任何改革头三脚难踢，关键要重实践、看实效。"

梁灵光还经常深入基层，明察暗访。到广州不久，一次到滨江路一带看疍家。经过调查，发现有2万人世世代代没有房子，只能以小船为家，连吃水都非常困难。这让他非常难过，迅速责成有关部门尽快铺设水管。随后，市政府投建住宅，疍家从此结束浪里漂泊。以民为本，梁灵光大办实事、好事，广得民心。

对于深圳、珠海、汕头三个特区的创办和发展，梁灵光倾注很多的心血。1983年6月，广东省委、省政府决定：广东省试办经济特区的工作由梁灵光等3人主管，组成特区领导小组，在省政府下设特区办公室，集中处理解决特区的重大问题。他充分运用中央的特殊政策和灵活措施，在中央和省委的领导下率先提出"大、中、小"珠江三角洲经济开放区的构想，并积极推动"小"珠江三角洲的建立。

在梁灵光一班人带领下，广东敢闯敢试，勇于创新突破，充分发挥毗邻港澳的优势，全面落实侨务政策，调动侨乡潜力，南粤侨乡欣欣向荣，经济蓬勃发展，走在全国最前列。1984年1月，邓小平在梁灵光等陪同下第一次南巡，充分肯定了广东建立经济特区的成就。

1985年9月，梁灵光任广东省顾委会主任，1988年被选为全国人大常委兼任侨委会副主任。其间，他参与修订《中华人民共和国归侨侨眷权益保护法》和起草"华侨捐

20世纪80年代，梁灵光（中）到怀集山区探访乡民

1984年，访问英国时与首相撒切尔夫人合影

1981年，梁灵光（右二）视察广州菜市场

梁灵光（右二）参加中山大学英东体育馆奠基典礼

左起：李尚大、梁灵光、梁披云三任董事长笑谈福建黎明大学发展

20世纪80年代中期，梁灵光和夫人朱含章在广州市第一家中外合资的"仙柏"婚纱影楼拍摄婚纱照，还同意把婚纱照作为样板在影楼的窗口展出，一时传为佳话

梁灵光（右一）参加暨南大学会议

赠法"，先后3次出访欧美15个国家，考察侨情，慰问侨胞，尽心尽力帮助侨胞排忧解难，如助力解决委内瑞拉上万名侨胞的护照问题。

作为归侨省长，梁灵光重视侨校发展，敢为人先提出办"名实相称的华侨高等学府"。1983年起，梁灵光任暨南大学校长兼副董事长长达8年。"时任广东省省长的梁校长正是最忙的时候，刚刚改革开放不久，供应放开，问题较多，是很困难的时期，但是梁校长对学校的具体工作抓得很紧，不是挂空头衔。"梁灵光的老同事、暨南大学党委原书记张德昌回忆。

在暨大第三次复办初期临危受命，梁灵光对内锐意改革，对外大力争取经费资源，并明确将学校办学重点放在科研与教学上，为暨南大学的复兴作出了杰出贡献，奠定了暨南大学发展到今天规模的最重要基础。

1985年，梁灵光从领导岗位上退下来，但是依然非常关心时事，对于民营经济的发展、归侨工作的开展，作出了很大的贡献。1988年3月，被选为第七届全国人大常委会委员、人大华侨委员会副主任。

无论是在革命战争年代，还是在社会主义革命和现代化建设时期，梁灵光始终牢记全心全意为人民服务的宗旨，保持坚定的共产主义理想信念，从"一介书生到勇士、英雄、儒将、公仆"，从大陆到南洋再到大陆，梁灵光的一生"战绩累累、政纪辉煌、有口皆碑"。

参考资料：《南方日报》《福建侨报》、暨南大学客户端、广东乡情客户端

杜埃（1914—1993），原名曹传美，中共党员，菲律宾归侨，广东大埔人。1933年考入中山大学，参与进步文艺书刊编辑，拨旺革命文学火种。1936年加入中国共产党，积极投身抗日救亡运动，在香港、菲律宾长期从事宣传、统战工作，曾任中共香港工委代理宣传部长兼任港九文化支部书记，菲律宾华侨抗日游击支队"抗日反奸同盟"宣传部长，其间积累文学素材，著有《在吕宋平原》等。中华人民共和国成立后，历任中共广东省委文教部副部长、中国作协广东分会副主席、广州华南文艺业余大学校长、广东省文联党组副书记，致力于党的宣传事业和文学创作，著有《初生期》《人民文艺说》《论生活与创作》《乡情曲》等。

文学斗士　革命作家
——杜埃

　　1914年，杜埃出生于广东大埔，原名曹传美。童年在村内养正小学读书，后以第一名的成绩考入大埔中学，但由于家境贫寒，三个月后便辍学回乡任小学教师。在进步教师引导下，他在学校附近的小阁楼上读到了《列宁主义》《共产主义ABC》等进步文艺书刊。在进步书籍的鼓舞下，他勇敢地走上了曲折的人生旅途。

　　1930年，他从家乡来到广州，几经辗转，住进一间学生住宿的旅舍，当过抄写员、做过图书管理员，还进过英文夜校、世界语夜校学习。在此期间，他开始给报刊投稿，与饶彰风等几位进步青年一起参加秘密读书会，创办《晨曦》《天王星》等进步文艺刊物，并参与秘密刊物《火花》的编辑、写稿、印刷、发行等，积极投身抗日救亡运动，不断拨旺革命文学的星星之火。1933年，杜埃考入中山大学。同年，经连贯介绍，先后参加左翼社会科学工作者联盟、左翼作家联盟广州分盟，积极参加学习、宣传和发展组织的活动，还为"左联"和"社联"的地下机关刊物《新路线》撰稿。他在发表《客厅主义文学》时，开始使用笔名"杜埃"。

　　1934年春，因为一位同志把刊物拿到报摊寄售时被特务盯梢，《新路线》印刷机关被破坏，许多进步青年被捕，原住在东山茅屋的杜埃，转移到芳草街附近的榨粉街，与进步青年同住。连贯随后也转移到此处，继续领导广州"左联""社联""无产阶级文化总同盟"的工作，给杜埃和其他同志极大的教育和鼓舞。1935年年底，杜埃参加"突进社"的筹建工作，参与成立广州艺术工作者协会，团结文艺工作者投身抗日救亡工作。

1936年6月，杜埃加入中国共产党，任支部宣委。11月参加广州举行的鲁迅先生逝世追悼大会，会上群情激奋，特务不敢动手，第二天当局即按黑名单拘捕追悼大会的主办人和上台演说者，他和其他同志一起疏散到香港。西安事变发生后，形势有所缓和，杜埃才又回到广州。

1937年，杜埃再度赴香港，任中共香港工委代理宣传部部长，兼任港九文化支部书记，公开职业是南方书院教师，为《大众日报》撰写社论和主编文艺副刊。随后，参与高层文化人士的统战工作。1939年，杜埃按照指示，回到东江办10个县的青年抗日服务团训练班，任班主任。

1940年3月，杜埃远赴菲律宾建立抗日宣传基地，任建国中学教员、《建国周报》主编。太平洋战争爆发后，在菲律宾的中共领导的菲律宾华侨抗日游击支队，和当地人民并肩战斗，任"抗日反奸同盟"宣传部长。在海外抗战生活中，他写了许多散文和报告文学，结集为《在吕宋平原》，并为创作长篇小说《风雨太平洋》积累了丰富的素材。后任《华侨导报》《现代文化》主编，为当地进步书刊添薪助燃。

1947年，杜埃回到香港，在《华商报》工作，后代理党刊《群众周刊》总编辑。中华人民共和国成立后，杜埃参加东江教导团接管广州，继续发挥其所长，任《南方日报》社副总编辑。第二年，调入中共华南分局宣传部兼任华南人民出版社副社长，被选为省中苏友好协会秘书长。1955年，

1948年，杜埃与女儿在香港华商报社天台

1979年广东省"文代会"期间，杜埃（左一）与陈残云、周钢鸣、萧殷在一起

《在吕宋平原》　　　　　　《新政治讲话》　　　　　　《乡情曲》　　　　　　　《人民文艺浅说》

杜埃参与筹办华南文艺业余大学（今广东文艺职业学院）

《花尾渡》　　　　　《论生活与创作》　　　　《丛林曲》　　　　　《风雨太平洋》

参加中国作家协会；1956年任广东省委宣传部、文教部副部长；1958年，以中国作家代表团团长身份出访波兰、捷克。20世纪70年代后期，杜埃任中共广东省委文教部副部长、广东省文联第一副主席。1976年，参加增城县工作团，驻朱村镇体验生活，从事文学创作。其间，兼任《新华日报》史学会会长、《华商报》史学会会长、广州华南文艺业余大学校长等职务。1977年，任中共广东省文联党组副书记。

改革开放后，杜埃在工作中接触到许多青年职工。他们之中有的人很有艺术潜质，却苦于没有学习的机会。杜埃因在省文联任职，便和市文联的华嘉、张绍杰等同志找到时任暨南大学副校长罗戈东商量，筹办一所华南文艺业余大学，以招收有这方面才能的在职青年。华南文艺业余大学（今广东文艺职业学院前身）筹备到经费后终于办成，下设好几个专业，如文学系、美术系、演艺系、音乐系等，并培养出了一批又一批青年人才。杜埃是首任校长，他给学生上课，还请来许多专家学者，如林默涵、刘白羽等著名作家都来讲过课。如今广东文艺职业学院越办越好，规模不断扩大，而且有了新校址。

杜埃对家乡的山山水水怀有深厚的感情，中华人民共和国成立后，他曾7次返乡，写了许多富有农村气息的作品，于1961年汇集成《乡情曲》出版。他在《后记》中深情地写道："我的家乡——她的一切使我的感情永远激动，她在我的脑海中留下永生不灭的印象，她像春天的种子一样在我的心中发芽、苗长，为了这些，所以用了《乡情曲》为书名。"1979年，他陪同连贯等人返乡，写下记述家乡行的散记《山中山》，其中有《大埔山城》一诗："虎山跃跃梅河碧，丛林莽莽烈士血。埔北侯枫赤帜飘，三河坝上鏖战急。春风喜度万川关，绿野处处甘泉溢。长征路上迈新步，但见人人情激越。"1985年，他把节省下来的稿费委托县里的同志在家乡建了一幢小楼，命名为"准庐"，以纪念当年地下党组织在广州的联络点——名叫"准庐"的东山茅屋。1986年元宵，他在家乡"准庐"壁上题诗："松亭夜月今犹在，梦绕枫林梯岭明，南山高岗迎旭日，马山莒水总关情。"

杜埃毕生致力于党的宣传事业和文学创作，其《花尾渡》《丛林曲》《不朽的城》《冰消春暖》《风雨太平洋》等著作为黑夜带来丝丝曙光，激励了不少仁人志士投入革命斗争、报国报乡的滚滚洪流之中。

参考资料：广东乡情客户端、《大埔县志》、梅州市政协官网容国团（1937—1968），中共党员，出生于香港海员家庭，祖籍广东珠海。父亲容勉之是日本归侨，曾参加过省港大罢工和广州起义，因希望国家强大、民族团结，而给自己的独生子取名"国团"。1957年容国团回到内地，在广州体育学院学习。1959年，夺得第25届世界乒乓球锦标赛男子单打冠军，这是中国有史以来的第一个世界冠军。之后，容国团带领中国乒乓球团体再创辉煌，后出任国乒女队教练。容国团是中国乒乓球坛的开路人，给中国乒乓球带来了生命力，种下了中国乒乓球长盛不衰的基因，是中国体育界的一面不朽的旗帜。2019年，容国团获"最美奋斗者"个人称号。

新中国第一个世界冠军
——容国团

容国团，祖籍广东珠海，1937年8月10日出生于香港一个贫苦的海员家庭。父亲容勉之是日本归侨，15岁就开始做工，后来到香港一家轮船公司当海员，曾参加过省港大罢工和广州起义。这位香港爱国同胞总希望有一个强大的国家和团结的民族作为自己的坚强后盾，因而给自己的独生子取名"国团"。

1941年冬，日寇侵占了香港，容勉之一家回到家乡广东珠海南屏镇。1943年秋，容国团进入南屏甄贤学校读书。7岁那年，他被小小的白色赛璐珞球（一种空心玩具球）迷住，于是与乒乓球结下了不

解之缘。容国团的舅舅是一名业余乒乓球运动员，从小就有着非凡天赋的容国团跟随舅舅学习打乒乓球，他打起乒乓球来有一股灵气，进步神速，很快就成为全校的"乒乓小球王"。

1945年抗战胜利后，

容国团与父母

容国团的父亲容勉之回香港当海员，容国团于

容国团在赛场上挥洒汗水

1948年2月转入香港慈幼学校读书。

15岁那年，容国团成了香港东区一家渔行的童工。年幼力单，容国团每天起早摸黑在一片泥污腥臭中拣鱼运虾。但他没被穷困的生活埋没，因为父亲是香港工人进步组织工联会属下的海员工会会员，他得到了去工联会俱乐部康乐馆练球的机会。正是那段时间，容国团的球技得到飞速提高——他大部分的时间都用在练球和钻研技术上，天资聪颖加上平日的刻苦训练，使他很快成为香港顶尖水平的球员。

1957年2月，香港举行全港乒乓球锦标赛，容国团代表工联会参加了这次比赛，并与伙伴一起一举夺得男子团体和单打、双打3项冠军，从此名声大振。1957年4月下旬，日本乒乓球队访问香港，容国团像一头初生牛犊，与世界冠军狄村对阵，爆出了一个大冷门——他以21：19、21：13连胜两局，在一片惊叹声中，竟将世界冠军拉下马。容国团打败了狄村，消息一夜间传遍了香港，妇孺皆知，他成为新闻人物。

1957年9月，容国团代表港澳乒乓球联队到北京与中国国家队打表演赛，当时容国团病后初愈，还没有完全康复，但他还是凭借自己高超的球技，击败当时中国乒乓球队中的主力队员王传耀、傅其芳和胡炳权。最后虽因体力不支放弃了和中国首个男子乒乓球全国冠军姜永宁的交手，但容国团的球技已经震撼了在场的观众，大家对他报以热烈掌声。那天，贺龙元帅也观看了整场比赛，随后，

他亲自建议容国团回来为国家效力。

在刚成名的那段时间里，容国团不止一次在心里问自己：该为谁打球？容国团的父亲容勉之曾参加过省港大罢工。受父亲的影响，容国团一直对祖国内地心怀向往。

1956年年底，容国团向广东省体委递交了一封申请书，请求报效祖国。一系列的波折后，容国团接到广州体育学院的入学通知。1957年11月1日，容国团背着简单的行装，在工联会工作人员陪同下，迈步走过深圳罗湖桥，投入了祖国的怀抱。他用日记记下了那天的心情："这是我走向新生活的第一天。当我踏入广州体育学院所在地时，早已相识的乒乓球运动员纷纷向我握手问好，表示热烈的欢迎。这时候，我心里充满了幸福感。很久以前，我就想成为他们当中的一个，现在终于如愿以偿。"

1958年4月，在广东体委召开的体育工作会议上，容国团发出了"三年之内夺取世界冠军"的豪言，而在当时，世界冠军对于中国人几乎是无法想象的。一年之后，第二十五届世乒赛在德国的多特蒙德拉开帷幕，容国团第一次代表国家参加大赛。世乒赛前半程，顺风顺水，男团首次闯入四强。贺龙元帅发贺电鼓励，周恩来总理每天无论多晚都要亲自过问比赛情况。巨大的压力下，在八进四的比赛中，队员纷纷落马，容国团成为男单"硕果仅存的一颗"，并闯进了决赛。决赛的对手是匈牙利老将西多。中国人从来没有离世界冠军梦这么近！在决赛中，容国团利用发球长短兼施，配合拉侧上旋，在先输一局的情况下

第25届世界乒乓球锦标赛上，容国团夺得新中国体育史上首个世界冠军

容国团与队友夺得男团世界冠军

第25届世界乒乓球锦标赛纪念邮票

容国团带领女队夺得世界冠军，左起：梁丽珍、郑敏之、容国团、
林慧卿、李赫男

直落三局，最终战胜了西多，成为中国体育界的第一个世界冠军。

夺得世界冠军后，22岁的容国团一回国，即受到了民族英雄般的礼遇：时任国务院副总理的贺龙亲自到机场接机、献花；周恩来总理甚至将容国团夺冠和十年国庆并称，将中国首次生产的乒乓球命名为"红双喜"。可见容国团夺冠在当时对国人的意义。

在容国团的带领下，中国乒乓球队从此进入了世界强队的行列。帅气的容国团也因此成为全民偶像，而乒乓球也就此开始被国人奉为"国球"。

1961年，第二十六届世界乒乓球锦标赛在北京举行，中日两队在男团决赛展开了激烈交锋。容国团先失两局，后由徐寅生、庄则栋将比分追平。在决赛局上场前，容国团甩开毛巾，大呼一声："人生能有几回搏！此时不搏，更待何时！"

决赛局中，容国团和日本队的星野前两局打成1:1平，决胜局中，容国团一路领先，打到20:18时，星野力图挽回败局，拼命侧身连续拉弧圈球，容国团一板挡回，六七个回合后，因星野一板用力过猛，将球拉出界外，中国队终于第一次荣获世乒赛男子团体冠军。

1964年年底，容国团受命于女队连败于日本的"危亡之际"，出任国家女队教练。1965年4月，在南斯拉夫举行的第二十八届世乒赛中，梁丽珍、李赫男、林慧卿、郑敏之在他的率领和指挥下，获得了女子团体冠军、女子双打和混合双打冠军，再次震动世界乒坛。

容国团大声呐喊出的"人生能有几回搏！此时不搏，更待何时"也随乒乓球的广泛传播而传遍了我国大江南北。1965年，容国团加入中国共产党。容国团给中国乒乓球带来了生命力，乒乓球在中国生根发芽，根深叶茂，硕果累累，国人受惠颇深；同时，他打下了中国乒乓球队"快准狠变转"的根基，种下了中国乒乓球长盛不衰的基因。2009年，容国团被评为"100位新中国成立以来感动中国人物"之一。2019年9月，容国团荣获"最美奋斗者"个人称号。

现任中国乒乓球协会主席刘国梁曾说，"60年来，容国团给我们中国乒乓球队整个团体注入的精神与灵魂生生不息，传承至今，半个多世纪来在世界乒坛长盛不衰，更是成为中国体育界的一面旗帜。"

参考资料：人民网、新华网、《光明日报》、《中国青年报》、南粤之声客户端邝公道（1916—2003），德国归侨，出生于广州，著名骨科学家。1933年留学德国，1940年获得德国柏林大学医学博士，1945年回国从医，1956年加入国际外科学会，为当时华南地区唯一会员。1953年曾参加抗美援朝手术队，任中南医疗队队长，1978年任暨南大学医学院教授，并参与筹建广州华侨医院。历任中山大学医学院教授，暨南大学医学院教授、外科主任，国际外科学会会员，中华医学会理事等职，第六届全国政协委员。邝公道长期从事外科、骨科的研究和教学工作，一生创新不断，被誉为"华南第一刀"。

"华南第一刀"
——邝公道

邝公道，原籍广东开平，1916年4月诞生于一个医学世家。父亲是广州名医邝磐石，在广州开设了一间妇孺皆知的西医院——邝磐石医院（今中山大学附属第一医院东山院区）。邝公道排行老五，年幼时酷爱音乐，弹得一手好钢琴，他曾恳求过父亲让他学音乐，但父亲认为邝家的孩子只能学医，他只好和他的其他兄妹一样，走上悬壶济世的道路。但那双原本在琴键上跳舞的手，拿起手术刀照样奏出了令人心动的人生和弦。

1933年，17岁的邝公道考取了德国柏林大学医学院，1940年获德国柏林大学医学博士学位。同时，邝公道通过考试，取得德国医师执照，成为极少数能够在德国行医的中国人。在任助教时，邝公道便对创伤骨科产生了浓厚兴趣，为了进一步提高专业技能，1943年，邝公道转至德国东北钢铁联合企业创伤医院任教，两年后，他被提升为主治医师及柏林市工业外伤监督医师。他天赋般的外科才能和出色的工作表现，令素以严谨严格著称的德国同行赞叹不已。

"二战"结束后，邝公道辗转埃及、南非、印度……历时一个多月，终于回到阔别13年的广州，被国立中山大学聘为外科主治医师兼代主任。中华人民共和国成立后，邝公道以极大的热情投身于新中国建设。1953年，他担任中南医疗队队长，与刚刚成立的华南医学院外科同袍一道奔赴抗美援朝最前线，以高超的手术挽救了无数志愿军战士的生命。

1955年，由于向苏联学习，广州医学院废科建组，成立外科教研室，邝公道担任第一任教研室主任。在此期间，邝公道培养了大批外科骨干人才，充实了外科学技术队伍，为今天中山医学院大外科的发扬光大打下了坚实基础，并在20世纪60年代初，与黄承达、黎秉衡一道实行我国首例"断足再植"手术，让病人重新恢复行走。1956年，邝公道被国家高教部评为二级教授，同年，由国家推荐加入国际外科学会，成为当时我国华南地区唯一会员。

治病之外，邝公道积极钻研医术，开创了多项新手术和新技术。在外科，尤其骨科领域，邝公道享有多项"第一人"之称。他曾主持中山医学院创伤研究室的研究，与病理教研组、放射学教研组合作，创建对骨肿瘤三结合的诊疗方式与制度，沿用至今；1962年，他研制出同源无机骨和人造骨应用于临床，开创世界先河；1964年，他进行全国首例断腿再植手术获得成功，被称为国内"断腿再植第一人"。

1978年，邝公道转到暨南大学任外科主任，筹建医学院与医院外科，成为暨南大学华侨医院的创始人。医院建成前那段时间，邝公道带着医学生去市外医院临床教学。多次下乡带教中，邝公道发现小儿麻痹后遗症是当时农村的主要骨科疾病。这些残疾病人由于得不到正确治疗，给患者与家庭带来痛苦，给社会带来压力。在设备简陋、人员配备不足的条件下，邝公道开始在农村乡镇医院开展小儿麻痹后遗症手术治疗。他带领的小组与广州市及省内外城镇、农村等20多个单位挂钩设点，巡回医疗。仅1982年2月至10月，他就在广西、湖南、海南、广东等地完成手术705人次，门诊治疗3711人次。

1987年，退休的邝公道仍记挂着农村小儿麻痹后遗症患者，继续到基层医院开展治疗和研究。他与广州经济技术开发区合作，筹款数十万元，创办了中国第一所专门服务小儿麻痹后遗症病人的外科医院——开发区邝公道矫形中心。

半生救人无数，疾病找上门来依旧不留情面。进入古稀之年，因前列腺癌转移，邝公道的下肢一度瘫痪而住进

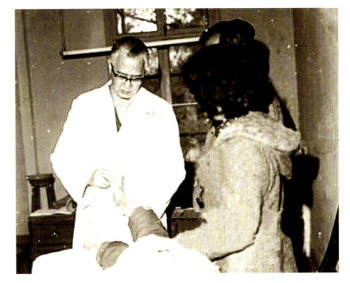

邝公道问诊中

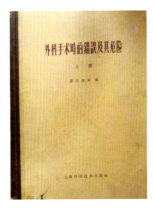

《外科手术时的错误及其危险》

医院。当时，医生们都认为他没有希望再站起来了。但是，奇迹再次出现。邝公道以顽强的意志自己编写康复计划，并挂着拐杖练习站立、行走。几个月以后，他竟然重新站了起来。年龄越来越大，但邝公道这把"刀"始终闲不住。1999年，他在广州邮电医院设立"邝公道骨科中心"，专门治疗小儿麻痹后遗症者。每周一和周五上午出诊，都有许多病人不远千里前来。

直到2001年，85岁高龄的邝公道依然亲自操刀，为一名2岁女童做先天性假肢矫正手术。手术进行了整整5小时。现在女童像同龄人一样活泼好动。更难得的是，考虑到不少病人家庭非常困难，邝公道体谅病人的苦处，想方设法一次手术就治好，以减少费用。

有人问他："邝老，85岁应是享清福的时候，您为什么还要劳神劳力去做医生，上手术台？"邝公道总是笑眯眯地说："救治病人是我的责任。而且我也尝过瘫痪的滋味，现在我的身体还行，所以也希望我的病人能像我那样，得到好的治疗，过上正常人的生活。"

参考资料：《南方都市报》《光明日报》、暨南大学新闻网

陈残云（1914—2002），中共党员，南洋归侨，广东广州人。1935年考入广州大学，开始文学创作，1938年出版诗集《铁蹄下的歌手》。抗战期间，他创作大量抗战诗文揭露日寇暴行，激励民众抗争。1941年起，辗转马来西亚、新加坡等地，回国后在广西积极参与抗敌救亡活动。中华人民共和国成立后，曾任广东省文联副主席、省作协主席、广东省政协常委等职，出版著作23部、超300万字，代表作有长篇小说《香飘四季》《热带惊涛录》，电影剧本《珠江泪》《羊城暗哨》，诗集《黎明散曲》等。陈残云是与时俱进的珠江文化的杰出代表，他所创造的平凡淳朴、朝气蓬勃、积极热情、真实生动的人物形象跨越时空的长河，依然余韵袅袅，经久不散。

"南国风格"的开拓者　时代精神的立传人
——陈残云

1914年，陈残云出生于广州郊区一个贫穷的农村家庭，三位兄长都在马来西亚当汽车司机，而他从小就在农村种地。后来在村里新办的小学就读，这期间他学习了很多历史故事。稍年长些，在哥哥的资助下他到广州读了一年半中学，后又到香港当店员。他阅读了茅盾的《野蔷薇》、巴金的《灭亡》、蒋光慈的《少年漂泊者》。受到这些文艺作品的影响，他爱上了新文艺。

20世纪三四十年代，许多青年受左翼新文学作品影响，将个人的前途与国家的命运紧紧相连，陈残云也不例外。他于1935年考入广州大学文学系

后，广泛结识进步师友，参加进步的诗歌活动，参与主办《广州诗坛》（后改名为《中国诗坛》），后又办了诗刊《诗场》。1938年，他出版了第一本诗集《铁蹄下的歌手》。

1941年10月，他经夏衍介绍赴新加坡，之后他辗转多地，到过马来西亚等国家，在1943年年底又回到祖国并继续写作，先后创作了《风砂的城》《南洋伯还乡》《新生群》等小说。

1944年年底至次年春，他还接受党组织的派遣，绕道黔滇边境，越过日寇敌伪的封锁线，加入广西苍梧县大坡山组织的抗日武装队伍，协助建立

抗日民主根据地。尔后，陈残云又辗转于粤桂两地，在东江纵队司令部和李济深部队之间传递信息，并于1945年夏正式入党。

1948年夏天，陈残云完成了中篇小说《贫贱夫妻》。在蔡楚生的支持下，他开始电影剧本的创作，将小说改名为《珠江泪》。1949年香港南国影业有限公司拍摄电影《珠江泪》，在导演王为一的严格要求下，演员们十分严肃认真。影片拍摄出来后引起很大轰动，获得文化部1949—1955年优秀影片荣誉奖，陈残云作为剧作家被授予荣誉奖章。《中国电影发展史》对该影片的评价："是这一时期在思想和艺术方面都有较高成就的一部粤语片。"

1954年，广州作家协会成立，陈残云当选常务理事、党组成员。这年冬天他在宝安县挂职县委副书记，负责边防工作。1955年夏天，广州作家协会调派他回城创作反特片，也就是著名的《羊城暗哨》。

陈残云接到任务后，到市公安局深入体验，参与跟踪、案情分析、逮捕、审讯等工作。影片《羊城暗哨》根据当时"广州第一大案"的真实事件和另一敌特案件综合改编而成，展现了公安战士与敌特分子斗智斗勇的精彩故事，深受广大观众喜爱。这是新中国第一部被译成五国语言在国外放映的中国电影，剧本也被翻译成多国文字出版。

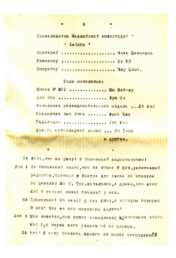

《羊城暗哨》俄文译本

1955年，他与欧阳山、李英敏到海南岛革命老区进行采访，体验生活。之后他与李英敏合作完成了电影剧本《椰林曲》。这是一部将革命现实主义与革命浪漫主义相结合的剧本，将夫妻情、父女情、岳母与女婿之情、乡情与革命战友之情交融在一起，是中国首部描写革命战争中人的复杂性的电影剧本。《椰林曲》在1957年上映后，令观众耳目

电影《珠江泪》海报

电影《羊城暗哨》海报

《香飘四季》

《热带惊涛录》

《山谷风烟》

《陈残云自选集》

《南海潮》

《羊城暗哨》

《珠江泪》

《陈残云作品选萃》

《陈残云评传》

从左到右：陈残云、于逢、李门、萧殷、黄宁婴

1961年，左起：陈残云、蔡楚生、王为一合作编剧电影《南海潮》

一新。

1958年，陈残云到当时的东莞县挂职，任县委副书记，在麻涌蹲点，《香飘四季》便是挂职期间所孕育的文学成果。女儿陈茹回忆，父亲盼望去基层工作已久，收到挂职通知时，心情非常愉悦。"他一贯认为，作家如果不到火热的生产生活第一线中去，是不可能写出表现时代的好作品的。"

在东莞，陈残云虽名为体验生活，实际上却和所有县委成员一样，分工包片，与农民同吃、同住、同劳动。1960年春，陈残云从东莞回到广州。尽管公务繁忙，又患上了胃病，但水乡的人和事仍时时在他的脑海里闪现，许火照、许凤英、何水生们自力更生、迎难而上，立志摘掉"穷帽子"的形象，一个个鲜活得仿佛要蹦出来似的，让他感受到一种内心在燃烧的激情。"不写不行啊，不管能不能出版都要写！"

1963年，陈残云的长篇小说《香飘四季》问世，京穗两地同时出版，首印十数万册，后来又再版多次。全国各地的工农兵读者纷纷给出版社和陈残云写信，对书中改天换地的英雄人民和四季飘香的水乡生活，表达了真挚的崇敬与向往。

《香飘四季》在广东大受欢迎，一经上架，便销售一空。《香飘四季》为陈残云赢得了巨大荣誉，但他并未因此止步，而是笔耕不辍，创作出一系列堪为时代精神写照的重磅作品。

20世纪80年代初，年近七旬的陈残云完成36万字的长篇小说《热带惊涛录》。作品以太平洋战争为历史背景，生动再现了南洋华侨和人民在日本帝国主义铁蹄下饱经苦难、最终奋起反抗的真实画卷。小说素材源于陈残云年轻时在海外从事抗战工作期间的见闻感受。

在60余年的创作生涯中，陈残云在诗歌、散文、小说、电影等各种文学门类中都取得了极大的成就，使他成为中国新文学史上屈指可数的全才型文学大师。他所创造的平凡淳朴、朝气蓬勃、积极热情、真实生动的人物，也必将长久地闪耀在中国新文学人物画廊之中。

参考资料：中国电影资料馆客户端、海外网、广东作家网

蒲蛰龙（1912—1997），美国归侨，原籍广西钦州。少年随父母定居广州，1946年赴美国明尼苏达大学留学，1949年获博士学位后回国参加建设。曾任中国科学院中南昆虫研究所所长，中山大学生命科学学院院长，第二、第三届广东省科学技术协会主席等职，1980年当选中国科学院学部委员（院士），是中国害虫生物防治科学创始人之一。蒲蛰龙率先推广和应用"以虫治虫，以菌治虫"，创建水稻病虫害综合防治基地，是首位获得美国明尼苏达大学最高荣誉奖"优秀成就奖"的中国籍学者。1992年荣获广东省委、省政府授予的"广东省杰出贡献科学家"称号。

中国害虫生物防治奠基人
——蒲蛰龙

1912年，蒲蛰龙出生于云南，因父亲频繁调动工作，童年时没有固定的小学入读，饱学经史子集兼精通医术的父亲，成了蒲蛰龙最好的启蒙老师。

当时，我国农业生产技术落后，自小生活在贫穷农村的蒲蛰龙便立志发展我国农业生产技术，改变农业落后现状。1931年，蒲蛰龙考入国立中山大学农学系，他将昆虫学科作为自己的主攻方向。1935年，他发表毕业论文《松毛虫形态、解剖、组织及生活史的研究》，被称为"广东乃至全国首篇较全面论述和防治松毛虫的理论依据的重要文献"。为此，大学毕业时，蒲蛰龙获得了中山大学

农学院颁发的"毕业论文奖"和"优秀成绩奖"，这在当年的农学院是绝无仅有的。

蒲蛰龙后又赴燕京大学研习生物学基础理论。1937年夏，蒲蛰龙完成硕士毕业论文，但尚未答辩，就发生了震惊中外的七七事变，日寇的铁蹄踏进了北平，学校解散了。蒲蛰龙怀着惆怅的心情告别京城，回到中山大学农学院任教。

之后广州沦陷，中山大学紧急疏散。祖国山河破碎，民族苦难深重，颠沛流离的生活更加坚定了他"科学救国"的志向。1939年秋，中山大学在大后方云南复学，已是农学院副教授的蒲蛰龙很快投

入教学科研生活中。在这里开始了他有生以来的第一次用微生物细菌防治蔬菜害虫菜青虫的试验，实验取得令人满意的结果。

在旧中国，昆虫研究的家底相当薄弱，国内估计有昆虫15万种，但已鉴定的只有2万种，而且93%以上还是外国人作鉴定分类的，我国搞昆虫分类的不足10人。作为一名昆虫学领域的研究者，蒲蛰龙深感责任重大，可囿于当时动荡的时局以及艰难的学术研究环境，蒲蛰龙感觉到心有余而力不足。为此，他决计赴海外继续深造。

1947年，蒲蛰龙在美国明尼苏达大学

在美国明尼苏达大学求学期间，蒲蛰龙师从著名昆虫分类学家米卡尔教授，从事昆虫分类研究，1949年秋获明尼苏达大学哲学博士学位。听闻新中国成立的消息，蒲蛰龙谢绝亲朋好友的挽留，放弃国外优越条件，携妻子踏上归程。

20世纪50年代初期，新中国百废待兴，农业基础十分薄弱，长期以来缺乏科学理论的指导，虫灾严重时，农民们除了用原始的方法捉虫外只能听天由命。面对农民期待的目光，想到自己科学报国的宏愿，蒲蛰龙专心把昆虫分类学知识运用到"以虫治虫"的生物防治实际上来，帮助解决实际问题。"科学实验一定要和生产实际紧密联系，如果在实验室里搞科研，得出成果不投入实际生产应用，那只是纸上谈兵。这不是我们科学工作者要走的路。"这是蒲蛰龙常挂嘴边的一句话。

1958年，蒲蛰龙在广东顺德县建立了我国首个赤眼蜂站。20世纪50年代末至60年代末，蒲蛰龙潜心研究赤眼蜂防治甘蔗螟虫的技术，该项技术得到了大面积的推广和应用，获得国际同行的高度赞同，被誉为"中国独创"。同时，蒲蛰龙还首次发现蓖麻蚕卵可作为繁殖赤眼蜂的优良寄主。

在兼任中国科学院中南昆虫研究所所长期间，蒲蛰龙组织研究人员开展了平腹小蜂防治荔枝蝽象的研究，研究成果在从化等广州市郊区得到推广应用。此外，他还在湘西黔阳地区做柞蚕放养等科学实验，并对危害粮、棉、蔬菜的斜纹夜蛾的核多角体病毒开展系统研究。针对吹绵蚧对木麻黄防风林的危害，他从苏联引进澳洲瓢虫和孟氏隐唇瓢虫，达到了良好的功效。作为我国将"以虫治虫"从实验室推广应用到大田生产中的第一人，蒲蛰龙总结和改良了古时"以虫治虫"的方法，利用黄猄蚁防治了柑橘害虫，为我国农业生产出现的实际问题作出了贡献。

通过"以虫治虫"，促进生态平衡的绿色发展，这是蒲蛰龙开展昆虫生物防治研究的初心和强项。在"以菌治虫"领域，他也有自己的独特见解。早在20世纪40年代，蒲蛰龙就开始关注微生物治虫技术。他查阅了大量利用微生物防治害虫的资料，开展了对昆虫立克次氏体及昆虫疾病的理论和应用技术的研究。通过在电子显微镜下的长期

蒲蛰龙在简易的中山大学农学院养虫棚饲养松毛虫

蒲蛰龙（中）在顺德沙深蔗地调查

1973年，蒲蛰龙（前排右四）与中青年教师、当地干部、技术人员在大沙田间考察

蒲蛰龙教学中

蒲蛰龙教授教研中

蒲蛰龙观察昆虫

蒲蛰龙认真查看资料

1980年，蒲蛰龙当选中国科学院院士

观察，他了解了昆虫病毒的形态和结构，他多次下田实验，利用松毛虫质型多角体病毒防治马尾松毛虫。

1962年，蒲蛰龙创立中山大学昆虫生态研究室。20世纪70年代，他前往肇庆市四会市大沙县开展水稻害虫生物综合防治试验，他亲自下田，为农业干部、农民技术员讲课。1978年，他创建中山大学昆虫学研究所。20世纪80年代初，蒲蛰龙被聘为广东省防治松突圆蚧技术顾问组副组长，他提出要引进天敌进行生物防治的策略，通过引进花角蚜小蜂，控制了当时被称为"森林大火"的松突圆蚧带来的危害。经过近30年的努力，他主持的"以生物防治为主的水稻害虫综合防治"项目完成，该项目在1985年荣获国家科技进步奖三等奖。

1980年，蒲蛰龙当选中国科学院生物学部委员（院士），提出了以发挥天敌作用为主的害虫综合防治策略，引起了国内外学者的高度关注。

蒲蛰龙曾说，"当教师的，一定要设法让学生超越自己，否则，国家的科学技术就不可能向前发展。"他是我国恢复招收研究生后的第一批博士生导师，一生为我国培养了大批高级专业人才，其中不乏中科院院士、大学校长和学科带头人。在任教期间，他会组织擅长不同实验手段的教师共同指导学生，他坚持使用启发式教学，强调学生要掌握好基础知识、基础理论和基本操作方法，注重培养学生的开阔思维和动手能力。他倾其所学，毫无保留地教授给后辈。1992年，蒲蛰龙获得了广东省委、省政府授予的"南粤杰出教师"称号。

蒲蛰龙将一生献给了生物防治研究，先后在国内外学术刊物发表学术论文近200篇，主编了《害虫生物防治的原理与方法》《昆虫病理学》等多部专著。1980年，获授美国明尼苏达大学最高荣誉奖"优秀成就奖"，是荣获该奖项的首位中国籍学者。1992年，蒲蛰龙荣获广东省委、省政府授予的"广东省杰出贡献科学家"称号。

参考资料：《南方日报》《广东科技报》、百度百科

何贤（1908—1983），广东番禺人，澳门特区首任行政长官何厚铧之父，少年在广州读书、做工。抗日战争爆发后，曾赴香港经商，1941年转赴澳门定居，曾任全国人大常委会委员、澳门中华总商会会长、澳门立法会副主席、暨南大学校董会副董事长等职，是澳门成功的实业家，鞠躬尽瘁的社会活动家，乐善好施、胸怀坦荡的慈善家，无私无畏的爱国者。2006年12月6日，为表彰何贤一生为国家的建设、民族的振兴、澳门的稳定发展作出的重要贡献，经国际小行星命名委员会批准，将国际编号为5045的小行星正式命名为"何贤星"。

家国天下　华侨荣光
——何贤

何贤，广东番禺人，少时家境清贫，只读了三年私塾，13岁就到广州沙基一间油粮店做小工，两年后转到顺德陈村"福源号"当掌柜，料理油粮生意。不久，又回到广州西荣巷设"鸿记"从事外币、黄金的报价工作。19岁时与朋友合作在下九路开设汇隆银号。

1938年10月广州沦陷后。因目睹昔日人头攒动的交易所一片寂寥，何贤不禁黯然神伤。何贤转赴香港，依旧做货币买卖，轻车熟路，生意不错。但好景不长，1941年年底，太平洋战争爆发，香港沦陷，何贤又随着大批难民撤到澳门。

青年何贤

这个只有15平方千米的半岛此时还相当萧条冷落，本地居民多以神香、火柴、搓炮、晒凉果、腌咸鱼等手工制造业维持生计。望着遍布街巷的小店铺，嗅着空气中咸鱼的味道，何贤不禁怅然若失，这里能给自己提供一个在生意上施展拳脚的舞台吗？他先是经营谷米生意，不久再投入金融界，任大丰银行司理，并和梁昌合作，组成和安黄金公司，获得黄金专营权，事业蒸蒸日上。自20世纪40年代后期起，大丰银行业务向多元化发展，创办了包括银行、酒楼、戏院、"巴士""的士"等公司。他的事业日益拓展，成为澳门的工商巨子。

兼济天下

在澳门，何贤乐善好施，举凡教育、文化、卫生、体育及社会慈善福利事业，他都出钱出力，任劳任怨；对劳资问题、工商纠纷、社会矛盾等，他都出面调停，设法解决，被澳葡政府委为"华人代表"。

何贤经常讲，"钱于人，生带不来，死带不去。取之于社会，用之于社会，才是发挥了钱的真正作用"。他不但这么说，而且是这么做的。抗日战争胜利后，人们纷纷返回内地或移居香港，澳门顿时冷落下来，旅游业更是一落千丈。而何贤却在这时购买了新亚、澳门、国际三家酒店。明摆着亏本的买卖为什么还要做呢？何贤的回答是：看看，已经有多少工人失业了！

1947年，何贤被推举为澳门中华总商会副理事长，1950年连任理事长直到去世。他热心慈善事业，不仅出钱，而且出力。1955年1月10日，澳门青州木屋区大火，2000多人无家可归。澳门各界成立了"救济青州火灾灾民酬募委员会"，何贤似乎理所当然地成了会长。他带头捐了55间铁皮屋，又领着人们沿门劝募，不到一个月就使灾

民们有吃有住了。1962年夏，澳门政府决定将一组租给贫民的房屋拍卖。一旦卖掉，原来的居民就要流离失所。又是何贤，自己出钱把这些房子买了下来，让原来的居民继续居住。

何贤从自己的经历中深深体会到文化水平低的不便，也深深意识到教育对于社会不断进步的意义。因此，只读过三年私塾的何贤，却是澳门教育会会长、多家中小学董事长、多家义学和免费夜校的创办人。1981年，何贤又提议创立了澳门的首家大学——东亚大学（现澳门大学），并任校董会主席。澳门的重要景点八角亭图书馆也是何贤捐建的。

中国共产党亲密朋友

在抗日战争和人民解放战争期间，何贤是澳门工商界知名人士，也是中共澳门地下组织领导的爱国统一战线争

何贤在澳门中华总商会庆祝成立六十周年会上致辞

何贤提议创立澳门的首家大学——东亚大学（现澳门大学）

何贤（右）关心家乡建设，经常和乡亲商量建设家乡事宜   何贤（右一）昆仲参加莲花塔重修落成剪彩

取团结的重要人物之一。

1943年，日本人企图通过封锁澳门的资源来制裁澳门。一旦没有外来的物资，澳门这个地方很快就会支撑不下去。何贤便亲自跟日本人谈判，最终解决了这次危机。

1948年，蒋介石在自导自演的"国民代表大会"上"当选"为总统，澳门中华总商会中有人提议召开庆祝大会，何贤坚决反对。但由于商会会长态度暧昧，庆祝会虽然被反掉了，但还是发了一通贺电。何贤很是气愤，找他的至交、中共地下党员柯麟诉说。柯麟说：你何不多找几个人加入理事会？比如马万祺。他开明正直，以后再争论什么问题也好有人帮着说话。在何贤的努力下，经过重重波折，马万祺终于通过正常选举当选为商会理事。在这次选举中，何贤当选副会长，以后又当选理事长和会长。澳门中华总商会日渐成为何贤在澳门从事社会活动的主要舞台。柯麟于1951年回到大陆，任广州医学院院长，后来到北京工作。何贤一直与共产党保持紧密联系，何贤说："要搞好澳门人的生活，要令澳门生意繁荣，无论如何都要同共产党交往。"

爱国爱乡

何贤是澳门热诚拥护新中国的知名人士之一。1949年

10月1日，中华人民共和国成立，他参与澳门各界庆祝中央人民政府成立的筹备工作，并被推选为工作委员，11月20日，他在庆祝大会上发言，呼吁各界人士团结一致，为建设祖国而努力。当时中葡未建立外交关系，当地情况复杂，何贤公开表态支持新中国，对各界影响很大。从20世纪50年代起，何贤多次被邀请回国，并参加全国政协会议或全国人大会议。

新中国成立初期，何贤即向广东省华侨投资公司投资，支持广东工企业的发展。20世纪50年代及60年代前期，何贤向家乡捐赠汽车、拖拉机、机船、发电机、机床、汽油、药品、化肥、农药等，总值约400多万元，对番禺的经济发展作出重要贡献。

20世纪70年代后期，珠江三角洲成为改革开放先行地区。何贤认为要搞好交通建设，改善投资环境，才有利于经济发展。他向广东省政府建议：由珠海到广州，兴建三洪奇、容奇登四座大型桥梁。1981年8月，广东省公路建设公司与澳门南联公司签订建桥协议，贷款15亿元，几年后，4座大桥先后竣工。从此，珠海到广州，万车飞驰，不再受江河阻隔，沿线市县，受益良多。

番禺市桥到广州，只有20千米，但两条大河阻断，汽车要过渡，费时失事。何贤倡议兴建大石、洛溪两座大

何贤（右二）同家乡人民在一起，现场策划番禺宾馆的建设蓝图

中国澳门"历史人物与澳门"何贤邮票

何贤（前左一）为番禺人民医院碧秋医务大楼奠基

桥，并带头捐助巨款。大石大桥于1984年建成，洛溪大桥于1988年通车。这两座大桥的建成，改善了投资环境，方便了商旅往来，惠及万民，萌及后代。何贤对家乡公益和建设，捐助殊多。自20世纪70年代末起，先后助建大石大桥、洛溪大桥、番禺宾馆；为番禺县人民医院捐建澄溪楼、碧秋楼，添置医疗设备；捐资重修莲花塔，还为石楼镇和岳溪乡兴建多项公益福利设施。何贤为改善县妇幼保健院的条件，亲自在市桥选址新建医院。何贤对家乡各项事业的匡扶和贡献，誉满城乡，成为爱国乐善的楷模。

1983年12月6日，何贤在香港病逝。全澳门下半旗3天致哀，澳督府并追赠以英勇金质勋章最高荣誉。他逝世后，澳门政府在新口岸区兴建一个占地12600平方米的何贤公园，以作纪念。2006年12月6日，为表彰何贤一生为国家的建设、民族的振兴、澳门的稳定发展作出的重要贡献，经国际小行星命名委员会批准，将紫金山天文台发现并申报的国际编号为5045的小行星正式命名为"何贤星"。时任全国政协副主席马万祺先生，为此赋诗纪念："毕生爱国显情操，赢得钟铭应自豪，最是何贤星闪耀，紫金山上世人褒。"

参考资料：《人物》杂志、《中国经济时报》《澳门日报》、番禺区人物网、百度百科

许志俭（1922—2006），美籍华人，出生于上海浦东。曾投身空军和航海事业，在抗战中曾受盟军司令部的嘉奖。1953年考入美国加州大学攻读畜牧学，被称为"鸡博士"。1977年主动回国，志愿服务中国发展现代化养鸡业。1978年，受邀在广州参与筹办我国第一个现代化养鸡场，从养鸡技术、鸡种选购、雏鸡进口等各项工作，许志俭亲力亲为，克服重重困难，终在1979年顺利竣工并投入生产，从而推动了中国养鸡业从传统散养方式向大型机械化转变。1979年，许志俭被决定授予"广州市荣誉市民"称号，成为获此荣誉的第一人。

广州市首位荣誉市民
——许志俭

许志俭，1922年出生于上海浦东。先后投身空军和航海事业，在抗战中曾受盟军司令部的嘉奖。1953年考进美国加州大学洛杉矶分校农学院，攻读畜牧学，先后获得学士、硕士学位。他长期从事养鸡业，学识渊博，被称为"鸡博士"。

1977年，许志俭主动与中国农业部联系表示愿意义务帮助中国发展现代化养鸡业。年底，农业部邀请他到北京，为农业部畜牧局主持开办机械化养鸡培训班。他正在考虑如何在中国繁殖良种鸡时，从香港好友刘浩清处得知广州市市民吃鸡蛋难的情况，遂开始商议在广州兴建一个机械化养鸡场。

广州有句俗语，"无鸡不成宴"。广州人的宴请餐桌上，鸡是必不可少的一道菜。这在物质丰盛的今天，确实不是一件难事。但是在20世纪70年代的广州，市民想要吃鸡甚至鸡蛋，却非常困难。那时的广州市场物资供应紧张，鸡蛋更成为稀缺品。

1978年，爱国港商邓焜、刘浩清来穗参加"广交会"，眼见广州食品供应紧张的状况，便心生要帮助广州脱困的愿望。于是，他们向市政府提出由他们共同捐资40万美元兴办现代化养鸡场的意向。对于尚未改革开放的广州来说，这是一个投资金额极其巨大的项目，而且是外商投资项目，因此，市政府相当谨慎，经层层报批手续，最后得到中央主管部门批准才正式立项。得到批准后，他们请来多年的好友、美国侨胞、人称"鸡博士"的养鸡专家许志俭为养鸡场选址、选鸡种、选购养鸡设备并进行技术指导。最终，他们选择了位于广州市东郊的新塘果园场（今大观路一带）动工。1979年，经过两三个月的建设，我国第一个现代化养鸡场在广州竣工。

万事俱备，只欠东风。虽然养鸡场已经建成，但养鸡场的主角——鸡，却还在遥远的美国。由于当时国内还没有大型的孵化器，许志俭决定直接从美国引进25000多只美国著名品牌"尼克"蛋用雏鸡。为了节省养鸡费用，还要把握好时机，专等这批鸡即将产蛋的时候再运输回国。然而，这又是一个异常曲折的过程。

当时，中国仍被美国实施贸易禁运，为了使美方顺利放行，许志俭想了很多办法，经过多次周旋和谈判才得以成行。但当得知承担运送的航空公司前身是美国第十四航空队（号称"飞虎队"）时，内部再次掀起了波澜，不少人难以接受用这支历史上曾支持国民党打内战的美国航空队来运送鸡苗。幸亏后来经过了解，这个航空公司的人员早已"物是人非"，这才平息了争议。

但问题远远不止于此。运送鸡苗的航班因故要中途改经台湾，大家的心又悬起来了：一是担心小鸡运送时间太长会严重缺水；二是担心当时紧张的海峡两岸局势，会影响这些"共产党的鸡"的安全。为此，市政府派了一个由12人组成的"接鸡小组"到香港机场半夜候命"接鸡"。直到鸡苗经转台湾到达香港，由"接鸡小组"把2万多只鸡苗逐一检查后，乘专机转送回广州，大家一直悬着的心才放了下来。

历尽千辛万苦，漂洋过海来的小鸡终于在广州落户安家。但由于地处亚热带的广州，气候、环境等与美国不同，这些小鸡需要一个适应过渡期。为此，许志俭细心观察，精心调试，对温度、防疫、饲料严格把关。在他和全体职工的精心培育下，这批预计只有六成成活率的小鸡，最终成活率达近九成，并于当年10月顺利产蛋，供应市场鲜鸡蛋12万千克，结束了广州没有自产鲜鸡蛋大批供应市场的历史。

20世纪70年代广州街景

1978年10月，广交会开幕盛况

《养鸡技术训练班讲义》

"鸡博士"美籍华人许志俭成为广州市首位荣誉市民

1986年7月8日，广州市政府向许志俭（中）颁发"荣誉市民"证书

自此，鸡场迅速发展，到20世纪90年代，成为全国最大规模养鸡场之一的广州力康鸡场，最高峰时全场总容纳量达110万只，年产蛋量1.1万吨，占据了广州市自产鲜鸡蛋一半以上。

"鸡博士"许志俭为广州市民提供了大量食用鲜蛋，为中国提供大批优质种蛋，并为十多个省市培养了1000多名现代化养鸡专业技术人员。力康鸡场的先进技术和管理理念，推动了中国养鸡业从传统散养方式向大型机械化转变。随后，许志俭应聘担任美国饲料谷物协会北京办事处主任后，仍然关心支持中国的养鸡业、畜牧业。并牵线促成美国饲料谷物协会捐赠100多万美元兴建南京饲料厂。

由于对广州养鸡事业作出了突出贡献，1979年，许志俭被决定授予"广州市荣誉市民"称号，成为获此荣誉的第一人。1986年，广州市政府向许志俭颁发"荣誉市民"证书。

自此，广州市在20世纪70年代末80年代初，率先授予港澳同胞、华侨华人以及国外友人"广州市荣誉市民"的称号，在海内外引起了广泛关注和热烈反响。"荣誉市民"给予港澳同胞、华侨华人、国外友人应有的尊敬，充分肯定他们作出的贡献，增强他们的归属感和主人翁精神，激发他们的积极性，为弘扬传播中华文化，加强国家对外交往，实现全面建成小康社会和四个现代化起到了重要作用。

参考资料：广州市政协客户端、《人民日报》（海外版）、百度百科

秦牧（1919—1992），广东澄海人，出生于香港，曾随父母侨居新加坡10年，当代作家、杰出散文家。1938年在广州参加抗日救亡宣传活动，开始在报刊上发表文学作品。中华人民共和国成立后，曾任《羊城晚报》副总编辑、《作品》杂志主编、广东省文联副主席、中国作协广东分会副主席、暨南大学中文系主任等职。他的散文作品风格独树一帜，被誉为"散文一绝"。在半个多世纪的文学创作中，他涉及散文、小说、诗歌、儿童文学和文学理论等诸多领域，又被人喻为"一棵繁花树"。

文坛的"一棵繁花树"
——秦牧

1919年，秦牧出生于香港。1922年，他随父母迁居新加坡，生活了10年，后因家境破败，回到故乡澄海。在乡间读完小学后，秦牧升入汕头市立一中，两年后转到香港就读高中。在汕头和香港读书期间，开始大量阅读社会科学书籍和文学作品，接受进步思想。抗日战争时期，他在香港华侨中学念到高中三年级，遂中止学业。

1938年春，秦牧到广州参加抗日救亡宣传活动，辗转于粤桂两省，开始在广州报刊上发表作品。1941年，秦牧赴桂林的中山中学教书，并从事写作，开始涉足文坛。历任《中华论坛》《再生》

等杂志编辑，曾参加中华全国文艺界抗敌协会。抗战胜利后，秦牧移居重庆，负责《中国工人周刊》的编辑工作。在这期间，他不仅积极投身工作、参与政治活动，也笔耕不辍，发表了不少有影响力的杂文。这一时期的秦牧也常参加枣子岚垭的文协聚会，在那里经常见到茅盾、老舍、胡风、冯雪峰等人，并在叶圣陶的帮助下出版了自己的第一部文集。以文会友，不亦乐乎，这一段宝贵的经历，激励着他在颠沛流离的生活和繁忙的工作中依然坚持写作。1949年8月，他进入东江解放区，参加中国人民解放军粤赣湘边区纵队。

1938年，秦牧（前排左二）送友人去延安

1978年，秦牧（前排右一）与黄宗英、陈景润、徐迟、王南宁、周明合影

1962年，秦牧与夫人紫风在从化合影

中华人民共和国成立后，秦牧定居广州，曾任中华书局广州编辑室主任。那时，他主要负责一套丛书《中华通俗文库》的编辑工作。这套书的内容涵盖童话、历史、地理、天文、物理、化学、生物、心理等诸多领域，"以趣味的笔调介绍了各种比较正确的知识"，可谓包罗万象。

相较于图书编辑，秦牧更重要的身份是报刊编辑。早在中华人民共和国成立前，秦牧就长期在报刊社工作，而中华人民共和国成立后在《羊城晚报》的工作经历，更是成就了他散文创作的高峰。秦牧在自述中说道："报纸的工作，在我生平所干过的一切文化工作中，是最沉重的一

种。但是报纸给人以严格的锻炼，我衷心感到获益不浅。"高强度的审稿工作，锻炼了他对文字的感知力，而晚报副刊的办报风格，更催发了他的创作热情。

"优秀的散文，应该言之有物，思想健康，文笔优美，富有个性，独具风格，饱含感情。我认为题材丰富和手法多样，文笔潇洒自如，才是较高的境界。" 秦牧散文往往由眼前景、身边事出发，荡开思绪，一点点带出背后的知识与思考。这种"旁征博引"的写法颇得古代笔记之妙。秦牧在《花城》中书写百花争艳之奇景时，顺带介绍了各类花卉的性格、产地及生活史，更将百花与人民生活联系起来，讲述了各地的插花习俗、特色花卉，语调亲切，文笔流畅，广州"花城"美誉自此越来越传播开来。

秦牧散文不仅注意知识性与趣味性，更强调"言之有物"，引发读者的深入思考，激发读者的家国情怀。在《土地》中，秦牧从对于土地的感觉谈起，讲述了春秋时期重耳逃亡的故事，由此追溯了中国历史上关于土地的风俗习惯。在《社稷坛抒情》中，秦牧更是借助社稷坛五色土的深远寓意，再次抒发了自己对"泥土"的深情："瞧着这个社稷坛，你会想起中国的泥土，那黄河流域的黄土，四川盆地的红壤，肥沃的黑土，洁白的白垩土……你会想起文学里许许多多关于泥土的故事：有人包起一包祖国的泥土藏在身旁到国外去；有人临死遗嘱必须用祖国的泥土撒到自己胸口；有人远从异国归来，俯身亲吻了自己国门的土地。"秦牧主张独创一格，"在广泛学习的基础上，进行独特的创造"。他提倡扩大题材的范围到海阔天空和多方面发展文学的功能，包括教育、形象欣赏、审美、文娱方面，使作品高于幽默和情趣，"寓共产主义思

1986年1月，秦牧（右）与陈残云参加澳门青年文学奖颁奖典礼

秦牧写作中

《北京漫笔》

《秋林红果》

《长河浪花集》

《语林采英》

《艺海拾贝》

《花城》

想于闲情趣谈之中"。

1963年，秦牧加入中国共产党。20世纪六七十年代，秦牧仅结集而成的散文集就有10多部。自选集《长河浪花集》是其散文的代表作。还出版了《艺海拾贝》的姐妹篇《语林采英》。1977年10月，秦牧被借调到北京国家出版局，参与新版《鲁迅全集》注释审订工作，定稿负责人之一。这一时期，秦牧任中国作家协会理事、全国文联委员、广东省文联副主席和执行主席、中国作家协会广东分会副主席、《作品》杂志主编，兼任暨南大学中文系主任，并被选为中国当代文学研究会副会长，中国当代文学学会顾问。

半个世纪以来，秦牧孜孜不倦地在文学沃土上勤奋耕耘，他把个人的文学创作与中国社会的发展紧密地结合在一起，发表和出版了一大批散文、小说、戏剧、诗歌等作品和文学论著。他的散文作品风格独树一帜，被誉为"散文一绝"，小说、童话、戏剧、诗歌、文艺理论等都有著作，又被喻为"一棵繁花树"。秦牧的作品题材丰富、形式多样、生动感人，充满了时代精神，深得海内外读者的喜爱。

参考资料：文艺报1949客户端、《汕头日报》、为天地立文心客户端、百度百科

梅日新（1918—2004），出生于广东台山一个华侨家庭。少年赴广州学习，积极参加抗日救亡运动，在此期间加入"中华民族解放行动委员会"（农工党前身）。中华人民共和国成立后，投身社会主义建设，把心血倾注到巩固和发展统一战线上，曾任广州市司法局、民政局副局长，农工党广州市委主委，广州市第四、第五、第六、第七届政协副主席，第二届至第七届全国人大代表。20世纪90年代，年过古稀的梅日新离休后仍在统一战线岗位上发挥余热，传扬革命故事，传承红色基因。梅日新曾说："人类最崇高、最壮丽、最伟大的事业，是共产主义事业。能够让自己生命之花，开在这伟大事业之树上，那真是莫大的幸福！"他正是以永不疲倦的战斗，来实践自己的诺言。

恪守初心　梅香如故
——梅日新

1918年7月，梅日新出生于广东台山一个华侨家庭，自幼父母双亡，靠年迈的祖母含辛茹苦抚养成人，叔父和几个兄弟姐妹都在国外。13岁，他离开家乡，到广州就读于复旦和圣心中学，后来考入广东国民大学。这期间，他一边读书，一边教书和写文章以维持生活。在当时急剧动荡的社会政治环境中，他积极地参加社会活动，交上了不少进步的青年朋友。

1935年12月9日，北平学生掀起了抗日救亡运动，推动了全国抗日救亡运动的兴起，广州青年学生的抗日救亡热潮也就在一二·九运动的影响和中国共产党的抗日民族统一战线的指引下蓬勃发展起来。1936年，梅日新参加"广州民众歌咏团"。这个歌咏团由中共地下党组织的，共有青年学生、教师、文化工作者等1000多人参加，是当时广州建立最早、规模最大、代表性最广泛的爱国救亡团体。梅日新积极参加进步团体活动，其间结识了不少共产党人和进步朋友，通过司徒卫中和潘日荣的介绍，加入了"中华民族解放行动委员会"（农工党前身）。

1937年春夏之间，梅日新按照指示，以"广州抗战教育实践社"成员的名义，到广州东北郊同和乡开办民众夜校，从事扫盲和宣传抗日救亡工作。梅日新同农民打成一片，进行了一系列的调查研究、宣传教育和组织发动工作。经过一年多的努力，由禺东扩展到禺北，共建立了9个农民识字班，识字班分为成人组、妇女组和少年组，根据农民的年龄和文化程度，分别开展文化教育。每当夜幕降临，农民们成群结队地手持火把来上课，从远处望去，宛如火龙在飞舞，非常壮观。

梅日新除了在农村进行抗日救亡宣传外，也于1937年在广州市区负责组成了以抗日青年团为骨干的"广州逢源区抗敌后援会"，带领抗青团团员和中大、女师学生深入街头巷尾，以大众化的广州方言编写墙报、教唱救亡歌曲、演活报剧等。

"为天地立心，为生民立命"，是梅日新一生的信守。中华人民共和国成立后，梅日新积极参加社会主义建设，并把自己的心血倾注到巩固和发展统一战线上。1951年至1953年，梅日新任省农工党组织处副处长、处长，负责整顿和发展组织的任务。1956年，根据各民主党派的分工，农工党以医药卫生界为发展重点。这时，梅日新经过深入调查研究，又积极发展了麦耀煌、黄明一、黄巽、朱致和等一批中、西医专家和学者。与此同时，也建

立相应的高等院校和医院支部，并派人员到佛山、韶关、湛江等地建立了地方组织，为农工党组织的巩固和发展奠定了良好的基础。

1956—1968年，梅日新曾任广州市司法局副局长、民政局副局长。他作风正派、平易近人、关心老百姓疾苦，在群众中享有很高的威信。民政局管辖的范围很广，工作十分繁重，特别是旧社会遗留下一大批孤寡老人、残疾人员生活无着，给社会造成很大压力。梅日新上任后，分管教养科、生产科、公益社团和聋哑盲协会工作，他着重抓孤寡老人、残疾人员的生活安置和工作安排，筹办了上水老人院，使孤寡老人老有所养；并加强和改善两个儿教院的工作，为改造大批顽童成为社会有用的人才，花了不少心血。还协助筹办了一系列带有福利性质的残疾人工厂，使他们能做些力所能及的工作而自食其力。

梅日新还利用农工民主党内有大批医药界专家、学者的有利条件，动员他们义务培训盲人学习按摩推拿技术。后来以这批盲人按摩师为骨干力量，组建广州市第一间以盲人按摩为主的东升医院，为盲人就业开辟了一个很好的门路。

在民主党派工作中，梅日新积极履行中共提出的政治

1995年，农工党广州市委员会原主委梅日新（前排右三）带队到农工党早年曾经战斗过的白云区同和镇缅怀革命烈士

《凯芳居文集》

《历程》

《足迹》

协商、民主监督、参政议政的光荣职责，对党政机关和社会上存在的问题和缺点，敢于提出善意的批评和积极的建议，他既是中共的亲密战友又是敢于仗义执言的诤友。

改革开放以来，梅日新曾出访过美、加、英、法、意、新、马、泰等国家，其中4次出访美国，两次出访加拿大、新加坡和马来西亚，每次出访前，他都要深入基层调研，详细了解乡情民情，将家乡的变化和亲人的问候，带到异国的乡亲们中去，回国后又把他们的情况和意见带回来向党政部门反映，协助有关部门解决他们的一些存在问题。每次出访回来，必向政协和农工党及家乡汇报访问观感，或写成文章发表，并将侨胞的愿望、要求和问候传达给祖国的亲人。因此，海内外的亲人和朋友，都亲切地称他为"民间使者"。

梅日新在政协工作的时候提出：市政协工作组的活动不能因循守旧，要建设一支思想作风好、工作效率高、统战观点文化素养各方面都有相当水平的队伍，确保参政议政的质量。他要求各工作组；监督要抓大事；批评要有理有据，直言不讳；建议要中肯，可行。他以身作则带领各工作组分别从宏观和微观着眼，为当年广州改革开放提出了许多意见和建议。其中较为重要的有：对广州社会、经济、文化、科学技术的改革方案，提出了可行性调查报告；促进广州发电厂的热电并供工程，使之每天为广州增加供电40多万度；解决西村水源污染问题，协助完成《广州市饮用水源污染防治条例》；还有倡议集资办学，呼吁保护文物，推动市作协、美协、剧协、音协等成立……为开创新时期广州政协的新局面，倾注了一腔心血。梅日新对笔耕怀有一份挚爱。《往事》《历程》《凯芳居文集》《足迹》等著作，是他和相濡以沫的夫人吴锦华晚年的共同创作，留给后人的精神财富。

1993年冬，组织批准梅日新离休，踏上人生旅程的另一个阶段。离休后，他仍刻苦学习，不断追求进步，积极履行"三愿"：一愿为巩固和发展海外统一战线继续作出贡献；二愿以个人的革命经历和时代背景，尽力做好革命传统的宣传教育工作；三愿继续撰写回忆录，为提供革命历史资料作贡献。

晚年的梅日新筹划组织世界梅氏宗亲第七届恳亲大会。世界梅氏宗亲总会于1976年在中国台湾成立，每三年召开一次恳亲大会。第一届至第五届在中国台湾举行，第六届在中国香港举行，梅日新率领大陆代表十多人参加。为了争取更多的乡亲了解政府的开放政策，他建议第七届恳亲大会在广州市召开，得到了海内外乡亲的支持，并推选他为筹委会主任。于1994年9月在广州花园酒店举行世

《回忆邓演达》

《回忆与怀念》

《战斗岁月》

梅日新、吴锦华夫妇参加广州市抗日战争老战士金婚纪念图片展览

界梅氏宗亲第七届恳亲大会。它以共叙宗情、族情，增进了解，弘扬梅花精神，共襄梅氏经济、文化的发展，支持家乡建设和振兴中华为主题。参加恳亲会的有来自美国、加拿大、新加坡、马来西亚和中国台湾、香港以及内地14个国家和地区近500人，这是梅氏族人首次在大陆举行的一次空前盛会，广东省、广州市政府领导人和有关部门负责人莅临祝贺或为大会题词纪念。

1994年，梅日新组织创办广东邓演达研究会，并任会长，参与筹备和主持纪念革命先驱邓演达诞辰100周年国际学术研讨会。1995年8月，梅日新以77岁的高龄参加了中共广州市委、市政协和农工党举行的纪念中国抗日战争胜利和反法西斯战争胜利50周年一系列活动，亲自率队到从化、良口、牛背脊，凭吊抗战时期的古战场，向群众讲述与日寇战斗的故事。他日以继夜地完成了4万多字的纪念文章和回忆录，在各报刊发表，留下了珍贵的革命历史资料。

梅日新从弱冠之年参加中国共产党领导的新民主主义革命，经历烽烟弥漫的抗日战争和解放战争，接受了革命战争火与血的洗礼；到社会主义革命和建设时期，积极投身司法、民政工作，又在人民政协学习和工作了近20年。60年来，他自觉接受中国共产党的领导，和共产党风雨同舟、患难与共。梅日新曾多次表白："人类最崇高、最壮丽、最伟大的事业，是共产主义事业。能够让自己生命之花，开在这伟大事业之树上，那真是莫大的幸福！"他正是以永不疲倦的战斗，来实践自己的诺言。

参考资料：广州市政协门户网、同舟小屋客户端、百度百科

江静波（1919—2002），原名江鼎光，南洋归侨，国家重点学科动物学学科带头人，国际著名寄生虫学家。早年在福建读中学，抗战期间曾赴新加坡从事教育和新闻工作，1941年回国考入协和大学，曾任中山大学生命科学学院教授，原生物系无脊椎动物学教研室及寄生虫学研究室主任，法国国家自然博物院通讯院士，英国皇家热带病和卫生学会会员等国内外职务，出版编辑《无脊椎动物学》等专著。江静波的一生是追求至真至善、追求完美的一生，为我国动物学，尤其是寄生原虫学的发展作出了杰出的贡献。

求真求实、可敬可爱的科研人
——江静波

江静波，原名江鼎光，1919年5月出生于福建永定，祖籍台湾。江静波从小聪颖勤奋，学生时代便有非凡抱负，他曾经写过一首述志诗勉励自己："为凭炉火铸干将，不试顽石腰里藏；重逢再论平生志，莫笑今朝刺股忙。"

江静波早年在福建漳州、厦门读中学，抗战期间曾赴新加坡从事教育和新闻工作，1941年回国就读于协和大学。毕业后考入岭南大学研究院，在陈心陶教授指导下攻读寄生虫学并兼任助教，1948年获硕士学位，成绩优秀，被选为斐陶斐励学会（金锁匙学会）会员。1952年全国院系调整后，江静波被安排在中山大学生物系任教，后任生物系无脊椎动物教研室主任和寄生虫学研究室主任。

1965年，江静波积20年丰富教学经验和科学研究成果，出版了一部50万言的专著《无脊椎动物学》，被许多高等院校相继采用作为教材，此书后又多次修订再版，定为全国统一教材，并被推荐作为国际交流教材，收到世界各国动物学专家学者的广泛好评。

20世纪70年代末，江静波教授与广州中医学院（现改为广州中医药大学）的李国桥教授合作，在我国海南岛流行区进行青蒿素与新抗疟药甲氟奎治

江静波（右一）与国外学者

疗恶性疟的比较，论证两药的优劣，研究成果于1982年发表在英国的世界著名的临床医学杂志The Lancet（《柳叶刀》）。这是以中国科学家为首首次发表有关青蒿素的国际论文。从此，青蒿素成为全球抗疟专家的关注焦点。

1978年，江静波关于间日疟原虫的研究文章发表于《柳叶刀》，这是拨乱反正、恢复对外学术交流后，中国人发表于国际权威杂志的第一篇文章。据刘凌云与郑光美的《普通动物学》记载，江静波当时是用自己的身体做实验，观察了间日疟原虫在人体内的生长周期，为疟疾的研究作出了不可磨灭的贡献。江静波在吸虫、钩虫、球虫等研究领域披荆斩棘，作出了全世界公认的开拓性贡献，荣誉等身，1982年，他获得英国皇家医学研究院颁发的热带病学研究奖，1985年，他又再被法国国家自然历史博物院教授会议一致推选为外籍院士。

1982年，江静波已经名动公卿。他拟邀请当时国际寄生原虫权威、英国的甘南教授来中国访问。他与甘南从未谋面，却神交已久。1948年，甘南与另一位学者共同发现疟原虫进入人体后，首先寄生于肝脏，而非血液，成为有史以来第一位正确描写疟原虫生活史的科学家，这一里程碑式的发现使得人类对疟疾的研究翻开了新的一页。就是甘南这样一位科学巨人，曾经将疟原虫在猕猴血管里繁殖的路径判了死刑："疟原虫不能在猕猴体内存活。"但是，科学家不崇拜偶像，只崇拜真理，经过大量艰苦的科学实验，江静波发现："人体的疟原虫，不仅可以在猕猴体内存活，还能传宗接代。"他推翻了旧有公认的结论，成绩震惊了整个寄生虫学界。甘南从伦敦给他来信了："我要修正关于猕猴不能作'模型'的观点，是否可以允许我把你们的研究成果引用到我的著作中……"求真求实，虚怀若谷，这就是真正的科学家本色。甘南把自己唯

一的一本亲笔手书专著校正本连同署名照片寄给江静波，扉页上写着："以赞赏和尊敬的心情赠给中国疟原虫新学派的杰出代表江静波教授。"

一个有才华的学者，文学的功底对其事业的发展具有重要的影响力。江静波教授从小好爱文学，而且记忆力极

《无脊椎动物学》

好，加上他自己勤奋努力，所以高中毕业就在《南洋日报》谋得一份工作。他的患难同学徐秉锟教授经常说，静波入错行了，他应该念文科。江静波编写的《无脊椎动物学》一书，自出版以来，长期深受读者的称赞。书中严谨的结构，优美的文字和简洁的语言，图文并茂，令人爱不释手。江静波讲授无脊椎动物学时，除了几张写上摘要的卡片外，粉笔和挂图是他主要的教学工具，其优雅的风度和绅士般的衣着，是中山大学当时校园师生的热点话题。

江静波的好客在中大校内也是出了名的。从学生到同事，从护士到医生，从画家到文学家，从国内同行到国际友人，从文学家到社会活动家，从日常的交谈到学术的交流，大量的照片记录了先生独特的人生过程。

1988年前后，一位中医学院教授，应邀来中山大学作报告，讲述其科研成果获得奖励的感受，他一再说明，该成果得到了江教授无私的帮助。江静波教授摆摆手，说："这不算什么。学术乃天下之公器，科技系国家之命脉。只要于国有利，不必计较你我。"正是出于科学家的爱国良知，长期以来，他对后辈学者热诚地关爱，认真地指点，无私地奉献。

江静波爱家庭，更爱国家，他的一生是追求至真至善、追求完美的一生。2019年9月18日，中山大学生命科学学院组织召开"江静波教授诞辰一百周年纪念暨寄生虫学学术交流会"，缅怀前辈科学家的卓著业绩和高尚品格，弘扬师德师风，接力传承开拓进取、创新发展的精神以激励莘莘学子。

参考资料：中山大学新闻网、翰林咖客户端、话说博济客户端、百度百科

叶佩英，1935年出生于马来西亚吉隆坡，祖籍广东，歌唱家、艺术家。1951年回国，曾在广州中大附中学习，1955年考入中央音乐学院声乐系。20世纪60年代，在中南海为毛主席、周总理等国家领导人演出领唱《祖国颂》《黄河怨》等歌曲，70年代末，为电影《海外赤子》录制歌曲《我爱你，中国》传遍神州内外，充分展现华侨华人热爱祖国的赤诚之心和炽烈之情，至今已在海内外演出逾3000场《我爱你，中国》。1993年，叶佩英被批准享受国务院颁发的特殊贡献津贴。

"我爱你，中国"
——侨界百灵叶佩英

叶佩英，1935年出生于马来西亚吉隆坡，祖籍广东。当时，吉隆坡有2/3的人口是华人或华侨，他们都是很早就从中国到"南洋四州府"来开发锡矿和种植橡胶的。小佩英长到6岁，开始进入当地的华人学校读书了。抗日战争期间，小佩英虽年幼，但爱国之心满满，和全校同学一起省吃俭用参加集体捐献以支持祖国的抗战事业。她曾和哥哥、姐姐一起做纸花、绢花到街上去卖，不顾烈日的灼晒，不怕大雨倾盆，走过一条条街巷，走进一家家华人家门，边走边唱：

"先生，买一朵花吧。

这是自由之花，

这是解放之花。

买了花呀，救了国家……"

对祖国的爱，对侵略者的恨，两颗种子就这样同时埋进了佩英的心底。不久，日寇又发动了太平洋战争。日军的铁蹄踏上了新加坡的土地，战火很快就蔓延到了吉隆坡。华人学校被迫停办了。小佩英坚决不上日寇主办的学校，不接受奴化教育，和父母去摆摊以维持生活。

1946年华人学校复课，中国艺术演出社来到了吉隆坡，他们唱的《马车夫之恋》《梅娘曲》，尤其是那气势磅礴的《黄河大合唱》，给叶佩英留下了深刻的印象。这些歌启迪了叶佩英的心扉，使他们在黑暗中见到了光明。从那以后，每当傍晚时分，她都在家里深情地唱起《毕业歌》《天伦歌》《二月里来》……1949年春，佩英进入坤成女中读书。她如饥似渴地学习，恨不得一下子就把中学的功课都学完，好早一点回祖国进大学读书。

1951年，叶佩英告别父母从马来西亚回国，在广州中大附中和北京师大附中完成中学学业，并获得青年学生歌咏比赛第一名，曾参加中央人民广播电台学生业余广播合唱团活动，后入中央音乐学院声乐系。1955年，考入中央音乐学院声乐系。

1961年毕业留校，为了克服咬字吐字的困难，她苦心学习戏曲和民歌，摸索出一套适合自己特点的中西结合的唱法。1963年在中南海为毛主席、刘少奇等国家领导人演出领唱《祖国颂》。1965年在周总理主持的"纪念抗日战争胜利20周年"大会上，叶佩英演唱《黄河怨》，周总理肯定地说"唱得不错"。

1978年，中国改革开放的春风吹起，华侨华人满怀爱国爱乡的优良传统，归国人数日渐增多，积极参与到中国的现代化建设中来，为推动中国和平崛起的伟大复兴，为中国和世界各国人民的友谊起到了桥梁的作用，可谓功不可没。也就是在这样时代背景之下，珠江电影制片厂拍摄了一部反映爱国华侨心系祖国的电影《海外赤子》。

叶佩英接到了作曲家郑秋枫的来信，询问她能否为电影《海外赤子》的几首插曲配音。她欣然同意了。因为当她一口气读完剧本时，已被感动得泪如泉涌。剧本写出了同叶佩英一样的千百万华侨热爱祖国的炽烈感情和一片赤诚，她觉得自己与剧中人黄思华的心处处相通。尤其是电影主题歌《我爱你，中国》，使叶佩英感到，它也是自己的心声。

于是，在演唱的时候，一开始她就用热烈奔放的感情，高昂激越的歌声，唱出了"百灵鸟从蓝天飞过，我爱你，中国"。这歌声一下子就"钻"到听众的心坎里去，给他们以美的享受，引起了他们感情上的共鸣。

随着电影《海外赤子》在神州内外的播映，叶佩英唱的主题歌《我爱你，中国》也传遍海内外了。广大华侨都

电影《海外赤子》海报

《我爱你，中国》唱片

叶佩英深情演唱

前排左起：楼乾贵，李定国，贺绿汀，罗天婵；后排左起：金铁霖，温可铮，叶佩英

1982年，叶佩英在安徽合肥东方红公社为农民演唱

叶佩英演唱《我爱你，中国》

为此而十分骄傲地说："叶佩英是在捧着自己的一颗心歌唱啊！她就是代替我们表达赤子之情的诚实的百灵！"

自此，接踵而来的便是赞美、称颂、"挂钩"、邀请……这里大多是对她的肯定、鼓励和期望。但也竟有人对她讲："你要是到外国去，准不会像现在这般清苦……"叶佩英听了，毫不客气地说："我记得俄国哲学家别林斯基曾经说过一句话——谁不属于自己的祖国，那么，他也就不属于人类。我认为，自己是祖国十亿主人中的一员，我始终把祖国的日渐强大以为自豪。她是我的根，也是我心中的一切……到国外去，如果只图生活安逸，孙中山满可以在檀香山逍遥自在地安度一生，又何必'唤起民众'、舍生忘死地日夜奔波呢！如果只求个人成名，何将以面对朝鲜战场、老山前线那众多的无名烈士的英灵！是中国人，就要有中国人的骨气！"这话语，字字千钧；这情感，万众共鸣！它和叶佩英的歌声一样，道出了十亿人共同、朴素的心声。

随后，叶佩英在艺术的道路上不断追求，苦心钻研，博采众长，在自己的教学和演唱中寻求这一条中西结合的道路，形成了独特的风格。不仅为《丫丫》《苦难的心》《排球之花》等电影的插曲配了音，还先后在天津、青岛、广州、北京、大连、哈尔滨、昆明、沈阳、武汉等地举行独唱音乐会，受到了广大听众的热烈欢迎。

1983年，叶佩英被聘为中央音乐学院副教授。她不仅担任了全国侨联宣传委员、中国国际文化交流中心理事会理事、中国致公党中央常务委员等职务，而且光荣地被选为第六、第七届全国人大代表和第七届全国人大华侨委员会委员，第八、第九、第十届全国政协委员。1993年被批准享受国务院颁发的特殊贡献津贴，并被《中外文学艺术名人肖像》和《中国人名大词典》选为"当代人物卷的艺术家"。

参考资料：《成才者的足迹》（1988年文心出版社）、湖南国际频道客户端、百度百科

佘畯南（1916—1998），中共党员，出生于越南，祖籍广东潮阳。1941年毕业于交通大学唐山工学院，1952年定居广州，曾任广州市设计院副院长、市科协副主任等职，毕生努力探索和发展我国南方的建筑风格，将传统的庭园空间组织与国外建筑注重使用功能的长处熔于一炉，在建筑艺术上不断创新，设计主要作品有：20世纪60年代的广州友谊剧院、70年代的东方宾馆新楼、80年代的白天鹅宾馆及中国驻西德大使馆等，形成既有中国南方特色又具现代色彩的建筑设计风格。1989年被授予"中国建筑设计大师"称号，1997年当选为中国工程院院士。

"宁可无得，不可无德"
——人民建筑师佘畯南

1916年，佘畯南出生于越南，祖籍广东潮阳。1941年，佘畯南毕业于交通大学唐山工学院（唐山交通大学，今西南交通大学），并留校任教。后在广州、香港从事执业建筑师，兴办林炳贤佘畯南香港建筑师事务所。1951年，佘畯南从香港回广州，1952年进入广州市设计院工作，他倾注全部精力、努力探索，开拓和发展我国南方地区现代建筑。

20世纪50年代，佘畯南就将现代意识、质量意识、精品意识、服务意识融于建筑设计中，提出建筑是为"人"而不是为"物"的理论。他认为"建筑是组织空间的艺术"，"建筑的价值在于建筑与其内部空间的物质中"。佘畯南善于利用空间的变化带给人心情的转变，善于研究光、色、声、材料质感对人性空间所发挥的作用，以其丰富的想象力和形象思维进行艺术创造；他善于创造性地运用中国古代及世界现代化建筑的优秀传统于实际创作，善于充分利用有限资金，巧妙地根据南方的特点，从岭南传统文化遗产中，找到一条"以虚代实"、室内外空间相结合、体现时代要求的新的建筑创作之路。

佘畯南特别强调建筑设计应从实际出发，因时、因地、因人、因钱而制宜。他承担或主持设计

佘畯南院士主持设计的中国驻澳大利亚大使馆

的数十项工程，都是结合具体实际条件、匠意独造、极具特色，开风气之先，是一位知识渊博、技术全面、经验丰富，在国内外享有盛誉的专家。

佘畯南在建筑设计的教学和科研实践中探索了"创造出为人喜悦的建筑"理论，在建筑设计中推崇"宁可无得，不可无德"的人格力量。数十年间，他主持承担设计建筑工程项目数以百计，获得盛誉者比比皆是。

1946年至1951年，佘畯南参加六次设计（衡阳市民医院设计、广东省参议会大厦设计、香港女青年会大厦设计、香港中华基督教公理堂设计、广州柔济医院新楼设计）方案竞赛，六次都获得首选。

20世纪50年代，他设计的广州市第一人民医院病房大楼，深受各方面的赞扬；20世纪70年代以后所设计的一系列知名建筑，如广州友谊宾馆、白天鹅宾馆、东方宾馆、汕头国际金融中心、海湾大酒店与中国银行、汕头市政府大厦、海口宾馆、中山温泉宾馆、福州宾馆、福建泉州华侨大厦、广州友谊剧院、广州少年宫、深圳博物馆、广州沙面英东网球馆等在建筑界享有盛誉。

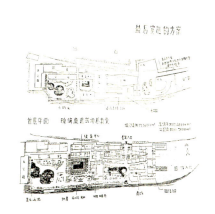
广州白天鹅宾馆手稿

佘畯南在国际建筑设计中既尊重异国风俗、传统建筑风格，又融进我国民族特色，所设计的加蓬卫生中心、中国驻联邦德国大使馆、中国驻瑞士大使馆扩建工程、中国驻挪威大使馆、中国驻希腊大使馆、中国驻塞浦路斯大使馆、中国驻科威特大使馆设计方案、中国驻泰国大使馆、中国驻日本福冈领事馆、中国驻澳大利亚大使馆、澳大利亚布里斯班中国城，在国际上广获赞誉。

1985年，佘畯南获全国优秀科技工作者称号和五一劳动奖章；1986年被评为"全国城乡建设系统科技工作劳动模范"。1989年被授予"中国建筑设计大师"称号，1997当选为中国工程院院士。

佘畯南院士毕生努力探索、总结和发展我国南方的建筑风格，将传统的庭园空间组织与国外建筑注重使用功能的长处熔于一炉，在建筑风格和艺术上不断创新，形成既有中国南方特色又具现代色彩的建筑设计风格，是岭南建筑的旗手和现代岭南建筑学派的杰出代表，为中国建筑艺术的发展作出了杰出的贡献，在他的指导和影响下，一大批岭南建筑师已经为现代岭南建筑的发展奉献了一批批典范和作品。

参考资料：中国工程院官网、汕头科普客户端、百度百科

许实（1919—2004），出生于广东佛山，越南归侨。1941年加入中国共产党，1944年参加广东东江抗日游击纵队，后曾赴越南参加抗击法国殖民军的游击战争，1949年归国。许实从1944年开始参加新闻工作，先后在中共中央对外联络部、新华社、南方日报社、广东省出版局、羊城晚报社工作。许实以"微音"为笔名，长期为《羊城晚报》的"街谈巷议"专栏撰写时评，以扬清激浊、直言辛辣见称于时，著有新闻评论集《微音》《微音续集》以及通讯散文集《微音看人世》、回忆录《微音忆旧》等。曾被推选为"广州市十大杰出公仆"和广州"十大慈善之星"。

"微音"许实的时代强音

1919年，许实出生于广东佛山。1941年5月，许实正式加入中国共产党，1944年参加广东东江抗日游击纵队，历任广东人民抗日游击队东江纵队第二期青干班学员、东江纵队机关报《前进报》助理编辑、东江纵队北江支队《抗敌报》主编。

从22岁在粤北一家农舍宣誓入党一刻起，学生哥许实的生活轨迹就开始与中国的历史发展轨迹相叠合。许实的可贵和可爱可敬之处在于，他剖析自己时和剖析社会现象一样犀利。他总是很谦逊地对在白色恐怖之下从事地下工作娓娓道来，但其实在任何人听去，都惊险万分。作为一个带着党的使命

的学生领袖，许实在学校中策动学运以至被当局开除和特务盯梢，不得不蛰伏于衡阳。为了接上和党的关系他辗转于湖广交界从日寇手中死里逃生。之后他成为抗日游击队员，与日寇和顽军浴血奋战，带着党的指示到越南开展华侨发动工作，又曾到云南发动民变迎接全国解放。

1949年，许实奉命回国后，赴中共中央联络部任研究员，不久即被送到马列学院学习。完成学习后，因工作需要调到新华总社任广东分社副社长，并一度担任《南方日报》副总编辑，成为一名记者出身的报人。

作为历史的参与者和见证者，许实的生活轨迹与许多伟人和历史名人有过接触。采访毛泽东，他写过《毛主席到棠下社》；采访周恩来，他随周总理走过广东新会一带的山山水水。刘少奇、朱德、邓小平、陆定一以及康生等来广州时，许实也因职务而在场。

1980年《羊城晚报》复刊，许实先后担任副总编辑、总编辑。他常笑说自己人微言轻，故取笔名"微音"，为《羊城晚报》头版著名的新闻评论专栏《街谈巷议》撰写评论长达23年。

这些评论或弹或赞、或褒或贬；褒则热烈，贬则痛切；鞭辟入里，入木三分。许实在谈及撰写"街谈巷议"的体会时曾经说："报纸要'揪'住读者，首先就得同他们心心相印。他们爱什么、恨什么，有什么意见，有什么困难，能给他们说点话，他们就肯买你的报纸，也愿意读你的文章了。"他这种与读者"心心相印"的办报、为文的理念和实际行动，赢得了读者，获得了尊重。也因此，使其时的《羊城晚报》大行其道，洛阳纸贵，不到五年时间，发行量由复刊时的20万份跃升为170万份，创造了一个奇迹。广大读者爱读他的文章，并敬重其人。他的笔锋常蘸感情，他的情感与民众冷暖相同，他的评论文辣于药、言快于刀。

20世纪70年代末，改革开放，千帆竞发。国家鼓励企业发展技术，然而当时社会上技术人才捉襟见肘，技术力量几乎为零的乡镇企业对人才极其渴望。由于当时思想比较固化，技术人员只能固守岗位。在这样一个关键时候，《羊城晚报》率先提出"星期六工程师"概念。

"没有科学技术，乡镇企业就很难起飞……'星期六工程师'对四化建设有功，理应传令嘉奖，为何还要遭受某些人的冷遇？没理！"1985年，微音在《街谈巷议》发表《合理又合法》一文，力挺业余时间"炒更"的科技人员。"科技人员在做好本职工作的情况下适当兼职，并取得合理报酬，这些，已有'红头文件'为据，是谓合法；按劳取酬，也亦合理。"报道出来后，"星期六工程师"快速传播。当有人就"炒更"一事质疑工程师时，他们一句话"微音都支持"就让对方无话可说。

20世纪80年代初期，许实就撰文倡导人们穿西装，并身体力行之。他喜欢西装革履，也有早餐到茶楼一盅两件的习惯。但其实，许实平常非常俭朴。他有件儿不离身的

许实将义卖自己作品集所得的23万多元全部用于捐建广州慈善医院

许实在微音新闻评论研讨会上

蓝西装和一条红领带，在他身边的人都知道，他一穿就是近十年，直到后来稍窄，这才没穿。他的配西装的浅色皮鞋，也穿了有十年光景。20世纪80年代，报社写稿都还用稿纸，他写文章的时候，总是密密麻麻，不留空隙。

许实从岗位退下之后，仍然具有不小的社会影响力。在70岁之后，陆续结集出版了四五本自己的作品。每次在微音的售书仪式上，总排满了长长的人龙。有长期读他的文章赶到现场要见他一面的，有追着他索要签名的，有的读者更是上百本地购买。当然，也有很多来反映自己遇到不公平待遇无法解决的。而许实总是聚精会神地同每一位群众打招呼，朗声道一句谢谢。当有反映情况的，他马上叫来年轻的记者，吩咐认真聆听，不要让读者失望，并反复叮咛，一定要给个回音。有一些成熟的题材，他还会交代一声：这个可以写写街谈啊！离开一线之后，由于许实几乎每天都写《街谈巷议》，"街谈"专栏作家这一民间称谓也在报社流传起来。1986年，在一次市民评选活动中，许实荣膺广州十大杰出公仆之一，成为名副其实的社会活动家。

参考资料：《南方日报》《新快报》、羊城晚报客户端

方才天，1939年出生于东南亚一个普通华侨家庭，幼年回到家乡。20世纪60年代初，方才天从广州美术学院毕业，曾在广州市纺织品设计公司就职，后来到"厂老、人老、设备老、产品老"的广州风帆毛巾厂从事色织布设计。即使被普遍认为"大材小用""专业不对口"，方才天也摆正心态，将所有的精力与心血灌注在自己的工作岗位上，先后设计了650多种花式品种毛巾产品，其中近60个产品获得国家纺织部和省、市的奖项并远销海外。20世纪80年代，先后获得了"广州市劳动模范""全国优秀设计工作者"称号。以自己的干劲、闯劲、钻劲，勇当"奋斗者"，争做"带头人"，1989年被评为"全国劳动模范"。

做"干、闯、钻"的带头人
——"全国劳模"方才天

"老方回来了！"消息不胫而走，迅速传遍了广州风帆毛巾厂，人们纷纷走出车间、办公楼，竞相向这位赴京参加全国劳动模范表彰大会载誉归来的方才天握手道贺，击掌欢迎。对着众多熟悉的面孔，高级工艺美术师、归侨方才天却腼腆地说："谢谢大家，我要加倍努力，回报大家，报效祖国。"这是发生在1989年的一幕。

方才天，1939年生于东南亚一个普通的华侨家庭。父母为了让下一代不忘自己是炎黄子孙，便在20世纪40年代末把年幼的方才天带回故里上学。20世纪60年代初，方才天从广州美术学院美术系染织专业毕业，被分配到广州市纺织品设计公司从事色织布设计。那时，他血气方刚，工作出色，后来被调到"厂老、人老、设备老、产品老"的广州风帆毛巾厂搞毛巾产品图案设计，从此改了行。

起初，他感觉有点委屈，一个大学生来到专业不对口的小工厂，无用武之地，弄不好面子都丢光了。朋友问他在哪里工作，他从来不敢如实相告。哥哥从国外来广州探望他，他也不好意思在工厂相会。后来，他摆正思想，自豪地对所有人说，"只要有报国之心，小厂也有机会发挥自己的才干。"

的确，他爱上了这间小厂，把心血全部倾注到

方才天工作中

事业上。一次，海外亲人回来望他，询问他要否移民出国。方才天说："祖国虽然还穷，不发达，但毕竟是母亲啊！中华儿女应为祖国分忧，为祖国繁荣昌盛尽力。"亲人们被他的爱国情怀所打动，不仅不再劝他出国，后来还捐赠巨资为家乡兴办学校、医院等福利事业。

在长年累月的设计工作中，方才天一直把"一丝不苟，精益求精"作为座右铭。他认为，只有自己设计的产品得到社会的认可和欢迎，劳动才有价值，自己才感到人生的快慰。一次，他绞尽脑汁设计了一种具有民族风格的飞鹤图案的提花浴巾，以为一定会得到大家的赞赏。但有的人却挑剔说，鹤的动态变化不够，似有飞不起来之感。他虚怀若谷，反复琢磨，经多次修改，终于使飞鹤的形象更加逼真，跟活的一样展翅高飞。后来，这个设计作品被行业评为优秀产品。

随着国际市场毛巾产品设计水平的提高，他又和同事们一起，打破工艺传统，克服困难，采取把提花、印花与喷花融于一体的新技术，并在艺术上大胆创新，使这个厂的毛巾产品图案格调清新，高雅华丽，五彩缤纷，受到国内外行家的好评。方才天对祖国的一片丹心和对工作的精益求精，结出了丰硕的果实。这些年，他先后设计了650多种花式品种，不仅超额完成了工厂规定的任务，而且中选率高达百分之八九十，其中近60个产品分别获得国家纺织部和省、市的奖励，远销美国、日本和非洲、东南亚以及香港等五十多个国家和地区，为国家创造了大量外汇。20世纪80年代以来，他先后获得了"广州市劳动模范""全国优秀设计工作者""全国劳动模范"等殊荣。

参考资料：《粤侨先锋》（黄方生著）、中工网、《羊城晚报》

潘鹤（1925—2020），别名潘思伟，出生于广州，少年来往于港澳、广州生活学习，后考入华南人民文学艺术学院，曾任广州美术学院终身教授、广东省美术家协会名誉主席，是当代中国雕塑教育改革的先行者、具有杰出贡献的人民艺术家、美术教育家。在70多年的艺术生涯中，潘鹤致力于雕塑艺术、美术教育事业，代表作有《艰苦岁月》《开荒牛》《珠海渔女》《广州解放纪念碑》等，创作了100多座大型户外雕塑，分布在国内外68个城市。曾被评为"广东省劳动模范""全国优秀雕塑工作者"，2009年获文化部首届"中国美术奖·终身成就奖"，2011年入选首批中国国家画院院士。

为时代"铸魂"的"开荒牛"
——潘鹤

    潘鹤，别名潘思伟，1925年出生于广州，自幼立志做大艺术家。8岁伊始，便随家人往来于港澳和广州生活的潘鹤，一直酷爱创作水彩画、油画，十七八岁便在广州和澳门初露锋芒。后师从黄少强，少年怀才春风得意，逐渐被圈内传知。

    1949年10月1日，中华人民共和国宣布成立。那时身居香港的潘鹤已经24岁，正处于男儿志在四方的"人生十字路口"，他看到了祖国的希望。在先进思潮的影响下，潘鹤决定以"献身于革命"为理想来求得精神上的寄托。在舅父杨章甫的指引下，潘鹤放弃了出国深造艺术的留学打算，凭着过硬的

专业成绩考上了当时的华南人民文学艺术学院。

    在华南人民文学艺术学院三个月的集中学习后，曾被派往广东边境参加农村工作，经历过"虎口夺粮"、躲避敌人偷袭、斗地主、抓土匪这等危机重重的遭遇，最终胜利完成各项任务。种种惊险和艰难磨炼最能启智开慧，积累人对生活的观察能力和坚持目标的韧性，为他日后的艺术创作开拓了更广阔的思路，积累下身为一位人民艺术家深入实际、接近群众、感悟生活的珍贵的体验。

    艺术要体现"人民性"，而"人民性"意味着作品能够深深地打动任何时代的每一个人。潘鹤做

青年潘鹤与作品《睬你都傻》

潘鹤正在创作《艰苦岁月》

到了，他为雕塑艺术行业树立了一个标杆。

1956年，潘鹤创作了《艰苦岁月》，也就是我们在小学课本初次认识的红色雕塑，然而，这件作品刚面世时，其创作背景一直被曲解。潘鹤后来告知媒体，这作品背后的故事与海南游击队在孤岛奋战20多年的事迹有关，他被孤岛战士们坚韧守战的精神所震撼。于是创作了一幅素描画，表现衣不蔽体的战士睡在暴风雨的树林间，画里的中心人物是琼崖纵队司令员冯白驹，醒来时正凝望着织网的蜘蛛。但这幅素描当时曾受到质疑，潘鹤当时立即提取了画中精髓内容改成了雕塑送去参展，还给作品命名为《艰苦岁月》。

潘鹤说他做好了受批判的思想准备，结果却是意料之外的，《艰苦岁月》获奖了。直到后来，偶然看到《解放军画报》报道邓小平、陈毅、彭德怀等领导人围着《艰苦岁月》追忆长征时的艰苦磨难，那一刻他才恍然大悟，无论背景是孤岛奋战还是万里长征，那些艰难困苦的岁月是能够触动人的，尤其能触动那些亲历者的心弦。

潘鹤在艺术创作路上始终保持一片赤子真诚。1969年被借调回广州之后，潘鹤为星火燎原馆、中国人民革命军事博物馆创作了一批经典的红色革命题材的雕塑作品，如《追穷寇》《世界革命系列》《大刀进行曲》《攻占总统府》等。1977年，潘鹤站上了人生新台阶，被选为广东省美协副主席，任广州美院雕塑系主任、副教授。1978年更被调往北京参加毛主席纪念堂广场的雕塑创作，奠定其根正苗红的艺术创作之路。

在参与建造广州解放纪念碑这个项目时，潘鹤精心巧思做了一处不为人知却又蕴含着大智慧的设计。他把人物脚下的四方底座当成一个图章，特地做了刻字内容形成一个拓印面，藏在了底座下，而拓印面的内容是"一切政权属于人民"这几个大字。

改革开放以前，雕塑领域尚未被重视，我国城市雕塑的水平远远落后，在高校，雕塑系的情况更是每况愈下，不容乐观，教师学生人人不

广州解放纪念碑

得安心，毕业即失业或转业，学难致用。因此，当时让潘鹤日夜思虑的问题，就是如何使雕塑系走向社会。潘鹤认

为要办好雕塑，首先要改变雕塑之于社会的价值认识，事实上，当时雕塑界人才稀缺，尤其突出的问题是艺术落地缺乏和城市结合的经验。潘鹤认为，如果要打开出路，必须闯入城建部门，将雕塑变为政府部门的需要。

一个擅长捕捉时机的人，一个专注于解决某项社会问题的人，总能让方法比问题多。潘鹤借改革开放的东风，誓将雕塑推向城市公共空间的第一步，瞄准特区珠海。

1979年夏，潘鹤与全校教师作出珠海城雕规划，吸引了时任珠海市领导层的兴趣，并且批准了他们的规划进行落地实施。第一个规划项便是潘鹤建议的改造香炉湾公园，这个公园原是处于荒山野岭之地，潘鹤带领着团队计划寻找些颇具形象的山石，然后通过轻雕凿修饰成天然存在的动物象形作品。调动了全系教师轮换出动，爬山越岭寻找适合的山石，从住地到公园每天来回走2小时的路，日晒雨淋地在野外工作，这项工作非但没有报酬，还要自

付伙食费，万事开头难，潘鹤带领下，全系教师不辞艰苦，默默付出了2个多月的辛勤，20多座山石雕塑方才完成，赫然成景，珠海市因此把香炉湾命名为石景山。再往后，在珠海荒郊创作了《珠海渔女》，为先有雕塑后城市、先有雕塑后有传说开路。潘鹤还撰写了《雕塑主要出路在室外》等多篇文章，发表于主流报刊并作专题演讲。

潘鹤的作品始终与中华民族的命运同呼吸。1980年，深圳经济特区成立，当时的深圳市委找到潘鹤，请他为特区做一件标志性的雕塑。潘鹤深思熟虑后提出要做一头"牛"。他说"因为我们这一代人与牛很有缘分，开始是俯首甘为孺子牛，现在国家要重新开荒了，责任落在我们身上，就做开荒牛。"

开荒牛后方的树根代表着盘根错节的旧思想旧观念，全身的肌肉紧绷着，身体极力往前倾，似乎是要把身后那代表封建残余势力的树头连根拔起，有一只前脚是跪着

《珠海渔女》

《怒吼吧！睡狮》

《开荒牛》

《大刀进行曲》

272

潘鹤与儿子潘奋一起观看自己年轻时的手稿

位于海珠区广州大道南后滘西大街的潘鹤雕塑艺术园

的，传递的是这一代人鞠躬尽瘁、任劳任怨的精神。

这开荒牛的重大意义，开始时很多人都不懂。直至后来，邓颖超同志来深圳时，看到这个雕塑并表现出非常的感动，她说开荒牛不仅是深圳特区的标志，也是共产党精神的标志：拔掉穷根、埋头苦干。邓颖超是看懂了"开荒牛"，读懂了艺术家的用心，这才让《开荒牛》留存至今，并逐渐深入人心。作为一座精神地标，《开荒牛》影响了无数改革开放的先行者们。综观潘鹤的创作，每件雕塑都是在不同历史时期的感情喷发。

作为雕塑界最具影响的艺术大师，2009年，潘鹤获得由中宣部批准设立，文化部、中国文联、中国美协主办的国家级美术最高奖"中国美术奖·终身成就奖"，2010年获得由中共广东省委宣传部、省文化厅、省文联、省作协评选的"广东省首届文艺终身成就奖"。对于获奖，潘鹤在采访时自嘲说："都把我当国宝，我不就成了熊猫，受保护的禽兽了？"潘老还笑称，自己并不想拿这个奖，"我仍然前途无量，现在盖棺定论言之过早。"

2015年，潘鹤、梁明诚近40年前创作的《大刀进行曲》，在"中国人民抗日战争胜利70周年纪念章"重新亮相。前赴后继的指挥员、农民、小战士、妇女……凝固成一曲全民族抗战史诗，世代为人传诵。

2017年，92岁的潘鹤由于身体原因，很多过去的事情他已记不起来，彼时这位头发花白的老人已经不记得当年的"热血岁月"，但提及雕塑，他仍略有些激动地说："艺术家就是要天不怕地不怕"，这是早已刻在他骨子里

的东西。他的"狂妄"源于他对艺术的眼界和追求。正如小时候他在日记里写道："长大后要和罗丹比高低，狂妄又何妨！"

曾有不少企业家、名人花重金委托潘鹤做雕塑，潘鹤一概拒绝，他认为创作一定要感动自己，他才会动手去做。他说，"我的才华是用来献给大众的，留给历史的，不是为某个人的某个要求的，你有钱也不能买走我的艺术。"他希望所有人都能够用平等和尊重的姿态对待艺术，"转眼人间八十年，世风日下钱钱钱。老来方知徒悲愤，能癫就癫过一天。"这是潘鹤在80岁时写下的一首诗，他要将这"癫狂"进行到底。对他而言，艺术不是职业，艺术就应该是纯粹的。

作为中国现代雕塑艺术引路人，潘鹤将一生都投入雕塑艺术，创作了一部部时代之杰作。这些作品生长于民族之间，扎根于中华大地。他独特的雕塑艺术思想，让雕塑走向户外，使得一批批年轻人看到雕塑艺术之美，点燃中国现代雕塑之星火。

参考资料：《新华网》、南方+客户端、广州美术学院客户端、敦行公共艺术设计院客户端

梁伦，泰国归侨，1921年出生于广东，著名舞蹈编导家、舞蹈教育家和理论家。抗日战争期间，曾参加洪流抗战剧团等进步团体，1946—1948年，随中国歌舞剧艺社赴海外巡回演出，其间在南洋筹建舞蹈研究会、举办中国舞蹈训练班等，为侨胞培养了一批舞蹈人才。中华人民共和国成立后，历任华南歌舞团团长、广东省歌舞团团长、中国舞蹈家协会副主席等职。百岁舞者梁伦在半个世纪的演出创作中，努力开拓新舞蹈艺术，刻苦钻研舞蹈理论，在创立具有中国特色的舞剧方面作出重要贡献，曾获首届"广东省文艺终身成就奖""中国舞蹈艺术终身成就奖"等。2011年，广东省文联、省舞协为梁伦颁授"广东舞蹈一代宗师"荣誉称号。

百岁舞者　一代宗师
——梁伦

梁伦，别名梁汉伦，祖籍广东高要，1921年出生于广东佛山。1937年，抗日战争全面爆发，16岁的梁伦出于爱国热情，积极投身救亡运动，他先后参加过洪流抗战剧团、香港中原剧艺社等进步团体，在战火中用戏剧、舞蹈来鼓舞抗战热情。

1941年，20岁的梁伦考入广东省立艺术专科学校戏剧系编导专业，选学舞蹈，师从舞蹈家吴晓邦，后来还向英国舞蹈家戴莱夫人学习芭蕾舞。

起初，梁伦是以新话剧演员的身份登台演出，1943年在桂林演完《苏瓦诺夫元帅》后，他开始以舞蹈演员的身份与观众见面。1944年由于日本帝国

青年时期的梁伦

主义的疯狂进攻，国民党反动派军队从湘桂大撤退，梁伦几经周折，从广东到广西，后经贵州到达云南昆明，而云南那一轮"蓝色的月亮"也深深地印刻在他的脑海里。

"那是战争年代，一天半夜，我在山间听到一段少数民族的舞蹈，音乐高低音对比强烈，我顺着音乐走向山顶，看见大

大的、蓝色的月亮，音乐来源是山中一堆篝火，那是少数民族同胞在跳舞，他们背着桶一般的乐器，围着篝火彻夜地跳，火一般的乐观情绪感染了我。我向他们学跳舞进而创作，并在西南联大民主广场公演，我们的演出从来不收门票费用，舞台道具都是用自己工资买的。"梁伦说。

梁伦曾先后创作了舞蹈《渔光曲》《卢沟桥问答》《饥饿的人民》《希特勒尚在人间》，小舞剧《五里亭》，大型儿童舞剧《幸运鱼》等大量作品。1945年在昆明与游惠海、胡均等创立了以反帝反封建、大众化、民族化为宗旨的"中华舞蹈研究会"，积极开拓新舞蹈艺术，配合昆明日益高涨的爱国民主运动。他深入少数民族地区搜集、改编民间舞蹈《阿细跳月》《撒尼跳鼓》等。

20世纪40年代，梁伦和伙伴有过一次最"惊险"的"舞蹈"。在一辆"严重超载"的列车上。"我跟着教学的学校职工一起逃生，坐上了国民党后勤部的一列火车，那辆火车也不知道停了几天，车顶和车底的床板上都'挂'满了人。车辆行进过程中遭遇日军的飞机袭击，火车为躲避轰炸开进了一条隧道，当时许多人不幸跌落或被障碍物'剧'下了车。几名同伴顺着隧道的走向挺直身子，不停'舞动身体'调整姿势，惊险而幸运地在火车车顶与隧道缝隙中求存，最终平安地穿过隧道。"梁伦身处

险境，亲尝颠沛流离之苦，目睹了生灵涂炭之惨状，决心以舞蹈为武器唤起民众奋力投入抗日行列。

1945年，梁伦参加了由昆明爱国进步人士组织演出的彝族同胞音乐舞蹈晚会任舞蹈指导。晚会引起轰动，影响深远。1946年6月，赴香港参加中共地下党领导的中原剧社；同年秋，到中共地下党领导的中国歌舞剧艺社任舞蹈编导、教员兼演员。1946年年底至1948年年底，他随中国歌舞剧艺社赴泰国、马来西亚、新加坡等地巡回演出，在此期间创作演出了不少舞剧和舞蹈作品，同时在泰国等地举办舞蹈训练班，播下新舞蹈的种子，曾担任新加坡中国艺术学院舞蹈教授，为侨胞培养了一批舞蹈人才。

新中国成立初期，梁伦回到广州，在华南文工团（广东歌舞剧院的前身）期间担任重要的创作、演出、舞蹈培训、文化交流等工作，之后历任华南歌舞团团长、广东省歌舞团团长、广东歌舞剧院顾问。

1951年，梁伦参加第三届世界青年与学生和平友谊联欢节，并随团赴苏联及东欧各国访问演出。1953年后，他先后担任华南歌舞团团长、艺术指导。他创作的大型舞剧《乘风破浪解放海南》《牛郎织女》《燎原火炬》《珍珠》《南越王》等获全国或省的奖励；舞蹈《红花舞》《绣花舞》《阿细跳月》分别参加了第三、第五、第八届

舞蹈学子与梁伦在图片展现场合影

梁伦在汕尾渔村深入生活采风

1945年创作舞蹈《阿细跳月》剧照

舞蹈《五里亭》剧照

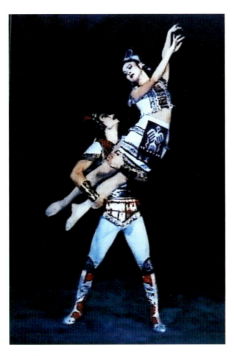

舞蹈剧照

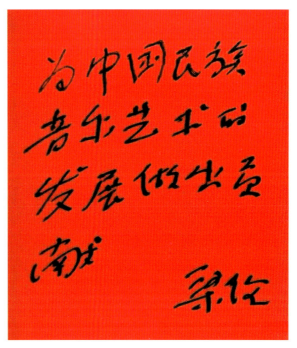

梁伦手迹

世界青年与学生和平友谊联欢节演出。歌舞《娶新娘》等被收入电影《南方之舞》，发行海外。曾在中央和海外的报刊杂志上发表文章300余篇，出版了文集《舞梦录》。1959年，梁伦创办广东舞蹈学校，兼任校长。他领导创办的广东《舞蹈研究》《舞蹈文摘》等刊物在全国具有一定影响。

梁伦曾任中国舞蹈艺术研究会常务理事，中国舞蹈家协会副主席、顾问，广东省舞蹈家协会第一届、第二届、第三届主席，广东省文学艺术界联合会副主席，广东省人大代表，广东省政协委员，广东省文化咨询委员等职，是一位荣获文化部颁发的第三届造型表演艺术成就奖、中国舞蹈家协会颁发的中国舞蹈艺术终身成就奖、第三届鲁迅文艺奖突出贡献舞蹈家个人奖、"为中国舞蹈艺术事业做出重大贡献"的广东省第五届鲁迅文艺奖、首届广东省文艺终身成就奖、广东省舞蹈家协会授予的舞蹈终身成就奖

等众多艺术成就的舞蹈艺术家。

百岁舞者梁伦在半个世纪的创作演出活动中，他努力开拓新舞蹈艺术，积极投入爱国民主运动，率先发掘民族民间舞并将其改编后搬上舞台，刻苦钻研舞蹈理论，在中央和海内外报刊杂志上发表理论文章300余篇，在创立具有中国特色的舞剧方面作出了重要贡献，曾获中国舞蹈家协会颁发"中国舞蹈艺术终身成就奖"，首届"广东省文艺终身成就奖"。2011年，广东省文联、省舞协为梁伦颁授了"广东舞蹈一代宗师"荣誉称号。

参考资料：新华网、广东省舞蹈家协会客户端、岭南网客户端

傅汉洵，1941年出生于印度尼西亚，中共党员，祖籍广东潮阳。1960年回国后，加入广东省羽毛球队，曾两次获得全国羽毛球双打冠军。1971年进入教练员生涯，自此耕耘于广州羽坛，培养出吴迪西、关渭贞、劳玉晶、林燕芬、张洁雯、谢杏芳6位羽毛球世界冠军，对填补20世纪六七十年代我国羽毛球事业的空白和培养八九十年代优秀的羽毛球后备人才作出了突出贡献。曾任广州市羽毛球队总教练、广州市侨联副主席、致公党广州市委主委、广州市政协副主席等职，是第九届、第十届全国人大代表，获得广东省、广州市劳动模范称号，国际羽毛球联合会授予其"对羽毛球运动作出突出贡献奖"。

赤子情　羽球魂
——傅汉洵

　　傅汉洵，1941年出生于印度尼西亚，祖籍广东潮阳，中共党员。1960年回国后，加入广东省羽毛球队，曾两次获得全国羽毛球双打冠军。1971年开始教练员生涯，自此耕耘于广州羽坛，培养出吴迪西、关渭贞、劳玉晶、林燕芬、张洁雯、谢杏芳6位羽毛球世界冠军，对填补20世纪六七十年代我国羽毛球事业的空白和培养20世纪八九十年代优秀的羽毛球后备人才作出了突出贡献。曾任广州市羽毛球队总教练、广州市侨联副主席、致公党广州市委主委、广州市政协副主席等职，是第九届、第十届全国人大代表，获得广东省、广州市劳动模范称号，

国际羽毛球联合会授予其"对羽毛球运动作出突出贡献奖"。

　　20世纪50年代，傅汉洵的父亲傅高宾是印尼苏北省先达市的华人侨领，也是当地的羽协副主席。1958年，印尼羽毛球男队夺得汤姆斯杯冠军后非常风光，在当时掀起一股羽毛球热潮。时任印尼羽毛球协会主席的苏迪曼先生未雨绸缪，大范围内举行青少年羽毛球比赛，开始寻找新鲜血液。

　　那次苏北省的比赛，17岁的傅汉洵夺得了男子单打亚军，引起了苏迪曼的注意。他很直接地找到傅汉洵的父亲，表示希望召其入选印尼队。然而，

青年时期的傅汉洵

傅汉洵（右一）运动员时期照片

傅高宾却有不同想法：如果我的儿子真有打球的天赋，也应该是为祖国去争荣誉。1960年1月，傅高宾毅然决定送傅汉洵回国。傅汉洵怀揣满腔热情，在海上漂泊了十几天之后，终于在罗湖口岸登陆。

傅汉洵抱着梦想留在广州，被安排到石牌华侨补习学校，当时国内正处困难时期，许多体育项目已经被削减，生活条件也较差。傅汉洵凭着一腔爱国热情，在华侨补校坚持了下来。直到1960年5月，傅汉洵才正式加入了省羽毛球队。

虽然体育队伍的待遇要比普通老百姓好，可作为专业运动员，傅汉洵和队友们也经常过"饿肚子"的日子。可即便是这样，傅汉洵和队友们也从来没有放弃过梦想——就是站在世界冠军的领奖台上。

1961年，当时的国家体委主任贺龙元帅提出三年实现羽毛球达到世界水平。然而，在当时而言，出国的机会几乎是不可能的，更加不用说出国参加比赛了。傅汉洵和队友们勤学苦练，却始终没有一个能够站上国际羽坛的机会。一直到1963年，这个机会终于来了。国家将当时的羽毛球强国印尼、丹麦队请来中国打友谊赛。傅汉洵所在的中国队不仅把世界冠军印尼队打得一塌糊涂，还让丹麦队"俯首称臣"。

1970年，傅汉洵意外发现自己的腰椎有问题，医生表

1960年广东男运动员合影，后排右二为傅汉洵

示腰椎压迫神经，他不能再继续当羽毛球运动员了。这一纸诊断就像个晴天霹雳，把他的生活劈成了两半。"很多人不停地过来给我做工作，我的妻子也总是劝慰我。"经过很长一段时间的调适，他才最终想明白，自己当不了运动员，可以当教练，"让我的弟子为国争光"。

20世纪70年代末期，广州市羽毛球队正式成立。傅汉洵携夫人曾秀英开启了30多年耕耘广州羽毛球队的教练生涯，跟随羽毛球运动的发展见证我国改革开放的步伐。改革开放后，我国大力恢复发展羽毛球事业。1978年，受国

傅汉洵教练在原广州市体育馆前教授小运动员动作

在原广州市体育馆，傅汉洵示范步伐分解

1985年，傅汉洵夫妇与爱徒吴迪西、关渭贞、劳玉晶获得尤伯杯后的合影

家体委委派，傅汉洵赴澳大利亚开展教学交流活动，作为专家指导澳大利亚的羽毛球训练。

随着我国改革开放的深入，羽毛球运动的国际交流也日渐频繁。1983年，国家体委会委派傅汉洵作为羽毛球专家到新加坡指导。当时新加坡队的前几任教练都是欧洲人和印尼人，比赛成绩一直不理想。为了备战第十二届东南亚运动会，新加坡羽协几经争论，决定从中国邀请专家。

到达新加坡后，傅汉洵一方面加强与新加坡羽协官员、运动员的沟通谈心，帮助他们树立了信心和奋斗目标；另一方面，通过加强体能训练、增加训练强度、提高移动速度等，对新加坡队的传统训练方式进行改革，使他们的竞技状态有了大幅度提升。在第十二届东南亚运动会上，新加坡队运动员黄循杰成功击败了印尼名将洪宗宗，一举夺得男单冠军。在任期结束即将回国之际，新加坡羽协曾给出优厚的条件，希望傅汉洵能留任新加坡队，但被傅汉洵婉言谢绝了。

回国后，傅汉洵全身心投入羽球教育，在广州中心体校羽毛球班，一手培养出5位羽毛球世界冠军，吴迪西、关渭贞、劳玉晶、林燕芬、张洁雯，一度刷写了新中国当时近乎空白的羽毛球历史。2005年，谢杏芳在美国世锦赛上夺冠后，经他培养出来的广东籍羽毛球世界冠军已达到了空前的6个。

"我没有实现的梦，学生帮我实现了。"傅汉洵说。

从运动员到教练员，从为国争光到桃李满天下，傅指导的奋斗史可谓广东羽坛历史发展的缩影。60年的坚守羽坛、60年的奉献羽坛、60年的峥嵘岁月、6位世界冠军弟子，傅汉洵用青春奉献书写自己的赤子情、羽球魂。

参考资料：《新快报》、中国羽协羽毛球学院客户端、南方+客户端

刘耀柱（1932—2021），祖籍广州，香港聚龙阁酒楼董事长，香港中华总商会成员，香港穗郊同乡会副会长。17岁只身闯香港，在港先后开办肉食品公司、茶餐厅、茶厂、酒楼等。1978年，刘耀柱回内地参与祖国现代化建设，是改革开放后最早回乡投资的香港同胞之一。1979年，刘耀柱引进200辆红色"的士"，创办白云小汽车出租公司，开创内地"扬手即停"先河，"扬手即停"亦成为广州得改革开放风气之先的"红色信号"。他关心家乡建设，先后涉足运输业、房地产业、酒店服务业等，热心社会公益，捐建夏茅小学、广州东方心血管医院等，资助广州市残疾人基金会儿童福利中心等单位，总额逾1000万元，为广州市经济文化建设和社会进步作出积极贡献。1991年10月，刘耀柱被广州市人民政府授予"广州市荣誉市民"光荣称号。

扬手是"春"　改革开放里的"广州红"
——刘耀柱

刘耀柱，1932年出生于广州白云石井镇农村，9岁丧父，家境贫寒，因此没能读上书。17岁只身闯香港，没有任何依靠，凭着两只手和自幼磨砺出来的坚强意志"博人生"。初到香港，刘耀柱当上了屠夫。他白天在肉案上挥刀斩肉，夜晚无处可宿，就把自己安置在肉案之上，生活非常艰辛，一起到香港去谋生的伙伴早已忍受不了艰苦而陆续重返家乡，但刘耀柱坚持下来，一干就是6年。小有积蓄后，刘耀柱开始尝试做起肉食生意来，朝着餐饮行业发展。实力增强后，他又开始涉足房地产开发，并取得了成功。

1978年春节前夕，刘耀柱和妻子乘着内地改革开放的第一缕春风，提着大包小包回到久别的故乡探亲。他们坐上广九直通车到达广州大沙头后，以为叫辆"的士"，很快就能抵达位于白云区石井镇夏茅村的故乡了。然而，他们下大巴后等了好半晌，连辆出租车的影子也没见着。改革开放前，广州出租汽车的经营方式主要为定点运营。乘客到候客站点先办租车手续，司机接单载客。司机每完成一趟接送任务后，必须空车回到服务点等候下一次的出车指示，不得中途载客。

彼时，刘耀柱在香港经营羊城的士服务有限公司，这位出租车"大王"在等待中萌生了个想法："广州能不能搞几辆'随截随停'的出租小车方便来客呢？"说干就干！此时，广州市交通部门也在改革开放中寻找行业的改革突破点，刘耀柱希望交通部门改变的局面，正好是为他们提供了"破局"的切入点。于是双方立即谈起合作事宜。

1979年9月，刘耀柱引进300台小汽车，与广州市交通部门合作成立了第一家中外合作出租车企业——广州市白云小汽车出租公司，并于当年11月下旬正式投入运营。当时，遇到两个主要难点，第一个难点是"扬手即停"，许多人认为这样做容易"乱了套"，破坏城市秩序；但刘耀柱坚持"只有便利百姓"，最后终于统一意见。而另一个难点在于车身颜色，方便市民一眼认出"的士"，刘耀柱希望把出租车喷涂成像香港一样的红色。但当时出租车颜色一般为蓝灰黑，不认可红色在出租车车身的使用。刘耀柱没有轻言放弃，他想方设法劝说："服务行业要有自己的'特色'，车身刷成'红唧唧'（红彤彤）的颜色很容

易进入公众的视野，红色'彩头'好啊，意味着生意必定会红红火火。"

在他的坚持下，那年的"广州红"应运而生。刘耀柱引进的日产五十铃骏马营运小汽车，适合广州市道路环境，车身漆成红色，车顶安装了标有"TAXI"字样的顶灯，车内安装了空调机、里程计价器、无线对讲机等，最关键的是，所有车辆都以香港出租车的模式运营，在羊城穿街过巷，实行"沿途载客、扬手即停、计程收费、日夜服务"，一种全新服务方式在广州市问世，广州也成为全国第一个实施"扬手即停"式出租车的城市。

白云小汽车出租公司的成立，不仅促进了广州出租车行业的蓬勃发展，对广州的第三产业发展发挥了积极示范作用，影响更辐射至全国。广州出租车"扬手即停"的服务方式在全国各地引起极大反响。一时间，这种新颖而方便市民的做法，迅速传遍大江南北，许多城市争相效仿。也正是从那时开始，港式出租车车顶安装的"TAXI"标识灯音译的粤语"的士"一词，辐射至内地各个城市，

1979年，港商刘耀柱创办白云小汽车出租公司，在全国率先开展扬手即停的服务方式

刘耀柱、郑惠莲伉俪（前排左五、左六）为家乡白云区石井捐建的广州东方心脑血管病医院落成剪彩

香港穗郊同乡会组团参观刘耀柱会长为家乡捐建的夏茅小学教学办公大楼

刘耀柱伉俪（左二、左三）接受荣誉市民证章、证书

"搭的士"衍化的"打的"一词，也逐渐风靡全国。1988年12月，广州纪念改革开放10周年之际，"出租车全国首创'招手即停、昼夜服务'"入选并位居广州改革开放10年来十大成就的前列。从1979年广州仅有出租车395辆，1984年发展到4080辆。至2020年，广州的出租小车已超过3.3万辆，"扬手即停"促进了广州出租车业的飞速发展。

刘耀柱除了在同市民生活密切相关的交通业中积极参与，还先后涉足运输业、房地产业、酒店服务业等，投身祖国现代化建设。在广州兴建景星酒店，该酒店在其悉心经营下，业务稳步上升；在清远投资创办养鸡场等。

刘耀柱夫妇虽然身在香港，但他们始终关心家乡的发展。尽管当时已年逾六旬，但他每周都要从罗湖桥往返穗港一次。他说："我不在乎钱，人生一世，钱是带不走的，但我在乎自己的家乡。"

刘耀柱夫妇均幼年失学，深感文化知识的重要。他们除了重视自己的6个儿女的教育外，对家乡的教育事业也非常关心。夫妇俩从20世纪80年代初起，先后捐献巨资为家乡兴建幼儿园、仓库、小学、刘氏旧宗祠，还资助《穗郊侨讯》出版经费和积极赞助香港穗郊同乡会的组建经费等。热心公益事业，捐建广州东方心血管医院，资助广州市残疾人基金会儿童福利中心等单位，为广州市的经济、文化建设和社会进步作出积极贡献。多年间，刘耀柱伉俪先后捐资家乡文教和各种公益福利事业总额逾1000万元。

年少时勇敢赴港开拓事业，功成时满怀热情回乡投资兴业，刘耀柱始终秉承"爱国爱乡爱自己的家人"精神，积极参与广州经济建设和社会发展，助推广州引智、引资、引技，为广州改革开放和现代化建设事业作出重要贡献。1991年10月8日，刘耀柱被广州市人民政府授予"广州市荣誉市民"光荣称号。

参考资料：《广州华声》杂志、《国际商报》、广州侨办公众号

丘成桐，1949年出生，美籍华人，哈佛大学教授，清华大学教授，美国科学院院士，中国科学院外籍院士，曾获菲尔兹奖、克拉福德奖、沃尔夫奖等国际数学奖项，是当今世界公认的最著名的国际数学大师之一。1979年，丘成桐受邀回祖籍国讲学，他以推动中国数学的发展、推广普及科学为己任，致力于人才培养和学术传播，发起和促进了多项奖项赛事和大会，建立了包括丘成桐大学生数学竞赛等人才发掘培养和华南理工大学联合研发中心等科研交流平台。2012年，丘成桐被授予"广州市荣誉市民"称号，2020年获得"2019全球华侨华人年度人物"称号。

丘成桐的"数学强国梦"

1949年，丘成桐出生在广东汕头，战乱中随家人南迁香港。他年少丧父，母亲带着子女艰难求生，丘成桐15岁便替人补习数学补贴家用，立志要在学术界闯出名堂。他写道，数学的一大神奇之处，就在于"不需要什么成本，也能在数学的天地大展拳脚"。

中学时丘成桐入读培正中学，第一次接触到简洁优雅的几何定理，"几何的美丽使我赞叹"，自此，热爱数学的熊熊烈火开始在他心底埋下火种。在香港中文大学数学系就读期间，大学的数学更使丘成桐大开眼界，他对数学越学越兴奋，成绩也十

少年丘成桐

分优异，只读了三年就学完了数学系的全部课程。

1969年，香港的美籍教授色拉夫将丘成桐推荐给美国加利福尼亚大学伯克利分校的著名华人数学家陈省身教授。从此，丘成桐开始在数学的崇山峻

丘成桐（右）与数学家陈省身

丘成桐《我的几何人生》

岭中跋涉攀爬。

1976年，年仅26岁的丘成桐就破解了著名的数学难题"卡拉比猜想"，开创了几何分析学科；1982年，他又因此获得有着"数学界诺贝尔奖"之称的"菲尔兹奖"，是获得这项世界顶级数学奖的第一位华人数学家。

此后的36年，丘成桐先后获得了麦克阿瑟奖、克拉福德奖、美国国家科学奖、沃尔夫奖、马塞尔·格罗斯曼奖等15个数学、物理诸多领域的顶级奖项，上述每一个奖项都是许多数学家终其一生所追求的。丘成桐以顽强的意志力和拔类超群的才华，不断攀上一座座科学高峰！

1979年，丘成桐受当时中科院数学所所长华罗庚的邀请，第一次访华，自出生起的30年后，他再次踏上了祖国的土地。多年来，丘成桐始终心怀祖国、心系家乡，以推动中国数学的发展、推广普及科学为己任，致力于人才培养和学术传播，发起和促进了多项奖项赛事和大会，建立了包括丘成桐中学科学奖、丘成桐大学生数学竞赛、新世界数学奖、晨兴数学奖、世界华人数学家大会等人才发掘培养和科研交流平台。

从1984年起，他先后招收了十几名来自中国的博士研究生，要为中国培养微分几何方面的人才。他筹资成立中国香港中文大学数学科学研究所、北京中国科学院晨兴数学中心、浙江大学数学科学研究中心和清华大学丘成桐数学科学中心等多个学术机构，并不取分文报酬担任主任。

1994年，丘成桐当选中科院首批外籍院士。2003年，他获得中国政府授予的国际科技合作奖。2010年，获得沃尔夫数学奖，这是在诺贝尔奖出现前最接近诺贝尔奖的奖项，是数学界的终身成就奖。

2010年11月，丘成桐与华南理工大学、台湾"国立"交通大学、美国几何信息公司合作，在华南理工大学成立联合研发中心，开展人脸图像几何特别特征分析与脑内人脸信息处理机制等国际前沿领域的研究和核心技术开发，对助残事业和应对人口老龄化问题等具有重要意义。丘成桐还多次到中山大学讲学，开展学术交流。2012年，丘成桐被授予"广州市荣誉市民"称号。

2019年，丘成桐曾到港珠澳大桥参访，也引起了他对粤港澳大湾区高科技人才的重视。"香港目前有6所好的大学，广东有中山大学、华南理工大学等。"丘成桐指出，粤港澳大湾区在建设发展中还应具备更长远眼光，"建设粤港澳大湾区需要培养自身成长的产业"。以量子计算为例，丘成桐表示，中国掌握很多重要的技术，也有能力做这件事，但因为回报慢，鲜有人愿意投资。"投资制造业、服务业等回报快的行业固然重要，但国家、城市的长治久安需要依靠科学技术，需要实现工业的发展。"在丘成桐看来，粤港澳大湾区要发展，当务之急是吸引并留下一批优秀人才。

"我生平立志只做好两件事情。第一，作出一等的数学研究，千古留名；第二，为中国数学教育服务，帮助中国成为数学强国。"丘成桐这么说，也确实在这么做。

"我希望中国在10年内，能够在基础科学尤其是数学科学上，与世界强国平起平坐。中国一定要成为数学强国，这是根，是整个科学跟科技养分的来源。"2020年1月，丘成桐获得"2019全球华侨华人年度人物"称号。

参考资料：央广网、广东省情网、《科技日报》《瞭望》杂志、司马绝唱客户端容家祖籍广东，第一代容重裝出生于广东台山，20世纪20年代因生活所迫踏上前往美国淘金；第二代其子容宝琛（1917—2000）亲历"二战"，以爱国报国为己任，曾被派往印度出任外交官；第三代容志行、容坚行先后于1948年、1951年在海外出生，幼年回国，都曾在广州体校学习，两兄弟先后进入国家足球队和围棋队，成为国脚和国手，为推动中国体育与文化交流事业发展作出巨大贡献；第四代容一思（1981年出生）曾在广州华附读书，受家庭教育和影响，澳大利亚留学归国后，积极投身祖国建设，现任东湖棋院董事长、粤港澳经济贸易促进会副会长、广州市侨联委员等职，不仅以身作则坚持教育子女学习传承中华优秀传统文化，更是长期致力于搭建文化传播发展桥梁，2021年11月被授予"广州市荣誉市民"称号。容家四代薪火相传，初心不改，将自己的青春奉献给祖国，在不同的领域为和平事业的发展接力贡献巨大能量。

容宝琛　　容志行　　容坚行　　容一思

薪火相传　容家四代

容重裝，1893年生于广东台山，因生活困苦所迫于20世纪20年代踏上前往美国淘金的路程。容宝琛是容

容宝琛的护照

重裝的大儿子，是一名爱国者、外交官，曾参加"二战"，后来被派往印度新德里，在中华人民共和国驻印大使馆工作。1951年，容宝琛独自前往孟买，筹建中国总领馆，随后他与家人在印度团聚，

容宝琛夫妇与孩子在印度孟买

在此定居，为中国的外交工作贡献了他的青春热血。

在海外，容志行、容坚行相继出生，带着父母"做人要志在必行"的殷切期盼，20世纪50年代，兄弟俩回到祖国。

1958年的一个仲夏夜，广州宝岗球场附近一条名为牛奶厂街的尽头，

青年的容志行　　　　　　　　　　容志行在比赛中头球进攻　　　　　　　　容志行创"志行风格"

一场街头足球赛激战正酣，其中一个黑瘦的男孩吸引了一群观战者的目光：他的盘球、过人动作连贯，表现抢眼，球一到他脚下，对方三四个人来抢就是抢不走。他的速度不是很快，却很会掌握时机：明明要对脚，他却轻轻一垫；被两人夹击，他会180度突然转体，异常灵活。容志行的球技在牛奶厂街独树一帜，也惊动了宝岗业余体校的足球教练。1966年容志行加入广州队，随后，又于1969年入选广东队。

1971年5月，古巴国家足球队来穗访问，容志行被告知立即备战待机。比赛那天下午，越秀山体育场迎来了大量广州球迷。客队凭借南美特点的技巧，一开场就攻入一球。战况表明，5年未打国际比赛的广东队脚头生疏，特别是中场人员亟须加强，换谁能扭转危局呢？教练员在摊牌时逐一衡量了新手的斤两之后，决定换上容志行一试头角。容志行不辱使命，一上场就运用出色的控球和跑位，打开局面。一次反击中，容志行传出一记高吊球，埋伏在门前的队友迎个正着，一射破网。终场前，容志行快速运球突破，大脚猛扫，又入一球，广东队以2：1赢得了这场国际比赛。从此，容志行在广东队也站稳了正选的位置。

1972年，容志行被选入国家队，先后担任边锋、前卫、中锋等位置。他在比赛中头脑冷静、情绪稳定、自控力强，传球和过人突破都很出色，前后参加了第7届、第

8届亚运会和第6届亚洲杯比赛。

在1982年世界杯亚洲预选赛上，人们看到了国家队队长容志行的精彩表现：4：2破朝鲜，四球中他助攻三球；3：0大败科威特，他拖着刚缝了十几针、被纱布裹得密密麻麻的小腿上阵，并首开纪录，下场时全体观众起立鼓掌致敬，高呼"祖国感谢你，人民感谢你"。这一胜利，极大地振奋了民族精神，当时全国许多城市的群众自发结队游行，欢呼"振兴中华"的口号，容志行也成为人民心中的英雄。

容志行曾说："我认为，中国足球一定能够搞起来，凡是中国人想办的事情还没有办不成、办不好的。"

2009年10月16日，胡锦涛总书记在接见新中国体育发展60年优秀个人和先进集体时，握着足球名宿容志行的手说："中国足球还要继续发扬'志行风格'。"这也是中国体育界唯一用个人名字命名的精神"志行风格"，这源自他在赛场上高超的技术和对对手充分尊重的良好赛风——勤勤恳恳、任劳任怨，刻苦训练，技术出众，从不做粗野动作，不报复对方球员，不与裁判争执，不乱吐唾沫……直到今天，"志行风格"仍被称颂。

弟弟容坚行10岁学棋，12岁进体校，21岁进国家集训队。兄弟之间互相影响，既能上场踢球，又能在棋盘上对弈，可谓文武兼备、动静相宜。容坚行历任广东棋队领

青年容坚行

容坚行在论坛上发言

队、教练，中国围棋协会副主席，中日友好围棋会馆副馆长，国家体委棋类运动管理中心象棋部主任，中国象棋协会秘书长，世界象棋联合会秘书长，亚洲象棋联合会第一副会长兼推广主任，中国象棋协会副主席，亚洲象棋联合会名誉顾问，世界象棋联合会推广委员会主任，中国国际跳棋协会副主席。

2002年，容坚行一手创办东湖棋院，是目前中国规模最大的棋文化推广机构之一，现已向累计超过80万名学员教授中国传统文化。2018年，广东省围棋协会成立，容坚行担任主席。他带领协会收集、整理、探索和研究广东围棋史料，进一步弘扬中国棋文化，并与其他国家长期合作，举办棋类比赛与文化交流活动，对引领广东围棋向着系统化、专业化的方向发展，加强和健全广东各地的围棋组织建设，发挥了积极作用。

1997年，到访广州的俄罗斯国际象棋世界冠军卡尔波夫与容一思对弈交流

"80后"的容一思作为容家第三代、容坚行的儿子，良好的家庭教育让他时刻保持谦卑虚心的心态。1995年，容一思来到广州，在华南师大附中度过了美好的初、高中生活。

容一思从小跟着父亲学下棋，曾受过专业训练，还参加过全国的比赛，获得过广州市的冠军。可没想到在华师附中竟然跟人下成了平局。容一思对那位同学很好奇，问他是否有专门训练过，那位同学却答道"下国际象棋只是

觉得好玩，从来没专门训练过，都是自己跟自己下"。这也更让容一思深刻认识到"只有时刻保持谦卑，才会让你不断进步"。

1998年，容一思赴澳留学。在就读墨尔本大学的时候，选择又苦又累的兼职勤工俭学。他在日本餐馆里当洗碗工，一是强迫自己学好英文，二是磨炼心志、提高能力。为了学到更多东西，容一思还和餐馆约定，不要工钱，只要一个学习日式铁板烧的机会。在好奇心和创造力的驱动下，他渐渐掌握了技巧和门道，并且自创了花式铁

容一思在上海合作组织首届国家友好交往故事会上发言

板烧，成为当地小有名气的日料星厨，毕业后索性在澳大利亚开起了餐厅，从而走上跨越不同行业的经商之路。随着资本和人脉的积累，他在澳大利亚涉及的领域越来越广泛——地产开发商、建筑商、农场主人、校董、棋院院长、天使投资人、世界500强高管，而他也善于把不同产业联结起来，制造跨行业惊喜。

回国后，容一思接过容家精神的接力棒，活跃在推动祖国发展建设的各个领域。作为广东龙头棋类培训机构东湖棋院的战略投资者，容一思引进红杉资本与中国华南最大教育集团卓越教育对接，使其成为中国最具规模的棋类教育机构之一。2013年、2015年他先后参与策划筹备和执行了落户广州的第一届、第二届世界围棋团体锦标赛，在2015年策划并执行了围棋盲棋一对五吉尼斯世界纪录，为广州的体育和文化在国际上的推广作出了积极贡献。

身兼粤港澳经济贸易促进会副会长、广州市侨联委员、广州新侨联谊会理事等职，容一思以侨为桥，致力于搭建华侨华人交流发展平台。容一思在2015年博鳌青年论坛受邀作为演讲嘉宾，2018年代表中润华通玉凰燕集团出席上海合作组织首届媒体峰会并演讲，他还是2018年中欧汉堡峰会受邀嘉宾。

容一思（左）与前联合国秘书长潘基文合影

他投身社会公益事业，在抗击新冠肺炎疫情的关键时刻，勇于担当，积极筹集物资助力防疫抗疫。容一思说："虽然我有不同的身份，但每一样身份都是做实业，我的支点就是实业。我希望以匠心精神，为进入中国的海外企业和从中国走出去的优质企业提供一站式的商业咨询服务，也为中国的社会发展作出更多贡献。"2021年11月，容一思被授予"广州市荣誉市民"称号。

参考资料：中华人民共和国国务院新闻办公室官网、环球网、《羊城晚报》、南方+客户端

霍启山，1983年在香港出生，祖籍广州，著名爱国爱港人士霍英东之孙、霍震霆次子，霍英东集团副总裁、广州市总商会副会长、香港中华总商会会董兼青委会副主席。自小在英国读书，从伦敦大学国王学院金融专业毕业后，曾在华尔街投行等金融领域工作。2008年，霍启山回到家族企业霍英东集团，接力南沙开发工作，为穗港两地发展牵线搭桥，任广州市政协委员、广州市青年联合会副主席、广州市工商联（总商会）副主席、南沙游艇会会长、广东省游艇旅游协会创会荣誉会长等职，配合国家战略需求和具体政策推动南沙项目落地落实，为新时代广州社会发展、粤港澳大湾区建设贡献力量。

逐梦南沙　接好新时代的"接力棒"
——霍启山

　　"80后"霍启山出生在香港，从小在英国读书，假期经常跟爷爷霍英东"考察"内地。大学就读于伦敦大学国王学院，选修金融专业，毕业后在全球最大的金融中心——华尔街做投行，帮助中国企业在美国上市。2007年伊始，霍启山回到香港，先在家族企业的各个部门轮动，参与家族事业。

　　从爷爷霍英东开始，霍氏家族有一个悠长、美丽的"南沙梦"。南沙地处珠江出海口和珠江三角洲地理几何中心，是连接珠江口岸城市群的枢纽，广州市唯一的出海通道，距香港38海里、澳门41海里。1978年，霍英东搭乘小快艇在珠江沿岸的水网

地带考察时，他在虎门对岸发现了一条小河道，周围数十里都是滩涂和小山，剩下的也都是些采石场，显得一片荒凉。在所有人只看到了一块荒地时，他拿出地图，用手粗略一量，到广州约50千米，到香港、澳门也是50千米左右，距离几乎相等。这块荒地，便是最初的南沙。就是这么一次不经意的发现，便结下了霍英东与南沙大半生的缘分，开启了霍家开发南沙数十年的征程。

　　当时，还处于改革开放初期，大多数人对投资百废待兴的内地还并不是很看好，但霍英东已经准备投身这场经济变革中了。在1987年年底，霍英东

霍启山与霍震霆

霍启山

正式提出大力开发建设南沙的想法。很快，在1989年，虎门轮渡码头打下第一条桩，中国第一座双层桥式汽车快速轮渡码头诞生。1993年，霍英东集团与当地政府合资成立广州南沙开发建设有限公司。当年，霍英东就是希望把南沙打造成为一个粤港合作的平台。作为长子，霍震霆和父亲共同经历了开发南沙的岁月。在霍启山成长的每个阶段，父亲霍震霆都很关切，并给予他很多自主空间，就像霍英东带着儿子霍震霆开荒南沙一样，霍震霆也沿袭霍家言传身教的培养形式，每去南沙必带儿子霍启山。

2009年，霍启山担任香港霍英东集团副总裁，协助父亲处理家族事业。接力家族在南沙的开发工作，霍启山参与的第一个南沙项目是南沙游艇会。他和父亲霍震霆把南沙的历史引入游艇会的设计理念里。清朝时南沙所处的珠江口就是抗击英军入侵的桥头堡，海岸两边散落着目前已是国家级重点文物保护的炮台遗址。于是，游艇会会所建成古炮台形状。整个项目都由他亲自设计、推动和经营，对于南沙湾未来的20年，他已规划好蓝图："海边资源应该与市民共享，我们不希望海边都是高楼。"

南沙游艇会是广州南沙区政府与霍英东集团携手开发的高端游艇会项目，位于广州市南沙湾，总占地面积达170000平方米（其中港池面积为130000平方米），是中国内地首家获英国游艇码头协会颁发"五金锚奖"的游艇会，2018年成为"白金五金锚"游艇会。作为霍英东集团南沙湾建设的一个子项目，南沙游艇会致力拓建南沙的游艇文化，提高社会对游艇和水上运动的兴趣，就此推出了青少年OP帆船培训项目，推广青少年的水上帆船运动。

为进一步推动中国南方地区的海上商务、休闲、旅游度假和游艇产业，南沙游艇会积极筹划举办了每年一度的大型游艇展和水上活动项目，在国际间打造中国游艇产业的"新名片"。接棒南沙游艇会项目，霍启山一鸣惊人，交出了一份漂亮的成绩单。

在他看来，南沙是一个平台，他希望能把最好的资源引进过来，包括科技、文化、教育、人才等，努力打破广东的水域，通过游艇会、粤港澳游艇自由行，将国外、香港与内地更紧密地相连，带动更多人推进粤港澳大湾区的建设是破局关键。霍启山秉持霍家打造生态南沙的理念，在南沙湾深入建设两个"圈子"——"1小时大生活圈"和"5分钟小生活圈"。

霍英东先生当年的"南沙梦"被后人坚持并逐步变为现实。2019年11月17日，全国最大的邮轮母港——广州南沙国际邮轮母港启用，标志着广州国际邮轮旅游发展步入新的阶段。如今，南沙已经成为大湾区的重要纽带，从霍英东、霍震霆到霍启山，三代人的传承，南沙见证的不仅仅是历史，还有新时代下成为真正大湾区开局者的气魄和远见。

随着经验的积累、接受事务的增多，霍启山的身份也越来越多，肩上也担负起更大的责任。2008年9月，在政协第十一届广州市委员会常务委员会第十次会议上，霍启

霍启山（右）与新加坡"莱佛士"游艇会签署联盟游艇会协议

霍启刚、霍启山（右）两兄弟出席航海盛事"沃尔沃环球帆船赛"广州南沙站的开幕仪式

霍启山（左）出席广州南沙国际开幕式活动

山获增补为广州市政协委员，从此开启了参政议政生涯。2010年，霍启山第一次入选政协委员。2014年，担任广州地区政协香港委员联谊会青年事务委员会主任。担任政协委员以来，霍启山的提案主要围绕粤港澳一体化合作和如何加强三地交流展开，比如，2012年的提案《把握"十二五"契机，将广州南沙建成粤港澳合作示范区》获得优秀提案，之后提案内容大多变为现实；2013年，他提出的《南沙建设新型城市综合体，打造粤港澳营商合作示范基地》《南沙向海前行，缔建粤港澳一体化战略桥头堡》两份提案进一步为粤港澳合作出谋划策；2014年，他紧跟形势，提出《推动以粤港澳整合、深化体制改革为目标的粤港澳自贸区建设规划提案》，之后重点关注粤港澳青少年的交流，计划把南沙建成三地青少年交流的基地，以文化、体育等交流为契机，加强港澳青年对内地了解等。值得一提的是，2012年，广州市政协对委员履职进行量化考核，霍启山的评分位列港澳委第三名，评委会认为他"认真履职，未有懈怠"。

"我一直认为，想提出建议必须首先深入了解，所以作为政协委员，我需要深入了解广州乃至广东的发展才能履职尽责。"霍启山说。霍启山将日常工作与政协委员职责紧密结合，坚持参加不同考察和座谈会，深入调研并分析粤港澳大湾区未来的发展方向。2016年1月，霍启山当

选为广东省政协委员，同年联合发起成立香港广东青年总会，每年发布"粤港澳大湾区青年指数"，深入了解香港年轻人对粤港澳大湾区的看法，分析青年群体的需求，形成的报告也会提供给香港和内地的政府部门作为参考。2018年当选为广东省政协常委，2019年，霍启山成为香港广东青年总会新一届主席。上任后，即以香港广东青年总会执行主席的身份，担任"粤港澳大湾区青年职业发展5A行动"的香港团团长，带领一批香港青年来广州参加启动仪式。近年来，霍启山还在广东省游艇旅游协会、广州市青年联合会、香港小型足球总会等多个协会和组织任职，积极参与社会建设，关注粤港澳大湾区青年发展。

作为霍家第三代，霍启山秉承霍老先生理念——"南沙是我们的家乡，是我们爱港、爱乡的出发点"，以青春绘就美丽南沙梦想；作为一名青年，霍启山结合自己多年来日常工作和参政议政的经验，将源源不断的活力与生机注入粤港澳大湾区发展建设；作为香港爱国人士，霍启山坚定支持"一国两制"，支持香港的繁荣与稳定，对香港事务保持热心热忱，为实现中华民族伟大复兴不懈努力。

参考资料：中国新闻网、《南方日报》《南方都市报》《粤商》及《VPM俊尚》杂志

苏国辉，1948年1月出生，美国归侨，广东顺德人，神经解剖学家，中国科学院院士，暨南大学粤港澳中枢神经再生研究院院长。1973年毕业于美国东北大学生物系，1977年获美国麻省理工学院生物学博士学位。1978年回到香港，以己之力促进祖国神经科学的发展。1999年，苏国辉当选中国科学院院士。2009年，正式签约成为暨南大学双聘院士，主持建立粤港澳中枢神经再生研究院，带领科研团队在神经再生研究领域取得了完成了世界首例三代测序亚洲人参考基因组等一批国际领先的成果，同时在人才团队和科研平台的建设方面发挥重要作用，在国际学术刊物上发表论文420余篇，拥有专利25项，培养54位硕士和博士研究生，在读27位硕士和博士研究生。为表彰苏国辉院士多年来的突出贡献，2018年授予其"广州市荣誉市民"称号。

自强不息　家国情怀
——苏国辉

苏国辉，祖籍广东顺德。抗战时期他爷爷从广东避难到香港，他是在香港成长的第三代。苏国辉自小家境并不宽裕，父母忙着为生活奔波，苏国辉年少爱玩，学业成绩并不是特别好，小学毕业几经波折才考进一家非重点私立中学。中学期间，香港流行起摇滚乐，他省下生活费买了一把电吉他，和几个同学组了乐队，并担任主音吉他手。乐队小有名气，还经常被邀请在各种舞会和派对里演奏，也有出版商邀请他们去录制唱片。在苏国辉高三时，有位同学的兄长与他们进行了一次深入交谈，"如果想要上大学，就必须通过高考，年轻人一定要有个目标，要考虑未来前程，要做一个对家庭乃至国家都有用的人。"听完这席话，苏国辉十分希望能读上大学，于是便开始努力读书，虽然最后没考上香港的大学，但他并没有想过放弃，最终经再次努力，考入美国波士顿的东北大学。

当时在美国的第一年暑假，苏国辉为了赚取学费，他早上到餐馆刷盘子，晚上再到药剂房里做配药师助理。一次偶然的机会，苏国辉因参与哈佛大学一个与动物遗传学有关的研究，对神经系统产生了兴趣，后来就从药剂学专业转到了生物学。那时的他像海绵一样吸收知识，并在本科阶段发表了论

中学时代的苏国辉（前排左一）与同学在一起

粤港澳组织再生与修复协同创新中心

1977年，苏国辉（前排左一）在麻省理工学院获得博士学位

苏国辉院士指导外国患者进行步态训练

文，毕业后顺利进入麻省理工学院研究院攻读神经科学博士学位。

20世纪70年代，中国在联合国恢复合法席位。中国留学生开始有了国家的概念和认同祖国的朴素情感，他们自发组织了读书会，搜集资料，了解中国近代历史，关注时事政治。苏国辉认识到，中国百多年的近代史，竟然浸透了血泪，他萌发了要为祖国尽力的念头。在求学时，苏国辉读了很多科学家的传记，他发现，虽然这些伟大的科学家研究的领域各异，但都有强烈的爱国情怀。1977年，苏国辉在麻省理工学院获得博士学位。当时的海归很少，以苏国辉的条件和资质在美国好的大学找一个位置是完全没问题的，导师说，"科学研究很重要，但科研以外的东西同样重要。在自己祖国，参加社会活动、服务于社会和获得尊重与认同的机会远比在异国大得多。"导师的话给了他鼓舞和信心。

1978年，带着对祖国的朴素情感，苏国辉毅然选择回到香港。他想成为香港与内地的桥梁，促进祖国神经科学

事业的发展。回国之后，苏国辉在香港大学工作，为发挥"连接者"的作用，成立了"香港神经科学学会"，经常邀请内地神经科学的专家到香港开会，和内地开展合作研究。苏国辉的研究领域是神经保护和神经再生，一直在努力探索影响神经保护和再生的因素，包括纳米医学、营养因子、中草药提取物、免疫反应、康复训练等。在有了"改变微环境，视神经可以再生"这个重大科学发现后，他和内地科学家一起合作找出了再生神经的性质，也一起获得1995年的国家自然科学奖。他是第一位证明了"成年哺乳动物的视网膜节细胞可以实现再生"的科学家，他的研究被学界认为"极具开拓性"。

1999年，苏国辉当选中国科学院院士。对于他来说，

暨南大学苏国辉院士指导学生做实验

比起成为中国科学院院士，更重要的是祖国提供了广阔发展空间与平台，能和更多内地的神经科学家共同地推进科学研究。

苏国辉在香港大学退休之后，选择来到暨南大学工作。2009年，苏国辉正式签约成为暨南大学双聘院士，主持建立了粤港澳中枢神经再生研究院。自加入暨南大学以来，苏国辉带领科研团队开展一系列"接地气"的研究，在神经再生研究领域取得了一批国际领先的成果：确立了脂联素在运动介导神经发生和抗抑郁过程中的关键作用；系统研究了枸杞提取物对视神经损伤的保护作用；发现了调节动物视觉相关本能防御反应的神经环路；完成了世界首例三代测序亚洲人参考基因组等。同时，作为神经生物学学科带头人，苏国辉在人才团队和科研平台的建设方面也发挥重要作用：主持申报的"广东省脑功能与疾病医学重点实验室"、国家外专局"高等学校引智创新基地"、教育部"中枢神经再生国际合作联合实验室"获批立项建设。他在 *Cell*、*Nature Communications*、*PNAS* 等国际学术刊物上发表论文420余篇，拥有专利25项。

苏国辉院士不仅致力于科研发展，更重视人才培育，现已培养54位硕士和博士研究生，在读27位硕士和博士研究生。"不要只做一个技术员，"苏国辉院士表示，"希望可以培养出一些独立思考的科学家。"在他看来，学生应该多质疑、多提出问题。"年轻人的创新能力很强，我们应该多给一些鼓励，令学生有信心，进而释放出自己的创新思维。"在教学方面，苏院士十分重视"善用其才"，不仅挖掘了学生的潜能，为学生搭建平台，还给予他们自由发挥的空间。"不要怕吃亏"，这是苏国辉院士的另一个"不要"。"如果有机会就应该多做些事情，这其中有两个内涵：一是做得多就会学多点东西；二是多做事就多些机会与他人建立关系，多沟通、多交流也会不断地提升自己。"苏国辉院士曾多次在讲座中回顾自己的人生经历，通过自己的切身体会劝勉学生：只要有崇高目标就要自强不息、不懈追求。

2015年，苏国辉获选为美国发明家学会院士。2018年，为表彰苏国辉院士多年突出贡献，授予其"广州市荣誉市民"称号。2021年，依托苏国辉院士领衔的粤港澳神

苏国辉院士的团队，通过干细胞技术治疗脊髓损伤的患者已有20余例，都有不同程度的康复，部分患者甚至已恢复了一定的行走能力，该成果已发表在国际核心期刊，取得了重大突破。

苏国辉院士做客爱尔眼科周末大讲堂分享科研经历和成果

MIT博士到归国教授，从摇滚乐手到中科院院士，苏国辉有着不平凡的人生，但也为这不平凡的人生加倍付出了努力。在苏国辉看来，为祖国增添荣誉，为人民增加福祉，是科学家报效国家的方式和责任。在中枢神经再生这一世界难题面前，他和团队正通过移植脐带血单核细胞加上强化步行训练，希望让损伤期一年以上的慢性脊髓损伤病人可恢复已丧失的神经功能。他感言，"如今国家繁荣昌盛，也给了科研工作者更好的平台与空间。作为科学家，我们要好好珍惜这个黄金时期，努力工作，贡献国家。"

经医学中心的强大科研实力，暨南大学附属第一医院脑科医院于11月正式启动，通过临床和基础科研相结合，重点瞄准中枢神经损伤等难治性疾病的治疗，苏国辉院士受聘为暨大附一院特聘教授和脑科医院首席科学家，双方表示将把握发展建设契机，携手抓好"侨"字特色医院建设，为国内广大民众及海外侨胞健康服务，为粤港澳医学教育的发展勇担主力军的责任。

从视觉神经系统研究到探索中药与运动的新领域，从

参考资料：《南方日报》《广州日报》、广州市科协客户端、暨南大学官网

孙峻岭，1963年出生，美籍华人，著名桥梁专家，中国侨商会科创委员会副主席，中国侨联特聘专家，美国加州大学·圣地亚哥（UCSD）终身董事，广州新侨联谊会执行会长。曾师从桥梁专家茅以升、程庆国，1988年赴美学习获得博士学位，在美主持参与的工程项目屡获国际奖项。2003年终于得到机会归国效力，2005年在广州创办"瀚阳国际"。回国后，孙峻岭引入桥梁工业化3.0技术与完整性桥梁设计技术，主编行业标准填补国内空白，参与设计建设港珠澳大桥、菜园坝长江大桥等重大桥梁项目。作为国务院侨办评定的"重点华侨华人创业团队"，孙峻岭致力于促进国际交流技术合作，重视社会奉献，曾获"中国侨界贡献奖"创新团队奖，2018年被评为"广州创新英雄"，2021年11月被授予"广州市荣誉市民"称号。

矢志追寻"中国桥梁梦"
——海归赤子孙峻岭

1963年，孙峻岭出生在河南，是家里四兄妹中的老大。爷爷是一名铁匠，对家庭负责，吃苦耐劳、毫无怨言的品格，深深地触动了他。高中时，孙峻岭很调皮，物理考试曾考过全班倒数第一，后来受老师的启发、爷爷的影响，他下决心一定要努力学习。1979年，改革开放的春风护送着怀揣梦想的孙峻岭，迈进了国内顶尖铁路院校西南交通大学的校门。1983年大学毕业后他报考了铁道科学院硕博连读，师从茅以升、程庆国。1988年，在国家高等教育和人才培养体制机制进一步改革开放的形势下，孙峻岭获得了赴美深造的机会。

1993年，毕业于美国加州大学·圣地亚哥（UC, San Diego）获得博士学位

孙峻岭赴美到加州大学圣地亚哥分校工程学院攻读博士，获得全额奖学金，师从中美澳三国工程院院士塞泊教授。在加州大学平均要读6年才能博士毕业，他只用了4年半就拿到了工学博士学位，并在美国工作期间获得注册工

孙峻岭参与设计建设的旧金山—奥克兰湾大桥

1997年孙峻岭在美国Montery留影，据说当年华工就曾站在这个角上眺望祖国

程师，先后参与了美国奥克兰海湾大桥、加拿大联邦大桥、泰国邦那高架桥等重大工程的设计工作，为回国工作和创业奠定了较为扎实的理论与实践基础，也为孙峻岭的人生征程奠定了出发的基石。

1993年，孙峻岭以优异的成绩博士毕业后，他选择到工业界付诸实践，按照导师的的建议到世界桥梁现代三个知名公司之一的JMI公司。经过几年打拼，孙峻岭设计和参与建设的桥梁遍及北美、南美、中国及亚洲其他国家，其中很多成为当地特大地标性建筑。他主持或参加的重大国际工程曾三次荣获被誉为工程界奥斯卡金奖的ENR（Engineering News-Record）年度工程大奖，并四次获得中国詹天佑奖。其中，由孙峻岭担任大桥主桥下部结构设计负责人、大桥抗撞击设计负责人的加拿大联邦大桥获得1997年ENR年度工程最佳项目奖。该桥是北美最大的桥梁工程之一，项目总投资4.6亿美元。

1998年，孙博士参与设计的美国旧金山奥克兰海湾大桥再次获得ENR年度工程大奖。2000年，以孙峻岭为项目高架桥梁设计师、负责全线高架桥墩及基础设计和施工桁架设计的泰国曼谷市邦拿高架桥项目获得ENR年度工程最佳项目奖。该项目全长55千米，总投资40亿美元，是当今世界上最大的城市桥梁工程。

1997年年底，孙峻岭进入林同棪国际公司。早在JMI参与加拿大联邦大桥与泰国的世界最大的绿色建筑项目时，孙博士看到国外桥梁绿色建筑发展很快，就想找机会把先进的技术带回祖国。孙峻岭还曾给林同棪国际管理层写了《林同棪国际中国计划》，但由于各方面因素此计

划没有实现。

2002年年底，孙峻岭突然接到电话，让他参加中国重庆菜园坝大桥项目投标。他兴奋不已，因为他看到了把国外先进桥梁技术和设计理念带回中国、用自己的才智推动祖国的桥梁事业发展的希望曙光。为了能中标，他5天只睡了10小时。经过科学缜密的设计，孙峻岭团队的方案一举中标，2003年他想要回到祖国的夙愿终于得以实现。

菜园坝长江大桥是重庆市区最重要的基础设施建设工程。它连接两个繁华的商业中心，其上层桥面设六线行车道及双侧人行道、下层桥面设双线轻轨。大桥主桥为钢混组合式系杆拱桥，主跨420米。面对菜园坝长江大桥的特殊情况，担任重庆菜园坝长江大桥项目总工程师、主桥设计总工程师的孙峻岭考虑了大桥建设对长江航线的影响、周围复杂的城市建筑条件，首次采用板桁组合技术及"大节段技术"，使轨道交通和公路交通能充分在一个钢梁上最高效益实现，成功汇成一桥，荣获"2010年度第九届詹天佑奖"。

孙峻岭在为自己能为中国桥梁建造贡献智慧与力量而感到欣慰的同时，也感受到了中国改革开放大潮汹涌澎湃的力度，并由此激荡起回国创业报国的心愿。2005年年底，他与导师塞泊院士一起在广州共同投资创办了瀚阳国际工程咨询有限公司（瀚阳国际），致力于为国内国际客户提供优质的工程设计与技术咨询、先进的工程管理以及全球尖端的信息化技术支持等服务。孙峻岭曾说："我有一个梦想，就是在绿色建设和交通基础设施信息化方面为国家做一些事情。"

孙峻岭以梦想指引实践。公司创建以来，他带领瀚阳国际团队完成了多个具有重要影响力的国内国际设计咨询项目，成为行业标杆和典范，为中国特大桥梁设计、建造、实施奠定了工业化基础。代表项目主要有：港珠澳大桥（世界规模最大的跨海工程，设计阶段安全风险评估项目联合组长）、郑州四环线及大河路快速化工程（世界规模最大节段预制项目）、重庆两江大桥（东水门长江大桥和千厮门嘉陵江大桥）、重庆朝天门长江大桥等。

当时在公司选址上，孙峻岭考察了多地，最终选择广州，不仅是因为广州水系发达，市场需求大，更主要的是因为广州领改革开放风气之先，同时感到广州人思想开放、胸襟包容、作风务实的软环境有利于企业的生存与发展。扎根广州，孙峻岭带领瀚阳国际参与了大量广州轨道交通工程项目，与广州轨道交通"并肩克险、风雨同舟"，作出了卓越的贡献。

2008年5月，草暖公园盾构区间地铁施工导致内环路环市西立交出现桥墩不均匀沉降，箱梁出现裂缝。当时正值广交会期间，如果因此封闭交通，将造成不可估量的影响。市政府凌晨3时紧急召集相关专家研究是否具备通车条件，会上争论非常激烈。孙峻岭基于自身过硬的专业理论和技术功底，通过科学缜密的计算，判断桥梁整体仍处于稳定状态，并顶着巨大压力提出"我可以站在桥下验证"，最后他的意见被采纳，将此问题可能对市内交通造成的不利影响降到了最低，也为后续的修复加固工作起到了重要的指导作用。

同时，孙峻岭积极推动广州轨道交通产业链的高质量提升。2018年，孙峻岭博士与国家发改委综合运输研究所联合主编出版论著《中国交通基础设施产业升级战略研究》，从产业视角为国家"十三五"规划提出了交通基础设施产业优化升级的总体思路；发起并主编了住建部行业标准《城市轨道交通预应力混凝土节段预制桥梁技术标准》（CJJ/T293-2019），于2019年11月实施，填补了国内相关技术标准的空白。

孙峻岭博士主持的课题"城市轨道交通长大区间全刚构体系桥梁综合技术研究与应用"达到国际先进水平，其中标准段4×40米无支座全刚构体系桥梁综合技术达到国际领先水平，获广东省土木建筑学会科学技术一等奖，中国土木工程学会"城市轨道交通技术创新推广项目"；课题"桥梁智能工业化建造线形控制成套技术研究与应用"达到国际先进水平，获广东省土木建筑学会科学技术一等奖。

2020年12月，基于该技术建设的广州市轨道交通14号线一期工程荣获"国家优质工程金奖"，为推动轨道交通建设高质量发展起到了极大的引领作用。该项技术还应用在广州轨道交通6号线金沙洲珠江大桥，广州轨道交通6号线、14号线、21号线节段预制高架桥，并进一步在市政行

广州轨道交通6号线金沙洲珠江大桥

菜园坝长江大桥

广州轨道交通14号线、21号线

孙峻岭博士（右一）出席"一带一路"侨商组织年会

2015年9月，孙峻岭受邀出席中国人民抗战胜利70周年观礼台阅兵和国庆66周年招待会

业推广应用，如新中国成立以来最大的单体市政建设工程郑州四环线及大河路快速化工程等。2018年，孙峻岭博士被评为"广州市高层次人才""广州创新英雄"。

近年来，孙峻岭积极参加及倡导策划各种学术技术交流和培训活动数十场，以主题演讲、技术交流等多种形式在广州市及国内传播绿色建设理念，无私分享创业经验和技术成果，促进共同发展。2009年，牵头组建广东省院士工作站，与国际一流科研团队合作，吸引留学归国人才；2010年，港珠澳大桥建设初期，为港珠澳大桥管理局技术管理团队以大型桥梁工业化建设为主题进行2次业务培训和技术讲座；2013年，被评为国务院侨办"重点华侨华人创业团队"；2014年，第34次中国科技论坛"轨道交通绿色建设产业化"在广州举行，瀚阳国际作为发起单位和主要支持单位，孙峻岭为论坛作"绿色建设美丽中国"主题演讲；2017年，担任"粤港澳大湾区工程领域会议"第一主讲人；2020年，瀚阳国际作为广州建设行业智慧化产业联盟首批联盟成员出席联盟成立大会，并以主题演讲深度参与了大会高峰论坛。

从美国归来后，孙峻岭多次往返于中美之间，为国内企业"走出去"和国外先进技术研究成果"引进来"付出了不少心血，积极推动中国重钢出口美国，落地项目有美国旧金山—奥克兰海湾大桥、纽约韦拉扎诺海峡大桥、阿拉斯加铁路高架桥等。此外，孙峻岭博士还是UCSD中国校友会发起人之一。UCSD中国校友会目前发展到北上广深、香港、台北几个大分区，中国校友总数达到3000多人，定期举办交流会、联谊会等，促进UCSD中国校友互访、交流及合作。

2014年，广州新侨联谊会成立。孙峻岭担任广州新侨联谊会执行会长，以侨为桥，以自身力量促进社会经济发展。2015年9月3日，中国人民抗日战争暨世界反法西斯战争胜利70周年纪念大会在北京天安门广场举行，孙峻岭博士作为海外杰出华侨华人代表应邀参加，并出席了人民大会堂的国庆招待会。2016年，被评为广州市侨联第十三届委员会海外顾问，参加中国侨联第六届新侨创新创业成果交流暨中国侨联新侨创新创业联盟成立大会，荣获"中国侨界贡献奖"创新团队奖。孙峻岭还被聘为中国侨联特聘专家、中国侨联创新创业联盟理事，在广州任市政协侨事顾问、广州市公共外交协会海外理事等职，为广州经济社会发展积极牵线搭桥。

在关注企业发展的同时，孙峻岭也非常重视社会奉献。在他的带领下，瀚阳国际积极投身科教公益事业，累积捐赠超过100万元，鼓励员工参与志愿服务，共建美好和谐社会。

如今，中国发展日新月异、蒸蒸日上。作为一名桥梁工程师，孙峻岭希望能以自己的一技之长为"中国建造"发挥更大作用；作为"侨"力量的一员，他更坚定信心、紧跟时代步伐，尽自己最大能量，以实际行动促进中外文化交流发展，为祖国的繁荣昌盛添砖加瓦、贡献力量。2021年11月，孙峻岭被授予"广州市荣誉市民"称号。

参考资料：本文作者供稿

周振，1969年出生，中共党员，广州禾信仪器股份有限公司董事长，暨南大学质谱仪器与大气环境研究所所长、博士生导师，中国侨联特聘专家，广州市侨联委员，广州新侨联谊会副会长。1996年赴德国吉森大学深造攻读应用物理学博士，2004年放弃国外优厚待遇毅然回国。在广州带领团队艰苦创业，开发了全球技术先进"PM2.5在线源解析质谱系统""大气污染防控综合服务管控体系"等，参与主持国家"863计划"及科学仪器重大专项、广东省科技攻关重点项目等，授权发明专利30项、发表科技论文140余篇。现任第十三届广州市政协委员，是国务院政府特殊津贴专家、国家人才推进计划—重点领域创新团队带头人。2019年获得"全国五一劳动奖章"，2020年被评为"全国劳动模范"。

30年志不移，"做中国人的质谱仪"
——周振

1969年，周振出生于福建省宁德市一个普通家庭，对做质谱仪器的最早梦想，始于他的大学时代。1990年，当周振还是厦门大学科仪系一名三年级的学生，他第一次接触到一台价值百万元的质谱仪器后，就暗下决心，要攻下质谱仪器这一"科技堡垒"。

为了学习和研究有关质谱仪技术，周振先后攻读并获得了工程硕士学位、物理学和化学两个博士学位。1996年，他到德国吉森大学深造，攻读应用物理学博士。在这里，周振得到了无网反射飞行时间检测器发明人H. Wollnik教授和垂直引入式飞行时

间检测器发明人A. Dodonov教授的指导。两位导师中有一位是俄罗斯教授。周振在实验室里承包了最苦最累的活，随着另外两位同门的中途放弃而成为唯一的坚守者。他锲而不舍的精神终于打动了俄罗斯教授，最后获得俄罗斯教授毫无保留的"真传"，在2000年成功研制出了分辨率达2万的高分辨垂直引入式飞行时间质谱仪，技术指标为当时国际同类仪器的最高水平。

周振说："在国外读书期间，我没有一刻动摇过'一定要回国'的想法。学成必将报效祖国，舞台永远在中国。我在国外学习的质谱仪技术是国内

周振与垂直引入式飞行时间质谱发明人Dodonov的合影

周振博士在调试仪器

空白的学科，祖国肯定需要，我没有任何理由不回来。"为此，周振放弃了几乎唾手可得的美国永久居留权，放弃了在国外优渥的工作和生活。

2002年秋，周振参加了备受众多海外留学人员欢迎的中国留学人员广州科技交流会。正是这一次广州之行，让周振兴奋不已，彻夜未眠。祖国在召唤，他决定回国创业，落地广州。之所以选择广州，除了看好广州良好的营商环境，还有一个重要原因，就是中国科学院院士、时任中国科学院广州地球化学研究所副所长傅家谟教授向周振抛出了招贤纳才的"橄榄枝"。"当时所有人都不看好，唯有傅家谟教授坚定地相信我回来一定会做成。"老一辈科学家的爱国情怀的感召，让周振心潮澎湃，他火速归国，作为中国科学院的重点引进人才，入职中国科学院广州地球化学研究所。

2004年6月，周振带着自己的核心技术，全家全职来广州创业。他用傅家谟教授个人投入的20万元，自己带回来的10万元，再四处筹措共集资100万元，注册成立了自己的公司，目标是"做中国人的质谱仪器"。

这一年，周振带着创业团队四个人，包括两个学生、一个助理，在50平方米的办公室里开始干了起来。公司常常发不出来工资，食堂就开在周振家里，"请了一个阿姨做饭"。

"刚回来的时候，了解这个技术的人说我是疯子，不了解这个技术的人说我是骗子，一台仪器就要100多万元，你没有一个亿怎么可能把它做出来？"质谱仪研究技术难度高，市场应用范围比较专业，研发周期长，极少人愿意投入。面对困境和质疑，周振没有退缩，而是迎难而上，咬牙坚持。幸好，在周振陷入困境时，广州市科学技术局雪中送炭，为公司送来了500万元的风险投资，从而让周振渡过了难关。

质谱仪种类有上百种，广泛应用于生物医药、食品安全和生态环保等领域。但直至21世纪初，我国在高端质谱仪器领域几乎完全依赖进口，变成高科技研究"卡脖子"的一环。如今，周振成功研制中国的高端科技质谱"神器"，独立自主研发系列质谱仪器，开发了目前PM2.5重污染过程在线来源分析方法，填补了中国高端科学仪器的空白。

"我们从2002年开始前期调研，2004年开始制造，到2013年推出市场，一款PM2.5飞行时间在线源解析质谱监测产品，用了10年。"周振说，他们研发推出一款产品的周期最快都要7年。2017年，周振把一台20多万美元的在线单颗粒气溶胶质谱仪卖到了美国一家科研机构。全球总共能做这类仪器的只有两三家企业，中国科学技术部认为这是一个"零的突破"，把高端国产仪器卖到欧美国家去，这件事令全中国的质谱仪行业颇为振奋。此外，跟随"雪龙号"科考回来的"明星"仪器产品，以前进口这类仪器每台要55万美元，现在国产仪器可以出口到美国、德国，实现历史性突破。

多年来，周振的科技创新硕果累累：实现飞行时间质谱关键技术全面突破，主导研发分子离子反应器、宽动态

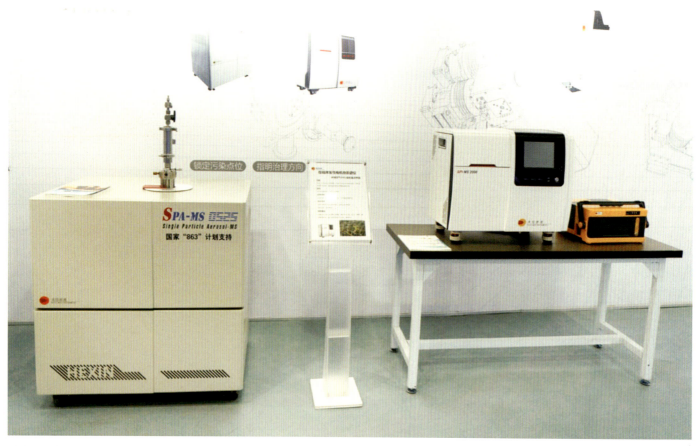

质谱仪器展示

禾信仪器生产的质谱仪是中国第一次在自己的极地科考船——"雪龙号"上应用的高新技术

2019年，周振（右三）荣获全国五一劳动奖章

2020年，周振被评为"全国劳动模范"

范围分析器等质谱核心技术；改进多种电子离子光学系统、多种离子源、接口等关键技术；创建整机设计计算机模型，1米单次反射式飞行时间质谱仪的质量分辨率稳定达到1.7万FWHM（半峰宽，与国际领先企业商品仪器相当），整体性能达国际先进水平，使中国成为少数几个掌握飞行时间质谱核心技术的国家之一。

周振获得的荣誉褒奖也实至名归。2004年，获得了广州市科技进步奖；2009年受国务院邀请参加北戴河暑期专家休假，并入选国家重点人才工程特聘专家；2014年入选"南粤百杰"、是中国侨联特聘专家，中国侨界贡献奖（创新成果）获得者、国务院政府特殊津贴专家，荣获全

国五一劳动奖章等。2020年，被评为"全国劳动模范"。

面对荣誉、称颂，周振十分平静，始终把焦点放在推动质谱仪器整个行业的发展。他一直鼓励后辈，无偿分享企业创办过程中的心得，还积极筹建"粤港澳大湾区高端科学仪器创新中心"，志在推动中国尖端科学仪器行业的跨越式发展，助力保障国家在质谱领域技术和产品这一重大关键领域的自主可控。

"我国质谱仪器的全国市场约为300亿元，如果按人均100万元产值，也需要两三万人。质谱领域在未来10年需要改变培养模式，需要建立专门的质谱仪器研究院。这也需要粤港澳大湾区共同努力以及政府、学校、企业共同努力，一起把这些人才培养出来。"周振带领团队依托中科院广州地化所、上海大学和暨南大学等高校和科研院所，为国家系统培养了100多名本土质谱技术高水平创新人才，通过"政产学研用金"相结合的创新发展路径，建起了国内顶尖的质谱技术创新团队，为中国质谱仪器行业的发展贡献了极为宝贵的资源。

参考资料：本文作者供稿

袁玉宇，1980年出生，中共党员，2003年赴美深造，获得博士学位后回国。2008年在家乡广州创办迈普再生医学科技有限公司，是中国第一家应用生物3D打印技术开发植入医疗器械的高新技术企业，现已申请国内外专利逾300项，产品进入70多个国家和地区。袁玉宇身为中国侨联特聘专家、中国侨联常委、广州市侨联委员、广州新侨联谊会常务副会长，不仅带头助力祖国科技腾飞，还积极为海归人才发展建设搭建平台，获评中国侨联"第四届侨界贡献奖——创新团队（带头人）"，首届世界广府人"十大杰出青年"等荣誉称号。作为全国人大代表、共青团广东省委兼职副书记，他勇毅担当，为社会发展建言献策，荣获"中国专利银奖""广东省科技进步奖""广东青年五四奖章"等。

践行"三个第一"
——袁玉宇的创新创业路

袁玉宇出生的20世纪80年代初，波澜壮阔、影响深远的中国改革开放刚刚拉开巨幕。袁玉宇的父亲是广州花都狮岭镇的种田能手，他率先承包了一家村办纺织厂，成为珠三角第一代"洗脚上田"的农民企业家。父亲敢闯敢干的改革精神和创业基因传承到了袁玉宇身上。

2003年，从华南理工大学生物工程专业本科毕业后，袁玉宇选择出国深造。留美期间，袁玉宇与师兄徐弢跟随导师进行再生医学领域生物3D打印、器官打印技术的前沿研究，该技术被誉为"21世纪改变世界的六大技术之一"，引来美国本土媒体的近百次跟踪报道。学成毕业后袁玉宇在美国可以有很好的职业选择，他却出人意料地选择回国创业。

面对当时国内还是起步期的再生医学产业，袁玉宇很着急。"90%以上的产品仍依赖进口，造成病人巨大的经济负担。我当时就想，如果能够带回先进技术实现国产化，将为大众节约大量的医疗费用支出。"

在这种想法的驱动下，袁玉宇2008年9月在广州科学城创办了迈普再生医学科技有限公司，主攻以生物3D打印技术为基础的先进制造技术技术平台，希望将该技术的科技成果转化为医疗产品，应用到

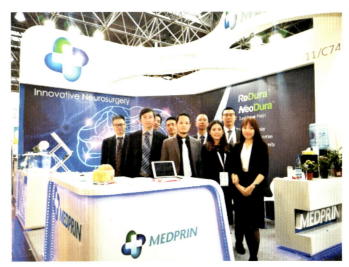

在美留学时的袁玉宇（右）

袁玉宇（左二）与团队合影

病人身上，造福全球患者。

创业不免要遭遇市场和现实的残酷"拷打"，创业早期我国再生医学产业几乎空白，90%以上的产品仍依赖进口，闯出一条国产品牌之路非常不容易。和大多数创业者一样，袁玉宇最开始也苦于没钱，后来拿到了天使投资，才好不容易撑过了企业萌芽期最艰难的两年。当时，他的收入只相当于在美国工作时收入的1/10，所以即使加班到深夜，五六个同事去周边的小饭馆吃饭，每顿饭的花销也不超过100元。

有限的资金都用在产品开发和打磨上，袁玉宇和他的团队咬牙坚持熬过创业早期最艰难的时光。幸好，广州开发区向迈普提供了办公场地并免去三年的租金。同时政府资助也帮助创业团队闯过难关，2009年袁玉宇获评广州市首批"海外高层次人才"而获得资助，后续的政策资助及补贴陆续给企业"输血"。

自身努力加上外界助力，迈普医学加速开发的步伐。2011年，公司首个再生型植入类医疗器械产品"睿膜"获得CE证——外表轻薄的一张膜，贴在大脑脑膜的受损处，就可以令细胞自动生长形成新生组织。这张神奇的薄膜，成功打入欧洲、美洲高端市场，也是增材制造技术首次在全球软组织修复领域实现产业化的产品。

海归创业终于闯出一条路。该技术的实现，让袁玉宇在2011年11月获得广州新侨创业杰出贡献奖荣誉，2012年8月获得中国侨联"第四届侨界贡献奖——创新团队（带头人）"。2013年11月，首届世界广府人恳亲大会开幕，袁玉宇获评世界广府人"十大杰出青年"。

迈普医学创业愿景

荣誉与嘉奖为袁玉宇创新创业增添强劲动力。公司加大技术创新和产品开发、上市步骤。如今，袁玉宇团队在国内神经外科领域唯一同时拥有人工硬脑（脊）膜补片、颅颌面修补产品、可吸收止血纱等植入医疗器械产品，迈普医学已成为国内少数具有规模化出口海外高端医疗市场能力的高性能植入医疗器械生产企业之一，申请国内外专利逾300项，产品进入全球70多个国家和地区，销售近30万例，搭建起全球化营销体系，代表民族品牌竞逐国际市场。

2018年，袁玉宇当选第十三届全国人大代表。3月7日，中共中央总书记、国家主席、中央军委主席习近平参加十三届全国人大一次会议广东代表团的审议，袁玉宇这名80后"广州仔"作了《推进产业创新和人才发展》的发言。在发言中袁玉宇融入了个人归国创业的感性经历，又有行业发展的普遍痛点、难点归纳，还提出了可操作性率

袁玉宇参加全国人民代表大会

袁玉宇代表接受中央电视台采访

2020年10月16日，广东省"十四五"发展规划专家委员会成立，袁玉宇受聘为专家委员之一

先解决问题的突破口。这份建议发言令人印象深刻。

"我感觉，习总书记对留学生回国创业非常重视。习总书记说，现在国家强大起来，向心力越来越强，越来越多的人愿意首先选择回国，这是非常好的事情，我们要继续营造这种氛围。"袁玉宇感言道。习总书记在和袁玉宇代表对话时提出"发展是第一要务，人才是第一资源，创新是第一动力"，"三个第一"的重要论断很快引起热烈反响。

担任全国人大代表对袁玉宇来说，是托付也是重任。以前，作为科技企业负责人只要踏实把企业经营好，而成为代表之后必须代表科技创新群体，代表海归创业群体、代表行业，从推动国家创新和科技进步、科技创新行业和产业角度去履行代表职责。为切实履行代表责任，袁玉宇积极发挥自己力量，发扬自己所长，重点关注科技自主和产业创新中遇到的掣肘性、共性问题，围绕着推动科技创新机制体制建设、产业创新生态建设和人才工作提出代表建议。

作为中国侨联特聘专家、中国侨联常委、广州市侨联委员、广州新侨联谊会常务副会长，袁玉宇热心担任海归人才热线电话的"接线员"。"我希望把更多的经验分享给这些年轻人，帮他们解疑释惑。我是一名海归，也是一名人大代表，这是我应尽的职责和义务。"在同海归人才交流的过程中，袁玉宇发现，高新技术产业化如何实现、国内配套设施如何进一步完善、市场准入存在的障碍如何破解等，都是他们普遍关心的问题。袁玉宇经常会跟他们推心置腹地交流，并形成意见建议，积极奔走于企业和主管部门之间，调研创新性企业尤其是中小企业的生存环境，反映高科技人才的实际需求等。

袁玉宇积极参与人大、一府两院举办的多项调研座谈，强调"核心技术是国之重器，化缘要不来、花钱买不来、市场换不来"，将振兴科技、人才驱动的实际建议传递给地方执政者及立法、政策部门，为推动科技创新、经济高质量发展发挥更大作用。

"80后"青年袁玉宇，一身新时代青年人的朝气蓬勃，胸怀一腔热血；海归"广州仔"袁玉宇，拥有海内海外的广阔视野，肩负推动区域发展建设使命；"双创人才"袁玉宇博士，学历背景"硬核一流"，来自科技企业，更感受到企业作为创新主体所要承担的时代责任。

参考资料：本文作者供稿

罗焯，1941年出生，祖籍广东南海，广州市侨联香港顾问、广州侨联香港联谊会名誉会长。早年，罗焯赤手空拳到香港创业取得一番成绩，20世纪90年代响应国家号召，回到广州支持家乡建设发展，以工匠精神打造大都会广场、耀中广场等高质量的商业楼宇，获得中国建筑最高奖——鲁班奖、国家优质工程银质奖等多个行业大奖。在脚踏实地发展实业的同时，罗焯恪守初心，30年来热心公益事业，为广州市政、交通、教育等贡献力量，至今捐款总额超2500万元。此外，还成立"罗焯惠侨"基金，积极开展各类涉侨公益活动，助推广州侨界发展。2015年，罗焯被授予"广州市荣誉市民"称号。

播撒赤诚　　初心如磐
——罗焯

罗焯，1941年出生，12岁从南海到广州打工，22岁赤手空拳到香港谋生，经过艰辛的努力和奋斗，打下了坚实的事业基础。虽然身在香港，却时刻记挂着乡亲父老的生活状况，关注祖国内地的发展建设。

20世纪80年代末，当时许多海外华人对祖国的改革开放持观望态度，他毅然组织海外爱国华人友好访问北京，表达对祖国发展的关心、理解和支持，向国家最高领导献计献策。在时任国务院领导人的强烈推荐下，为了带动港人支援家乡建设，决定身体力行回广州投资房地产，立志用自己在海外

学到的先进建筑知识和管理经验，为正迈向国际大都市的新广州增光添彩。

1993年，罗焯出资3300万美元创立了卓越房地产发展有限公司，并担任董事长和总经理。他在广州市的首个房地产项目——著名的"大都会广场"。那时候每天早上，罗焯都乘坐最早一班车从香港赶到广州工地开工，捋起衣袖亲自上阵，与工人一道推车拉沙石、清垃圾。工程进入到攻关期，罗焯一直为工人加油鼓劲。大都会广场的整个建筑工期，从1993年8月开工，到1996年4月落成，只用了短短的两年零八个月时间，堪称当时广州建筑界的最高

速度，闻名业界。

不光有"最高速度"，为打造高质精品，罗焯更是亲力亲为，精益求精。当年"大都会"广场中心的砌花圆形图案，原来的设计方案起棱起角，经设计师们反复修改，都未能达到罗焯的要求。最后罗焯唯有自己趴在地上，一块砖一块砖地亲自砌接组合，改成如今由8个8字组成的圆满花朵图案。为了让工程设计更加完美，罗焯多次与华南理工大学建筑设计院组成的设计团队到海外考察学习，丰富设计师们的视野和灵感……

功夫不负有心人，落成后的广州大都会广场不但成为广州天河区标志性建筑，还荣获中国建筑业最高荣誉——鲁班奖。

2005年，罗焯投资14亿元在天河区林和西路建成了国家银质奖的耀中广场。耀中广场落成后，吸纳了531户商业机构进驻，其中有40家是世界500强企业或国内知名企业，成为天河明星楼盘，对广州市的商贸事业发展作出了积极的贡献。耀中广场获得中华人民共和国国家银质奖、金牌写字楼等称号。

耀中广场落成后，每年国庆节，罗焯都会在耀中广场大堂及大门口挂上"我爱我的祖国"的大幅标语，让喜庆的中国红照亮这里的每一个角落。"真正的投资者要热爱祖国，祖国富强了，在海外的同胞才能不受欺负。"

每年国庆节，耀中广场大堂及大门口都会挂上"我爱我的祖国"幅标

为支持繁荣广州的开发建设，2011年罗焯积极响应市政府在香港招商开发南站的号召，率先投资4.2亿元认购了南站地块。在视察南站投资环境时，得知当地政府需要修葺一间幼儿园，罗焯当即捐款150万元重建一间全新的番禺石壁街大洲幼儿园，让当地的小朋友们有一个良好的生活和学习环境，快乐成长。

罗焯在发展实业的同时，一直牢记使命、恪守初心，

罗焯在开发用地现场

广州市第四建筑工程有限公司荣获中国建筑工程鲁班奖

耀中广场

"耀中暖侨心" 2016百户归侨侨眷新春慰问暨 "罗焯惠侨" 基金成立仪式

2018 "耀中暖侨心" 茶话会上，罗焯向归侨侨眷派发新年福袋

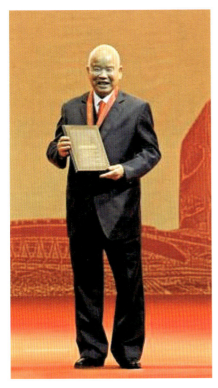

罗焯荣获"广州市荣誉市民"称号　　　　　　　罗焯在广州市授予荣誉市民大会招待会上留影

热心公益事业，支持家乡发展建设。自20世纪90年代初以来，罗焯作为广州慈善事业的带头人率先向广州交通发展基金捐赠了300万元，在交通繁忙的东风东路上建立多条人行天桥，方便市民出行；2008年身在香港的罗焯得悉四川汶川大地震，马上认捐百万元，并乘坐第二天最早的直通班车回广州出席汶川地震捐赠仪式，以自己的行动支援抗震救灾。

作为侨胞，罗焯热心侨务工作，关注侨胞生活，助推侨界发展。2015年得知要筹建广州华侨博物馆，他全力支持，认捐了大量珍贵的文物，只为更好地向后人展示侨胞对祖国统一大业、发展建设作出的贡献，将华侨精神代代相传。2016年年初，积极响应"精准扶贫"号召，捐款200万成立"罗焯惠侨"基金，开展各类涉侨社会公益慈善活动。此外，还出资向腿脚不便的归侨侨眷捐赠了100张爱心轮椅，让回国养老的归侨们感受到回家的温暖和幸福。

年少时，罗焯为了生计被迫放弃学业，因此他非常关心年轻一代的教育情况。先后在家乡成立了"白云区奖教

助学基金"，中山大学"罗焯医科学生奖助学金"，鼓励优秀学生努力学习，成为社会的栋梁之材，同时促进教育的公平性，实现对家庭经济困难学生的资助，让更多家庭经济困难的农村优秀学生享有教育的资源。

"爱国爱乡爱自己的家人"，是华侨的重要特点，也是罗焯一生坚守的信念。脚踏实地发展实业，取得卓越成就；乐善好施赤诚奉献，得到广泛赞誉。做事精益求精，得到社会的高度赞许与肯定。"我一定不负重托，不忘初心，为侨界工作贡献自己一份绵力，尽己所能团结广大侨胞与祖国人民一道为实现中国梦而作出更大的贡献。"如他所言，即使已年过古稀，罗焯仍满身朝气、甘于奉献，活跃在为侨服务的第一线，担任广州市侨联顾问、广州侨联香港联谊会名誉会长、天河区海外联谊会名誉会长、香港南海同乡会永远荣誉会长等众多侨界职务。2015年，罗焯被授予"广州市荣誉市民"称号。

参考资料：本文作者供稿

黄亚欣，1963年出生，加拿大籍华人，贵州领略农产品大数据有限公司董事长兼总经理，广州新侨联谊会理事。1994年公派留学美国，随后赴加拿大（不列颠哥伦比亚）大学攻读博士学位，曾在海外创办百老汇网站（Broadway.com）并在美上市。2004年，黄亚欣选择回国扎根广州进军电商平台，打下一片天地。2014年作为专家博士应邀赴黔南州进行对口帮扶考察，2015年作为贵州省引进人才，一首创办贵州领略农产品大数据有限公司，首创"一户一码"电商精准扶贫模式，成功推广覆盖全国500多个县，对中国农村的精准扶贫和乡村振兴产生重要影响。2020年12月，黄亚欣被授予中国侨联第八届"中国侨界贡献奖"一等奖。

科技携手乡村振兴　侨心筑梦美好未来
——黄亚欣

黄亚欣在1984年毕业于中山大学，师从蒲蛰龙院士研读生物防治，1987年获硕士学位后于中山大学生物防治国家重点实验室任职。

1994年，黄亚欣国家公派留学美国，后获加拿大UBC（不列颠哥伦比亚）大学计算机博士。先后担任ASPERT、eTSP等国际知名互联网企业高级管理职位，2000年创办的百老汇网站（Broadway.com）在美国上市。

2005年，黄亚欣瞄准广州作为国际商贸中心，有着良好的营商环境和市场优势，毅然放弃了在美加创立的上市公司，回国创业，任广州奇码科技有限公司董事长，成为早期进军电商平台领域的跨界精英。偶然间路过广州站西鞋城，黄亚欣被熙熙攘攘、车水马龙的火热场面震撼，萌生了做网上鞋城的想法。

2008年，站西鞋城网上线运行，2011年，成为全国鞋业第一大批发网站，年交易额数十亿元，改变了鞋城的交易方式。2014年，站西鞋城被广东省政府认定为"广东鞋业国际采购中心"。黄亚欣不仅事业成功，还荣任广州市荔湾区第十五届人大常委会委员，兼任广州市荔湾区侨联常委等职，获得广州市新侨创业杰出贡献奖，享受政府特殊津贴专家

黄亚欣（右）与蒲蛰龙教授（左）、利翠英教授（中）合影

黄亚欣（右）与David Colin（左）在美共同创办百老汇网站

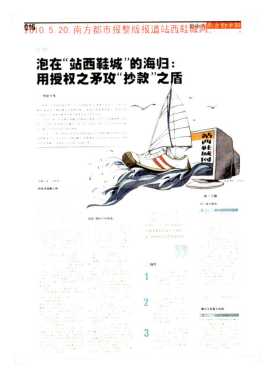

媒体报道

等荣誉。

在精准扶贫东西部对口帮扶的大背景下，2014年11月一个偶然的机会，黄亚欣参加广州市人社局组织的广州市专家博士团到黔南州进行对口帮扶。在黔南，黄亚欣在为高原地区如此众多的"名特优"原生态农产品，却没有给山民带来富裕而深深叹息的同时，具有丰富电商平台建设运营经验的他也在思考：如何顺应"互联网+"大背景尽快实现"黔货出山"？

2015年1月，应黔南州人民政府邀请，经过深思熟虑的黄亚欣提出了打造"黔货南下""广货北上""全天候旅游"三个电商平台、一个电商人培训基地、一个电商慈善基金的"311工程"建设方案，受到当地政府的高度重视。2015年3月，应黔南州州长邀请，黄亚欣赴黔南州5个县市进行重点调研。为了让贫困山区的农产品走向市场，带动农民增收致富，黄亚欣访遍黔南州12个县市，投资1亿元在当地成立了一个农产品大数据公司，创建了贵州省首个农产品电商平台——领略中国www.China06.com，年交易额达1.67亿元。黄亚欣在助力精准扶贫上作出了重要贡献，被黔南州评为"脱贫攻坚先进个人"。

中国的农村大多处于一种分散非标的状况，农产品难以归集。黔南又是贫困山区，信息难以收集，为了到村里面跟老百姓沟通收集信息，队员们经常发生摔伤、晕倒这些状况，黄亚欣团队付出了常人难比的努力最终拿到了真实的数据。当时公司资金链断裂，发展遇到瓶颈，团队人心涣散，纷纷离去。但黄亚欣始终觉得"一户一码"电商精准扶贫模式是一件对民生发展意义重大的事情，于是重新招募团队。经过一年的艰苦研发，终于在2017年成功上线贵定县"一户一码"精准扶贫大数据系统体系。

"一户一码"是"领略中国"的数据入口，通过合作社、企业进行标准化生产、加工和销售。为了最大限度地帮扶贫困户，黄亚欣还在广州设立黔南州农产品电子商务体验中心、农村电商培训基地，创出"单位帮村寨、个人帮到户"的大数据结对帮扶模式，实施"轻爱黔行"关爱留守儿童等系列举措，广州市侨联等69个单位长期向贫困村寨定向购买农产品，促进发达地区与贫困地区的交流，每年吸引数以万计的城市消费者到贫困村寨旅游，极大地

2018年1月9日，黄亚欣下乡云雾镇考察并收购贫困户种植的茶叶

2020年12月，黄亚欣获得中国侨联颁发的第八届"中国侨界贡献奖"一等奖

黄亚欣分享"传统企业如何做电商"

刺激了贫困群众发展生产的内生动力。

"一户一码"大数据平台让电商扶贫更精准，电商扶贫可以到村到户到增收，创出农村产业发展可持续的发展模式。2017年，"一户一码"大数据平台覆盖了黔南州贵定全县所有人口共29.95万人，包括建档立卡贫困户9374户30097人，带动贫困户年均增收2007.70元。

"一户一码"大数据在电商扶贫上的成效得到高度重视，栗战书同志亲自体验扫码扶贫；汪洋同志出席全国精准扶贫电子商务经验交流会并考察了黄亚欣创办的精准扶贫大数据平台；商务部发感谢信并提出全国推广。黄亚欣博士多次在商务部、国务院扶贫办举办的全国经验交流会上介绍经验。目前"一户一码"大数据平台已覆盖全国500多个县，对中国农村的精准扶贫和乡村振兴产生了重要的影响。《求是》、《人民日报》、中央电视台及地方主流媒体均进行了多次的专题报道。

黄亚欣率领团队在产品上游建立溯源监控；建立了生产数据、消费数据的自动采集机制；采用区块链技术打造贵州绿色农产品供应链大数据创新平台；通过数据分析与挖掘，在市场端发力，形成"黔货出山"的系列大数据应用服务；让农户入驻电商平台，未种先售，线上预定。此外，黄亚欣还先后在贵州省惠水县、荔波县、贵定县设立电商基地，为当地培养电商人才。

近年来黄亚欣不再局限于广州黔南两地，先后为云南省129个县、青海省29个县、山西省37个县、陕西省54个县、四川省146个县、湖南省10个县、甘肃省9个县传授"一户一码"大数据扶贫经验。

2020年12月，中国侨联第八届"中国侨界贡献奖"一等奖颁授给了加拿大海归博士黄亚欣，以表彰他爱国奉献、勇于创新的精神，以及对贵州扶贫事业的贡献。黄亚欣说："从精准扶贫出发，到乡村振兴的那一天，'一户一码'电商精准扶贫模式，能够成为一种重要手段，我和我的团队就很满足、很幸福了。有爱心更健康、更阳光，一起来更精彩，我希望全社会各行各业都能汇聚起来，大家心手相牵，共同实现中国的脱贫致富之梦。"

参考资料：本文作者供稿

徐向英，1961年出生，中共党员，著名肿瘤放射治疗专家，中山大学附属第三医院肿瘤放疗学科创始人，放射肿瘤学教研室首任主任、教授，博士及博士后导师，广东省侨联常委、广州市侨联委员，广州新侨联谊会副会长。曾留学日本8年，2002年毅然回国效力。2018年，57岁高龄的她南下广州，仅用1年多的时间成功创建中山三院肿瘤放射治疗科，迅速填补了医院学科短板，连续三年被评为中山大学年度"优秀共产党员"。作为一名归侨，徐向英肩负中国侨联特聘专家职责，热心为侨服务，坚持深入基层为上千名侨胞义诊，积极开展防癌宣传、提倡健康生活理念，屡获"优秀归侨侨眷先进个人标兵""省优秀归侨侨眷"等荣誉称号，被授予第五届"中国侨界贡献奖"。

巾帼担当　不负芳华
——徐向英

徐向英出生于一个医学教育世家，父亲是著名的医学教育家、《中国医学生誓言》的主要起草者、哈医大首席教学督导，工作至80岁才离开他坚守了65年的讲台，母亲也是哈医大教授。"健康所系，性命相托"及父母的言传身教，令她从小立志长大后要当一名医生。

1984年从哈尔滨医科大学毕业后，便投身救死扶伤伟大事业的不懈追求中。"业精于勤，荒于嬉；行成于思，毁于随"。在临床工作中，徐向英始终用自己童年的梦想和留学的艰苦经历鞭策自己，铭记作为一个医生恪守的原则和道德修养。

20世纪八九十年代，国家的医疗水平有限。徐向英立志要跟上国际先进的肿瘤诊疗步伐，她不懈钻研，改学日语打好基础，先后赴日本金泽大学、东京大学及日本医科大学留学及高访8年，其间还被推荐作为项目主要负责人，承担起日本厚生省《早期肺癌检诊系统的建立》的研究。2002年3月，徐向英成为日本医科大学建校126年历史上的第一位毕业于临床医学博士专业的外国人。

徐向英圆满完成学业，满载收获和喜悦，毅然回到祖国投身医学事业，重新回到哈医大附属肿瘤医院工作。对于这位学成归来的拔尖人才，医院重

大学时代的徐向英

徐向英获得日本医科大学博士学位

点培养，并给予了她很大的发展平台。不负众望，短短一年，徐向英破格晋升为最年轻的副主任，哈医大第二批博导及黑龙江省肿瘤研究所副所长。徐向英致力于肿瘤研究，坚守岗位34年，曾任放疗教研室主任，黑龙江省放疗科质控中心主任，省级重点学科带头人，中华医学会肿瘤放疗分会常委，黑龙江省医学会及省抗癌协会放疗专委会主委等职，是中国妇女十一大代表，获得省卫生厅优秀归国人员科技进步奖、省"教书育人、管理育人、服务育人三育人"标兵、医德医风先进个人、优秀医务工作者等荣誉表彰。

2018年3月1日，作为人才引进，徐向英正式入职中山大学附属第三医院（简称"中山三院"）任肿瘤放射治疗科主任。彼时，她已年近花甲，还有两年就到法定退休年龄。中山三院是一所饮誉海内外的综合医院，科室齐全，但由于放疗专业性强，建设难度大，始终没有肿瘤放射治疗科。从事肿瘤放射治疗35年的徐向英，对鼻咽癌及头颈部肿瘤、肺癌、乳腺癌、食管癌、肝癌、前列腺癌、妇科肿瘤、直肠癌等放化疗综合治疗有丰富的经验，尤其在肺部小结节及早期肺癌的影像和病理组织学的关系及预后、肺癌的综合治疗方面有较高造诣，是国内肿瘤放疗的业界翘楚。"我觉得我有责任给它'创业'"，徐向英想趁"年轻"，为肿瘤病人多做点事，自此开始了肿瘤放射治疗科的创办之路。

离开故土，百端待举。身为创科主任，从未接触过辐射专业基建与设计的徐向英，不畏难、不怕苦，一边学习研究一边亲身投入整个工程建设。通风不佳、灰层满地的地下施工现场，总能看到身着白衣的徐教授。从图纸设计到各种建材的选取、从现场施工监督到各种相关设备的招标采购安装、从深夜暴雨的机房值守到炎炎夏日的工地巡查，直至最后的大型设备安装、调试……她亲眼见证了、亲身经历了科室建设的每一步脚印。

不到2年的时间，徐向英不仅完成了原本需7—10年的建科工作，还组建了一支梯队完整、配置合理的高层次人才队伍，迅速填补了医院学科短板，为医院肿瘤患者的规范诊疗带来了新曙光，赢得了高度赞誉。如今，科室已经为各岗位建立了严格的规范治疗流程和标准，治疗误差可

建科初期，徐向英在工程现场

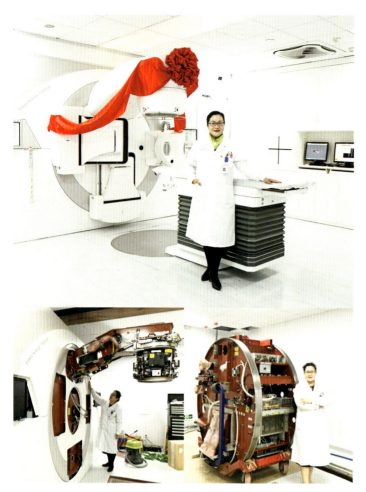

徐向英查看CT

徐向英教授亲手创建的肿瘤放射治疗科正式启动

徐向英授课中

控制在1毫米内，达到了业内领先水准，团队以高水平的人文关怀、高质量的规范化诊疗打开了华南乃至全国的影响力。徐向英也连续三年被选为中山大学年度"优秀共产党员"。

2020年新冠肺炎疫情暴发，鉴于肿瘤患者的特殊性，中山三院肿瘤放射治疗科依旧坚持"营业"。徐向英说，"肿瘤病人是一个特殊群体，肿瘤及其转移灶随时都有可能发生变化，人可以休息，但是肿瘤不会休息！放射治疗作为肿瘤治疗的重要手段，更是一项需要极其精准的工作，治疗期间如果有较长时间的中断，将会影响患者的治疗效果和预后。"徐向英带领全员各岗位亲临一线，自筹防疫物资，坚守岗位，全年无人休假，认真地践行"人民至上，生命至上"的理念，迎接疫情挑战，最终所有患者全部得到顺利治疗。

徐向英积极投身医学研究，参与制定国家级专业指南5部，国家级各大学会及广东省多家专业学会兼职近50

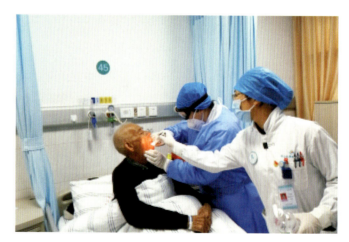

徐向英教授（右二）正为患者诊疗

项，发表论文140余篇。在保证科室工作顺利进行的同时，利用空闲时间参加国内外各大专业学会并作专题演讲，助力医学事业不断发展。从日本回国后，徐向英先后培养了50余名硕士、博士及博士后，她教授的肿瘤放射治疗学获得首批"精品课程"，主编的原卫生部规划教材

《肿瘤放射治疗学》

徐向英获得荣誉证书

徐向英在中国侨联第五届新侨创新成果交流表彰活动上发言

《肿瘤放射治疗学》进入了全国100余所医学本科院校的课堂。徐教授被评为"三育人标兵""巾帼楷模",荣获黑龙江省高等医学教育教学成果一等奖等多项奖项。

"徐老师对我们的影响,将会是一生一世,能做徐老师的学生是一生的荣幸。"她冷静严谨、一丝不苟的研究作风,平易近人、和善宽厚的为人处世风范给学生们留下了深刻的印象。

留学8年归国,徐向英对"侨"的理解更加深刻,对"侨"的感情也更加深厚。从北到南,从哈尔滨到广州,徐向英在侨联各项工作主动作为,以自己的专业与热情赤诚奉献。她常说,"在国外学习的经历使我深深体会到,没有一个强大的祖国,就永远摆脱不了被歧视的命运,是祖国培养了我们,我们更要报效祖国"。2014年,徐向英被聘为中国侨联特聘专家,2018年刚到广州,便履职尽责深入基层义诊,仅在雷州3天就对2700位患者进行义诊,举行了肿瘤防治的专题科普讲座。此外,徐向英大力宣传推广健康生活方式和科学防癌理念,正确反映社情民意,积极进言献策,徐向英曾获"优秀归侨侨眷先进个人标兵""黑龙江省优秀归侨侨眷"等荣誉称号,2014年荣获第五届"中国侨界贡献奖"创新人才奖。

"杏林蔚然成春暖,一路芬芳济苍生。"徐向英是一名医生,她献身医学,践行"人民至上,生命至上"理念37载,书写医者仁心;徐向英是一名教师,她上下求索、立德树人,一点一滴播撒爱与智慧;徐向英是一名归侨,从满腔热忱求学海外到毅然回国赤诚奉献,她无悔年华,一片丹心永向党;徐向英更是一位巾帼榜样,在新时代为自己崇高的理想追求不断前行,永远保持对生活的热爱和对事业的激情,怀揣梦想并为之奋斗,尽展巾帼力量。

参考资料:本文作者供稿

王斌，1971年出生于广州，加拿大归侨。1994年入职普华永道，是华南地区第一批员工，1999年赴普华永道多伦多、纽约分所工作，2003年选择回国扎根广州，发挥所长回报家乡，先后帮助大批国有企业、民营企业成功完成海外上市以及现代化企业管理体系的建设，2013年被委任为普华永道广州分所负责人。身为广东省粤港澳合作促进会会计专业委员会副主任、广州市第十五届人大代表、广州市新的社会阶层人士联谊会副会长。王斌勇担社会责任，积极建言献策，助力区域发展，荣获"第五届广东省优秀中国特色社会主义建设者"称号。

乘新时代春风　　承新征程使命
——王斌

　　王斌出生于一个归侨家庭，是土生土长的广州本地人。作为很早进入"国际四大"〔普华永道（PWC）、毕马威（KPMG）、德勤（DTT）和安永（EY）国际四大会计师事务所〕专业人士，王斌坦言："20世纪90年代在专业机构工作的广州人并不多，因为注册会计师属于比较精深的、对职业素质要求很高的专业型服务，与一般的生意经营有显著区别。"1994年，王斌入职普华永道，是华南地区第一批员工。1999年，赴普华永道多伦多、纽约分所工作，在北美工作期间，她接触了很多世界500强企业以及在金融领域的复杂商业运营体系，高端专

业服务业在经济发展过程中的作用很大。

　　广州人低调敢闯的行事风格以及海归带来的国际化的参悟与视野，在王斌身上融合沉淀成了特殊气质。在国外工作几年后，她选择放弃继续在北美工作的机会，回到家乡广州，希望能在"国际四大"这个专业领域发挥中国人的风采，为中国企业"走出去"贡献力量。

　　回国不久，2003年华南地区涌现了大批民营企业海外上市融资，与海外资本市场规则的对接、国际会计制度的采用等国际商业体系都成为企业"走出去"的挑战。王斌充分发挥了"国际四大"在国

际化和本土化的服务优势，先后帮助大批国有企业、民营企业成功完成海外上市以及现代化企业管理体系的建设。王斌既有中国注册会计师职业会员，同时又拥有美国注册会计师执照，从2010年开始，王斌开始参与越来越多的中国企业海外并购工作，为中国企业在复杂的国际商业交易中"站好岗"。

"我很幸运，成长轨迹能够与改革开放四十年的发展进程基本吻合，而且从事的注会工作常年与企业打交道，更能深刻地体会和见证广州乃至中国的社会变迁。"从外资企业到大型国企，从民营企业到政府机构，普华永道的服务群体也不断拓展，业务类型愈加多样。王斌就这样参与其中，一路看着中国的经济一脉相承、从大到强，屹立于世界的舞台并产生着举足轻重的影响，"内心感到非常骄傲"。

回国工作后，王斌深刻体会到一方面要助力国际企业本土化，另一方面更需要以自己专业的角度为本土企业走

向国际化服务发展。2010年，普华永道是"国际四大"中第一家迁入珠江新城的机构，成为进驻珠江新城的金融服务企业的先锋队。2013年，王斌被委任为普华永道广州分所负责人，时至今日，普华永道广州分所依然保持着年均两位数的业务增长速度，是广州市人员规模最大、服务产品最广泛和国际网络最发达的会计师事务所，员工人数达到1200人。

2015年，时任广东省委书记胡春华到普华永道广州分所视察。2016年，普华永道广州分所作为商务服务业代表，入选第一批广东省现代服务业"示范企业"。同年，王斌牵头筹备成立广州市新联会注册会计师分会，并当选为首任会长。2016年12月，王斌推动普华永道广州分所成立党委，成为华南地区首家成立基层党委的会计师事务所。而无党派人士的她，被中共广东省注册会计师协会委员会评为"支持党建工作（党外）合伙人"。

现如今作为广州市人大代表，王斌身兼广州市工商业

王斌（右二）获得"第五届广东省优秀中国特色社会主义建设者"荣誉

王斌（右一）参加广州市人民政府新闻发布会《广州市营商环境评估工作汇报》

王斌参加2019中国改革横琴论坛

王斌（右二）担任《粤港澳热点大讲堂》第六期主持人

普华永道《机遇之城2021》

联合会、总商会执行委员会常委，广州市新的社会阶层人士联谊会副会长等职，有更多的参政议政机会，为广州发展建言献策。一次与人大代表和常委会领导一起负责的一项河流城市治理项目令她记忆深刻。一条河从白云区白云山流经农贸市场，流经不同的街道，最后再流向珠江，在这整个过程中，王斌不仅与基层公务员、河流治理研究机构的相关人员打交道，还与环卫工人、个体户、拆迁户等生活比较底层的群体打交道，王斌感觉自己从中更加完整地看到了社会的全貌——她担心底层民众的基本生活，为更先进的河流治污手段感到惊叹，向奋斗在前线的工作人员表达敬意，也更加认识到了自己肩上的使命与责任。

身为广东省粤港澳合作促进会会计专业委员会副主任，王斌助力普华永道与中国发展研究基金会合作联合发布《机遇之城》，并在2018年首次与广州市社科院合作，并把粤港澳大湾区作为重要章节引入该报告，为国内大中城市的发展提供了参照标杆。王斌借鉴欧美及澳洲发达国家经验，在营商环境、企业发展等领域，为广州在提供市场化、专业化服务，实现专业服务成果的平台化创新方面提出了自己独到的看法。

2021年，王斌加入广州新侨联谊会这个"侨"的大家庭。她说："我的父母回国的时代与我太不一样，作为新一代的回国人员，我们在海外学习、生活和工作，回来的时候刚好是中国经济全球化的开始阶段，我们能更好的发挥国际化专业人才的能力，特别是最近几年国家大力发展科技创新，我们新一代归国人员的作用在这个新时代中可以发挥更好的作用。"

沐浴新时代春风，王斌在自己专业领域开拓了一番事业。作为新征程上的奋进者，王斌承起新的使命，敢为人先，勇于尝鲜，努力挖掘行业可能，再次迸发新的活力，绽放新的精彩。

参考资料：本文作者供稿

章以武，1937年出生，美国侨眷，著名作家，广东省人民政府文史研究馆文学院副院长，曾任广东省作家协会副主席、广州市作家协会主席。著有电影文学剧本《雅马哈鱼档》《从初一到初三》，电视连续剧剧本《南国有佳人》《天心一角》《情暖珠江》《爱的结构》及电视专题片《历史的见证》，话剧剧本《三姐妹》等十余部，另有长篇小说《南国有佳人》，中短篇小说集《应召女郎之泪》，短篇小说集《生命曲》，报告文学集《异想而天开》，文集《当代岭南文化名家章以武》（小说卷）及论文多篇，其作品被誉为"南国生活先行一步的新潮时尚流行风标"。2015年，章以武获得第二届广东文艺终身成就奖。

发时代先声　领南国风潮
——章以武

章以武，1937年出生于上海，祖籍浙江宁海。抗战期间，随家人回到故乡宁海。酒馆里听长辈大摆龙门阵，杏树下看算命先生测字说人生，这些儿时的经历，在章以武心里是最接地气的民间艺术。

一方水土养一方人，一方山水有一方风情。鲁迅笔下的咸亨酒店，便是江浙一带的"风情"，当地人习惯于闲暇时聚在小酒馆里，喝着绍兴老酒、摆着龙门阵，家长里短、社会新闻、民间故事……章以武潜移默化中对说故事产生了浓厚的兴趣。

1951年，年仅14岁的章以武报名参加支援大西北的工作，激情洋溢地奔赴甘肃。在上了一年银行学校后，被分配到甘肃定西地区的大山沟里，成为一名乡村信贷员。生长在江南水乡、自小生活优越的章以武万万没想到，大西北的生活是如此艰苦，住的是破窑洞，喝的是地窖里储存的浑浊雨水，吃的是杂粮糊糊。窑洞里就是个炕，上面盖的是一张羊皮和一些破烂的被子。零下20摄氏度外出工作，内穿一身单衣，外罩一件简易羊皮大袄，再用绳子一扎，"穷到难以想象"。

"生活艰难也有个好处，那就是磨炼了我的意志。"章以武认为，只要在大西北的山沟沟里生活过的人，就什么艰苦都不怕。1956年他顺利考上西安外国语学院，后转入华南师范大学中文系。

1958年，章以武还是华南师范大学中文系一年级学生，当时正参加为期一个半月的务农实践，偶然发现从来围着锅台转的大婶，竟然在一次乒乓球赛中战胜了咄咄逼人的长辫子姑娘，章以武以此为灵感写了2000字的短篇小说《第二次交锋》，投稿给《南方日报》。20天后，该稿刊登在《南方日报》副刊头条的位置。这是章以武的处女作。不久，《南方日报》副刊上刊登了一篇读者来稿，赞美《第二次交锋》，说它构思精巧，洋溢着农村生活的芬芳。这大大激励了章以武的写作热情。随后，章以武在《南方日报》陆续发表小说《公社广播员》《翠柳》《在密密竹林里》等。而章以武也在华南师范大学毕业后分配到广州大学任教，成为该校人文学院教授。

20世纪80年代，广州人在改革开放的风口浪尖，敢为人先，率先开放了蔬菜、水果、三鸟（鸡鸭鹅）、鱼鲜市场，市民不用鱼票肉票也能购买。这在敏锐的章以武看来是一个富有深意的转变："鱼鲜代表着广州人的草根精神，广州的老百姓能吃到生猛的鱼，日子过得有滋有味，这就是改革开放的政策利好落实到千家万户的体现。"章以武书写了《雅马哈鱼档》，被珠影拍成电影，片中的故事、人物、场景和语言，都源于广州街头巷尾、原汁原味的现实生活。

这部根据章以武小说改编的电影，展现了广州五彩缤纷而充满活力的城市生活、浓郁的广味市井风情、新时代的光芒，被誉为"广东改革开放的一张亮丽名片""当代广州的'清明上河图'"，在海内外多次获奖，更被视为"南派电影"崛起的代表作。章以武说，回过头来看，这部电影的价值在于：第一个敲响市场经济大门，第一个有胆量提出来劳动致富、赚钱光彩。

进入90年代，广州房地产开发红火起来。章以武以敏锐的视角创作了长篇小说及剧本《南国有佳人》。《南国有佳人》以房地产开发为背景，塑造了才貌出众的女企业家俞华的文学形象。俞华在时代大潮中浮浮沉沉，执着追求成功与个人幸福，游走在形形色色的男人之间，借主人公的命运和复杂曲折的情节，展现了在金钱面前人与人关系的微妙变化和改革开放后广州的人文风貌。

作为一名作家，章以武认为自己必须把老百姓向往美好明天、追求美好的生活的"向上看"精神传达出来。有了这个想法，接着还要用生活的素材进行生动鲜活的表达，做到"脚向下"。他说，"文学创作背后有一个巨大

青年章以武

电影《雅马哈鱼档》剧照

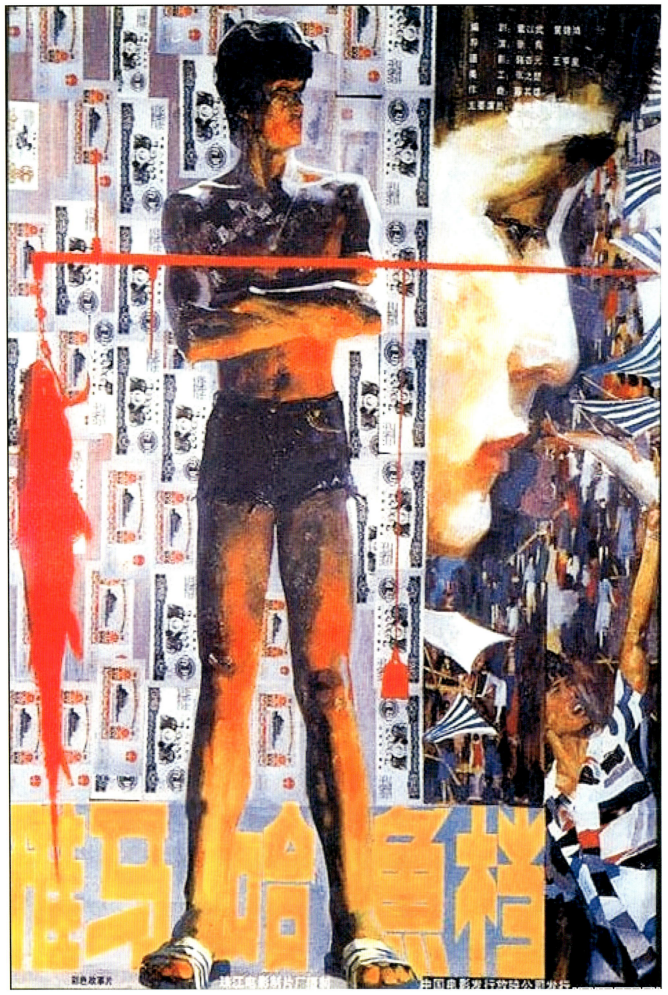

《雅马哈鱼档》电影海报

《南国有佳人》

《朱砂痣》

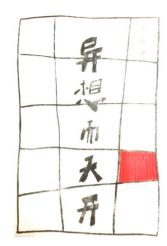

《异想而天开》

《章以武作品选》

章以武讲座分享

的工程，必须做到'心向上，脚向下'，才能写出读者喜闻乐见的精品力作。"

经过近30年的发展，21世纪的广州已进入典型的城市市民生活，城市人的各种压力、情绪困扰、情欲交织都成为日常生活的主流。2012年，章以武出版中篇小说《太老》，以都市生活和爱情理念为主线，反映现代生活的新热点新话题。

章以武性格乐天、率性，与著名作家、文艺评论家黄树森、范若丁一起，被文坛老友戏称为广东本土文化圈的"吉祥三宝"。他曾将几十年来的创作心得总结为八个字

"与时俱进、吃透生活"，如其所述："我深深感到，我之所以还能写点东西，全都因为沐浴着来自南海浩荡的'现代风'，行走在珠三角这片养育我的热土上啊！"

作为第二届广东文艺终身成就奖获得者，章以武自身的创作经历和广州这片土地是紧密相连的。从电影《雅马哈鱼档》、电视连续剧《情暖珠江》《南国有佳人》到小说集《朱砂痣》，改革开放的精神借由章以武的这些影视作品传向大江南北。

参考资料：中新网、华夏杂志客户端、《广州日报》、广州大学新闻网

周福霖，1939年出生于广东华侨家庭，广州大学工程抗震研究中心主任、中国工程院院士、广州市侨联荣誉主席、广州新侨联谊会会长。1980年赴加拿大留学，学成后毅然归国立志为中国造"不倒屋"，参与汶川地震灾后重建等重要工程，完成了世界最长隔震跨海桥——港珠澳大桥、中国最高智能控制电视塔——广州塔等的隔震设计，先后荣获14个"中华之最"，为我国结构隔震减震控制技术体系的建立、应用与发展作出重大贡献。曾获广东省科技进步一等奖、建设部科技进步一等奖、国家科技进步二等奖、广东省首届"南粤创新奖"，获评"建设部劳动模范""广东省五一劳动奖章""广东省优秀教师"等。2021年，被评为"全国优秀共产党员"。

"安"得广厦千万间
——"抗震院士"周福霖

1939年，周福霖出生于广东汕头一个华侨知识分子家庭。1958年，他考取了湖南大学土木工程系。当时父母和几位兄弟姐妹都在国外，父母原本打算给他办理出国手续，但周福霖坚持留在国内学习。大学毕业后，周福霖被分配到机械工业部第四设计研究院，承担工业与民用建筑结构设计与研究工作，负责多个重点工程项目的设计。那个时代，周福霖曾由于出身而有过一段坐"冷板凳"的日子，但他没有动摇理想信念，他利用这段学习时间好好钻研实践中碰到的难题，解决了好几个重大技术问题，并因此被调任到技术研究室，成为研究室

的主要成员之一。周福霖回忆起这段经历时，曾说"一个人受到打击和挫折的时候，要不忘初心，牢记使命，要继续勇敢前进"。

1976年7月28日，唐山发生7.8级大地震。正是这场让世人痛心的大地震，改变了周福霖今后的研究方向。震后第三天，周福霖接到通知，作为设计院的代表参加唐山大地震工程结构考察调查研究组，前往唐山地震现场对工程结构及建筑的震害进行实地考察和调研。女儿当时出生不到3个月，但周福霖毅然作出抉择，只身一人前往唐山。因道路受阻、桥梁塌方，原本3小时的车程，周福霖走了整整一天

一夜。

在唐山的3个月，除了生活条件艰苦外，周福霖还多次与死神擦身而过。有一次，他爬到一栋半倒塌的楼房上拍照做研究，突然余震来了，这时已来不及跑了，只能紧紧抱住一根柱子听天由命。"本以为会在这里结束我的生命了。突然，地震停了！"

面对地震后的残垣断壁，周福霖暗暗下定决心："我这一生一定要让中国人住上地震中确保安全的房屋。"从此，周福霖踏上了为人类建造地震灾害中安全建筑的研究创新之路。

1978年，中国开始迎来科学和教育的春天，邓小平同志指示要多派留学生出国学习。1979年，周福霖参加机械部人员出国留学选拔考试，以优异成绩考取了国家公派出国留学项目，前往加拿大不列颠哥伦比亚大学，进行工程结构抗震和隔震减震研究。

在加拿大留学期间，周福霖克服了语言障碍等各种困难，先后完成了多种抗震减震结构构件低周疲劳破坏试验、大比例隔震结构模型振动台试验、新型抗震减震结构体系试验等多项试验研究和理论研究工作，并和导师联名发表研究论文提出"房屋隔震消能新技术"的理论、概念和设计方法。

1982年，周福霖即将完成学业，导师盛情挽留并承诺将其工资由700元加元/月提高到2000元加元/月，而当时他在机械部的工资仅54元/月。

是回到祖国还是留在加拿大？周福霖认为，虽然在加拿大有优越的生活条件、先进的实验设备，可自己不属于那里，自己属于中国。1982年8月，回国前夕，周福霖写了一首小诗，作为向祖国的深情表白：

周福霖（右二）在湖南大学时

1976年，周福霖（右一）在唐山大地震现场考察

加拿大留学时的周福霖（右）

加拿大留学时的周福霖在做实验

加拿大留学时的周福霖在做实验

美丽的城市

豪华的建筑

富裕的生活

但这不是自己的家园

我的家园，在遥远的东方

我的家园，有富饶的土地

有锦绣的山河

我的家园，有我的亲人

有我的朋友

有我的事业

我的家园，还很贫穷落后

但子不嫌母穷

我古老家园的土地已苏醒

人民需要我

民族需要我

祖国正在呼唤我

我要投向祖国母亲的怀抱

就这样，周福霖带着整整13箱书本和资料，毅然回到祖国，踏上了矢志不渝献身祖国工程建设之路。回国后第二年，周福霖加入了中国共产党，入党后他始终坚守初心使命，承担、履行国家民族赋予的重任，在工程隔震、减震控制领域进行了前沿性、开创型研究，主持完成国家、省部级重大科研项目多项，获得了国家和省部级科技进步奖项，攻克了系列"卡脖子"技术。

一桥连三地，天堑变通途。2018年10月24日，历时9年艰苦建设、全长55千米的港珠澳大桥正式通车。这条跨越伶仃洋，东接香港，西接珠海和澳门的"巨龙"创造了世界奇迹。而这项"超级工程"幕后的抗震专家就是周

福霖院士。

由周福霖院士领衔的广州大学工程抗震研究中心港珠澳大桥技术团队担纲港珠澳大桥全部桥梁部分的抗震、隔震与减震设计。作为最长的跨海大桥，港珠澳大桥要如何抗震？周福霖团队在近10年的探索研究中，形成了一整套海上桥梁抗震减震技术体系。通过抗震性能优化设计，港珠澳大桥的抗震安全性大幅提高，从抗7级跃升至抗9级，被称为"世界上抗震安全性最高的跨海大桥"。这是首次在世界最长的跨海大桥的建设中应用减隔震技术，为我国大型跨海桥梁采用减隔震技术提供范例。

周福霖在承担广州塔隔震设计工作时，由于广州的天气变化多端，时常刮起台风，如何保护广州塔不受台风影响是个亟待解决的问题。"广州塔的'腰'很细，所以它的支撑钢管也无法再加粗，这就促使我们要寻找新的解决方法，不能再固守陈旧的技术。"周福霖通过不断摸索和实地考察，决定在塔顶使用"质量摆"，通过设置两个巨型水箱来提高建筑的抗风能力，从而使减震效果达到50%—60%，即使强风来袭，广州塔也依旧能够不受狂风的影响，耸立在珠江边。如今的广州塔，已是广州市地标性建筑，吸引着众多国内外游客来此打卡。

周福霖还参与设计昆明和北京新机场等建筑，先后完成故宫博物院文物隔震、核电站隔震技术保护等项目，让这些重大工程在面临台风、地震等重大自然灾害时，依然屹立不倒。在设计建造每一个工程时，周福霖都会因地制宜，反复勘测与实验，力求做出最适合、最满意的工程。

周福霖始终坚持把论文写在祖国大地上，积极推动隔减震与控制技术应用，努力实现科技造福于民，我国目前

港珠澳大桥

广州塔

汶川地震后，周福霖（左）参加灾后重建

周福霖在摆满了制作模型的广州大学
工程抗震研究中心实验室

隔震建筑已超过15000余栋，涵盖我国大部分省市。

2008年汶川地震后，周福霖积极投入抗震援建第一线，作为国家汶川地震专家委员会专家委员，参加了时任国务院总理温家宝主持的抗震减灾会议，为灾后重建制定抗震标准及指导性意见，广东省委授予周福霖院士"广东省抗震救灾优秀共产党员"称号，当地政府特授予其"汶川县荣誉市民"称号。而四川雅安"芦山县人民医院"门诊大楼，采用周福霖院士设计的"隔震"技术在2013年芦山地震中完好无损，成为全县唯一的急救中心，挽救了许多重伤人员的生命。

周福霖曾兼任联合国工发组织隔震技术顾问、国际隔震减震控制学会（ASSISI）主席，曾主持联合国、中国国家科学基金、美国国家科学基金等科技研发项目。由他撰写出版的国内外4部专著，其中1997年出版《工程结构减震控制》专著，获得我国地震工程老前辈中科院胡聿贤院士的高度评价：如此系统性的研究应用这一新技术在我国为第一人，能把隔震、消能减震、各种被动控制、主动控制、混合控制等组成一个完整的体系进行全面系统的论述，并建立一套新概念、新机理、新理论、新技术方法的著作，该书仍属第一部，其重大的学术意义和工程意义是不言而喻的。周福霖在汕头市设计建成我国首幢"采用叠层橡胶支座"的隔震住宅楼，被联合国工发组织顾问评价为"世界隔震技术发展第三个里程碑"。

周福霖不仅在科研攻关上尽心竭力，付出毕生心血，他还坚守立德树人初心，担当教书育人使命，得到师生拥护和爱戴。他淡泊名利、为人师表，对年轻教师和学生充满关爱。2012年，他把获得广东省首届"南粤创新奖"所奖励500万元奖金全部交给中心技术团队，用于支持中青年老师和研究生的科研工作。他用高尚品德影响、教育周边广大党员同志和师生，培养了多位国家隔震减震领域的领军人才和青年学者，指导了大批研究生和本科生成为业界的骨干和精英。

几十年来，周福霖坚守三尺讲台，每学期必为本科生、研究生开讲思政课，教育引导学生成长。他反复强调搞科研要发扬团队精神，互相支持，团结协作，严格要求团队全体人员和学生求真务实，团结攻关，他常常说到几十年来所取得的每一个成果都是抗震中心发挥团队精神的结果。

即使到了耄耋之年，满头银发的周福霖院士依然奋斗在教学科研的第一线，辛勤耕耘在隔震减震的最前沿，"真诚守信，务实求真，锲而不舍"是周福霖的座右铭，也是他的人生准则。如今，周福霖的团队里有不少年轻人，在他的影响下，也慢慢变成了发展隔震减震技术的主力军。诚如他所言，"一个人一辈子只要做好一件事就足够了"。而他，把一生都奉献给了抗震事业，只为实现当初立下的宏愿，给千万人筑起"不倒屋"，要让中国成为地震时最安全的国家。

2021年是中国共产党成立100周年，作为一名拥有近40年党龄的中共党员，周福霖院士以他57年的抗震人生为祖国敬业奉献，被评为"全国优秀共产党员"。

参考资料：《南方都市报》《广州日报》《广州大学报》

后 记

　　广州是全国最早系统传播马克思主义的城市之一，是中国工人阶级产生最早的城市之一；作为海上丝绸之路的发祥地，广州也是全国最大的侨乡都市之一，拥有数量庞大的华侨华人群体。百年来，广州侨界涌现了一大批中国共产党杰出人物和忠诚朋友，在中国共产党的旗帜下战胜无数艰难险阻，创造了许多可歌可泣的英雄业绩。历史川流不息，宏图催人奋进。站在"两个一百年"历史交汇点，学习重温百年党史，梳理回顾百年侨史，对于更加深刻地理解中国共产党百年光辉历程和伟大成就，团结引领广大华侨华人和海内外侨胞以史为鉴、开创未来，埋头苦干、勇毅前行，为实现第二个百年奋斗目标、实现中华民族伟大复兴的中国梦而不懈奋斗，具有特殊而深远的意义。

　　广州市归国华侨联合会系统梳理与广州密切相关的近百位华侨华人事迹，结集出版《百年侨力量》，比较完整地呈现了广州一代代爱国华侨华人心系祖国，投身中国革命、建设和改革发展的拳拳爱国心、报国志，这是新时代地方侨联传承华侨文化、弘扬华侨精神的力作，更是广州市侨联贯彻落实习近平总书记关于新时代侨务工作重要论述的创举。

　　《百年侨力量》紧扣党史侨史主题内涵，收录人物主要是某方面、某领域具有代表性或知名度的侨界先锋，以祖籍或者出生于广东广州的为主，少数非粤籍人物具有部分或全部在粤经历。个别收纂人物事迹紧密相关者采用合传形式。全书人物编排，以人物主要贡献成就所处时期（1921—1949年，1949—1978年，1978—2012年，2012年至今），尤其是在穗成长奋斗事迹发生时期为第一要素进行先后排序。

　　在中国侨联、广东省侨联领导下，本书的统筹编撰得到梁冠军先生、林辉勇先生等为代表的海外侨胞和归侨侨眷的大力关心与支持，党史侨史专家学者的悉心指导，广州地区各级侨联组织、海外侨社团以及各相关单位和机构积极参与。资料图片来源广泛，包括党史侨史相关专著论述、报纸、杂志、纪录片以及机构和个人收藏。由于时间、人力所限，部分文章作者和图片摄影者未能取得联系，并因此未及署名，在此表示诚挚的歉意和谢意！

　　谨向支持和协助本书编纂工作的各界人士表示最衷心的感谢！

编　者

2021年12月

广州市侨联

广州新侨

广州华声